U0147873

新文京開發出版股份有限公司
新世紀‧新視野‧新文京 ─ 精選教科書‧考試用書‧專業參考書

New Wun Ching Developmental Publishing Co., Ltd.
New Age · New Choice · The Best Selected Educational Publications — NEW WCDP

健康與生活

第四版

開創樂活幸福人生

4th Edition

Health and Life

編著　張李淑女・張育嘉・林慧美・陳逸卉・鄭怡娟
　　　蒙美津・邱駿紘・蘇完女・林秀珍・鄭秀敏
　　　陳怡如・汪在莒・林承鋒

國家圖書館出版品預行編目資料

健康與生活：開創樂活幸福人生／張李淑女, 張育嘉,
林慧美, 陳逸卉, 鄭怡娟, 蒙美津, 邱駿紘, 蘇完女, 林
秀珍, 鄭秀敏, 陳怡如, 汪在莒, 林承鋒編著. － 四版.
-- 新北市：新文京開發出版股份有限公司, 2024.08
　　面；　公分

ISBN　978-626-392-033-0（平裝）

1.CST: 健康法　2.CST: 疾病防制

411.1　　　　　　　　　　　　　　　　113010323

健康與生活：開創樂活幸福人生　（書號：E402e4）

編 著 者	張李淑女	張育嘉	林慧美	陳逸卉	鄭怡娟
	蒙美津	邱駿紘	蘇完女	林秀珍	鄭秀敏
	陳怡如	汪在莒	林承鋒		

出 版 者　新文京開發出版股份有限公司
地　　址　新北市中和區中山路二段 362 號 9 樓
電　　話　(02) 2244-8188（代表號）
Ｆ Ａ Ｘ　(02) 2244-8189
郵　　撥　1958730-2
初　　版　西元 2013 年 9 月 13 日
二　　版　西元 2016 年 6 月 10 日
三　　版　西元 2020 年 7 月 30 日
四　　版　西元 2024 年 8 月 10 日

有著作權　不准翻印　　　　　　　建議售價：520 元
法律顧問：蕭雄淋律師
ISBN　978-626-392-033-0

　　健康是一切成就的基礎，個人的身心健康是從事生涯規劃、終身學習，乃至於追求幸福人生的必備條件。現代人的健康問題大都與生活型態相關，威脅國人健康的主要病因已由過去的傳染性疾病，轉為與生活型態關係密切的慢性疾病與身體機能退化性疾病為主。

　　健康與生活是密不可分的，正值青春年華之大學生，將是社會未來的精英，國家未來的棟樑。一般人都認為，此年輕的族群是健康的，但是，我們由健康相關的統計資料及醫療實務的觀察，處處可以見到年輕族群生活型態不良與慢性疾病持續年輕化的情形。對大學生而言，多數首次離家學習獨立自主的生活，除上課方式的適應，人際關係的磨練，還需要在飲食及其他生活習慣上自我調理，此階段可謂個人生活習慣建立之重要時期。而年輕時期所建立的行為或習慣會延續至成年期，影響其往後的健康狀況。由此可見，大學生的生活型態迫切的需要更多的關注，建立年輕族群之健康行為，實為刻不容緩之重要議題。

　　本書由 13 位來自不同健康專業領域之教師，依據多年教學與實務經驗合作撰寫而成，內容以「健康促進」概念為主軸，涵蓋現今國人健康問題及大學生常見之健康議題，包括健康促進概念；常見疾病介紹與預防；傳染病介紹；心理衛生與壓力調適；飲食、營養與健康；運動、體適能與健康；生活安全；事故傷害預防等單元，並於此次四版除勘正疏誤、更新最新政府公布資料與數據外，於每章學後評量提供練習題，讓讀者在學習後能加強複習相關知識。本書內容淺顯易懂，採深入淺出方式，提供一有系統的方法，加強學生對健康議題的認識與重視，期許現代大學生不分科系，除了專業知識外，亦能學習為自己的健康負責，增進自我與家庭健康照護的知識與能力，對健康的態度有正向的改變，積極負起更多的健康責任；進而建立健康行為，實踐健康生活，開創健康樂活的幸福人生。

　　本書雖經審慎校訂，但恐仍有疏漏及錯誤或未盡理想之處，尚祈各位先進、專家與讀者不吝指正，使本書更臻完整。

張李淑女　謹識

☺ **張李淑女**

學歷： 英國 Ulster University 護理學博士
現職： 國立金門大學長期照護學系副教
　　　授兼健康與高齡福祉研究中心主
　　　任

☺ **張育嘉**

學歷： 國立臺灣大學醫療機構管理研究
　　　所博士
現職： 國立金門大學長期照護學系教授

☺ **林慧美**

學歷： 嶺東科技大學經營管理研究所碩
　　　士
曾任： 亞洲大學教官

☺ **陳逸卉**

學歷： 美國威斯康辛大學麥迪遜分校護
　　　理博士
現職： 臺北醫學大學護理學系教授

☺ **鄭怡娟**

學歷： 中國醫藥大學護理系公共衛生學
　　　系護理組博士班
現職： 亞洲大學護理系助理教授

☺ **蒙美津**

學歷： 美國田納西大學營養學博士
現職： 亞洲大學食品營養與保健生技學
　　　系副教授

☺ **邱駿紘**

學歷： 美國田納西大學營養學博士
曾任： 弘光科技大學生物科技系副教授

☺ **蘇完女**

學歷： 彰化師範大學輔導與諮商博士
現職： 亞洲大學心理學系副教授

☺ **林秀珍**

學歷： 美國德州大學奧斯汀分校特殊教
　　　育博士
現職： 亞洲大學心理學系助理教授

☺ **鄭秀敏**

學歷： 國立陽明大學生理學研究所博士
現職： 國立金門大學長期照護學系副教
　　　授

☺ **陳怡如**

學歷： 國立臺灣體育學院體育研究所體
　　　育碩士
現職： 亞洲大學體育室助理教授

☺ **汪在莒**

學歷： 上海體育學院體育人文社會學博士
現職： 逢甲大學體育教學中心副教授

☺ **林承鋒**

學歷： 國立臺灣體育學院體育研究所碩士
現職： 美國國家運動醫學院(NASM)臺灣
　　　區教官

目錄 CONTENTS

作者 | 張李淑女

CHAPTER
01

健康與生活概論

學習目標

1. 認識健康的重要性。
2. 了解健康的定義。
3. 認識健康促進的概念。
4. 了解影響健康的因素。
5. 了解健康促進生活型態的內涵。
6. 了解國人的健康現況與影響。

Health And Life

前言

　　「健康」是一切成就的基礎，是人生最寶貴的財富。威脅國人健康的主要病因已由過去的傳染疾病，轉為與生活型態關係密切的慢性疾病與身體機能退化性疾病為主，如惡性腫瘤、心血管疾病、腦血管疾病、糖尿病、腎臟病與高血壓等。現代人由於生活的壓力及社會環境的改變，個人生活習慣受到極大的挑戰，例如吸菸、嚼檳榔、飲酒、生活不規律、飲食營養過剩等，在在危害個人身心的健康；而環境的汙染、生態環境的破壞，更是直接威脅個人的健康；再加上社會型態及價值觀的急速變遷，安全感與安定感愈形欠缺，如何維持個人健康的發展，深受考驗。

　　健康是人生重要指標，如果失去健康，個人所努力的成果將會變得毫無意義，而健康與生活是密不可分的，需要不斷的努力經營與學習，個人需要積極負起更多的健康責任，積極建立健康行為，努力實踐健康生活，方能開創健康幸福的人生。

第一節　健康的定義

Health
And Life

　　健康是什麼呢？感覺沒生病、健康檢查報告數據正常、抑或是只要不影響生活機能即可？傳統觀念認為健康就是沒有疾病，沒有疾病就是健康，但這樣的定義卻過於籠統也不符合時代變遷所需。世界衛生組織(WHO)在 1948 年將健康定義為：「健康是身體的、心理的和社會的完全安適狀態，而不僅是沒有疾病或殘障發生而已。」此定義將健康的概念由原本的身體、生理健康擴充至心理、社會的健全安適，更明白的否定過去對於健康只講求「無病」狀態之說法。自此後健康即被視為多層面及正向的概念，而不僅只是沒有疾病就可算是健康，許多學者亦開始探討健康這個概念所包含的內涵。

　　Winstead-Fry(1980)指出健康不僅止於生理層面，其亦涵蓋與環境做有意義的互動，感覺生活是充實的且滿懷熱誠，並能自我成長。Allen(1981)亦認為健康並非靜止狀態，而是一種生活方式、存在方式與成長方式。對 Winstead-Fry(1980)和 Allen(1981)而言，健康乃屬生活過程。Maglacas(1988)提出健康的兩個主要層面為穩定性(stability)與健康潛能(health potential)。穩定性是指維持生理、心理和社會之平衡；健康潛能則是指群體或個人應付環境與心理社會需求

和壓力的能力。Tripp-Reimer(1984)提出健康包含客觀及主觀兩個層面,客觀層面以疾病之有無來界定健康與否;主觀層面則視健康為安適狀態(wellness)。Simmons(1989)歸納出健康的鑑定屬性(critical attributes)有二:生理、心理及社會的適應狀態和自我實現,此與 Maglacas(1988) 提出的看法類似。Simmons(1989)進一步指出一個健康的人,應達到生理、心理及社會之動態平衡,並能發揮個人之最佳潛能,以獲得個人成長和有生產力的生活(productive living)。以此來看,健康實為一多層面的概念,並且無一絕對的定義。

但是,倘若疾病並不一定是健康與否的絕對依據,對已罹患疾病的人又該如何定義健康呢?對此,Moch(1998)提出疾病之中亦有健康(health with in illness),超越了疾病與健康不能並存,有病即是不健康,必須與疾病抗爭的傳統觀念。此觀念認為疾病可以是促使個人做正向改變的契機,疾病的經驗會使個人覺醒(awareness)及改變,更加了解自己並促進個人成長。例如:因疾病而使個人正視自己的健康;使家庭成員情感更親密;或引發個人內在心靈成長,而對生命有更多體會、取捨與珍惜,並進而重新檢視人生的意義;以及重新界定與他人及與環境之間的關係,這些均是自我成長的方式。因此,疾病經驗豐富了生命,也提供學習的機會及成長的轉機。以此觀點來看,有病並不等於不健康。研究亦顯示:殘障者雖有功能限制,但他們卻認為自己功能良好,也自認他們的健康狀況是良好或非常好。對殘障者而言,健康的定義更寬廣而不局限於功能缺損(Stuifbergen, Becker, Ingalsbe, & Sands, 1990)。

Ewles 和 Simnett(1985) 提出整體健康的概念(a holistic concept of health),從不同層面的概念來探討健康,可以看成是 WHO 健康定義的具體描述。Ewles 與 Simnett 指出健康應包含幾個不同的面向,將 WHO 提出的健康定義之心理健康,又區分為心理健康(mental health)與情緒健康(emotional health),並加入了靈性健康(spiritual health)的要素與社會結構的健康(societal health)。各個不同面向說明如下:

1. **身體的健康**(physical health):指身體方面的功能健康,沒有疾病和殘障,身體與生理上具有充足的機能與能力,足以應付日常生活所需。

2. **心理的健康**(mental health):指有能力做清楚且有條理的思考,主觀的感覺健康。

3. **情緒的健康**(emotional health)：指有能力認知情緒（如喜、怒、哀、樂等），並能適當表達自己的情緒，處理壓力、沮喪及焦慮等。

4. **社交的健康**(social health)：指有能力創造與維持與他人之間的關係，和他人的互動能力，有滿意的人際關係並能履行角色義務。

5. **靈性的健康**(spiritual health)：對某些人而言，靈性健康或許與宗教信念及行為相關，但並不是絕對；靈性的健康是個人的行為信念或行為的原則，是一種達到心靈平靜的狀態，反應一個人的價值系統，或是超越信仰的力量，或許更為接近自我實現的概念。不過有宗教信仰的人，宗教的行為確實可使其產生憐憫、喜樂、平和的感情，比較能夠容忍不快，與家人、朋友和睦相處，較易獲得內心的平靜，有助於達成環境的和諧，以及心靈內外的平衡，獲致較健康的生活。

6. **社會結構的健康**(societal health)：意指健康的生活圈，生活在健康的環境中，個人健康與周遭事物是不可分的，接近社區健康概念。個人不可能在無法提供基本資源，以滿足身體與心理需求的社會結構中，得以健康。

由此可見，健康應該是多層次的、動態的、積極的，是正向，而不僅只是沒有疾病就可算是健康。

第二節　健康與疾病的關係

Health
And Life

健康與疾病是一種連續狀態。Roy(1976)認為健康並非「健康或疾病」此二分法，而應該是個體從高層次的安適狀況(high level wellness)、健康狀況不錯(good health)、健康狀況普通(normal health)、健康狀況不佳(poor health)、健康狀況極差(extreme poor health)、最後是死亡(death)的線性持續狀態；個體並非單純的屬於「健康」或屬於「不健康」，而是個體在各不同的時、空環境下的身心狀況不同，於上述線性狀態中之不同位置的移動。一個人的健康狀態是動態的過程（圖 1-1），隨時都在變動，端看個體對危害其自身安全的威脅（如病毒的感染）能否做有效的調適。良好的健康來自積極的生活態度與健康的生活習慣。

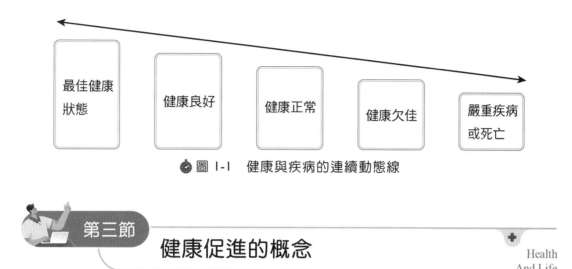

圖 I-I 健康與疾病的連續動態線

第三節

健康促進的概念

Health
And Life

　　健康促進(health promotion)的發展，最早開始於加拿大學者 Lalonde (1974) 的報告 A New Perspective on the Health of Canadians，提到醫療照護並非是決定健康的重要因素，並提出四個影響健康的要素：生活方式、環境、醫療照護、生物遺傳，其中又以生活方式影響最大，因此認為公共衛生的重點應該是「健康促進」，而不是「疾病治療」。1978 年 WHO 發表的 Alma-Ata 宣言，提到個人與群體皆有維護和促進健康的責任和義務。

一、健康促進(Health Promotion)的定義

　　健康促進的理念，最重要的發展關鍵是在 1986 年 WHO 於渥太華舉辦第一屆國際健康促進會提出的「渥太華憲章(Ottawa Charter for Health Promotion)」，將健康促進定義為：「強化人們使其能掌握及增進自身健康的過程」，是一種新的策略與工作方法，亦是結合教育及環境的支持，促使行動的產生及生活條件之改善而增進健康。而其中所謂的環境包括社會、政治、經濟、組織、政策及法令規定。健康促進不是針對疾病或健康問題之特定預防，而是以自我積極實現為導向，指引個人維持或增進健康、自我實現和幸福滿足的肯定態度，表現個人積極主動地建立新的正向行為。健康促進是幫助人們改變生活方式，以達到最佳的健康狀態。Pender(1987)指出健康促進是一種開展健康潛能的趨向行為(approach behavior)，包含任何以增進個人、家庭、社區和社會安寧幸福(wellbeing)層次與實現健康潛能為導向的活動。此定義明確的將健康促進之範圍加以說明，涵蓋個人、家庭、社會安寧幸福。我國學者黃松元(1993)亦認同上述看法，將健康促進的定義由個人擴及至社區，認為健康促進始於個人，並及於

尋求發展社區和個人策略，以協助人們採行有助於維護和增進健康的生活方式。

　　健康促進與疾病預防經常被混用，但是，健康促進與疾病預防是不同的。根據 Pender(1996)指出其差異如下：

1. 健康促進並不限於疾病、傷痛；疾病預防或健康保健(health protection)卻僅限於疾病、傷痛。

2. 健康促進係一種趨向性之行為；而疾病預防或健康保健卻是迴避性之行為。

　　相同之概念，國內也有學者提出類似之概念，李蘭(1991)將健康行為區分為「預防疾病」和「健康促進」，預防疾病僅消極地以減少或除去高危險性的行為為目標；健康促進則積極地以建立良好且有益健康的行為為目標。因此，健康促進於概念上更加之正面、積極，不僅以最低限度「無病」之「疾病預防」為目標，而更是要主動建立能達到健康之正向、趨向行為。

　　因此，傳統上所認為之「迴避」、「預防」性之行為（如避免吸菸、酗酒、藥物、肥胖等）僅為最低限度之健康行為。Pender(1996)指出健康促進行為，除了將上述迴避、預防性的行為列入外，另外還提到身體活動、健身活動、家庭計畫、心智健康、教育、社區等相關向度行為之建立。而世界衛生組織亦強調健康促進不能僅止於健康促進行為，更應擴大至社會福利及公共政策。

　　Laffrey(1985)很明確的指出認為「健康促進」係以獲得最高層次健康為目標所採取的行為。Brubaker(1983)則認為健康促進是導引自我成長，增進安寧幸福的健康照顧。其他有許多學者也提出類似的概念與定義，諸如：Orem(1995)認為健康促進在於增進潛能並進入更適當的功能狀態；O'Dennell(1986)認為健康促進可協助人們改善生活型態朝向最佳健康狀態；Grasser 和 Graft(1984)認為健康促進之目標為安適狀態(wellness)，方式為透過個人環境、習慣之改善；Kulbok 等人(1997)也提到健康促進的最終目標在於「幸福(well-being)」。整理上述說法，皆提到健康促進的目標不外乎「幸福」、「安適」，更甚者有「增進潛能」、「自我成長」。所謂最理想的健康，包含身體、情緒、社會、精神及智慧各層面的平衡。

　　廣義而言，健康行為包含疾病預防與健康促進兩部分，然疾病預防與健康促進在健康層次上是有所區分的，說明如下：

（一）疾病預防

指減少或去除生活中損害健康的危險因子或行為因素，因為疾病開始於某項危險因子，目的在阻止或降低疾病或特殊健康問題對個人的健康安適造成病理性的傷害，因此在健康態度上比較消極，屬於一種避免行為(avoidance behavior)，避免疾病的發生。

（二）健康促進

是積極建立良好且有益健康的行為。依世界衛生組織定義，健康促進是促使民眾增加控制健康或改善健康的能力，即在人們還很健康時，即設法創造並改變個人的行為與生活環境，目的在協助人們改變行為，並透過各種學習管道來提升自我健康的照護能力，且為了達到人們身體、心理、社會的幸福感，必須使個人或團體有能力改變或克服環境，使健康成為日常生活的資源。

雖然，健康促進和疾病預防是可以區分的，然而，實際上兩者可相輔相成而達到個人或群體之最佳狀態。健康的意義不只是「沒有疾病」而已，健康不能只有消極地維護，更要積極地促進。綜合上述，健康促進行為有助於人們從病痛之狀態，進而不斷提升至更佳的健康、幸福狀態。

二、健康的生活型態

健康的生活型態包含許多行為項目，健康促進行為是健康生活型態的要素，個人生活型態中的健康促進行為可視為正向的生活方式，引導個人體認其自身具有高度的健康潛能。臺灣自 1995 年步入高齡化社會後，人口老化日趨嚴重，民眾生活型態改變、飲食西化，促使慢性病人口逐年上升，心血管疾病、糖尿病、腎臟疾病等均高居十大死因之列，因此，在年輕時代即建立起自我健康責任，養成健康的生活型態，已成首要之務。

（一）與健康相關之行為

一般而言，個人採行與健康相關之行為，可分為：

1. **健康行為**：充足睡眠、身心放鬆、對飲食提高警覺，如限制食量、控制體重、不過度勞累等。

2. **安全行為**：繫安全帶及其他防護措施，常檢查各類狀況，備妥急救設備及緊急時電話號碼等。

3. **預防性健康照護**：如健康檢查、口腔檢查等。

4. **避免環境中的危害**：如避免空氣汙染、注意食物的安全和衛生、工作時注意防護設備等。

5. **避免有害物質**：如不吸菸、不喝酒、不嚼檳榔及不濫用藥物等。

（二）健康生活型態之內涵

　　生活型態的養成，並非一時半刻，但長期下來所養成的習慣導致的生活方式，卻是左右健康的關鍵。這種健康的生活型態，足以令人感到生活滿足或愉快，而非僅避免疾病的發生而已(Pender, 1987; 1996)。Walker、Sechrist 和 Pender(1987)將健康促進生活型態定義為：個人為達成維護或提升健康層次，以及自我實現和自我滿足的一種自發性多層面的行動與知覺，包括營養、運動與休閒、壓力處理、人際關係、健康責任及靈性成長，其內涵說明如下：

1. **營養**：包含日常飲食型態、食物的選擇、用餐時間與習慣等。

2. **運動與休閒**：指一個人平日是否從事運動與休閒的活動，如每週至少運動 3 次，每次 30~40 分鐘。

3. **壓力處理**：包含能夠放鬆自己及抒解壓力等，如漸進式放鬆技巧、冥想靜坐、適當休息與睡眠，這些活動可以使各器官系統安定。

4. **人際關係**：如能發展社會支持系統，如有親密的人際關係、與他人討論自己的問題、花時間與親密的朋友相處等。

5. **健康責任**：人人應負起自身的保護責任、學習照顧自我，以維持個體的健康、預防疾病或恢復健康。包含能注意自己的健康、與專業人員共同討論保健相關問題、參與各項保健相關活動等。

6. **靈性成長**：包含生活有目的、朝目標努力、對生命樂觀、有正向成長與改變的感覺等。

（三）實行健康生活型態之建議

　　健康促進生活型態之內涵，除了一般較常見的飲食、營養、睡眠、菸酒的生活生理層面，更包含環境、人際、自我、靈性等心理、精神層面。如同前文對於「健康」的討論，「健康促進生活型態」也是全面、多元的，涵蓋了生、心理，以及人際、環境。汪秀婷(2010)針對實行健康促進生活型態實務提出以下建議：

1. **兼顧生理與心理**：健康的涵義已不再像過去僅狹義的注重生理健康，心理健康對人的影響也很重要，甚至心理上的疾病亦有可能影響生理上的正常運作。

2. **連結個人與他人**：人類是群居的動物，無法離開他人離群索居，學習如何與他人融洽相處、建立關係，更是個人「健康」與否的指標之一。了解自己，掌握自己的個性，了解人我差異，而能適當的調適人與人之間的差異，融洽的連結人我之間的關係。增進人際關係之可靠作法如以開放的心胸接納他人、樂於對他人伸出援手、能適應並處理人我差異等。

3. **協調自我與環境**：人所處的環境千變萬化，個人身邊的環境也不斷在改變，環境的改變可能給個人帶來助益、支持，卻也有可能產生困擾、阻礙，如何了解自己，以求協調自我與環境，並能在環境的改變之後加以適應，是一很重要的課題。環境所指涉者，不只是有形的物質環境（如天氣、城鄉、建築等），更有無形的環境（如人際、氣氛、風俗、文化等）。適應環境的可行作法如培養開放的心胸態度、減少適應期帶來的不適、多方面接觸多元環境培養適應力等。

4. **培養良好生活習慣**：良好生活習慣之培養，可以維持良好的生理健康，在良好生理健康的基礎下，更讓人有餘裕衝刺事業、照顧家庭、和諧人際，進而兼顧心理、人際、環境各方面的健全發展。

5. **拒絕不良習慣行為**：現代人常見的不良習慣或行為，除了飲食失衡或作息紊亂，還有吸菸、酗酒甚至吸毒等積極性的戕害身體的行為，甚至會扭曲、影響個人的人格、精神，產生精神、心理疾病。可行作法如保持健康的生活習慣、避免出入複雜的場所、慎選友人、拒絕誘惑、勿抱持姑且嘗試之心態等。

第四節

影響健康因素

Health
And Life

　　影響健康因素的研究始於對死因的探討。國內外的研究均發現生活型態對健康的影響最為重要。加拿大衛生福利部曾提出報告，指出影響人類健康的因素有遺傳、環境、醫療體制和生活型態等四種，其中「生活型態(life style)」取決於個人採行之行為，對健康影響最大(Laframboise, 1973)。1976 年 Alan Dever 也依照這四個因素來分析美國 1974~1976 年間死亡原因的關係，結果發現：與個人的生活方式有關者最多數占 43%，進一步確認了「生活方式」與人類健康的密切關係。日本健康福利部門於 1996 年時也同樣提出：影響健康最重要的因素為生活型態，同時並指出成人的疾病(adult onset disease)開始於 40 歲左右，且都是生活型態所導致之疾病(lifestyle related disease)(Koyama, 2000)。

　　國內學者林瑞雄在 1992 年的統計中，指出影響國人健康的四大因素分別為：健康照護體系占 10%、人類生物學因素占 25%、環境因素占 19%、生活型態占 46%（圖 1-2），分述如下：

（一）環境因素(Environment)

　　指暴露在有害的環境下，如空氣汙染、水汙染、食物汙染、噪音、社會動盪、政治不安等。例如：高雄大寮的空氣汙染事件；大陸三聚氰胺毒奶事件；最近發生的過期原物料、問題醬油、毒澱粉、蘇丹紅等問題，均造成民眾健康上極大的危害與心靈上的恐慌。

（二）人類生物學因素(Human Biology)

　　指人口學特徵、遺傳疾病、家族病史等。當個人有先天或遺傳性疾病時，即個人體質的差異（如血友病、蠶豆症等），均會影響個人健康狀況。

（三）健康照護體系(Health Care System)

　　指健康醫療服務，如醫療保健機構的政策、醫療資源分配、醫護人員素質，以及民眾獲得醫療照護的便利與否等，均會影響健康狀況。

（四）生活型態(Lifestyle)

指個人所採行與健康有關的行為，如吸菸、酗酒、缺乏運動、飲食不當及壓力等，對個人的健康造成最大的影響，也是導致疾病與死亡的主要原因。依衛生福利部近年的統計，臺灣地區十大死因大多為慢性病，如心血管疾病、腦血管疾病、高血壓及糖尿病等，大多是因不健康的生活型態所形成。不健康的生活型態與許多慢性疾病有非常明確的關聯（表 1-1），因此，若能從日常生活中戒除不良習慣，逐步培養健康的生活型態，如規律運動、均衡飲食、壓力調適等，方能達到預防疾病、促進健康的目的。

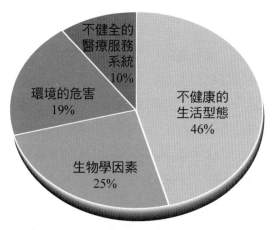

● 圖 1-2　影響國人健康的四大因素

● 表 1-1　不健康的生活型態與慢性病的關聯

不健康的生活型態	相關慢性疾病
吸 菸	癌症、肺氣腫、慢性阻塞性肺疾病、心臟病、高血壓、腦中風、骨質疏鬆
酗 酒	肝癌、肝硬化、高血脂、高血壓、骨質疏鬆
嚼檳榔	口腔黏膜下纖維化症、口腔癌
缺乏運動	高血壓、心臟病、腦中風、糖尿病、骨質疏鬆
不良飲食習慣	慢性胃炎、胃潰瘍、腎臟病、高血脂、高血壓、心臟病、腦血管疾病、骨質疏鬆
長期熬夜	心臟病、免疫力降低、慢性肝病

第五節 國人的健康現況

Health
And Life

　　由於社會經濟結構改變、生活水準提高及衛生保健的改善，臺灣的主要死因已由急性、傳染性疾病為主，轉變為以惡性腫瘤、心血管等慢性病及事故傷害為主。

一、國人十大死因之變遷

（一）十大死因順位

最新歷年
死因統計

　　衛生福利部(2024)統計資料顯示，2023 年我國十大死因依序為：(1)癌症(4%)、(2)心臟疾病(12%)、(3)肺炎(8%)、(4)腦血管疾病(6%)、(5)糖尿病(6%)、(6)嚴重傳染性肺炎(COVID-19)(4%)、(7)高血壓疾病(4%)、(8)事故傷害(3%)、(9)慢性下呼吸道疾病(3%)、(10)腎炎、腎病症候群及腎病變(3%)。2023 年我國十大死因死亡人數合計 15 萬 4,181 人，占總死亡人數 75.0%，惡性腫瘤自 1982 年起連續高居國人死因首位，2023 年十大死因與 2022 年相同，癌症與心臟疾病排名不變，均居前 2 位；若與 2013 年相較，新增之嚴重傳染性肺炎居第 6 位，順位上升者有肺炎、高血壓性疾病，順位下降者有腦血管疾病、糖尿病、事故傷害、慢性下呼吸道疾病。

（二）十大死因性別之差異

　　在性別差異上，男女死因在排序上亦略有不同，詳見圖 1-3。2023 年男性死亡率高於女性，其中以事故傷害男性死亡率為女性 2.36 倍差異較明顯。

　　就性別主要死因觀察，男性 2023 年十大死因依序為每十萬人口中(1)惡性腫瘤 276.6 人、(2)心臟疾病（高血壓性疾病除外）116.9 人、(3)肺炎 85.2 人、(4)腦血管疾病 63.1 人、(5)糖尿病 51.8 人、(6)嚴重特殊傳染性肺炎(COVID-19)45.6 人、(7)事故傷害 42.7 人、(8)高血壓性疾病 39.9 人、(9)慢性下呼吸道疾病 37.1 人、(10)腎炎、腎病症候群及腎病變 25.3 人。

　　女性 2023 年十大死因依序為每十萬人口中(1)惡性腫瘤 179.8 人、(2)心臟疾病（高血壓性疾病除外）84.2 人、(3)肺炎 58.2 人、(4)糖尿病 47.8 人、(5)腦血管疾病 43.1 人、(6)高血壓性疾病 37.2 人、(7)嚴重特殊傳染性肺炎(COVID-

19)31.4 人、(8)腎炎、腎病症候群及腎病變 24.5 人、(9)事故傷害 18.1 人、(10)血管性及未明示之失智症 18.1 人。

十大死因中，心臟疾病、肺炎、腦血管疾病、糖尿病、嚴重性特殊傳染性肺炎(COVID-19)、高血壓性疾病、慢性下呼吸道疾病、腎炎、腎病症候群及腎病變等 8 類死因死亡年齡中位數均高於所有死因之 77 歲。事故傷害年齡中位數僅 66 歲，且男性低於女性之歲數為 8 歲。

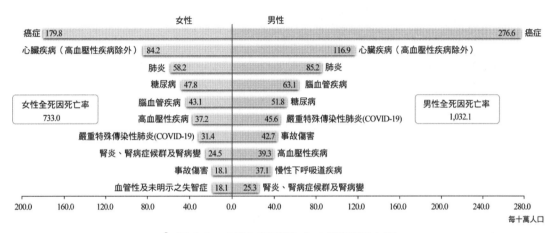

圖 1-3　2023 年兩性十大死因死亡率

資料來源：衛生福利部（2024，6 月 17 日）・*112 年國人死因統計結果*・https://www.mohw.gov.tw/cp-16-79055-1.html

（三）十大死因年齡之差異

不同年齡層死因也有差異（詳見表 1-2），就 2023 年不同年齡層觀察事故傷害死因排名，1~14 歲及 15~24 歲居首位，25~44 歲居第 3 位，0 歲居第 4 位；另 15~24 歲及 25~44 歲死亡人口中，自殺均居死因第 2 位。25~44 歲、45~64 歲及 65 歲以上死亡人口均以癌症為死因首位；65 歲以上死亡人口之五大死因與全國死因相同，繼癌症之後，第 2 至第 5 位死因分別為心臟疾病、肺炎、腦血管疾病及糖尿病。

（四）十大死因之特色

從十大死因之變遷可得知目前臺灣常見的死因特色為：

1. 癌症、慢性病及傷害為主。

2. 多重病因互為因果。

表 1-2　2023 年國人各年齡別五大死因

單位：每十萬人口

順位	年齡總計 死亡原因	死亡率	0 歲 死亡原因	死亡率	1~14 歲 死亡原因	死亡率	15~24 歲 死亡原因	死亡率	25~44 歲 死亡原因	死亡率	45~64 歲 死亡原因	死亡率	65 歲以上 死亡原因	死亡率
1	癌症	227.6	先天性畸形、變形及染色體異常	68.0	事故傷害	2.7	事故傷害	18.1	癌症	23.2	癌症	225.8	癌症	841.5
2	心臟疾病（高血壓性疾病除外）	100.3	源於周產期的呼吸性疾患	67.2	癌症	2.6	蓄意自我傷害（自殺）	16.2	蓄意自我傷害（自殺）	16.7	心臟疾病（高血壓性疾病除外）	60.4	心臟疾病（高血壓性疾病除外）	436.0
3	肺炎	71.6	與妊娠期短及胎兒生長有關的疾患	57.5	蓄意自我傷害（自殺）	0.9	癌症	3.2	事故傷害	13.5	腦血管疾病	30.5	肺炎	366.1
4	腦血管疾病	53.0	事故傷害	24.6	心臟疾病（高血壓性疾病除外）	0.7	心臟疾病（高血壓性疾病除外）	1.6	心臟疾病（高血壓性疾病除外）	11.2	事故傷害	26.9	腦血管疾病	235.3
5	糖尿病	49.8	特發於周產期感染	17.96	先天性畸形、變形及染色體異常	0.7	肌肉骨骼系統與結締組織疾病	*	慢性肝病及肝硬化	5.7	糖尿病	26.0	糖尿病	228.4

說明：死亡人數未滿 20 人者，易受小樣本影響，死亡率不具可靠性(Unreliable)，愛以*呈現；排名可靠性也受其波及影響。

資料來源：衛生福利部（2024，6 月 17 日）。112 年國人死因統計結果。https://www.mohw.gov.tw/cp-16-79055-1.html

3. 控制而非治癒疾病：許多慢性病在治療上均屬無法治癒之疾病，治療方式僅在於控制疾病，以防惡化和出現併發症，減少對生活品質與生命安全之危害。

4. 預防勝於治療之原則：無特殊防治之道，惟有執行健康的生活型態，如戒除有害習慣（如戒菸）、日常保持均衡飲食、適當運動、控制體重及優良生活環境的維護等，方能有效預防疾病。

5. 高危險群因人而異。

　　慢性病初期多發生在壯年、中年時期，往往被輕忽；隨著年齡漸長，病因慢慢累積。針對我國中老年人進行的健康調查發現：七成以上(77.2%)受訪者自述至少有一種經醫師診斷慢性病，三成(33.8%)自述至少有三種以上經醫師診斷慢性病（國民健康署，2022）。慢性病的致病原因，多和個人生活型態、健康行為（如吸菸、不良飲食習慣、缺少運動等）有關。目前我國的主要死因中，除意外事故與自殺外，不良生活習慣為其共同的危險因子，表 1-3 列出常見慢性疾病之致病因子。因此，年輕時即要做好自我健康管理，如健康飲食、規律運動、控制體重等，以預防及延緩慢性病的發生。

🍶 表 1-3　常見慢性病的致病（危險）因子

疾病名稱	致病（危險）因子
惡性腫瘤	吸菸、嚼食檳榔、不當飲食習慣、肥胖、遺傳、汙染等
心臟疾病	飲食、肥胖、缺乏運動、吸菸、喝酒、不正常飲食習慣（如過鹹、過油）、高血壓、糖尿病、高血脂、遺傳、家族史等
腦血管疾病（腦中風）	飲食、肥胖、缺乏運動、吸菸、喝酒、不正常飲食習慣（如過鹹、過油）、高血壓、糖尿病、高血脂、遺傳、家族史等
糖尿病	不正常飲食習慣（攝取過多澱粉及糖）、肥胖、遺傳、缺乏運動、家族史等
慢性肝病及肝硬化	酗酒、不正常飲食習慣（攝取過多脂肪）、作息不正常、肝炎病毒、藥物等
腎炎、腎徵候群及腎性病變	感染、免疫異常、藥物、重金屬等
高血壓性疾病	飲食、肥胖、缺乏運動、吸菸、喝酒、不正常飲食習慣（如過鹹、過油）、糖尿病、高血脂、遺傳、家族史等

二、高齡時代來臨，健康是重要的個人資產

依據國人近年主要死因統計結果分析，有以下幾點重要發現：

（一）國人平均餘命持續增加

國人平均餘命持續增加，1994 年國人平均餘命為 74.5 歲，男性為 71.8 歲，女性為 77.7 歲；到了 2022 年國人平均餘命提升為 79.84 歲，男性為 76.63 歲，女性為 83.28 歲（內政部，2023）。國人平均餘命持續增長，全民健保之實施讓國人就醫可近性提升，若剔除年齡結構因素影響，發現健保實施後死亡率降幅明顯高於健保實施前，故可言，健保實施對國人零歲平均餘命之延長是有其貢獻。

（二）人口老化快速，醫療保健與長期照護負擔沉重，老年生活品質難確保

根據 2022 年國民醫療保健支出統計，2022 年全民健康保險對象中，50 歲以上人口數只約占總人口數的 30.6%，共使用了約 61.4%的健保資源（衛生福利部，2024）。從我國歷年人口結構觀察，高齡者（65 歲以上）比率逐年上升，幼年人口（0~14 歲）比率則因出生率下降而逐年降低，自 1993 年 9 月底，臺灣 65 歲以上的老年人口為 1,485,200 人，占總人口之 7.09%，達聯合國世界衛生組織所訂的高齡化社會(aging society)指標；邁入高齡化社會以來，65 歲以上老人所占比率持續攀升，在 2017 我國老年人口數首度多於幼年人口，老化指數達 100.18；2018 三月老年人口達 14.05%，成為高齡社會。國家發展委員會(2022)推估預估 2025 年，我國老年人口占比將超過 20%，成為超高齡社會的一員，高齡化速度較歐、美、日等國為快。預估 2050 年老年人口將增至 766 萬人（占 37.5%），2070 年再增至 708 萬人，占總人口比重達 43.6%。我國人口老化快速已為世界之最，預期末來國民長期照護，醫療保健支出將會持續明顯增加。

醫療衛生、科技的進步，不僅延長人類壽命，也增進人口老化的速度，亦改變了疾病型態，使得罹患慢性病、失能而需他人照顧的老年人口大幅增加。2004 年世界衛生組織(WHO)推估人類長期照護之潛在需求為 7~9 年。而我國衛生福利部依據國人的平均壽命和疾病型態等變數推估，國人一生中的長期照護需求時段約為 7.3 年，男性平均需要長期照護的時間為 6.4 年；女生平均需要長期照顧的時間為 8.2 年。

此外，因出生率的逐年下降，婦女就業人口的增加，導致家庭結構的改變，使得傳統以家庭為核心來照顧老人的方式，正逐漸瓦解中；須獨立生活靠

自己養老的老年人口比率，則是逐年增長。再者，65 歲以上老年人口之醫療保健支出占總醫療費用的比重，亦呈現持續增加的現象。國家發展委員會指出，到了 2070 年，每 1.1 個青壯年就必須扶養 1 個老人，這將造成社會極沉重的扶養負擔。在國人普偏生育率下降、慢性病比率升高之際，面對家中老人倘若無暇照顧，而將之送至長期照護服務機構，對家庭將是一項沉重的經濟負擔。隨著國人平均壽命延長，疾病型態轉變，現今社會身體與健康的支出消費將是大家必須共同面對的社會議題，健康保險與長期照護支出已成為熱門的公共議題，健康將是人生中重要的資產。

結 語

　　健康的概念發展至今，不斷的擴充，「健康」二字之定義已全面、多元的包含身、心、人際、環境各層面之內涵。生活型態，則是以滿足個人生存基本需要，而進行個人行為與一連串事件交互作用的結果，不僅包括個人健康知識、態度和行為、社會價值觀，同時也是個人生活的信念和哲學觀。健康促進生活型態的建立來自於個人的選擇，這種做出正確抉擇的能力，是經由學習過程累積了足夠的知識和行動經驗才能具備的，個人健康促進生活型態之實施與踐履，有賴於個人對於健康之正確概念的建立，以及對自己身、心、人際、環境多方面之認識與協調，最後才是對於健康促進行為之落實與持續，使之成為生活的一部分，而成為個人之生活習慣。隨著社會結構與生活的改變，使國人疾病型態已不同於以往，許多疾病不再是老年人的專利，年輕化和普遍化已成為一種趨勢。無論國內外的研究均發現：影響健康最重要的因素為生活型態，如吸菸、酗酒、缺乏運動、飲食不當及壓力等，對個人的健康造成最大的影響，也是導致疾病與死亡的主要原因。

　　在多元健康定義下所發展之健康促進生活型態，整合各方面之概念，發展出一種多元化、全人化之以健康為最終目的之生活方式，除了最基本生理上之保健，更應顧及心理、人際、環境的協調，除此之外，面對多變、多元之社會，也要能避免、拒絕養成諸如吸菸、喝酒、吸毒等不良習慣，逐步培養健康的生活型態，如規律運動、均衡飲食、壓力調適等。在年輕時即養成良好的生活習慣，負起健康責任，做好自我健康管理，方能達到預防疾病、促進健康的目的，成就幸福人生。

學後評量 EXERCISE

1. 下列何者為聯合國世界衛生組織(WHO)對於「健康」的積極定義？(A)身體沒有疾病及失能　(B)生理、心理及社交三方面的平衡健全狀態　(C)沒有心理失常且能應付日常生活　(D)身體呈現不虛弱的狀態。

2. Moch(1998)提出「疾病之中亦有健康(health with in illness)」，是指何種概念？(A)有病即是不健康　(B)健康是指生理沒有疾病　(C)疾病與健康是會並存的　(D)殘障就是不健康。

3. 有關健康與疾病概念之敘述，下列何者正確？(A)二者是一個動態且絕對的關係　(B)個體在此一連續線上的位置會受內外在環境的影響　(C)是一個明確、客觀且可測量的狀態　(D)二者都有明確且一致性的定義。

4. 有關「健康促進」的敘述中，下列何者有誤？(A)來自於西元 1986 年渥太華憲章　(B)目的在於人尚未生病前，便設法降低或避免致病原因的發生　(C)主要在促進及維護個人的健康狀態　(D)只在學校中進行健康促進活動。

5. 何者為健康的生活型態？(A)多購買維生素等保健食品服用　(B)為更好的生活要加班熬夜　(C)養成開車繫安全帶習慣　(D)沒事待在家裡以免發生意外。

6. 影響健康的因素中，以下何項是「環境因素」？(A)空氣汙染　(B)蠶豆症(C)醫療健保政策　(D)吸菸。

7. 近年我國十大死因首位是：(A)高血壓　(B)惡性腫瘤　(C)事故傷害　(D)慢性肝病及肝硬化。

8. 從十大死因之變遷可得知目前臺灣常見的死因特色為：(A)以意外傷害為主(B)多為單一病因　(C)治癒而非控制疾病　(D)預防勝於治療之原則。

9. 根據聯合國世界衛生組織(WHO)的定義，65 歲以上人口為老年人，當老年人口占所有人口 7%以上，這個社會便稱為何者？(A)老化社會　(B)高階層社會(C)高齡化社會　(D)超高齡化社會。

10. 在人口老化的社會結構中，下列哪兩種情形會伴隨增加？(A)勞動力不足與退休年齡延長　(B)幼齡人口比例與生育率提高　(C)退休年齡提早與養兒防老日趨盛行　(D)青年人口比例增加與勞動力充足。

解答　1.B　2.C　3.B　4.D　5.C　6.A　7.B　8.D　9.C　10.A

參考文獻　　　　　　　　　　　　　　　REFERENCES

內政部（2023，8月11日）・*簡易生命表及平均餘命查詢*・https://www.moi.gov.tw/cl.aspx?n=2948

李蘭(1991)・健康行為的概念與研究・*中華衛誌，10*(5)，199-207。

汪秀婷 (2010)・*健康促進生活型態之理論與實務探究*・http://society.nhu.edu.tw/e-j/90/4.htm

林瑞雄(1991)・*國民健康調查之規劃與試驗*・行政院衛生福利部。

黃松元(1993)・*健康促進與健康教育－健康促進的概念及其在健康教學上的應用*・師大書苑。

國家發展委員會（2022，8月22日）・*中華民國人口推估（2022 年至 2070 年）*・https://pop-proj.ndc.gov.tw

衛生福利部（2024，2月29日）・*111 年國民醫療保健支出統計*・https://dep.mohw.gov.tw/DOS/cp-5071-77799-113.html

衛生福利部（2016，1月12日）・*中華民國 104 年版衛生福利年報*・http://www.mohw.gov.tw/CHT/Ministry/DM2_P.aspx?f_list_no=16&fod_list_no=5728&doc_no=53314&rn=1106094741

衛生福利部（2024，6月17日）・*112 年國人死因統計結果*・https://www.mohw.gov.tw/cp-16-79055-1.html

衛生福利部（2019，10月24日）・*國人平均餘命*・取自 https://dep.mohw.gov.tw/DOS/cp-1720-7278-113.html

衛生福利部國民健康署（2022 年，3月29日）・*民國 108 年中老年身心社會生活狀況長期追蹤調查成果報告*・https://www.hpa.gov.tw/Pages/Detail.aspx?nodeid=242&pid=1282

Allen, M. (1981). The health dimension in nursing practice: Notes on nursing in primary health care. *Journal of Advanced Nursing, 6*, 153-154.

Dever, G. E. A. (1976). An epidemiological model for health policy analysis. *Social Indicators Research, 2*, 453-466.

Ewles, L., & Simnett, I. (1985). *Promoting health: A practical guide to health education.* New York.

Grasser, S. C. , & Craft, B. J. G. (1984). The patient's approach to wellness. *Nursing Clinics of North America, 19*(2), 207-218.

Koyama, W. (2000). Lifestyle change improves individual health and lowers healthcare costs. *Methods of information in Medicine, 39*(3), 229-232.

KuIbok, P. A., Baldwin, J. H., Cox. C. L., et al. (1997). Advancing discourse on health promotion: Beyond mainstream thinking. *Advances in Nursing Science, 20*(1), 12-20.

Laffrey, S. C. (1985). Health behavior choice as related to self-actualization and health conception. *Western Journal of Nursing Research, 7*(3), 279-300.

Laframboise, H. L. (1973). Health policy: Breaking it down into more manageable segments. *Journal of Canadian Medical Association,* 108, 388-393.

Lalonde, D. (1974). *A new perspective on the health of Canadians-A working document.* Ottawa: Government of Canada.

Maglacas, A. M. (1988). Health for all: Nursing's role. *Nursing Outlook, 36*(2), 66-71.

Moch, S. D. (1998). Health-within-illness: Concept development through research and practice. *Journal of Advanced Nursing, 28*(2), 305-310.

O'Donnell, M. P. (1986). Definition of health promotion. *American Journal of Health Promotion, 1*(1) , 4-5.

Pender, N. J. (1987). *Health promotion in nursing practice.* Appleton & Lange.

Pender, N. J. (1996). *Health promotion in nursing practice* (3rd ed). Appleton & Lange.

Pender, N. J., Walker, S. N., Sechrist, K. R., & Frank-Stromberg, M. F. (1990). Predicting health-Promoting lifestyle in the workplace. *Nursing Research, 39*(6), 326-332.

Roy, S. C. (1976). *Introduction to nursing: An adaptation model.* Prentice-Hall.

Simmons, S. J. (1989). Health: A concept analysis. *International Journal of Nursing Studies, 26*(2), 155-161.

Stuifbergen, A. K., Becker, H. A, Ingalsbe, K., & Sands, D. (1990). Perceptions of health among adults with disabilities. *Health Values, 14*(2), 18-26.

Tripp-Reimer, T. (1984). Reconceptualizing the construct of health: Integrating emic and etic perspectives. *Research in Nursing and Health*, 7, 101-109.

Walker. S. N., Sechrist, K. R., & Pender, N. J. (1987). The health-promoting lifestyle profile: Development and psychometric characteristics. *Nursing Research*, 36,76-81.

WHO (1948). *WHO definition of Health, Preamble to the Constitution of the World Health Organization as adopted by the International Health Conference*, New York, 19-22 June, 1946; signed on 22 July 1946 by the representatives of 61 States (Official Records of the World Health Organization, no. 2, p. 100) and entered into force on 7 April 1948.

WHO (1978). Declaration of Alma-Ata. *International Conference on Primary Health Care*, Alma-Ata, USSR, 6-12.

WHO (1986). *WHO Ottawa charter for health promotion.* http://www.euro.who.int/en/publications/policy-documents/ottawa-charter-for-health-promotion,-1986

WHO (1998). *Health Promotion Glossary*. WHO, Geneva.

Winstead-Fry, P. (1980). The scientific method and its impact on holistic health. *Advances in Nursing Science*, 2, 1-7.

Health And Life・MEMO

Health And Life

PART
———
01

常見疾病介紹

Health And Life · MEMO

作者｜張李淑女

CHAPTER 02

當代首要殺手：癌症知多少

學習目標

1. 認識惡性腫瘤。
2. 認識國人常見癌症發生率與死亡率。
3. 了解癌症的嚴重性與危險因子。
4. 了解面對癌症威脅的因應方法。

Health And Life

 前言

　　惡性腫瘤即所謂的癌症。根據世界衛生組織(WHO)統計：癌症是全球主要的死亡原因之一，在 2007 年，全世界有 1,700 萬人被醫師宣判得了癌症，790 萬人死於癌症（占所有死亡人數的 13%），預計全世界癌症死亡人數將繼續增加，2030 年將有約 1,200 萬人死於癌症(WHO, 2008a; 2008b)。臺灣自 1982 年起至今，癌症持續高居十大死因的首位。由此可見，癌症對於人類的威脅之可怕。但是 WHO(2005)指出，約有 1/3 的癌症是可以預防的，另只要及早發現與適當治療，有 1/3 的癌症是可以有效改善與降低醫療負擔。因此，在面對癌症的威脅之下，平日必須培養健康的生活習慣，並隨時注意自身的健康變化，方能有效遠離癌症。

第一節 認識腫瘤

Health
And Life

　　腫瘤是一種人類自身細胞的異常生長。正常情況下，人體內有些基因會控制身體細胞的正常生長，讓他們有序且節制地進行以維持在一平衡的狀態。然當受到某些因素的刺激影響，導致這些基因突變時，病變的細胞便脫離原先的制約機制，進而失控的增長繁殖，並且無法持續運作正常的功能，便形成了腫瘤。腫瘤則可區分為良性及惡性腫瘤，說明如下：

（一）良性腫瘤

　　良性腫瘤生長速度緩慢，形成局部腫塊，有的生長至一定時期會停止生長（如脂肪瘤），有明顯界限、包膜完整、不向外擴張，大多不會影響人之生命。

（二）惡性腫瘤

　　即所謂的癌症。癌症是來自人體正常的細胞，因外來的致癌因子刺激，或內生性的基因突變，出現突變，變成一個異常細胞（腫瘤細胞），不受自律性約束的異常地自我複裂、分裂，失控而快速增長，生產大量的腫瘤細胞，最後形成腫瘤，和正常細胞組織爭奪所需的養分，不斷侵犯以及蔓延，造成壓迫、潰爛或感染等，導致出血、疼痛或器官功能喪失等症狀，癌細胞還可能隨著淋巴系統或血液轉移到遠處繼續生長、破壞該組織器官，最後使人死亡。

表 2-1 列出良性腫瘤與惡性腫瘤之比較。

表 2-1　良性腫瘤與惡性腫瘤之比較

項　目	良性腫瘤	惡性腫瘤
生長方式	將正常組織擠向一旁	侵入正常組織內
結　構	與正常生長的組織類似	雜亂無章
生長速度	較緩慢	由緩慢到快速
轉移、擴散	不會轉移	常有轉移擴散的現象
對身體的影響	通常無害，除非造成重要器官壓迫或阻塞	會損害組織、器官，若不治療可致命
治療方式	手　術	僅靠手術可能無法治療
復　發	手術切除後很少會復發	手術後復發機率很高，與其浸潤性生長有關，較不易切除乾淨
預　後	良好，手術切除即可	依發現的期別而定，早期發現且未轉移，預後較佳；如已發生轉移，則預後差

人體由億萬個細胞所組成，不同的細胞有不同的機能，所有細胞都是通過有規律、有節制的過程生長及死亡，從而促進身體組織的新陳代謝。但如果細胞受到致癌因子的作用，不能正常地完成整個生長及死亡的過程，這些不正常生長的細胞就成了癌細胞（圖 2-1）。癌症其實並不是一種疾病的特別名稱，而是一類擁有多種相同特性疾病的名稱。刺激基因產生癌病變的因素包括體內癌症的遺傳基因及後天環境因素，例如：病毒或細菌、菸、酒精、檳榔、肥胖、缺乏運動、荷爾蒙過度、營養不良及其他化學物質等。

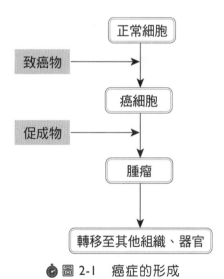

圖 2-1　癌症的形成

 第二節

我國癌症發生率

　　隨著高齡化、生活型態改變、肥胖人口增加等影響，國人癌症發生人數呈現持續增加的趨勢。根據衛生福利部國民健康署(2023)癌症登記報告資料，我國 2021 年新發癌症人數為 12 萬 1,762 人，平均每 4 分鐘 19 秒就有 1 人罹癌。報告指出，2021 年癌症發生年齡中位數男性為 66 歲、女性為 63 歲，前 10 大癌症發生人數依序為肺癌、大腸癌、女性乳癌、肝癌、口腔癌、攝護腺癌、甲狀腺癌、胃癌、皮膚癌、胰臟癌（表 2-2）。

　　因為人口老化快速及不健康生活型態，癌症發生人數預料仍將持續上升。以性別區分，2021 年我國男性前 10 大癌依序為大腸癌、肺、支氣管及氣管癌、口腔癌、肝及肝內膽管癌、攝護腺癌、食道癌、膀胱癌、皮膚癌、白血病、非何杰金氏淋巴癌；女性則依序為乳癌、肺癌、大腸癌、甲狀腺癌、子宮體癌、肝及肝內膽管癌、卵巢癌、皮膚癌、胃癌、非何杰金氏淋巴癌。男性口腔癌與食道癌，分別比女性高出許多，皆與吸菸、飲酒、嚼檳榔息息相關。

表 2-2　2021 年國人常見癌症發生人數比較

順　位	癌症	發生人數
1	肺癌	16,880
2	大腸癌	16,238
3	女性乳癌	15,448
4	肝癌	10,775
5	口腔癌	8,211
6	攝護腺癌	7,481
7	甲狀腺癌	4,626
8	胃癌	4,060
9	皮膚癌	3,954
10	胰臟癌	3,190

資料來源：衛生福利部國民健康署（2023，12 月）．*110 年癌症登記報告*．https://www.hpa.gov.tw/File/Attach/17639/File_23506.pdf

依據 2021 年癌症登記資料，常見的癌症如大腸癌、乳癌及攝護腺癌，其危險因子主要與狩獵型飲食習慣及缺乏運動有關，例如：大腸癌與乳癌與食用過多的紅肉、高脂低纖飲食、肥胖及缺乏運動有關；攝護腺癌主要與人口老化有關。許多癌症都有「危險因子群聚」的現象，又以與菸檳酒有關的癌症群聚現象最顯著。健康的生活型態（維持理想的體重、規律運動）、高纖低脂少肉的飲食（多攝食蔬果）、避免菸、酒、檳榔危害，是預防各種癌症的共通法則。若要遠離癌症威脅，國人需積極建立健康的生活型態，再配合定期接受癌症篩檢，方能有健康的人生。

最新歷年癌症登記報告

第三節　國人癌症死亡概況

Health
And Life

根據衛生福利部(2024)死因統計資料顯示，我國 2023 年癌症死亡人數為 5 萬 3,126 人，占所有死亡人數 25.8%。死亡率前十大癌症依序為：(1)氣管、支氣管和肺癌、(2)肝和肝內膽管癌、(3)結腸、直腸和肛門癌、(4)女性乳癌、(5)口腔癌、(6)前列腺（攝護腺）癌、(7)胰臟癌、(8)胃癌、(9)食道癌、(10)卵巢癌（表2-3）（衛生福利部，2024）。與 2014 年比較，順位上升者有胰臟癌和卵巢癌，順位下降者有胃癌及子宮頸癌。

表 2-3　1997、2008、2012、2014 和 2023 年國人十大癌症順位

年份 順位	1997	2008	2012	2014	2023
1	肺　癌	肺　癌	肺　癌	肺　癌	肺　癌
2	肝　癌	肝　癌	肝　癌	肝　癌	肝　癌
3	結腸直腸癌	結腸直腸癌	結腸直腸癌	結腸直腸癌	結腸直腸癌
4	胃　癌	女性乳癌	女性乳癌	女性乳癌	女性乳癌
5	女性乳癌	胃　癌	口腔癌	口腔癌	前列腺癌
6	子宮頸癌	口腔癌	胃　癌	前列腺癌	口腔癌
7	口腔癌	前列腺癌	前列腺癌	胃　癌	胰臟癌
8	前列腺癌	子宮頸癌	胰臟癌	胰臟癌	胃　癌
9	非何杰金氏淋巴瘤	食道癌	食道癌	食道癌	食道癌
10	鼻咽癌	胰臟癌	子宮頸癌	子宮頸癌	卵巢癌

依據 2023 年死因統計資料顯示，前十大癌症死因以性別觀察，男、女性之第一大癌症死因均為肺癌，男性第 2 與第 3 順位癌症死因為肝癌與結腸直腸癌，女性則為乳癌與結腸直腸癌，十大癌症死因中男、女性死亡率差距較大者為口腔癌（圖 2-2）（衛生福利部，2024）。這些癌症多與吸菸、飲酒、嚼檳榔等不良習慣有關。如此可見，健康生活習慣的重要性。

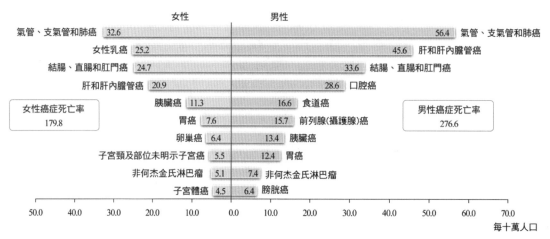

圖 2-2　男女兩性十大癌症死亡率

資料來源：衛生福利部（2024，6 月 17 日）．112 年國人死因統計結果．https://www.mohw.gov.tw/cp-16-79055-1.html

一、肺　癌

臺灣近數 10 年來肺癌病人顯著增加，目前肺癌已是國人最嚴重的癌症死亡原因之一。自 1982 年起，癌症即為國人十大死亡原因的首位，根據衛生福利部針對國人 2023 年的死因統計，肺癌為臺灣地區主要癌症死因第 1 位。肺癌多在 40 歲以上發病，發病年齡高峰在 60~79 歲。早期肺癌沒有明顯症狀，且預後普遍不佳，5 年存活率僅約 10%，惟有依靠定期檢查，早期發現與治療。

（一）危險因子

1. 吸菸：吸菸者得到肺癌的機率是不吸菸者的 10 倍，女性則為 5 倍（許秀彩、張惠芝，2002）。菸齡長及菸癮大的人罹患肺癌的機率愈大。此外，吸二手菸也會提高罹患肺癌的危險度，相關文獻指出，吸二手菸比不吸菸者增加 20%的罹患肺癌的機率(WHO, 2005)。

2. 因職業關係長期接觸致癌物：如果長期在含石棉、石油、瀝青、煤焦油、鉻、鎳、氯乙稀、亞硝酸鹽、苯胺染料、放射線、鈾等高濃度致癌物的環境下工作，非常容易誘發肺癌。

3. 空氣汙染。

4. 烹調時的油煙汙染。

5. 攝取過多高脂肪食物：偏好高脂肪食物的人，其罹患肺腺癌的機率比一般人高。

6. 已存在肺臟疾病：患有慢性呼吸道疾病者，如肺結核、肺纖維化、支氣管擴張症及慢性阻塞性肺疾病等，會使罹患肺癌機率升高。

（二）如何早期發現

目前尚沒有確定的檢查可以廣泛用於肺癌的早期篩檢。痰液的檢查及定期的胸部 X 光檢查並不能用於早期肺癌的篩檢。因肺癌會使身體產生不舒服的症狀，如有任何異狀，應盡快就醫診斷。

（三）臨床徵狀

肺癌可能出現的症狀如下：

1. 持續性和愈形惡化的咳嗽。

2. 持續性的胸痛。

3. 咳血。

4. 呼吸短促、喘鳴或聲音沙啞。

5. 反覆發生肺炎或支氣管炎。

6. 頸部和臉腫脹。

7. 食慾減低或體重減輕。

8. 疲倦。

（四）預　防

1. 不吸菸：WHO (2005)指出超過 80%的男性及 45%的女性，是因吸菸而罹患肺癌，因此預防肺癌最好的方法即是不吸菸。

2. 避免暴露於對呼吸道有刺激性的環境，如二手菸、空氣汙染。

3. 預防慢性肺炎、支氣管炎、結核病等疾病之感染。

4. 減少職業上致癌物的暴露，如石棉、砷、矽、粉塵等。

5. 多吃新鮮蔬果，尤其是深綠色的葉菜類蔬菜、橘紅色或黃色蔬果。

6. 40 歲以上者應定期做胸部 X 光檢查。

7. 具肺癌家族史 50~74 歲男性或 45~74 歲女性，且父母、子女或兄弟姊妹經診斷為肺癌之民眾，或是年齡介於 50~74 歲吸菸史達 20 包／年以上之重度吸菸者（原為 30 包／年，2025 年改為 20 包／年），有意願戒菸或戒菸 15 年內之重度吸菸民眾，可至國民健康署審核通過的肺癌篩檢醫院接受 2 年 1 次免費的低劑量肺部電腦斷層篩檢(LDCT)。

二、肝　癌

　　肝癌是臺灣最常見的惡性腫瘤，好發年齡在 45~55 歲之間，正值壯年期。國內現今每 5 位死於癌症的病人中，就有一人是死於肝癌，為我國目前癌症死因第 2 位。肝癌因剛開始並無明顯症狀，惟症狀出現時常已是癌症末期，預後通常較差，平均存活率約 6~9 個月，值得個人重視與警惕。

　　肝臟為人體內最大的器官，位於腹腔內，右側橫膈膜的正下方，其前後左右均有肋骨保護，不易受外力之直接撞擊。主要功能有代謝、合成、儲藏、解毒及排泄等，具有極大修復能力。肝臟本身有兩大特色：

1. 只有肝表面包膜（就像剝開橘子可以看到一層白色薄膜）才有神經，其他部位因為沒有神經，所以除非肝癌侵犯到外層包膜，否則腫瘤再大也不會痛。

2. 肝臟只要正常大小的五分之一，即可維持正常功能。故除非肝臟被破壞已達 80%時，才會產生肝功能失調的症狀，因此常會延誤最佳治療時機。

　　如果在還沒有症狀之前就發現的肝癌，則治癒率相當高，有 50%的人可以活 10 年以上，相當於完全治癒。

（一）危險因子

1. 慢性病毒性肝炎：根據估計，臺灣肝癌患者中八成以上曾感染 B 型肝炎。而慢性肝炎、或 B、C 肝炎帶原者，每年有十到二十分之一的機率轉為肝癌。因此，慢性病毒性肝炎是臺灣肝癌發生的最大危險因子，這些病患應該定期追蹤檢查。

2. 酗酒：肝癌最大的禍首，除 B 型肝炎帶原外，酗酒也是危險因子之一。研究發現：有酗酒習慣者，其引發肝臟疾病的危險性比一般人高出 10~20%；B 型肝炎帶原病患若飲酒，則增加罹患肝癌的危險性 3~4 倍；C 型肝炎病患若飲酒則增加罹患肝癌的危險性約 2 倍。

3. 黴菌毒素：臺灣因氣候潮濕，儲藏不良的花生、玉米等是黴菌的溫床。其中以黃麴毒素致癌力最強，因此，食物的保存、加工過程中應避免汙染。

4. 藥物：某些藥物服用過量可能有致肝癌之虞，尤其是調節體質藥物，如類固醇、男性荷爾蒙、動情素等。

5. 肝硬化：任何原因引起的肝硬化都是發生肝癌的高危險群，根據研究顯示：每年約有 5%的病毒性肝硬化病患可能會併發肝癌。因此這些病患應該定期追蹤檢查。

（二）如何早期發現

　　肝癌早期幾乎感覺不到任何不適，多半也未出現任何症狀；當肝癌症狀顯現時，通常多已進入較嚴重的階段，治療上較困難，但原發性肝癌的初期症狀則不明顯，所以我們自己很難偵測到，因此，定期檢查是早期發現肝癌的最好方法。平時應多注意自己身體的變化，如有任何異狀，應盡快就醫診斷。

（三）臨床徵狀

　　肝癌可能出現的症狀如下：

1. 食慾下降、體重減輕、發燒、疲倦和虛弱的現象。

2. 摸到右上腹部有腫塊。

3. 如果癌症變大，右上腹部可能會產生疼痛的現象，而且可能會延伸到背部及肩膀。

4. 腹部腫脹，且常有飽脹感。

5. 發燒、噁心或黃疸，黃疸會使皮膚及眼白變黃，且有茶色尿的現象。

　　原發性或轉移性肝癌、其他良性肝腫瘤、或是一些較不嚴重的病症，也可能會引起上述的症狀，因此，如有類似症狀發生，無須過於驚慌，應盡早就醫，由專業醫師安排詳細檢查，才可確定診斷。

（四）預　防

　　由於肝癌的發生與慢性 B、C 型肝炎及肝硬化有密切的關係，因此，預防肝癌可從以下幾點著手：

1. 預防 B 型肝炎的感染：由於大部分成年人已經受過 B 型肝炎的感染，要真正預防必須從小做起：
   (1) 新生兒接受 B 型肝炎疫苗的預防注射。
   (2) 養成良好的個人衛生習慣，刮鬍刀、牙刷等不與他人共用。
   (3) 培養正確醫療觀念：打針時不可「只換針頭、不換針筒」，避免不必要的輸血。

2. 避免酗酒及食用受到黃麴毒素汙染的食物：以最易受汙染的花生為例，新鮮或帶殼的花生最安全，存放過久或地下工廠製造的花生醬少吃為宜。

3. 定期篩檢：大部分肝癌病人血液中「甲型胎兒蛋白(AFP)」普遍會升高，因此建議一般正常成年人應每年接受一次「甲型胎兒蛋白」血液篩檢。屬於高危險群（如 B 型肝炎帶原者或家族中有肝癌病史）的群眾，每 3 個月至半年更應追蹤檢查一次，檢查項目應包括肝功能、甲型胎兒蛋白、超音波等。

三、結腸直腸癌

　　臺灣近年來飲食習慣西化，油脂的攝取量增加、纖維的攝取量減少，造成結腸直腸癌的患者數目持續的增加，且有年輕化趨勢 2006 年結腸直腸癌更首度超過肝癌，成為國人發生人數最多的癌症。根據衛生福利部國民健康署(2024)公告我國 2023 年癌症登記資料顯示：結腸直腸癌人數排名居第三位，已蟬聯多年。

（一）危險因子

目前，我們無法確知造成結腸直腸癌的原因，但有些研究仍指出發生結腸直腸癌的可能原因如下：

1. 年齡：此疾病可能發生在任何年齡，但一般好發於較年長者，大多數年齡皆大於 50 歲。

2. 飲食：大腸直腸癌的發生與肉食、高脂肪、高熱量、低纖維的食物有關。

3. 息肉：息肉是一個生長在大腸和直腸管壁內的良性組織，常發生在 50 歲以上的人身上。由於大多數結腸直腸癌是由息肉轉變而發生，因此早期偵測並移除增生物也是預防的方法。

4. 個人病史：如果已罹患過結腸直腸癌，極可能會罹患第 2 次結腸直腸癌。研究報告也顯示：卵巢癌、子宮癌或乳癌的婦女，其罹患大腸直腸癌的機會相對大為提升。

5. 家族史：一、二等親（父母、兄弟姊妹、兒女）中有人罹患結腸直腸癌，即為高危險群，如果他們的親屬在年幼時就罹患此種癌症，其罹患機會更高；如果家族成員很多都得到大腸直腸癌，則其罹患機會就更高了。

6. 潰瘍性大腸炎：是大腸內壁的發炎反應，較容易形成結腸直腸癌。

（二）如何早期發現

目前美國癌症協會的建議如下：

1. 一般民眾：年滿 50 歲以上者應每年接受糞便潛血檢查，每 3~5 年接受乙狀結腸鏡檢查。

2. 高危險群病人：如潰瘍性結腸炎患者，應每 1~2 年接受大腸鏡檢查，同時對可疑部位做切片。

3. 患有家族性多發性息肉症候群的患者：應自 10 歲起每年接受乙狀結腸鏡檢查，直到 40 歲為止。40 歲以後改為每 3 年做一次。同時也應每 1~3 年接受上腸胃道檢查看有無息肉。

4. 有大腸癌家族性史者：當他有 1 個一等親的親屬罹患大腸癌時，他應自 35~40 歲起每年接受糞便潛血檢查及肛門直腸指檢，並且每 3~5 年接受乙狀結腸鏡檢查；若有兩個一等親的親屬罹患大腸癌時，則應自 35~40 歲起，或

自其罹患大腸癌的親屬發病年齡減 5 歲的年紀開始，每 3~5 年接受大腸鏡檢查；若有 3 個一等親的親屬罹患大腸癌，或是有一等親的親屬在 30 歲以前罹患大腸癌時，則應考慮家族性息肉性大腸症候群或遺傳性非息肉性大腸直腸癌的可能性。

（三）臨床表徵

結腸直腸癌早期通常沒什麼特別的症狀，即使有一些症狀出現，也不明顯，因此容易被人們忽略。平時還是要多提高警覺，有任何異狀，就醫診斷往往是最好的途徑。結腸直腸癌可能出現的症狀如下：

1. 排便習慣改變。

2. 腹部感覺不適（經常的脹氣痛、鼓脹、腹脹或痙攣）。

3. 大便內有血（呈鮮紅色或暗紅色）。

4. 大便形狀較以前細窄。

5. 腹瀉、便秘、或大便無法解乾淨的感覺。

6. 不名原因的體重減輕。

7. 持續的疲倦感。

8. 嘔吐。

（四）預　防

1. 多攝取高纖、低脂食物，如蔬菜、水果、全穀類，減少腸壁與致癌物接觸機會，少吃脂肪，尤其是飽和脂肪及紅肉。

2. 多運動、多喝水，使大腸蠕動正常，並養成每日排便習慣，避免便秘。

3. 較高的體能活動已證實可預防結腸直腸癌。

4. 高危險群者如家族中有人罹患結腸直腸癌，或慢性潰瘍性結腸炎、家族性結腸腺瘤或息肉者需定期檢查，以便早期發現，早期治療。

5. 大腸癌的危險性是隨著年齡增加而增加，40 歲以上有增加趨勢，50~55 歲發生率驟增，75 歲以上是高峰期，故建議 45 歲以上的人必須定期的篩檢，可早期發現腸息肉，經治療可降低癌症的發生機會。

四、乳　癌

在臺灣，女性乳癌的發生率與死亡率有逐年增加與年輕化的趨勢。根據衛生福利部國民健康署(2023)癌症統計，女性乳癌為 2021 年癌症發生率的首位，發生率快速上升，個案人數從 2017 年的 16,608 人至 2021 年仍有 15,519 人發生。通常臺灣女性乳癌的最常發生年齡約在 40~50 歲之間，較歐美國家的好發年齡約提早了 10 歲。

（一）危險因子

乳癌的可能危險因子如下：

1. 個人方面
   (1) 終身無懷孕或生產者。
   (2) 未曾哺餵過母奶。
   (3) 長期服用女性荷爾蒙者。
   (4) 曾頻繁患乳房良性腫瘤及乳房纖維囊腫病史者。
   (5) 初經較早者（12 歲前初經者罹患乳癌機率為其他人之 4 倍）。
   (6) 晚停經者（55 歲後停經者罹患機率為 45 歲前停經者的 2 倍）。
   (7) 早生育者罹癌機率較低（20 歲前即生第一胎者，罹癌的機率為不生育者的 1/2 倍）。

2. 飲食方面：如果青少年時期攝取過高的含脂肪食物，得乳癌的機率相對較高。酒精亦會增加乳癌罹患率。

3. 運動與體重方面：有經常運動習慣者（每週運動 4 小時以上）得乳癌機會較低。而停經後體重每增加 10 公斤，得乳癌的機會就會增加 80%，所以適當的運動以及避免肥胖可減少罹患乳癌的機率。

4. 家族史及遺傳方面：若符合下列條件中之一項，終身得乳癌的機會為 17~50%，且是無乳癌家族史的 2~3 倍：
   (1) 一等親屬有 2 位以上在 60 歲前得乳癌。
   (2) 1 位一等親在更年期前得兩側乳癌。
   (3) 母親或外祖母在 60 歲前得乳癌。
   (4) 家中有 1 位一等親在 40 歲前得乳癌。

5. 輻射線及其他外在環境方面：若在 40 歲前長期暴露於輻射線者，得乳癌的機會與所暴露的劑量及時間成正比，尤其在青春期即暴露於輻射線者，更會增加罹患乳癌的機會。

（二）如何早期發現

1. 乳房 X 光攝影：乳房 X 光攝影篩檢是目前最重要的早期診斷方法。在使用時機上，建議低危險因子婦女接受第一次乳房 X 光攝影的年齡應該在 50 歲，以後每 2~3 年篩檢一次；至於高危險因子婦女，接受第一次乳房 X 光攝影的年齡則應該較其近親罹病年齡早 5~10 年，以後每 1~2 年篩檢一次。

2. 乳房自我檢查無效：乳房自我檢查很難發現初期 2 公分以下的腫瘤，等到摸得出來時往往已經是 2~3 期了，因此早期乳癌很難靠一般人的雙手觸摸得到，但有些婦女卻可能因為沒有摸到硬塊，誤信自己健康無虞，而沒有去做乳房攝影檢查，反而延誤了早期發現乳癌的良機。

　　衛生福利部國民健康署(2013)指出，積極指導民眾定期自我檢查乳房，並未降低乳癌死亡率，但增加了因良性腫瘤而切片的比率，引發更多無效益的醫療，造成醫療資源浪費。美國預防醫學委員會(USPSTF)經過嚴謹的系統性文獻回顧後作出結論：反對教育婦女做乳房自我檢查，並建議應推廣 2 年一次的乳房攝影。衛生福利部國民健康署表示，乳房攝影檢查儀器可偵測乳房的鈣化點或惡性腫瘤，發現無症狀的零期與一期乳癌，是目前科學上證實能有效降低乳癌死亡率的篩檢方法，我國目前提供 45~69 歲的婦女（2025 年擴大到 40~74 歲的婦女），及 40~44 歲且其二等親以內血親曾患乳癌之婦女，每 2 年一次免費乳房攝影檢查，鼓勵婦女定期受檢，勿再盲信自我檢查，錯失早期發現的黃金時機。

（三）臨床徵狀

　　罹患乳癌時，可能出現的症狀如下：

1. 任何無痛性腫塊。

2. 乳房外觀改變（如凹陷或凸出）。

3. 乳頭有異常分泌物或凹陷。

4. 乳房皮膚有橘皮樣的變化、濕疹、紅腫或潰瘍。

5. 腋窩淋巴結腫大。

（四）預　防

　　在飲食方面，多攝取蔬果等食物並減少飲食中脂肪的攝取量，可減少乳癌發生的機會。若已有乳癌的危險因子時，如家庭癌症病史、不良的飲食生活習慣、或長久暴露在致癌物下，平日更要提高警覺，定期到醫療院所做乳癌篩檢工作，一旦發現任何異狀，立刻尋求專科醫師檢查，早期診斷，正確治療。

五、口腔癌

　　據衛生福利部的統計，口腔癌自 1992 年以後其發生率及死亡率節節上升超過了鼻咽癌，已成為國人頭頸部癌症的第一位。其不僅罹病平均年齡下降，而且每年發現的新病例及死亡人數都已超過千人，尤其對男性的威脅更大，為臺灣青壯年男性（25~44 歲）最容易得的癌症。然而，口腔癌是最容易也最可能及早發現，及早治療而獲得痊癒的。但是許多人對口腔裡的變化，不予注意掉以輕心，以致錯失治癒的契機，甚或有已確定診斷卻尋求替代醫療而白白喪命。

（一）危險因子

　　口腔癌的發生，與口腔長期受到刺激而產生細胞變性有密切的關係，尤其是嚼檳榔。臺灣口腔癌患者中，九成以上有嚼食檳榔的習慣，而好發的部位為頰黏膜及舌。除檳榔外，菸酒亦與口腔癌有密切關係，如同時有嚼檳榔、吸菸及飲酒等習慣者，則得到口腔癌之危險性更高。其他如口腔衛生不佳、長期溫度或化學物質的刺激、齒列不正或不適合的假牙，對舌頭、齒齦或咽頰造成慢性的傷害、口腔黏膜上的白斑，都可能會在一段時間以後產生癌症。

（二）如何早期發現

　　口腔癌的癌前病變包括口腔各處黏膜之白斑症、紅斑症、黏膜下纖維化及慢性潰傷，因此，口腔內如發現任何的顏色改變、腫塊形成、潰瘍傷口經兩星期仍未好轉，皆應盡速尋求醫師的檢查，早期診斷並加以治療，以提高治癒率。

（三）臨床表徵

正常口腔內膜是粉紅色或紅色柔軟黏膜，如有以下症狀，就需要找耳鼻喉科中的頭頸腫瘤外科醫師檢查。

1. 口腔內部或周圍發現腫脹、硬塊。

2. 口腔內部發現白色脫屑的斑塊。

3. 長久不能治癒的潰爛。

4. 口腔附近部位有麻木或疼痛。

5. 口腔內不明原因的流血，反覆發生。

（四）預　防

1. 避免菸草、紙菸、菸斗、檳榔等長期對唇、舌和口腔黏膜的刺激。

2. 如果有不正的牙齒或假牙，對周圍組織有所磨擦，應請牙醫師矯正。

3. 口腔內發現有任何腫塊、贅肉、脫皮落屑或是顏色變化，超過兩星期而未痊癒就應該就醫。

4. 飲食要正常，食物營養要均衡。有時維生素或其他營養素缺乏所造成的口腔黏膜變化，可以誘致癌病的發生。

5. 避免長期食用熱度太高的食物和烈酒。

6. 經常刷牙、漱口，保持口腔衛生。

六、胃　癌

近年來臺灣胃癌的發生和死亡率皆有下降的趨勢，然胃癌仍高居十大癌症死因第 8 位，好發年齡以 50~70 歲占大多數，男性胃癌罹病率為女性的兩倍。近年發現年紀在 40 歲以下者亦不在少數，尤其是年輕的女性反而多於男性。據統計，低收入階層者患胃癌的比率要比高收入者為高。

（一）危險因子

1. 幽門螺旋桿菌的感染：幽門螺旋桿菌可能與 40~60%的胃癌成因有關，由於幽門螺旋桿菌的感染，使得胃部產生炎性反應，引起細胞病變及癌化。感染時間愈長，愈容易產生胃癌。其罹癌率高出未感染者 3~6 倍。

2. 攝取過量的食鹽：鹽醃漬的蔬菜、魚類或肉類因內含高濃度的食鹽，會造成胃黏膜受損，導致萎縮性胃炎，增加細胞病變的機會。

3. 硝酸鹽及亞硝酸鹽的攝取。

4. 胃癌發生的「癌前」病變：如胃腺瘤性息肉、萎縮性胃炎併腸上皮化生、胃酸缺乏症、惡性貧血、胃次全切除術後之殘胃等。

5. 遺傳因素：有家族近親罹患胃癌者，得到胃癌的機會比一般人高；胃癌病患中約 10%有胃癌家族史。

6. 吸菸：長期吸菸是相對的危險因子，促使罹患胃癌的危險性增加 1.5~3 倍。

（二）如何早期發現

　　早期胃癌幾乎沒有症狀，所以必須以健康檢查的方式來「篩檢」胃癌，才可能找出早期胃癌。根據統計，早期胃癌的發現約有 60%經由定期例行胃鏡檢查而診斷的。

（三）臨床表徵

　　胃癌並無特定的症狀，早期胃癌病患跟其他良性的胃部疾病，如慢性胃炎、消化性潰瘍、或其他機能性胃腸障礙之症狀相似，如下所示：

1. 胃不適、消化不良或胃灼熱感。

2. 腹部不適或疼痛。

3. 噁心或嘔吐。

4. 腹瀉或便秘。

5. 餐後感覺胃部很脹。

6. 食慾喪失。

7. 虛弱與疲倦。

8. 出血（嘔血、糞便含血或解黑便）。

（四）預　防

1. 預防胃癌發生首重飲食習慣。建議避免長期或經常性食用含有多量致癌物質的食物，如煙燻、鹽醃、醬漬、碳烤等食物，文獻指出減少鹽分攝取確實能降低胃癌的發生率(WHO, 2005)。平常應多攝取含有維生素 C 的新鮮水果及蔬菜，減少致癌物質的產生及活化。

2. 我國目前提供部分縣市 45~74 歲者「幽門桿菌糞便抗原檢測」，感染「幽門螺旋桿菌」的人，宜接受適當治療，以防發展成胃癌。

3. 具胃癌高危險因子（如家族近親罹患胃癌的人），除特別注意飲食習慣之外，應做定期胃鏡檢查，以期能早期發現，早期治療。

4. 有胃炎、胃部不適之症狀者，應詳細檢查、治療，減少癌化的機會。

七、攝護腺癌

　　攝護腺又稱前列腺，是男性的重要生殖器官之一。大小有如一個栗子，位於膀胱下方、直腸前方，負責分泌精液中的液體部分，占精液總重的 20~30%。它的功能目前所知可能與維持精子活動力及保護男性生殖泌尿道免於感染有關。攝護腺癌常見於 50 歲以上的男性，平均每增加 10 歲，危險性就增加 1 倍（賴裕和等，1997），是男性常見的癌病，臺灣的罹患率亦因平均壽命增加及篩檢進步而顯著增加。

（一）危險因子

　　攝護腺癌是因為腺體細胞惡化及增生所造成，造成病變的原因並不清楚，可能為：

1. 年紀：攝護腺癌好發於 60~80 歲左右的男性，因此有人稱之為長壽癌。根據統計指出：攝護腺癌病例有 75%是年紀大於 65 歲的人，小於 60 歲的病例就只占 7%，病患平均年紀為 72 歲。

2. 種族：一般來說，黃種人最不容易罹患攝護腺癌。據資料統計指出：美國的黑人是全世界攝護腺癌最好發的人種，而東方人的罹患率則是相對較低的（賴裕和等，1997）。

3. 遺傳因素：有攝護腺癌的家族史時，攝護腺癌的發生危險度會明顯升高；若有一等親患有攝護腺癌，則發生攝護腺的機會是一般人的 2~4 倍。有家族史的人罹患攝護腺癌的年齡都較年輕，約在 45~60 歲之間。

4. 荷爾蒙：大多數攝護腺須依賴雄性激素來維持生長。

5. 飲食與環境：可能致癌物質有廢氣、鎘、肥料、橡膠及染料等。攝取高脂肪食物而改變膽固醇與類固醇的代謝，可能增加罹患攝護腺癌的危險性。

6. 病毒及細菌感染：性對象多，得性病機率高，患攝護腺癌的機會也較高。

（二）如何早期發現

攝護腺癌早期多無症狀，即使有不適也不足以引起病人的重視，但臨床上若出現了明顯症狀，往往已屬病變的晚期，預後不良。由此可見，早期發現攝護腺癌顯得十分重要。因此針對攝護腺炎、攝護腺肥大反覆發作不癒的病人，應注意病情變化，以預防癌病變的發生，早期診斷並加以治療，以提高治癒率。

（三）臨床表徵

攝護腺癌初期症狀與良性攝護腺肥大差不多，早期解尿困難或頻尿、流量小，常有強烈尿意感、解尿灼熱感、偶有血尿等現象。後期患者常有貧血，且易轉移至骨骼而有骨痛。

（四）預　防

許多癌症和生活型態（尤其是飲食習慣）密切相關，攝護腺癌是其中之一。綜合國內外研究發現：減少攝取高脂肪、高熱量、低纖維的食物，並增加攝取新鮮蔬果，有助於攝護腺癌的預防。

八、胰臟癌

胰臟是一種腺體，位於胃與脊椎中間的腹腔深處（後腹腔），解剖上可分為頭部、體部及尾部。功能為分泌胰液幫助食物的消化與吸收；重要的是胰島素的分泌與血糖的調節有關。胰臟癌是一個高度惡性的疾病，約 90%的病人無法以手術根除治療。胰臟癌是現有人類罹患的惡性腫瘤當中，最嚴重、最具侵襲

性且預後不佳的一種。胰臟癌早期幾乎沒有任何症狀，所以又稱為「沉默的殺手」，臨床症狀為上腹疼痛、體重減輕、黃疸，大多數病患在發現之際就已有局部侵犯、甚至遠端轉移現象。

（一）危險因子

1. 家族史：父母親、兄弟姐妹曾罹患胰臟癌者，罹患胰臟癌的比率是無家族史者的 3 倍。

2. 年齡：胰臟癌發生的年齡通常較大，大部分發生在 60 歲以上。

3. 性別：男性居多，為女性的 3 倍。

4. 吸菸：這是目前確認與胰臟癌最相關的危險因子，吸菸者罹患胰臟癌的機率比不吸菸者高出 2~3 倍。

5. 酒精：有研究報告指出喝酒與胰臟癌的發生有關。

6. 飲食：生活中攝取肉類或脂肪比例偏高者，胰臟癌發生的機會跟著增加。

7. 化學藥品：長年接觸化學藥品（超過 10 年以上者），尤其接觸的是石油產品或各種溶劑者較易罹患胰臟癌。

8. 罹患相關疾病：曾接受部分胃切除、慢性胰臟炎、糖尿病的患者，較易罹患胰臟癌。

（二）如何早期發現

要想早期診斷胰臟癌，特別是胰臟體部與尾部的癌症是相當困難，許多能早期發現的病人都是在做其他症狀的檢查時意外發現的。

（三）臨床表徵

胰臟部位深藏，因此早期症狀不明顯，惟腫瘤大到相當程度才會出現症狀。常見的症狀為上腹疼痛、黃疸、體重銳減及糞便呈灰白色為胰臟癌典型病徵，次為食慾不振、噁心、嘔吐、全身倦怠、腹瀉、腹脹及輕微發燒等。其中腹痛是最常見的初發症狀，持續數月，當身體平躺或伸直脊柱時疼痛感會加劇，因此患者肢體常呈屈縮狀，彎曲脊柱，以減輕疼痛。

（四）預　防

　　由於許多胰臟癌病患並無明顯危險因子，所以很難提出確實有效的預防方法，最好方法還是調整飲食與生活習慣，如戒菸、戒酒、低脂飲食、多吃蔬果及避免暴飲暴食等，尤其是有家族史或相關遺傳疾病者，更須避免此類習慣。40 歲以上者，或有胰臟炎、胰臟癌、糖尿病等家族史的人，要定期接受健康檢查，以期及早發現、有效治療。

九、食道癌

　　食道位於胸腔內，是一個連接咽喉及胃部的中空管狀的肌肉結構，位於氣管後方，長約 25 公分。當人體進行吞嚥時，食道的肌肉層會收縮將食物送到胃部。食道壁的腺體會分泌黏液，以保持通道的潮濕，讓吞嚥更容易。食道癌是一種國人常見的癌症之一。由於容易擴散以及產生肺炎等併發症，治療效果較其他部位癌症為差；目前手術切除後的 5 年存活率普遍偏低，主要因為治療時間延誤的結果。

（一）危險因子

　　造成食道癌的確切原因並不可知。然而，研究顯示以下的危險因子會增加罹患食道癌的機率：

1. 年齡：食道癌較常發生在年紀較大的患者，大部分患者都超過 60 歲。

2. 性別：男性比女性更常見。

3. 菸草：吸菸或使用菸草是食道癌的主要危險因子。

4. 喝酒：長期或大量酗酒是食道癌另一個主要危險因子。喝酒引起食道癌是正常人的 2~4 倍。如果喝酒再加上吸菸，將使罹患食道癌危險性大為增加。

5. 巴瑞特氏食道症(Barrett's Esophagus)：受胃酸長期刺激會增加罹患食道癌的機率。若胃酸經常逆流到食道（稱為胃食道逆流），則食道下端的組織會受到刺激，經年累月下來，經常受刺激的細胞可能會變性，變得類似胃上皮細胞，即是巴瑞特氏食道症，此為食道的癌前病變，以後可能會形成腺癌。

6. 其他種類的刺激：食道上皮受到其他重要的刺激或損傷，如吞嚥強鹼劑或其他腐蝕性物質或熱飲，時間久了之後，均會提高罹患食道癌的機率。

7. 飲水及食物中含有過量的亞硝基胺類，已證實會增加食道癌發生的危險。

8. 病史：曾經罹患頭頸部癌症患者有較高機率罹患第二種癌症，包括食道癌。

（二）如何早期發現

　　由於食道癌早期的症狀並不明顯，因此屬高危險群的人應該定期檢查；非高危險群的人，如果有吞嚥困難、體重減輕、打嗝或聲音沙啞、吞嚥較硬食物時有疼痛感等症狀的任何一項，也應立刻就醫診治。

（三）臨床表徵

　　食道癌在初期可能毫無自覺症狀，常隨著腫瘤漸漸長大，妨礙了食道運輸功能時才出現症狀：

1. 吞嚥困難或疼痛。

2. 聲音沙啞或慢性咳嗽。

3. 嚴重的體重減輕。

4. 喉嚨或背部，胸骨後、肩胛骨間疼痛。

5. 嘔吐。

6. 咳血。

（四）預　防

　　預防食道癌最佳的對策就是減少暴露於已被證實的危險因子。除了某些無法改變的先天因素（如年齡、性別與遺傳性疾病）外，建議可從生活習慣的改變來預防。食道癌最重要的危險因素就是菸草與酒精，因此預防食道癌的最好方法是拒絕吸菸及勿飲酒過量。在飲食方面，平日宜多攝取新鮮食物，注意營養均衡，避免吃太燙或太粗糙的食物，對於鹽漬或發霉的食物，亦應盡量避免攝取。

十、子宮頸癌

　　子宮頸是一個介於子宮體和陰道之間的圓柱狀構造。子宮頸口的內緣，也就是所謂鱗狀上皮和柱狀上皮，兩種上皮細胞交界處，正是子宮頸癌常發生的

地方。臺灣地區於 2021 年有 1,310 位新個案，608 人死於子宮頸癌。大約十萬人之中，有 11 人罹患子宮頸癌，好發於 35 歲以上之婦女，平均年齡為 40~55 歲。一般來說，初期的子宮頸癌是不會痛的。正因如此，使許多人延誤了治療的時機。

（一）危險因子

1. 感染人類乳突狀病毒(HPV)：引發子宮頸發炎，細胞病變癌化。

2. 較早有性行為或性伴侶多：研究顯示在 18 歲前即有性經驗及有多重性伴侶者，會增加罹患子宮頸癌的機會。如果她們的伴侶年輕時即有性經驗、且有多重性伴侶或前妻曾罹患子宮頸癌，也會增加子宮頸癌的發生。

3. 性病感染：通常代表性生活較複雜，相對的罹患子宮頸癌的機率也會較高。

4. 子宮頸發炎：若有長期子宮頸的損傷、破皮、糜爛、發炎，都可能轉變為早期的子宮頸癌細胞。

5. 吸菸：吸菸會增加罹患子宮頸癌的機會，因為吸菸會減少身體免疫力而使子宮頸癌細胞加速發展；再者吸菸本身產生一些物質有可能導致子宮頸癌細胞的發展。

6. 其他：飲食中缺乏維生素 A 和 C、胡蘿蔔素或葉酸；男性伴侶包皮過長；個人衛生習慣不佳等。

（二）如何早期發現

　　子宮頸癌初期通常無明顯症狀，但其在癌細胞被發現之前，子宮頸的細胞已有一些不正常的癌前期病變，因此，可經由早期的子宮頸抹片檢查，早期診斷並加以治療，以提高治癒率。

（三）臨床表徵

　　子宮頸癌患者早期並沒有任何病徵。常見症狀為陰道分泌物增加、惡臭及帶有血絲、陰道異常出血、下腹脹或疼痛；晚期則常出現體重減輕、食慾不振等症狀。

（四）預　防

1. 保持健康生活模式，如均衡飲食和避免吸菸等。

2. 實行安全性行為，包括正確全程使用保險套及維持單一性伴侶。

3. 注意個人衛生，不宜太早發生性行為。

4. 定期接受子宮頸抹片檢查。子宮頸癌形成前，子宮頸細胞會發生癌前病變（高度子宮頸上皮內瘤）。定期的子宮頸細胞檢查，可以發現這些病變，只要及早治療，病變細胞便不會發展成為癌症。

5. 接種人類乳突狀病毒疫苗。

 第四節

癌症的危險因子

Health
And Life

　　癌症的致病原因很多，至今仍很難找出單一原因，常見的危險因子包括：遺傳、病毒與細菌、化學物質、物理性因素、不良的飲良習慣、藥物與荷爾蒙及壓力等。由於各種癌症的致病原因不盡相同，故將常見的癌症及其危險因子整理如表 2-4。

📇 表 2-4　常見的癌症及其危險因子

癌症名稱	危險因子
肺　癌	吸菸、空氣汙染、家族史、二手菸、職業與環境的工業汙染
肝　癌	吸菸、酗酒、家族史、肝炎、肝硬化
乳　癌	家族史、乳房或婦科相關癌症、單身未婚、未曾生育、初經較早、停經較晚、30 歲以後才生第 1 胎、未曾哺乳、高脂飲食、年齡較大
子宮頸癌	性經驗較早、性伴侶多、感染人類乳突狀病毒、慢性子宮頸發炎
皮膚癌	戶外工作者、紫外線的暴露、發育不良的痣、局部潰瘍
口腔癌	吸菸、酗酒、嚼檳榔、口腔衛生不良
胃　癌	幽門螺旋桿菌感染、A 型人格、胃黏膜萎縮、胃潰瘍、惡性貧血、食用燻烤或醃漬食物、家族史
結腸直腸癌	低纖維、高脂肪食物、家族史、年齡大、肥胖、久坐的生活型態、結腸直腸的相關疾病史

 表 2-4　常見的癌症及其危險因子（續）

癌症名稱	危險因子
膀胱癌	吸菸、酗酒，及長期接觸苯胺染料、焦油、煤、油漆、瀝青、石棉等致癌物
攝護腺癌	年齡大、高糖分、高脂肪飲食
食道癌	年齡大、吸菸、酗酒、巴瑞特氏食道症、喜好熱食
白血病	遺傳、免疫缺失、長期暴露在輻射與放射線的環境、抗癌藥或氯黴素的使用者

第五節　## 癌症的症狀

Health
And Life

　　癌症初期通常症狀不明顯，但如果能密切觀察並適時做進一步的檢查，通常仍可及早發現。以下十項為癌症較共通且常見的症狀（國民健康署，2006），這些症狀若出現超過兩個星期以上，即應迅速尋求專科醫師的檢查。

1. 大小便習慣改變，腹瀉和便秘長期交替。

2. 皮膚、口腔潰瘍久不癒合，或出現異常斑點。

3. 身體特定部位疼痛，久未改善。

4. 組織器官不明原因腫脹、增厚或有硬塊。

5. 不正常的出血或分泌物。

6. 吞嚥困難或腸胃道消化不良。

7. 身上各種痣或疣的新近變化。

8. 長久的咳嗽或聲音沙啞。

9. 不明原因的體重減輕。

10. 不明原因的長期發燒或全身倦怠。

第六節　建立健康生活型態，有效遠離癌症

Health
And Life

醫學研究已證實約有 5~10%的癌症來自遺傳，其餘成因則多與生活環境、習慣與飲食有關（國民健康署，2006），因此日常生活中宜建立良好的生活習慣，並從飲食、運動等著手調整，防癌是可以做到的，下列幾項原則提供參考：

一、注意生活習慣

1. 不吸菸、拒吸二手菸：因菸焦油中至少含有 40 種以上之致癌化學物質，故吸菸是目前文獻證明最常引起癌症原因之一。根據 WHO (2005)指出吸菸除了和肺癌相關外，還與喉癌、口腔癌、胰臟癌等許多癌症相關。此外吸入二手菸罹癌的風險更高。

2. 不嚼檳榔，不過度飲酒。

3. 避免過度暴曬於烈陽下。

4. 安全性行為：單一性伴侶及避免太早發生性關係，避免病毒感染變成癌症。

5. 維持理想體重：過胖易加速罹癌機率，如增加大腸癌、食道癌、乳癌、子宮頸癌、攝護腺癌等發生的機會(WHO, 2005)。

6. 均衡的飲食習慣：少吃動物性脂肪、發酵製食品（含黃麴毒素）、硝與含硝香腸、醃漬、燻烤、油炸等食物。多食維生素 C、維生素 E、胡蘿蔔素及穀類、蔬菜等富含纖維食物。

7. 正常規律的生活作息，不熬夜。

8. 持續性的適度運動，充分休息，可增強身體免疫力、減少體脂肪、促進新陳代謝及有助腸道排泄。

9. 培養正當的休閒嗜好，隨時保持愉快的情緒。

10. 藥物適當治療感染：如抗生素治療幽門螺旋桿菌感染，以防止胃癌發生。

11. 接種疫苗：如 B 型肝炎疫苗、人類乳突狀病毒疫苗等。

12. 自我警覺，有問題宜及早看醫師，定期篩檢，及早發現，才有機會根治。

二、注意家族癌症病史

如果家族中有癌症病史，即屬於高危險群，除了確實改變生活習慣外，更要積極徵詢腫瘤科專家，提供最好的預防建議。包括大腸癌、子宮內膜癌、胃癌、乳癌及視網膜神經纖維瘤患者，有家族史的人一旦罹患癌症，通常發病年齡會比較年輕，且常為多發病灶。

三、注意職業致癌的危險性

避免接觸工作環境中的致癌物，如石棉、鎳、鈾、氡、苯等，這些化學物質均是為人熟知的致癌物質，須盡可能減少不必要的接觸或暴露；如果工作必要無法避免，應做好適當的防護。

四、注意環境致癌的危險性

1. 一般農產品常使用化學肥料、殺蟲劑，畜牧業注射的荷爾蒙、抗生素等，如果施用不當或過量，都會造成在食物中殘留量過高，產生致癌的危險。

2. 避免使用含有聚氯乙烯的塑膠膜或布料包裹食品並儲存。

第七節　我國癌症篩檢資源

Health
And Life

篩檢可以早期發現癌症或其癌前病變，經治療後可以降低死亡率外，還可以阻斷癌前病變進展為癌症。目前政府補助四大癌症篩檢之政策與範圍如下：

1. 乳癌篩檢：政府補助 45 以上未滿 70 歲婦女（2025 年擴大為 40~74 歲婦女），及 40 歲以上至未滿 45 歲且其二親等以內血親曾患有乳癌之婦女每 2 年 1 次乳房 X 光攝影篩檢費用，請帶健保卡，至乳房 X 光攝影醫療機構檢查，名單見國民健康署網站－癌症防治－主題公告－相關核可醫院名單，若需要更多訊息，可洽各地衛生局（所）。

2. 子宮頸癌篩檢：政府補助 30 歲以上婦女子宮頸抹片檢查，建議每 3 年進行 1 次（2025 年子宮頸抹片檢查從 30 歲以上，下修至 25 歲以上）。

3. 口腔癌篩檢：政府補助 30 歲以上有嚼檳榔（含已戒）或吸菸習慣之民眾、18 歲以上嚼檳榔（含已戒）原住民，每 2 年 1 次口腔黏膜檢查，民眾可攜帶健保卡（原住民請多備戶口名簿）至健保特約牙科、耳鼻喉科檢查，詳細篩檢之醫療資源請洽各地衛生局（所）。

4. 大腸癌篩檢：政府補助 50 歲以上至未滿 75 歲（2025 年擴大補助 45~74 歲及 40~44 歲具家族史）民眾每 2 年 1 次糞便潛血檢查，民眾可持健保卡至各地健保特約醫療院所檢查，詳情請洽各地衛生局（所）（衛生福利部國民健康署，2019）。

結 語

　　惡性腫瘤已經連續數十年蟬聯我國死因之首，民眾須對癌症預防有清楚的認識，強化癌症防治預防方法之認知，避免癌症危險因子；並將知識轉化為行為的能力，方能維護健康，以達降低癌症發生率和死亡率。在日常生活裡，我們便可能接觸到很多致癌物質，預防最基本的原則，必須從飲食及生活習慣的改善著手，減少致癌物，包括不吸菸、避免吸入二手菸，減少煙燻、燒烤、醃漬食物的攝取。另一方面，減少加速癌症進展之因子，如過度肥胖、過量飲酒、生活作息不正常、壓力過大等，都或多或少加速癌症之形成與進展。屬於高危險群的人，除了上述飲食、生活及個人習慣的改變外，定期的癌症篩檢，是非常必要的。定期的健康檢查以發現癌前期病變，盡早去除癌前期之病變，就可以避免癌症之發生，這是目前最積極、有效的方法。

 學後評量　EXERCISE

1. 關於下列癌症與危險因子的配對，何者正確？(A)大腸癌：高纖蔬果　(B)口腔癌：高脂肪飲食　(C)子宮頸癌：病毒感染　(D)乳癌：酗酒。

2. 有關胃癌的敘述，下列何者錯誤？(A)為台灣癌整死因第 1 位　(B)二手菸被世界衛生組織視為「頭號致癌物質」　(C)長期性的乾咳是常見症狀　(D)政府補助 50 歲以上至未滿 75 歲民眾每 2 年 1 次胸部 X 光檢查。

3. 預防肝癌發生的方法何者為非？(A)不酗酒　(B)不嚼檳榔　(C)食用妥善儲存的新鮮花生　(D)注射疫苗。

4. 關於結腸直腸癌病因的敘述，下列何者錯誤？(A)大腸息肉　(B)發炎性腸病變　(C)飲食習慣攝取富含植物性蛋白食物　(D)飲食習慣缺乏高纖維食物與蔬菜。

5. 有關胃癌的敘述，下列何者錯誤？(A)多發生在 40 歲之後　(B)可能與幽門桿菌感染有關　(C)患者有頭痛、高血壓的症狀　(D)應減少食用醃製類食物。

6. 何者為子宮頸癌的危險因子？(A)較早有性經驗　(B)糖尿病　(C)單一性伴侶(D)未生育。

7. 以下何者可能是致癌的危險因子？(1)常吃油炸食物　(2)均衡飲食　(3)經常酗酒　(4)吃來路不明的減肥藥　(5)家中有長輩罹患癌症　(6)爬山。(A) (1)(2)(3)(4)(B) (2)(3)(4)(5)　(C) (1)(3)(4)(5)　(D) (1)(3)(5)(6)。

8. 下列有幾項為常見的癌症危險訊號？(1)糞便為血便　(2)皮膚傷口久不癒合或疣有新近變化　(3)維持標準體重　(4)吞嚥困難或咳血　(5)體重突然減輕超過一成。(A) 2 項　(B) 3 項　(C) 4 項　(D) 5 項。

9. 篩檢可以早期發現癌病變、早期治療，國民健康署提供 30 歲以上，有嚼食檳榔者，每幾年一次口腔黏膜檢查？(A) 1 年　(B) 2 年　(C) 3 年　(D) 5 年。

10. 有關癌症的敘述，何者正確？(A)定期做癌症篩檢可以達到早期發現、早期治療的效果　(B)癌症初期都有明顯症狀，注意身體的變化，盡早治療，效果愈好　(C)癌症又稱惡性腫瘤，只有出現在身體特定的部位或器官　(D)施打子宮頸癌的疫苗後，可確保日後不會罹患子宮頸癌。

解答　1.C　2.D　3.B　4.C　5.C　6.A　7.C　8.C　9.B　10.A

參考文獻

REFERENCES

許秀彩、張惠芝(2002)·*常見身心疾病的護理*·幼獅。

陳炯年 (2002) · *淺談胃癌* · http://health.ntuh.gov.tw/health/NTUH_e_Net/ NTUH_e_Net_No10/24_talk.pdf

衛生福利部（2024，6 月 17 日）·*112 年國人死因統計結果*·https://www.mohw.gov.tw/ cp-16-79055-1.html

衛生福利部國民健康署(2006)·*認識癌症*·行政院衛生福利部。

衛生福利部國民健康署（2013，2 月 4 日）·*正確防癌觀念報你知—大腸癌初期無症 狀！乳房自摸無效！癌症發現得早，八成「不是絕症」！*·http://www.hpa.gov.tw/ BHPNet/Web/News/News.aspx?No=201302040001

衛生福利部國民健康署（2019，03 月 12 日）·*癌症篩檢訊息*·https://www.hpa.gov.tw/ Pages/Detail.aspx?nodeid=612&pid=1102

衛生福利部國民健康署（2023，12 月）·*110 年癌症登記報告*· https://www.hpa.gov.tw/File/Attach/17639/File_23506.pdf

賴裕和、林佳靜、廖媛美、鄭素月、林美良、鄭綺、…方薇芸(1997)·*內外科護理學*· 華杏。

WHO (2005). *Global action against cancer*. Switzerland.

WHO (2008a). *Cancer*. http://www.who.int/mediacentre/factsheets/fs297/en/index.html

WHO (2008b). *Are the number of cancer cases increasing or decreasing in the world?* http://www.who.int/features/qa/15/en/index.html

Health And Life · **MEMO**

作者｜張李淑女

CHAPTER
03

現代人健康大敵：代謝症候群與相關疾病

學習目標

1. 了解何謂代謝症候群。

2. 了解代謝症候群的判定標準。

3. 了解代謝症候群的重要性。

4. 了解如何預防代謝症候群。

5. 認識與代謝症候群相關之疾病。

Health And Life

代謝症候群不是疾病,應該說是「不健康」的警訊,主要是生活習慣不良,導致肥胖、血壓高、血糖高、血脂高的複合型生活習慣問題,可說是一種病前狀態,表示身體代謝開始出現異狀,是一個健康危險訊號。許多研究指出:代謝症候群會增加心血管疾病及第二型糖尿病等慢性疾病的危險性,並且會造成其死亡率上升;有研究即明確指出代謝症候群可增加 1.5~3 倍心血管疾病的危險性(Isomaa, Almgren, & Tuomi, 2001),也可增加 5 倍以上發生糖尿病的危險性,死亡率更是沒有此症候群的 2.5 倍(Ford, 2005)。世界各國代謝症候群盛行率持續上升中,已成為重要的健康議題,因此及早預防新陳代謝症候群的發生是有其必要性。目前與代謝症候群相關的疾病包括心臟病、腦血管疾病、糖尿病、高血壓、腎臟疾病,占 2023 年臺灣十大死因中的近 30%(詳見第一章圖 1-3),其中心臟病、腦血管疾病與糖尿病即占死亡人數的 12.1%(衛生福利部,2024)。由此可見代謝症候群與其相關疾病的重要性。本章將說明何謂代謝症候群及介紹其相關疾病。

第一節　代謝症候群

Health
And Life

代謝症候群(metabolic syndrome)為血壓、血脂、血糖、腰圍異常的統稱,是指腹部肥胖、高血糖、高血壓、血脂異常等一群代謝危險因子群聚現象,並可以預警健康狀況,代謝症候群是慢性疾病發生前的警訊,為了方便記住,又稱「一粗、二高、血脂異常」。依據國民健康署 2017~2020 年國民營養健康調查,20~64 歲民眾代謝症候群盛行率為 24.8%,相當於 4 人當中就有 1 人罹患代謝症候群,男性的盛行率(30.4%)高於女性(19.7%)(衛生福利部國民健康署,2022)。

一、代謝症候群的定義

世界上針對代謝症候群的判定有諸多版本,我國衛生福利部國民健康署(2007)經由專家會議後,訂定代謝症候群定義如表 3-1,作為我國之臨床判定標準,以下 5 項危險因子中,若包含 3 項或以上者,即可判定為代謝症候群。

🔋表 3-1　臺灣成人（20 歲以上）代謝症候群之判定標準

危險因子	異常值
腹部肥胖(central obesity)	腰圍(waist)： • 男性 ≧ 90 cm • 女性 ≧ 80 cm
血壓(BP)上升	收縮壓(SBP) ≧ 130 mmHg 舒張壓(DBP) ≧ 85 mmHg
高密度酯蛋白膽固醇(HDL-C)過低	男性 < 40 mg/dL 女性 < 50 mg/dL
空腹血糖值(fasting glucose)上升	空腹血糖值(FG) ≧ 100 mg/dL
三酸甘油酯(triglyceride)上升	三酸甘油酯(TG) ≧ 150 mg/dL

註：上項危險因子中「血壓上升」、「空腹血糖值上升」、「三酸甘油酯上升」之判定，包括依醫師處方使用降血壓、降血糖或降三酸甘油酯等藥品（中、草藥除外），使血壓、血糖或三酸甘油酯之檢驗值正常者。

　　代謝症候群是現代人的健康大敵，影響力遍及整體的健康，不只是慢性病而已，研究顯示：代謝症候群整體的死亡率是非代謝症候群約 2.5 倍。從醫療角度來看，代謝症候群的概念被提出，乃在提前警告病人盡早預防。血壓、血脂、血糖偏高，除非到了產生疾病的地步，並不會讓人感覺不適，因而難以察覺。代謝症候群的每一項標準，雖然都未到達疾病的標準，但也因為代謝症候群的判斷標準，比起相關疾病更為嚴格，因此可以作為評估健康狀況之預警指標。此時血壓開始升高，但還沒有到達高血壓的診斷標準；血糖出現某種程度的胰島素阻抗，卻還未進入糖尿病的程度；血脂肪偏高，代表動脈硬化已具有初步威脅；如果再加上腹部肥胖，則危險性更高。這時血管或多或少在產生變化，如不加以注意，慢慢就會導致心血管疾病。

　　在過去，只要血壓、血糖、血脂等各項病變因子尚在正常值範圍，一般認為是安全的；但是近年來發現：只要多項因子臨近異常範圍，心血管病變依然會悄悄形成，且代謝症候群集合多重因子，對身體警訊應舉一反三，出現 5 個指標當中的任一狀況，就須警覺是否也有其他 4 項問題，不要只是單看高血脂或是高血壓、高血糖等問題，應該同時注意其他的問題。

二、腰圍的重要性

　　過去對於肥胖的判斷常以身體質量指數(BMI)來判斷，但是民眾對腰圍大小之概念比 BMI 更容易了解；藏在腹部的內臟脂肪對健康危害最大，所以測量腰圍是最簡易判斷肥胖的方法。過去代謝症候群中腹部肥胖指標以 BMI 和腰圍作為準則之一，不過依據國內外研究顯示：腰圍大小比 BMI 值更能精準判斷肥胖程度，代謝症候群的高危險群，可從腰圍大小判斷，男性腰圍每增加 1 公分，得到代謝症候群的機率就上升 14%；女性腰圍每增加 1 公分，得到代謝症候群的機率就上升 5% (Isomaa, Almgren & Tuomi, 2001)。因此，衛生福利部國民健康署在 2007 年 1 月公布修正代謝症候群診斷標準，以腰圍大小做為腹部肥胖單獨指標，提醒男生腰圍超過 90 公分，女生超過 80 公分，就要小心罹患代謝症候群，正確腰圍測量方法請參考「第 17 章／第二節／二、腰臀圍比值或腰圍」。

三、代謝症候群的高危險群因素

1. 年齡：研究證實代謝症候群之盛行率會隨著年齡的增加而上升。

2. 遺傳因子：家族中有高血壓、糖尿病、高血脂、肥胖或心血管疾病史。

3. 不良的生活型態
   (1) 飲食型態：長期食用低纖維、高糖、高油、高鹽飲食習慣的人。
   (2) 運動習慣：體能活動量少的人，發生代謝症候群的比率是常活動者的 1.7~2 倍。
   (3) 吸菸習慣：長期吸菸者，發生代謝症候群的危險是不吸菸者的 1.5 倍。吸菸量愈大危險性愈大，且戒菸需 1 年以上才能降低其危險性。
   (4) 喝酒習慣：長期過度飲酒易造成腹部肥胖。
   (5) 嚼檳榔：研究顯示嚼檳榔會增加代謝症候群的發生。
   (6) 心理壓力：壓力導致內分泌失調，增加代謝症候群的發生。

4. 其他：年齡大於 30 歲者、未婚女性、無工作、家庭經濟收入低、低教育程度、早發性冠狀動脈疾病之女性。

四、預防或控制代謝症候群的對策

　　預防或控制代謝症候群沒有特別的訣竅或捷徑，所有專家的建議一致，首重推行健康生活型態。

1. 體重控制：盡可能使體重、身體質量指數、體脂肪率和腰臀圍的比例，都在理想的範圍之內。相關研究指出減重確實能有效降低代謝症候群的盛行率 (Orchard et al., 2005)。

2. 健康的飲食習慣：少油、少甜、少鹹、少熱量、少精製，定時定量；且不要吃宵夜，飲食盡量清淡，少喝含糖飲料，多吃不同種類的蔬果、高纖維和低脂食物，避免加工和油炸的食物。肉類盡量選擇白肉和魚肉，少一點紅肉。

3. 持續不間斷的運動習慣：運動前要作熱身運動和緩和運動，切莫因心急而導致不必要的運動傷害。採取動態的生活方式，增加身體活動量。

4. 拒菸／戒菸：吸菸增加血管硬化危險，戒菸能降低罹患代謝症候群和心血管疾病的風險。

第二節 冠狀動脈心臟病

Health
And Life

　　正常心臟是一個強壯的、中空的肌肉組織，約拳頭般大。位於胸腔內胸骨後方，負責輸送血液至全身。一般健康的人每天心跳約十萬次，要打出 8,000 公升以上的血液，每天 24 小時不眠不休的為維持人體正常運作而努力。為了維持這樣長年不休的劇烈運動，心臟本身需要充足的養分與氧氣。像身體所有的器官一樣，心臟也需要靠自己供給含氧血液，而環繞在心臟表面的冠狀動脈 (coronary artery)，就是供應心臟氧氣和養分的重要血管，心臟的含氧血液靠著三條分枝的冠狀動脈供給，只要這些血管保持健康，心臟功能就能保持完整。

　　一般而言，心臟病種類有以下幾種類型：

1. 先天性心臟病：可能由於母親在懷孕早期的疾病、服用的藥物或遺傳有關，而造成的心臟先天畸形。

2. 風濕性心臟病：溶血性鏈球菌感染咽喉炎引起風濕性心臟病，以兒童和青少年居多。

3. 高血壓性心臟病：長期高血壓導致左心室負荷加重，而變得肥厚、擴大，最後心臟衰竭。

4. 冠狀動脈心臟病：冠狀動脈主要供給心肌血液，當冠狀動脈發生粥樣硬化導致血管狹窄或堵塞（圖 3-1），會讓心臟肌肉因為缺血而壞死，是目前國人猝死的主要原因。

❂ 圖 3-I　冠狀動脈阻塞過程

　　冠狀動脈心臟疾病，起因於油脂附著在血管內壁，使冠狀動脈內發生粥狀硬化，使管腔變窄或阻塞使得血液流通不易，且增加血栓阻塞動脈的機會。當冠狀動脈狹窄阻斷血液對心臟的氧氣供應時，就會引起胸痛，心肌因而缺氧而抑制心肌收縮，使心臟不能搏出正常量的血液，有時甚至會損害控制心律的傳導系統，引起心衰竭或心律不整而導致死亡。

一、冠心病的典型症狀

1. 胸痛：左邊的胸前部位感覺疼痛或緊縮，喘不過氣，這些症狀持續數分鐘。

2. 輻射痛：胸痛會擴散到肩部、頸部、上臂（尤其是左手麻麻的症狀）、下頜或上腹部。

3. 發生在運動、生氣、情緒激動或心情緊張情況。症狀一般持續約 2~5 分鐘左右，最長不超過 20 分鐘。經休息後症狀可能迅速消失。但是也有可能第一次發作就很嚴重、甚至於死亡。

　　不是每次發作都會有以上所有的症狀，有時會反覆發作。假如有以上某一項或一項以上症狀發生，千萬不能等待，一定要到醫院去接受心臟科醫師的診斷、檢查和治療，愈快治療愈有效。

二、罹患冠狀動脈心臟病的危險因子

　　經過多年的研究探討，容易導致冠狀動脈心臟病的危險因子，經確定的已有多種，具備的危險因子越多，則危險性將以等比數的比例大大增加。以下將危險因子分無法改變的與可以改變的，分述如下：

（一）無法改變的危險因子

1. 男性：男性罹患率高於女性，女性在更年期後罹患率將比更年期以前大為增加，原因可能跟女性荷爾蒙分泌有關。

2. 年齡超過 40 歲：年紀在 40 歲以上，冠狀動脈心臟病發作的比例將逐漸增加，但要注意的是冠狀動脈心臟病早在年輕時期就已經開始發生冠狀動脈變性、硬化，經過 30~40 年的累積到中年時才發生症狀，故要預防冠狀動脈疾病的發生，應該早在孩童時就應該注意。

3. 家族性冠狀動脈心臟病罹患傾向：若親人（雙親或兄弟姐妹）有冠狀動脈心臟病病例，則得到冠心症的機會較高，應提高警覺。

（二）可以改變的危險因子

1. 高血壓：比一般人的機會多兩倍半：血壓高會使到血管收縮。

2. 糖尿病：會導致早期動脈硬化的形成，冠狀動脈是其中受侵犯的重要血管之一。女性患者有心臟病的機會比一般人多一倍，男性多百分之五十。

3. 高血脂症：膽固醇過高，罹患心臟疾病的機會比普通人多 3 倍，因為體內過多的膽固醇會積聚在血管內，使血管日漸狹窄，妨礙血液流通。

4. 體重過重：因為肥胖引致血壓高、血脂肪過高、糖尿病，而這些疾病又會誘發心臟病。

5. 吸菸：香菸中的尼古丁或菸草化學物質會損害心臟血管，若血管出現裂痕，膽固醇便會積聚起來。吸菸量超過每天一包，比不吸菸的人得冠心症比例超過 3 倍；若禁菸超過 2 年，其罹患冠心症的危險性已開始下降；若禁菸超過 10 年，則與不吸菸的人所面對的危險性相同。

6. A 型的行為型態：情緒受壓會導致身體出現生理變化，腎上腺素大量分泌，加速呼吸和心跳，並使血壓和血糖值上升，及釋放更多的高能量脂肪到血管去應付能量的需求，而這些荷爾蒙也會增加血小板的濃度，從而引發心臟病。

7. 缺乏運動：此為心臟病的導因之一。運動不單只幫助對抗心臟病，對於經常坐著不動的人來說，在日常的生活裡加入輕微的運動，能夠降低血壓、乳癌、腸癌、情緒低落、精神緊張、壓力等。

三、預　防

　　針對冠狀動脈疾病的預防，首重健康生活型態的培養，建議如下：

1. 平時注意均衡飲食，少油、少鹽、低膽固醇、多纖維。

2. 維持理想體重，避免肥胖。

3. 規律運動。

4. 避免有害物質，如菸、酒、咖啡。

5. 避免身心壓力過大、生活作息正常。

6. 良好控制既有的疾病，如糖尿病、高血壓等。

7. 定期接受健康檢查。

　　心臟疾病的形成往往長達二、三十年，而且一旦罹患，就會一輩子如影隨形的跟隨左右。因此，最有效的預防方式就是從年輕開始，注意各種健康狀況，避免引起心臟病的危險因子，譬如注意脂肪及膽固醇的攝取、保持標準體重及戒菸等；有心臟病家族史、高血脂症、高血壓或糖尿病等人，更應加強防治。

第三節　腦血管疾病

Health
And Life

　　從臺灣十大死因排名來看，2023 年腦血管疾病位居第 4 位。依據衛生福利部國民健康署與國家衛生研究院於 2017 年共同辦理之「國民健康訪問調查」發現：20~64 歲國人曾經醫師診斷罹患中風比率占 0.9%，65 歲以上國人曾經醫師診斷罹患中風比率占 8.7%（衛生福利部國民健康署，2022）。一般來說，腦中風的患者除嚴重致死外，或多或少都會有後遺症出現，僅十分之一病人可恢復到原先狀態，絕大多數病人都需要有人照顧，成為家庭與社會的沉重負擔。因此，腦中風是臺灣地區中老年人衛生保健工作的重要課題之一。

一、認識腦中風

腦血管疾病又稱為腦中風，就是腦部的血液供應突然間中斷，缺血或血管破裂出血，導致腦內局部受到壓迫、血液循環不良，造成腦部受傷，引發身體某些部分暫時或永久失去功能，如肢體癱瘓、語言障礙、嘴歪、眼斜、流口水、暈眩、嘔吐、步伐不穩及大小便失禁等，若不及時醫治，將可能導致意識昏迷，甚至死亡，是國內成人嚴重長期殘障的主要病因。

二、腦中風類型

依照血管的病態，中風又可分為「缺血性中風」和「出血性中風」兩大類，分述如下：

（一）缺血性中風

指的是當大腦的血管阻塞不通，導致大腦缺乏血液供應而出現中風的症狀，是臺灣人較常見的中風類型，約占所有中風的七成。病患通常伴隨著血管硬化、高血脂或心臟病等。

（二）出血性中風

即俗稱的「爆血管」。因為突然的激動、血壓升高或其他原因造成腦部的血管破裂，血液進入腦部組織，進而引起腦部大範圍的受損，約占所有中風的兩成。

三、腦中風對健康的傷害

中風最令人害怕與擔憂的即是其所遺留下的後遺症，會令患者在身心及經濟上皆承受極大的壓力。根據腦中風流行病學研究顯示，腦中風生還者中只有1/10 可恢復正常健康狀況，4/10 輕度殘障，但可自理生活起居，另 4/10 有嚴重後遺症需人照料，其餘 1/10 則可能需終生住院。因每位患者腦部受損的位置與嚴重性不同，故對健康的危害也有所不同，以下即列出比較常見的症狀：

（一）意識受損

當大腦的血液被阻斷時，腦細胞在 4~6 分鐘後即開始死亡，進而造成來往於身體與大腦間的訊息傳遞產生混亂，甚至停擺的現象，結果造成當事人無法做出應有的反應，包括喪失意識或知覺、無法以意志力控制排泄問題等。

（二）行動能力喪失

　　大腦的每個部位都扮演著控制身體的重要角色，然腦中風所帶來最大不便與痛苦，就是喪失行動能力，如肢體癱瘓、嘴歪、眼斜、步伐不穩等併發症。

（三）語言障礙

　　當腦中風造成大腦中控制語言系統的腦細胞受損，將造成口語及書寫或是理解能力的降低，即是失語症。

（四）心理衝擊

　　腦中風病人會因為身體外型的改變及喪失某些能力而悲傷，因為語言、行動已經無法像過去那般敏捷，情緒也變得很不穩定，可能會因突然失控，而有大笑或是大哭的情形產生。

（五）對家庭的衝擊與社會代價

　　腦中風患者對於身體各種能力的突然喪失，短期間內往往無法接受這項打擊，覺得自己活得既辛苦又沒有尊嚴，也不願長年躺在床上，嚴重者甚至會有輕生念頭。這種情況不僅讓患者家屬飽受壓力，更造成社會重大的衝擊。

四、腦中風的危險因子

1. 家族史。

2. 年齡：男性≧45歲，女性≧55歲，腦中風的發生率會隨年齡增加而增加。

3. 高血壓：可以說是腦中風的頭號破壞王，過高的血壓容易使血管內膜受到不正常壓力而受損，導致膽固醇更容易堆積，加速了血管的硬化。另外，血壓太高時也可能直接擠破血管，造成腦出血的危險。據研究，高血壓病患發生腦中風的機率比正常者高出 7~8 倍。

4. 糖尿病：會加速血管壁的增厚及硬化，進而引發腦中風。其所引起的血管硬化，將遍布全身各角落。此外，糖尿病患者通常連帶有脂肪異常、肥胖及高血壓等症狀產生。

5. 心臟病：有心臟瓣膜疾病的患者，容易在心臟內形成血管阻塞因子，一旦阻塞了腦部的血管，使得血液無法流動，就會造成中風現象，特別是心律不整時，特別容易發生腦中風的危險。

6. 肥胖：會加速動脈硬化，並使心臟負荷過重，因此體型愈肥胖，愈容易有心臟病、腦中風發作。

7. 其他：除了以上危險因子外，高血脂症、吸菸、酗酒、嗜吃鹽、咖啡及茶、肥胖、缺乏運動等，都是誘發腦中風的重要危險因子。

五、腦中風徵兆

腦中風一直是臺灣地區重要的死因之一，即使存活後還是會遺留下程度不等的神經功能障礙。因此，要防治腦中風，必須正確認知危險因子，掌握送醫時機及治療黃金時期非常重要，如此才能將傷害減至最低。

1. 眩暈或頭痛。

2. 嘴歪、眼斜。

3. 肢體麻木無力。

4. 視力模糊或失明。

5. 說話不清甚至失語。

6. 吞嚥困難。

7. 性格驟變。

8. 聽不懂別人說的話。

9. 意識混亂、嗜睡、昏迷。

六、預　防

腦中風絕對不是意外，它是可以預防的，只要我們了解腦中風的危險因素，並配合定期健康檢查、按時服藥、改變飲食習慣、適度運動、規律生活型態、戒菸酒等，就能防範腦中風。預防中風的保健之道如下：

1. 均衡飲食，控制油脂攝取量，少吃高膽固醇食物。

2. 戒菸酒。

3. 維持理想體重，保持規律運動。

4. 情緒的管理。

5. 其他疾病的控制與治療。

6. 定期健康檢查，若為腦中風之高危險群，應依醫師指示追蹤治療。

糖尿病

在臺灣糖尿病居十大死因第 5 位，且十大死因中的心臟病、腦血管疾病、腎臟病及高血壓等，皆與糖尿病息息相關，其每年死亡人數甚至超過癌症人數。糖尿病人口目前正快速成長中，目前全球已有 5.29 億人患有糖尿病，預估至 2025 年全球糖尿病病例將大幅增加至 6.4 億人（財團法人國家實驗研究院科技政策研究與資訊中心，2024）。在臺灣，糖尿病患的醫療費用為正常人的 4.3 倍，糖尿病人耗用健保署醫療總支出的九分之一(11.5%)，其中四分之一用於治療併發症。以洗腎為例，在洗腎病患當中，三分之一由糖尿病腎病變促成，以當前全國洗腎費用將近 300 億來算，糖尿病確實造成了重大的醫療負擔（戴東原，2006）。由此可見，糖尿病的防治已成重要課題。

一、認識糖尿病

人體會將吃進去的澱粉類食物轉變成葡萄糖，成為身體的燃料，而胰島素是由胰臟所製造的一種荷爾蒙，它能讓葡萄糖進入細胞內，提供熱能。糖尿病是一種新陳代謝異常的疾病，和遺傳有關，臨床表現亦有多種變化。主因人體內的胰臟不能製造足夠的胰島素或是胰島素作用不良，導致葡萄糖無法充分進入細胞內，血糖濃度升高，尿中有糖的現象，同時也造成蛋白質和脂肪的代謝不正常。

二、糖尿病分類

（一）第一型（胰島素依賴型）糖尿病

胰島素依賴型糖尿病可以發生在任何年齡，但通常是發生在兒童或青少年，它占所有糖尿病 5%以下，但其對生活的影響卻遠比常見的非胰島素依賴型糖尿病要大。在胰島素依賴型糖尿病，胰臟不分泌或是只分泌很少的胰島素，一經診斷為胰島素依賴型糖尿病，就必須每日注射胰島素才能維持生命。

（二）第二型（非胰島素依賴型）糖尿病

非胰島素依賴型糖尿病多半發生於 40 歲以後，他們的胰臟可以製造及分泌胰島素，但人體組織對胰島素的作用不敏感，而產生了高濃度的血糖。可能只需靠飲食控制及規則運動即可控制血糖；然當飲食及運動不能有效控制時，則需要口服降血糖藥物或注射胰島素來控制。

三、糖尿病發生原因

糖尿病的發生與遺傳體質有相當關係，其他如肥胖、藥物使用、懷孕、營養失調等，都會促使糖尿病發生。

1. 遺傳及家族病史：遺傳是糖尿病最重要的危險因子。有研究指出，糖尿病人的家屬罹患糖尿病的機會比一般人高出 5 倍以上。

2. 年齡：年齡越大罹患糖尿病的機率越大。40 歲以後，100 人中約有 10 人會罹患糖尿病，因此步入中年前後應特別留意。

3. 肥胖：體重過重者，體內胰島素的工作效率會大打折扣，特別是腰圍過粗、腰臀比過高者，均是糖尿病的高危險群。研究指出，糖尿病的初發病例中約有 60%是肥胖的人。

4. 飲食過量、暴飲暴食者：飲食不規則，喜歡暴飲暴食者，容易擾亂新陳代謝，得到糖尿病的機會較高。

5. 本身有胰臟疾病者：不論是先天性胰臟障礙或後天性胰臟功能受損者，會影響胰島素的分泌，進而影響血糖值，所以通常較容易罹患糖尿病。

6. 過勞、壓力沉重者：壓力會刺激腎上腺素或副腎皮質激素分泌，引發對抗胰島素的作用，阻礙胰島素正常功能；長期下來，可能擾亂新陳代謝及增加胰臟負擔，增加罹患糖尿病的機率。

7. 酗酒：酒精會嚴重傷害肝功能，也會影響胰臟功能，最後引發酒精性胰臟炎，造成胰臟功能障礙，如此一來，也較易成為糖尿病的受害者。

四、糖尿病的症狀

糖尿病發病初期大多沒有症狀，只是覺得有一點不舒服而已，除非做健康檢查，否則不易發現。隨著病情發展，逐漸地出現所謂「三多一少」症狀：多吃、多喝、多尿、體重下降，以及四肢無力、視力模糊、易疲倦、皮膚發癢等現象。

五、糖尿病的慢性合併症

糖尿病的可怕，在於發病初期可能沒有任何不適，患者常會忽略血糖控制的重要性。但隨著時間及疾病的進展，合併症就一一發生了。

1. 血管病變：腦、心臟、足部等部位的動脈硬化造成高血壓、腦中風、心肌梗塞。研究指出，第二型糖尿病患者發生冠狀動脈疾病的機率比無糖尿病者高 2~4 倍，腦中風則高 3 倍。心臟血管疾病為糖尿病患者最重要的併發症與造成死亡的主要原因（沈德昌、顏兆熊，2009）。

2. 眼睛病變：糖尿病是造成成人失明的主因，常見的病變如白內障、青光眼、視網膜病變。

3. 神經病變：包括自主神經或周邊神經的短期或長期麻痺，而引起心悸、腹脹、便秘、腹瀉、失禁、小便困難、姿勢性低血壓、性功能障礙、手腳發麻及刺痛、感覺遲鈍等。

4. 腎臟病變：引起水腫、蛋白尿、血壓上升等症狀，甚至腎衰竭引起尿毒症，而需要終生洗腎。

5. 全身感染：糖尿病患者皮膚抵抗力差，容易發生局部感染，常見於頸部、腋下、鼠蹊部及足部等部位。尤其足部因血液循環障礙，導致傷口不易癒合，常發生潰瘍、壞疽之現象，截肢病人有 50~70%屬糖尿病病人。

六、糖尿病控制與治療

糖尿病治療的目的為改善典型症狀，如多喝、多尿、多食、體重減輕，病患可感覺體力、體重、對感染的抵抗力恢復，以及減輕及延緩併發症的進展。治療目標為空腹血漿葡萄糖濃度<120 mg/dL，糖化血色素(HbA$_{1c}$)<7%。糖尿病的控制有賴飲食、運動和藥物（胰島素或口服降血糖藥物）三者間的互相配合，說明如下：

1. 飲食控制：是治療的基石，原則是醣類、蛋白質、脂肪、維生素、礦物質等均衡營養的需求是和正常人一樣，同時應養成定時定量的習慣，關鍵的地方是總熱量要固定。

2. 運動治療：和飲食控制是相輔相成的，糖尿病患者可藉運動增進熱量消耗、促進脂肪代謝、改善胰島素的作用等來降低血糖。

3. 口服降血糖藥物：需接受醫師指導來服用，一般用於第二型糖尿病及部分次發性糖尿病患者，飲食控制、運動及藥物治療是齊頭並進的。

4. 胰島素治療：哪些病患需要胰島素注射治療呢？第一型糖尿病、第二型糖尿病服用降血糖藥物增加至最大劑量、腎臟功能異常、肝臟功能異常、懷孕、手術前後、禁食而血糖太高等情形皆須胰島素注射治療；胰島素注射治療的原則和口服降血糖藥物大多相近，劑量的調整須配合血糖及飲食。

七、糖尿病的防治

以初級預防最為重要，尤其是在臺灣糖尿病年輕化之際，建議可從下列措施有效預防：

1. 節制食量，均衡飲食，控制體重。

2. 適當運動，幫助消耗體內糖分與熱量，並促進胰島素在體內的作用。

3. 不要過度疲勞，保持心情愉快。

4. 定期檢查血糖，若確定患有糖尿病，應遵照醫師指示服藥。

第五節
腎臟疾病

腎臟在後腰部兩邊各一個，長度約 12 公分，重量約 130 公克，是由一百萬個微血管球組成的一對器官。每天腎臟過濾約 144 公升的水分，大部分（142.5公升）的水分都會重新吸收到體內，只產生大約 1.5 公升（約 1,500 c.c.）的尿液，這些尿液經由膀胱排到體外。它的功能有清除體內廢物，調整血中電解質濃度，保持體液的平衡，並與紅血球的生成、維生素 D 的轉換、血壓的調節有密切關係。

腎臟是一個重要的化學工廠，24 小時不停的運作，因此當腎臟出問題，會影響全身，倘若腎功能不全到必須洗腎（血液透析或腹膜透析）的狀態，則個人生活品質將受到嚴重影響，頓時將成為個人、家庭及社會的沉重負擔。

一、腎臟疾病種類

腎臟疾病有很多種，主要可區分為先天性及後天性的疾病。

（一）先天性腎臟病

發病年齡通常在青少年，最常見的遺傳疾病是多囊性腎臟病，其他還有遺傳性的腎炎。此外，尿道的生長異常也是常見的遺傳性疾病。

（二）後天性腎臟病

後天性的腎臟病種類非常的多：

1. 腎炎：這表示說腎臟有發炎的意思，最常見的腎炎就是腎小球腎炎。

2. 腎臟結石：會造成背痛現象。腎臟結石的原因可能有遺傳、生長異常，也可能是發炎所造成的結石。

3. 腎病症候群：就是小便裡有太多的蛋白尿所造成的，同時併發下肢水腫、高血膽固醇及低血中白蛋白。

4. 高血壓：腎臟病也可能造成高血壓，因腎臟病造成的高血壓較難控制，血壓太高會加速腎臟衰竭以及引發其他併發症。

5. 藥物與毒物：止痛劑是造成腎臟衰竭的一個主因，其他如殺蟲劑、毒品等都可能造成腎臟衰竭。

二、腎臟病的警訊

1. 小便有灼熱感。

2. 小便次數增加。

3. 小便中有血。

4. 下肢水腫。

5. 眼瞼水腫、背痛。

6. 高血壓。

當發生上述 6 種警訊時，應盡早諮詢腎臟科的醫師，早期發現是否患有腎臟病，進行早期治療，以避免尿毒症的發生。

三、腎臟疾病預防方法

1. 感冒感染時，尤其是喉部、扁桃腺發炎，應遵醫囑按時服藥，不可中途而廢，否則鏈球菌容易感染腎臟造成發炎（尤其小朋友更需注意）。

2. 要遵照醫囑服用藥物，不隨意購買藥物服用。

3. 飲食均衡，勿暴飲暴食；攝取過量蛋白質及鈉鹽，增加腎臟負擔。

4. 多喝水，不憋尿。

5. 糖尿病、高血壓都是腎臟病的高危險因子，患者應控制治療並持續追蹤。

6. 定期檢查腎臟功能。

四、慢性腎衰竭

慢性腎竭是不可逆的疾病，最後會因腎元受破壞，功能喪失而進入末期腎病。由於腎臟不能有效的排除體內廢物及多餘的水分，因此廢物便堆積在體內及血液，造成水分、電解質的不平衡，如果不立即接受透析治療或腎臟移植，將會引發致命的危險。末期腎病是單一疾病醫療費用僅次於癌症的疾病，我國

發生率居世界第二，臺灣腎臟醫學會指出現在臺灣每年有 3 萬人洗腎，每年新增 6 千人，就腎衰竭盛行率而言，臺灣僅次於日本(Yang et al., 2008)。

（一）腎衰竭發病原因

分為原發性腎性疾病及續發於其他疾病二方面：

1. 原發性腎疾患
   (1) 慢性腎絲球腎炎：腎絲球被破壞後過濾率降低，廢物存留不易排出。
   (2) 慢性腎盂腎炎、腎硬化、先天腎發育不全。
   (3) 由急性腎衰竭演變而來。

2. 續發於其他疾病
   (1) 糖尿病、痛風、全身性紅斑性狼瘡、高血壓、充血性心衰竭等。
   (2) 嚴重感染或藥物中毒。

（二）症　狀

1. 初期症狀：多尿或夜間多尿，主訴容易疲倦、虛弱、失眠、食慾不振、噁心等。

2. 心血管系統的紊亂：高血壓及高血壓引起的頭痛，水腫、肺水腫及心臟衰竭等症狀。

3. 腸胃系統紊亂：如口腔潰瘍及腮腺炎，食慾不振、噁心、嘔吐、腹瀉、消化道潰瘍及出血等。

4. 肌肉神經系統紊亂：如注意力不集中、焦慮不安、思睡、手足虛弱、四肢麻木或疼痛等。

5. 血液學上紊亂：如貧血、出血時間延長等。

6. 皮膚變化：如出現尿毒霜，造成搔癢，皮膚抵抗力差、容易感染、皮膚色素沉澱。

7. 生殖系統：女性有月經但量會減少或出現無月經現象；男性陽萎、性慾降低。

（三）慢性腎衰竭治療

1. **透析治療**：根據台灣腎臟醫學會 2022 台灣腎病年報統計臺灣透析總人數資料顯示：我國每年有超過 5 萬人使用透析治療，其中多數患者選擇血液透析（圖 3-2），2020 年國人的透析總人數已達 88,880 人（台灣腎臟醫學會，2023）。

   (1) 血液透析：我國透析病人比率是世界第二，大多數患者採血液透析。血液透析治療是種清除體內代謝廢物的程序，它將血中多餘的水分及廢物排除，係利用透析器（人工腎臟）直接排除血中廢物。在執行血液透析治療之前需先建立一個血管通路即所謂的動靜脈瘻管；動靜脈瘻管是將兩條血管接在一起，也就是將一條動脈及一條靜脈在皮膚下縫合在一起，以提供透析時針頭扎入的管道。

   (2) 腹膜透析：係利用腹腔內的腹膜做為過濾器的一種過濾方法，腹膜透析的操作是經由導管將 2 公升的透析液灌入腹腔，然後定期的將透析液引流出來，並重新灌入新的透析液，腹膜透析運用很簡單的物理原理，將水分及廢物自血液中清除出來。

2. **腎臟移植**：是經由外科手術將一個健康的腎臟給予腎衰竭患者，執行腎臟的功能。

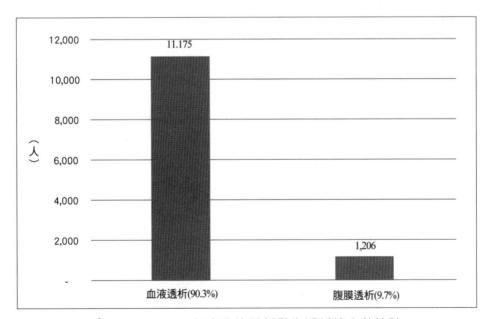

🏵 圖 3-2　2020 年臺灣地區新發生透析總人數統計

資料來源：台灣腎臟醫學會（2023，5 月）。*2022 台灣腎病年報*。https://www.tsn.org.tw/wowbook.html?id=04ec719f-6806-4431-80d2-3e2fde437d6b#book/

（四）日常注意事項

1. 自我觀察有無出血情形：如腸胃道出血、大便顏色改變、皮膚出血、皮下瘀青。

2. 預防感染：病人抵抗力低，應予適當保護，注意衛生習慣，減少出入公共場所及感染區，避免與患有上呼吸道感染者接觸。

3. 自我監測血壓：一般透析後須特別注意血壓變化情形。

4. 注意皮膚的護理：皮膚乾燥脫屑，搔癢不適，應保持身體清潔，定期修剪指甲，避免用抓癢或使用肥皂及太燙的熱水洗澡，或可再至皮膚科診治。

5. 養成定時排便習慣，多攝取高纖維蔬果。

6. 適度運動：可視身體狀況參與適當的休閒活動。

7. 預防意外：血液透析後常出現頭暈、血壓下降情形，應預防跌倒造成傷害。

8. 飲食上應依照營養師建議，注意蛋白質、水分、電解質和鹽分的攝取。

 第六節

高血壓

 Health
And Life

　　血壓是指血液流動對血管壁所產生的壓力。高血壓是最常見的慢性病之一，年紀越大，盛行率越高，65 歲以上的人有三分之二有高血壓。高血壓的形成即是因某些因素，造成心臟輸出量增加或周邊血管阻力增加，而使血管壁承受壓力上升。長期高血壓若不加以控制，將產生許多併發症，對心臟而言，將使心臟肥厚，進而引起心臟衰竭、心肌病變及心肌梗塞；對血管而言，將引起腦中風、冠狀動脈疾病、主動脈剝離及尿毒症等，造成永久性的傷害甚至死亡，對個人、家庭及社會造成重大損失。

　　正因高血壓平時無症狀，然一旦發展出高血壓併發症就會成為棘手的慢性病，多數患者常是在例行的健康檢查才發現有高血壓，故被稱為「無形的殺手」。

一、高血壓盛行率

臺灣地區的高血壓盛行率，根據衛生福利部國民健康署 2017~2020 年國民營養健康狀況變遷調查顯示：國人 19 歲以上的高血壓盛行率男性 29.7%，女性為 23.1%。其中 45~64 歲盛行率為 32.8%、65~74 歲 59.5%、75 歲以上 66.4%，隨著年齡之增加而增加（衛生福利部國民健康署，2022）。

二、高血壓的定義

高血壓是指動脈血壓的持續升高，重點在於多次測量的血壓平均值高，而非偶爾出現的血壓短暫升高。2022 台灣高血壓治療指引指出，無論是否有其他疾病，成人目標血壓皆是居家血壓<130/80 mmHg，血壓值 ≧ 130/80mmHg 即為高血壓，2022 年台灣高血壓指引對高血壓的分類如下表。針對高血壓個案，建議監測居家血壓(Home BP monitoring, HBPM)，每次量血壓前至少休息 5 分鐘，遵循 722（請－量－量）方案：

1. 「7」：連續測量 7 天。

2. 「2」：每日早晚共兩回（第一次量血壓時間為早上醒來後 1 小時且上完廁所，尚未服藥或進食前；第二次量血壓時間為晚上睡前 1 小時）。

3. 「2」：每回測量 2 次（2 次要間隔一分鐘），取血壓之平均值（表 3-2）。

🔋表 3-2　18 歲以上成人血壓分類標準及定義

血壓分類	收縮壓	舒張壓
正常血壓	< 120 mmHg 並且	< 80 mmHg
高血壓前期	120~129 mmHg 並且	< 80 mmHg
高血壓		
第一期	130~139 mmHg 或	80~89 mmHg
第二期	140 mmHg 或	90 mmHg

三、高血壓的分類

一般而言，成年人的高血壓 96%以上均屬於原因不明的原發性高血壓（衛生福利部國民健康署、臺灣內科醫學會，2004），少部分是因為腎臟病、主動脈狹窄或內分泌失調等原因引起的續發性高血壓（圖 3-3）。

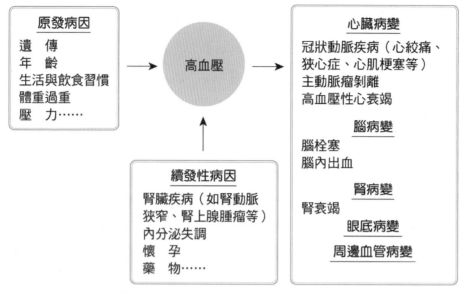

🔖 圖 3-3　高血壓的致病因子及合併症

（一）原發性高血壓（本態性高血壓）

　　大部分的高血壓屬於原發性高血壓，也就是找不出原因的高血壓。早期無病理變化，後來末梢血管抵抗力增加，發生血管硬化現象，造成腎臟血管、冠狀動脈、視網膜血管、腦血管等受損。目前已知的原因如下：

1. 遺傳：父母有高血壓，子女較易得高血壓。

2. 年齡：隨著年齡增加，血管彈性降低，末梢血管的阻力加強，血壓逐漸上升。

3. 飲食與生活習慣：鈉（鹽及味精）、脂肪（尤其是飽和脂肪）、酒類攝取過多；鉀、鈣、鎂、葉酸、膳食纖維攝取太少，較易得高血壓。吸菸、生活緊張、興奮、焦慮、壓力等都會使血管收縮，血管構造發生變化，造成血管阻力增加，血壓上升。

4. 肥胖：體重越重，心臟需更加費力才能將血液送至全身，造成血壓上升。

5. 壓力狀態：人若長期處在高壓狀態，因腎上腺素分泌增加，血壓也隨之升高。

（二）續發性高血壓

　　僅有少數的高血壓是由於其他疾病所引起，稱之為續發性高血壓。若能將原疾病控制好，則此類高血壓便能獲得良好的控制。常見的如腎性高血壓、心血管性高血壓、內分泌失調（如甲狀腺、腦下垂體、副腎上腺）、懷孕及糖尿病等均會引起續發性高血壓。

四、高血壓的症狀

　　許多病人沒有明顯的症狀，較常見的有頭暈、頭痛、眼花、耳鳴、後頸部僵硬、兩肩酸痛、心悸、胸部壓迫感等，卻都是非典型的症狀。若想知道是否罹患高血壓，只能時常測量血壓。通常若是出現明顯器官之症狀時，表示高血壓已對身體造成相當危害，如心絞痛、腦中風、腎功能障礙等。意即有明顯之症狀才接受治療，在預防保健上為時已晚，但更應接受治療。

五、高血壓之併發症

1. 眼底病變：如血管痙攣、血管硬化、眼底出血或滲出液、視乳頭水腫等。

2. 心臟病變：如左心室擴大、心肌纖維化、心臟衰竭、冠狀動脈不全症及心肌梗塞等。缺血性心臟病的發生率與高血壓有密切的關係，高血壓會增加心肌梗塞的死亡率。高血壓心臟病是高血壓最重要的併發症，高血壓患者中60~75%死於心臟的併發症，15~20%死於腦血管障礙，5~10%死於尿毒症，其餘死於剝離性大動脈瘤。

3. 大動脈及其分支病變：如大動脈硬化、動脈粥狀硬化、血管瘤及剝離性大動脈瘤。高血壓患者發生血管阻塞的機會增加。由於血管硬化的加速及血管中壁的壞死，容易造成血管瘤及血管中壁的剝離。

4. 腦病變：如腦循環不全、腦病、腦栓塞、腦內出血及蜘蛛膜下出血等。高血壓對腦血管障礙的關係較諸其對冠狀動脈病或腎血管病的關係更為密切。腦栓塞在高血壓群發生率為無高血壓群的 30 倍，收縮壓比舒張壓影響更大。

5. 腎病變：如腎硬化症、腎功能不全、腎衰竭等，高血壓為腎衰竭最常見的原因。

六、保健之道

許多研究結果已證實了只要願意改變一些生活習慣，就有助於高血壓的預防。控制高血壓 S-ABCDE 原則：減鈉(Sodium Restriction)、限酒(Alcohol limitation)、減重(Body weight reduction)、戒菸(Cigarette smoking cessation)、飲食控制(Diet adaptation)、運動(Exercise adoption)。

結 語

「代謝症候群」是現代人的健康大敵，國人由於生活富裕及飲食習慣日益西化，日常運動量減少，肥胖人口增加，以及年齡層的老化，使得代謝症候群的人數，有漸增的傾向，並且有明顯年輕化的趨勢。代謝症候群在近年來已對健康照護領域及民眾造成莫大的衝擊，隨著科技的發達，過多的食物攝取與活動量下降，肥胖人口盛行率逐漸上升，代謝症候群的盛行率也持續上升。在臺灣，代謝症候群衍生的各種疾病，如心臟病、腦中風、糖尿病、腎臟病、高血壓等，其死亡人數，已遠高於十大死因第 1 名的惡性腫瘤。遠離代謝症候群威脅最有效的方式，就是從改變生活型態開始，保持健康的生活型態，並定期健康檢查，做好預防工作，方可減緩其衍生疾病的發生率與死亡率。

 學後評量　　　　　　　　　　　　　　　　　　　　　　　EXERCISE

1. 下列何者不是我國評估代謝症候群(metabolic syndrome)的指標？(A) BMI≧27 (B)腰圍：男性 ≧90cm、 女性 ≧80cm 　(C)收縮血壓 ≧130mmHg/舒張血壓 ≧85mmHg　(D)HDL膽固醇：男性<40mg/dL、女性<50mg/dL。

2. 台灣十大死因中，哪一項與代謝症侯群無密切相關？(A)心臟疾病 　(B)腦血管疾病 　(C)癌症 　(D)糖尿病。

3. 以下何者是代謝症候群的致病因子？(A)肥胖 　(B)胰島素阻抗增加 　(C)腫瘤壞死因子-α 　(TNF-α) 　(D)以上皆是。

4. 冠心病是一種常見的心臟病，起因是負責心臟氧氣與養分的哪一條血管出了問題？(A)頸動脈 　(B)上腔大動脈 　(C)肺動脈 　(D)冠狀動脈。

5. 心血管疾病就是人體的的循環系統出現了異常，請問其範圍不包含下列何者？(A)心臟 　(B)腎臟 　(C)血液 　(D)血管。

6. 下列有關心血管疾病的敘述，錯誤的為何？(A)因近年來健康意識提升，已不在十大死因之中 　(B)併發症有許多，常見的有冠心病、高血壓、腦中風 (C)可能因尼古丁或不愛運動導致血管硬化有關 　(D)飲食中攝取較多的膽固醇會有影響。

7. 糖尿病發生原因，主要是因為何種因素？(A)攝取過多糖分 　(B)胰島素功能異常 　(C)消化功能欠佳 　(D)攝取含糖食物。

8. 下列何者容易導致腎臟病？(A)多喝開水 　(B)血壓過低 　(C)環境過於潮濕 (D)隨意服用藥物或偏方。

9. 下列哪一個不是常見的癌症危險訊號？ 　(A)肥胖 　(B)喉嚨長久嘶啞或咳嗽 (C)不正常的腫塊 　(D)皮膚上的痣形狀、顏色改變。

10. 癌症的高危險因子有：(1)吸菸 (2)有家族病史 (3)運動 (4)高脂肪飲食 (5)嚼檳榔。 (A) (1)(2)(3)(5) 　(B) (1)(2)(4)(5) 　(C) (1)(3)(4)(5) 　(D) (2)(3)(4)(5)。

解答 　1.A 　2.C 　3.D 　4.D 　5.B 　6.A 　7.B 　8.D 　9.A 　10.B

📑 **參考文獻**　　　　　　　　　　　　　　　　　　　　　REFERENCES

沈德昌、顏兆熊(2009)·糖尿病與心血管疾病·*臺灣醫界，52*(2)，13-17。

台灣高血壓學會（2022 年，5 月）·*2022 年台灣高血壓指引*·https://www.tsoc.org.tw/upload/files/2022%20Taiwan%20Hypertension%20Guidelines.pdf

台灣腎臟醫學會（2023，5 月）·*2022 台灣腎病年報*·https://www.tsn.org.tw/wowbook.html?id=04ec719f-6806-4431-80d2-3e2fde437d6b#book/

財團法人國家實驗研究院科技政策研究與資訊中心（2024，2 月 7 日）·*失控的血糖*·https://pride.stpi.narl.org.tw/index/graph-world/detail/4b1141ad8d271f37018d38ebc9090ceb

衛生福利部國民健康署（2021，1 月 29 日）·*民國 106 年國民健康訪問調查*·https://www.hpa.gov.tw/Pages/Detail.aspx?nodeid=364&pid=13636

黃麗卿(2006)·*臺灣地區代謝症候群的盛行率及發生率與代謝症候群的進展：男女性別之差異*·未發表的博士論文，臺北市：臺灣大學預防醫學研究所。

衛生福利部國民健康署（2015，1 月 28 日）·*成人腰圍測量及判讀之方法*·取自 http://www.hpa.gov.tw/BHPNet/Web/HealthTopic/TopicArticle.aspx?id=200712250120&parentid=200712250023

衛生福利部國民健康署（2007，1 月）·*代謝症候群防治工作手冊*·取自 http://www.hpa.gov.tw/BHPNet/Web/Books/manual_content13.aspx

衛生福利部國民健康署（2015，1 月 29 日）·*2007 年臺灣地區高血壓、高血糖、高血脂之追蹤調查研究專輯*·取自 http://www.hpa.gov.tw/BHPNet/Web/HealthTopic/TopicArticle.aspx?id=201102140001&Class=2&parentid=200712250011

衛生福利部國民健康署（2022，5 月 9 日）·*國民營養健康狀況變遷調查（106－109 年）*·https://www.hpa.gov.tw/File/Attach/15562/File_18775.pdf

衛生福利部（2024，6 月 17 日）·*112 年國人死因統計結果*·https://www.mohw.gov.tw/cp-16-79055-1.html

衛生福利部國民健康署、臺灣內科醫學會（2004，3 月）·*高血壓防治手冊─高血壓偵測、控制與治療流程指引*·取自 http://health99.doh.gov.tw/media/public/pdf/21446.pdf

戴東原(2006)·*糖尿病家族─糖尿病在臺灣的現況*·臺北市：財團法人糖尿病關懷基金會。

Ford, E. S. (2005). Risks for all-cause mortality, cardiovascular disease, and diabetes associated with the metabolic syndrome. A summary of the evidence. *Diabetes Care, 28,* 1769-1778.

Isomaa, B., Almgren, P., & Tuomi, T. (2001). Cardiovascular morbidity and mortality associated with the metabolic syndrome. *Diabetes Care, 24,* 683-689.

Orchard, T. J., Temprosa, M., Goldberg, R., Haffner, S., Jatner, R., Marcovina, S., & Fowler, S. (2005). The Effect of metfoomin and intensive lifestyle intervention on the metobolic syndrome: The diabetes prevention program randomized trial. *Ann Inter Med, 142,* 611-619.

WHO(2008). *Diabetes.* Retrieved from http://www.who.int/mediacentre/
factsheets/fs312/en/index.html

Yang, W. C., Hwang, S. J., Taiwan Society of Nephrology (2008). Incidence, prevalence and mortality trends of dialysis end-stage renal disease in Taiwan from 1990 to 2001: The impact of national health insurance. *Nephrol Dial Transplant, 23,* 3977-3982.

Health And Life · **MEMO**

作者 | 張育嘉

CHAPTER
04

傳染病

學習目標

1. 了解何謂傳染病。

2. 了解傳染病的發生原因及預防方法。

3. 認識五種臺灣重要的傳染病。

Health And Life

=== 前言 ===

隨著科技的進步與公共衛生的提升，曾經肆虐臺灣的霍亂、鼠疫等傳染病，已不再威脅臺灣人民的健康，瘧疾（1965 年）、小兒麻痺（1999 年）等傳染病也已完全根除，在許多公共衛生專家的努力之下，臺灣傳染病防治成績有目共睹。不過，隨著全球化浪潮而快速移動的人員與物資，及各種致病原的變異日趨複雜，卻也讓傳染病的威脅隱隱浮現。

世界衛生組織(World Health Organization, WHO)在「2007 年的世界衛生報告(The World Health Report 2007)」中強調，比起歷史上任何時間點，人類比過往更需要國際合作共同對抗傳染病。尤其隨著頻繁的國際交流，導致疾病跨國界的快速傳播，從愛滋病(AIDS)、伊波拉出血熱、嚴重急性呼吸道症候群(SARS)、禽流感、瘧疾、抗藥性結核病、H_7N_9 流感、中東呼吸症候群冠狀病毒感染症、茲卡病毒感染症及嚴重特殊傳染性肺炎(Coronavirus Disease-2019, COVID-19)等新興或再浮現傳染病所帶來的威脅，形成 21 世紀全球公共衛生的巨大威脅。以 2002 年首次出現的 SARS 為例，儘管世界各國迅速採取了嚴格的防範措施，但短短幾個月內，全球還是有 30 多個國家和地區受到影響，SARS 在 2003 年更是全面衝擊臺灣原有的公共衛生體系。2019 年底首次出現的 COVID-19 更是迅速的在全世界擴散，造成全球大流行，短短不到半年的時間即造成 500 多萬人感染及超過 30 萬人死亡，嚴峻的疫情嚴重影響到民眾的日常生活，並衝擊到全球的經濟活動與發展。

根據國際航空運輸協會指出 2024 年全球航空旅客預計達到 47 億人次，隨著大量且快速的人際交流，傳染病傳播的速度將遠超過歷史上的任何時期。此外全球暖化與氣候變遷，改變了傳染病病媒昆蟲的生態環境和地理分布；再加上病毒與致病性微生物不斷適應與變異導致跨宿主傳播等，都更加惡化傳染病控制的難度，也顯示出全球國際合作傳染病控制的急迫性。因此，傳染病這個「老問題、新隱憂」，是 21 世紀公共衛生需要更加嚴肅面對的議題。

傳染病概述

Health
And Life

一、傳染病流行病學

流行病(epidemics)是指任何一種疾病，在特定的人時地之發生率超過期望值(normal expected value)，即稱之為流行。舉例來說，臺灣自 1965 年根除瘧疾以來，每年瘧疾病例數的期望值即為 0，因此年度中只要發生 1 例本土性瘧疾病例，即可稱之為流行；在許多非洲國家，每年均有成千上萬的瘧疾個案，但若瘧疾罹病人數未超過該國的正常期望值，就不能稱之為流行。因此，「流行」的重點不在數目的多寡，而是超過「期望」值。

疾病如果經常存在特定地理區域，持續穩定發生的狀況，即稱為「地方性流行(endemics)」，舉例來說，瘧疾即為非洲常見的地方性傳染病。但是地方性傳染病並非恆常不變，例如：1950 年代曾經因為 DDT（dichloro-diphenyl-trichloroethane，一種高效殺蟲劑）的使用，使得臺灣的登革熱絕跡，但在 1981 年小琉球漁民將登革熱病毒由菲律賓再度帶入臺灣，且自 1987 年高屏地區爆發 527 例登革熱流行後，每年均有本土登革熱病例出現，登革熱也再度成為臺灣的地方性傳染病。流行性疾病如果經由人際傳播且同時發生在數個國家之間，又稱之為「大流行(pandemic)」，例如：流行性感冒（流感）病毒所引起之流行，疫情若蔓延至其他地區如一個洲或全世界，就稱為「流感大流行」。

二、傳染病的定義

傳染病是一種可以從一個人或其他物種，經過傳染途徑導致另一個人或物種產生病徵的疾病。根據柯霍氏假說(Koch's postulates)的驗證程序，可以大致確認疾病的病原是否具有傳染性，柯霍氏法則主要分為以下四個步驟：

1. 在病人罹病部位經常可以發現可能的病原。

2. 病原可以被分離並在培養基中培養。

3. 培養的病原可接種至健康人身上，並產生相同的病徵。

4. 從病人身上可以用相同分離方法再分離(reisolate)出病原，且其特徵與原病原完全相同。

三、傳染病的分類

傳染病可以依病原、傳染途徑及法律等方式進行分類。

（一）依病原分類

1. **細菌性傳染病**：分為球菌（如金黃色葡萄球菌，圖 4-1(a)）、弧菌（如霍亂弧菌，圖 4-1(b)）、桿菌（如大腸桿菌，圖 4-1(c)）與螺旋菌（如鉤端螺旋體菌，圖 4-1(d)），可引起傷寒、霍亂、白喉等疾病。

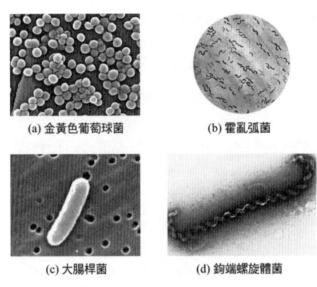

(a) 金黃色葡萄球菌　　(b) 霍亂弧菌

(c) 大腸桿菌　　(d) 鉤端螺旋體菌

📖 圖 4-1　細菌性傳染病原

資料來源：　衛生福利部疾病管制署．*認識細菌、病毒與寄生蟲*．取自 http://www.cdc.gov.tw/kids/

2. **病毒性傳染病**：分為 dRNA 病毒、RNA 病毒與反轉錄病毒，可引起如小兒麻痺、腸病毒（病原為腸病毒，圖 4-2(a)）、流行性感冒（病原為流感病毒，圖 4-2(b)）、B 型肝炎等疾病。

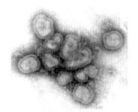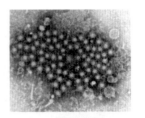

(a) 腸病毒　　(b) 流感病毒　　(c) 肝炎病毒

📖 圖 4-2　病毒性傳染病原

資料來源：　衛生福利部疾病管制署．*認識細菌、病毒與寄生蟲*．取自 http://www.cdc.gov.tw/kids/

3. **寄生蟲傳染病**：分為原蟲與蠕蟲，種類很多，可藉由汙染的水源或食物（如阿米巴性痢疾，病原為阿米巴原蟲，圖 4-3(a)）、昆蟲叮咬（如瘧疾，病原為瘧原蟲，圖 4-3(b)）及接觸（如蛔蟲，圖 4-3(c)）等途徑感染。

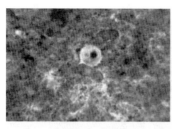 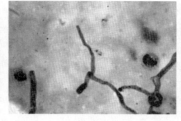 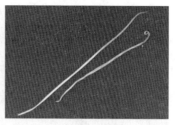

(a) 阿米巴原蟲　　　　　　(b) 瘧原蟲　　　　　　(c) 蛔　蟲

🕐 圖 4-3　寄生蟲傳染病原

資料來源：　衛生福利部疾病管制署・*認識細菌、病毒與寄生蟲*・取自 http://www.cdc.gov.tw/kids/

（二）依傳染途徑分類（衛生福利部疾病管制署）

1. **蟲媒傳染**：經由蚊子、跳蚤等昆蟲間接傳染的疾病，稱為蟲媒傳染病。例如：登革病毒並不會直接由人傳染給人，而是人在受到帶有登革病毒的病媒蚊叮咬後，經過約 3~8 天的潛伏期（最長可達 14 天）後，開始發病。患者在發病時期，血液中已存有登革病毒，此時如又被病媒蚊叮咬，此登革病毒在病媒蚊體內增殖 8~12 天後，不僅讓這隻病媒蚊終身帶有傳播登革病毒的能力，而當牠再叮咬其他健康人時，另一個健康的人也會感染到登革熱。經由蟲媒傳染的疾病如登革熱、茲卡病毒感染症、屈公病、瘧疾、日本腦炎、鼠疫、恙蟲病、萊姆病、黃熱病和裂谷熱等。

2. **食物或飲水傳染**：通常是透過受病菌汙染的手，或進食受汙染的食物、飲品而感染。例如：霍亂就是吃到或喝到遭病人或帶菌者糞便、嘔吐物汙染的水或食物，或生食受霍亂弧菌汙染的海鮮時，就有可能會感染。經由食物或飲水傳染的疾病如腸病毒、傷寒、副傷寒、霍亂、桿菌性痢疾、阿米巴性痢疾、小兒麻痺、A 型肝炎和 E 型肝炎等。

3. **飛沫或空氣傳染**：經由空氣或飛沫，使患者的鼻咽黏液接觸到病原體而感染的疾病。

   (1) 飛沫傳染(droplet spread)：屬於直接傳染，病原先存在於病人呼吸道的分泌物中，再經由咳嗽或打噴嚏散播，近距離內的被感染者經由鼻咽黏液接觸而受到傳染，大部分的呼吸道感染均屬於飛沫傳染。

(2) 空氣傳染(air-borne transmission)：屬於間接傳染，病原的體積小，所以可以在空氣中漂浮，可以傳染的範圍也較大，例如退伍軍人症就是屬於空氣傳染。

經由飛沫或空氣傳染的疾病如流感、結核病、嚴重急性呼吸道症候群、麻疹、德國麻疹、腮腺炎、白喉、水痘和百日咳等。

4. **性接觸或血液傳染**：主要藉由體液或血液，經由性行為等親密接觸、輸血、注射等途徑而傳染，一般分為垂直傳染及水平傳染兩類。

(1) 垂直傳染：帶原的母親在生產前後將病原傳染給新生兒。

(2) 水平傳染：含有病原的血液或體液，透過皮膚或黏膜進入人體內而感染，因此輸血、共用針頭或注射器、針灸、穿耳洞、紋眉、刺青、共用牙刷或刮鬍刀、性行為等都可能感染。

經由性接觸或血液傳染的疾病如 AIDS、梅毒、淋病、B 型肝炎、C 型肝炎和 D 型肝炎等。

5. **接觸傳染**：主要是由於皮膚傷口接觸到受病原菌汙染的空氣、土壤、水或體液而引起感染，但也可能是經由吸入、食入受汙染的土壤或水而引起感染，一般情形下，並不會由人直接傳染給人。經由接觸傳染的疾病如狂犬病、類鼻疽、鉤端螺旋體病、破傷風、漢生病和頭蝨等。

（三）依法律分類

目前我國傳染病防治的主責單位為「衛生福利部疾病管制署(Centers for Disease Control, TAIWAN CDC)」，主要防治法令為「傳染病防治法」。法定傳染病主要依據傳播速度、病情嚴重度、致死率等特性進行分類，醫療機構需於期限內通報衛生主管機關，並依規定治療或隔離。最新之法定傳染病的分類及處置原則整理如表 4-1。

第一類法定傳染病為危險程度最高的傳染病，其次為第二類法定傳染、第三類法定傳染、第四類法定傳染，而第五類傳染病主要為新興傳染病或國外需密切注意之傳染病。

📕表 4-1　傳染病分類

分 類	疾 病	通報及處理
第一類傳染病	狂犬病、鼠疫、嚴重急性呼吸道症候群(SARS)、天花	24 小時內完成通報，強制隔離治療
第二類傳染病	M 痘、登革熱、德國麻疹、霍亂、流行性斑疹傷寒、白喉、流行性腦脊髓膜炎、西尼羅熱、傷寒、副傷寒、小兒麻痺症／急性無力肢體麻痺、桿菌性痢疾、阿米巴性痢疾、瘧疾、麻疹、急性病毒性 A 型肝炎、腸道出血性大腸桿菌感染症、漢他病毒症候群、多重抗藥性結核病、屈公病、炭疽病、茲卡病毒感染症	24 小時內完成通報，必要時得隔離治療
第三類傳染病	先天性梅毒、腸病毒感染併發重症、結核病、漢生病、百日咳、新生兒破傷風、破傷風、急性病毒性 B 型肝炎、急性病毒性 C 型肝炎 、急性病毒性 D 型肝炎、急性病毒性 E 型肝炎、流行性腮腺炎、梅毒、淋病、侵襲性 b 型嗜血桿菌感染症 、退伍軍人病、先天性德國麻疹症候群、日本腦炎、急性病毒性肝炎未定型	一週內完成通報，必要時得隔離治療
	人類免疫缺乏病毒感染、後天免疫缺乏症候群	24 小時內通報
第四類傳染病	疱疹 B 病毒感染症、鉤端螺旋體病、類鼻疽、肉毒桿菌中毒、發熱伴血小板減少綜合症	24 小時通報，必要時，得於指定隔離治療機構施行隔離治療
	李斯特菌症、嚴重特殊傳染性肺炎	72 小時內通報
	侵襲性肺炎鏈球菌感染症、Q 熱、地方性斑疹傷寒、萊姆病、兔熱病、恙蟲病、水痘併發症、弓形蟲感染症、流感併發重症、布氏桿菌病	一週內通報，必要時，得於指定隔離治療機構施行隔離治療
	庫賈氏病	一個月通報，必要時，得於指定隔離治療機構施行隔離治療
第五類傳染病	新型 A 型流感、中東呼吸症候群冠狀病毒感染症、裂谷熱、馬堡病毒出血熱、黃熱病、伊波拉病毒感染、拉薩熱	24 小時通報，指定隔離治療機構施行隔離治療

參考資料：整理自衛生福利部疾病管制署（無日期）・*傳染病介紹*・https://www.cdc.gov.tw/Disease/Index

四、傳染病的發生原因及預防方法

疾病的發生，往往是由許多因素交互作用而產生，最常用來解釋傳染病致病模式的就是三角模式(epidemiological triangle)。三角模式是由 John Gordon 提出，融合了古代的瘴癘說(miama theory)、體液說(humor theory)和細菌說(germ theory)，將宿主(host, H)、病媒(agent, A)與環境(environment, E)視為傳染病產生的三大要素（圖 4-4(a)），如果有任何一個要素改變，破壞了原有的平衡，就會導致傳染病的發生。

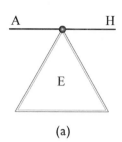

(a)

🕐 圖 4-4　三角模式（H(host)：宿主、A(agent)：病媒、E(environment)：環境）

舉例來說，每次流感病毒突變為新型流感病毒，由於宿主對於新型流感病毒沒有免疫力，破壞了三角模式中「宿主」與其他要素的平衡，因此可能導致傳染病的流行（圖 4-4(b)）；每年颱風季節過後，積水的環境容易造成病媒蚊的孳生，破壞了三角模式中「病媒」與其他要素的平衡，因此可能導致傳染病流行（圖 4-4(c)）；全球暖化與氣候變遷，導致全球季節溫度的變化，破壞了三角模式中「環境」與其他要素的平衡，因此可能導致傳染病流行，如原處寒帶的日本，也開始出現登革熱病例（圖 4-4(d)）。

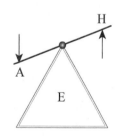 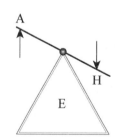 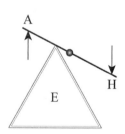

(b)病毒突變，使 host 增加　(c)病媒蚊孳生，使 agent 增加　(d)環境變化，如全球暖化氣候變遷

🕐 圖 4-4　三角模式（H(host)：宿主、A(agent)：病媒、E(environment)：環境）（續）

雖然三角模式可以簡明的以宿主、病原和環境三者說明傳染病致病形式，但是這個簡化模式未能將宿主、病原和環境交織而成的複雜性與各式各樣特性加以考慮，特別是不能完整解釋慢性傳染病、慢性病與癌症的致病模式，因此

後續流行病學家陸續提出輪型致病模式、網狀致病模式與互動式輪狀致病模式。

傳染病病原體侵入人體的過程稱之為傳染途徑(transmission route)，可以分為直接傳染與間接傳染。直接傳染係指病原由已感染者直接透過撫摸、性交等直接接觸傳至被感染者的感染；間接傳染則包括病媒傳染、呼吸道傳染、腸胃道傳染等方式。

了解傳染病發生的原因後，就可以採取預防措施，阻斷傳染途徑。例如目前執行的邊境檢疫，利用檢疫和隔離的方法將病人或疑似帶原者與健康的人隔開，可以有效減少傳染病可能的宿主，以避免傳染病的流行。同樣的概念，勤洗手、戴口罩、使用保險套、吃熟食、接種疫苗、增加個人抵抗力（如適度運動、均衡營養等），也可以有效的預防傳染病。而清除病媒蚊孳生源，注意環境衛生，使用適當的防護裝備（如蚊帳、防蚊液等），出國旅遊時避免到傳染病流行的國家等，也都是預防傳染病的自我保護方法。

 第二節
主要傳染病介紹

Health
And Life

本節針對流行性感冒、愛滋病、結核病、腸病毒及登革熱等五個重要的法定傳染病進行深入的介紹。再分別針對各傳染病的疾病概述、致病原、流行病學、傳染途徑、潛伏期、臨床症狀和預防措施等內容進行說明。（主要資料來源：衛生福利部疾病管制署）

一、流行性感冒

（一）疾病概述

流行性感冒（influenza，簡稱「流感」）是由流感病毒所引起之急性病毒性呼吸道疾病，常引起發燒、頭痛、肌肉痛、疲倦、流鼻涕、喉嚨痛以及咳嗽等症狀，但通常均在一週內會康復。臨床上所謂的感冒、喉炎、支氣管炎、病毒性肺炎以及無法區分之急性呼吸道疾患均有可能為感染流感病毒所引起。此外，估計每年流行時，約有 10%受感染的人有噁心、嘔吐以及腹瀉等腸胃道症狀伴隨呼吸道症狀而來。

（二）致病原

流感病毒(influenza virus)是一種 RNA 病毒，有 A、B、C 及 D 四種型別，其中只有 A 型及 B 型可以引起季節性流行，基本上 A 型病毒較容易發生變異，如果出現一種新的病毒亞型，將會引起全世界的大流行；B 型病毒會發生比較輕微的變異；而 C 型病毒則甚少在人類造成疾病。A 型病毒依其兩種主要抗原(HA, NA)的不同，區分為不同亞型。近年來曾經發生過的流感大流行包括 1918~1919 年西班牙流感（病毒株 H_1N_1，造成 4,000~5,000 萬人死亡，且受害者大多為體健的年輕人）、1957~1958 年亞洲流感（病毒株 H_2N_2，造成近 400 萬人喪生，主要感染者為老年人）、1968~1969 年香港流感（病毒株 H_3N_2，估計死亡人數 100~200 萬人）。目前主要流行之季節性流感病毒型別為 A/H_3N_2 型、A/H_1N_1 型，以及 B 型流感病毒的 B/Victoria 與 B/Yamagata 等 4 類。

（三）流行病學

流感之重要性在於其爆發流行快速、散播範圍廣泛及併發症嚴重，尤其是細菌性及病毒性肺炎。爆發流行時，重症及死亡者多見於老年人，以及患有心、肺、腎臟、代謝性疾病、貧血或免疫功能不全者。

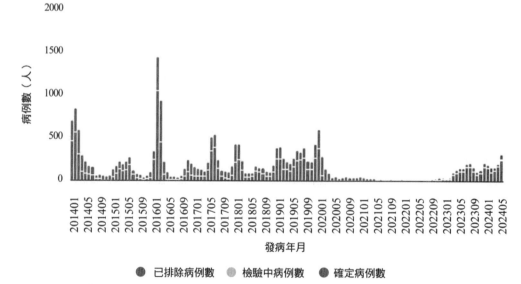

● 圖 4-5 全國流感併發重症本土病歷與境外移入病例趨圖

（2014 年 01 月~2024 年 06 月）

資料來源：衛生福利部疾病管制署(2024)．*傳染病統計資料查詢系統*．https://nidss.cdc.gov.tw/nndss/disease?id=487a

流感為具有明顯季節性特徵之流行性疾病，疫情的發生通常具有週期性。臺灣地處亞熱帶，流感一年四季均可能發生，但仍以冬季較容易發生流行。歷年來多自 11 月下旬開始病例逐漸上升，流行高峰期多自 12 月至隔年 3 月，秋冬時節正值流感及流感併發重症病例數達到高峰的季節；而局部流行及零星病例則每個月都可能發生。

（四）傳染途徑

流行性感冒主要藉由咳嗽、打噴嚏等飛沫將病毒傳播給周圍的人（飛沫傳染或空氣傳染）；由於流感病毒可在寒冷低濕度的環境中存活數小時，故亦可能經由接觸到汙染物體表面上的流感病毒，再觸摸自己的口、鼻而傳染（接觸傳染），因此個人衛生及洗手是防範傳染的主要方法。

患者經由咳嗽或打噴嚏釋放出顆粒大小不同的微粒，當這些帶有病毒的微粒接觸到人類的結膜，以及口腔、鼻腔或吸呼道的黏膜時，病毒便可以進行感染而進入人體。飛沫傳染指的是由較大的微粒所造成的感染，因為較大的微粒（直徑大於 10 微米）會受到重力的牽引而掉落，所以飛沫傳染有效的傳播距離大約是 1 公尺。而那些較小的微粒（直徑小於 5 微米）由於重量較輕，被咳出後仍會在空氣懸浮一段時間，當室內空氣流通不良時，病毒濃度會慢慢的累積，人們吸入這些帶有病毒的空氣便會造成感染，這就是所謂的空氣傳染。

（五）潛伏期

被感染至發病（症狀出現），即所謂的潛伏期。流感的潛伏期大約 1~4 天，一般為 2 天。

（六）可傳染期

症狀出現前 1~2 天即可能具傳染力，成人之傳染力可持續至症狀出現後 3~5 天，孩童則可達到 7~10 天。但免疫不全者排放病毒的時間則可長達數週或數月。

（七）臨床症狀

主要症狀為發燒、頭痛、肌肉痛、疲倦、流鼻涕、喉嚨痛及咳嗽等，部分患者伴有腹瀉、嘔吐等症狀。多數患者在發病後會自行痊癒，少數患者可能出現嚴重併發症，常見為病毒性肺炎及細菌性肺炎，另外還包括中耳炎、腦炎、心包膜炎及其他嚴重之續發性感染等。高危險族群包括老年人、嬰幼兒及患有心、肺、腎臟及代謝性疾病等慢性病患者，或免疫功能不全者。

（八）預防方法

1. 個人防護

(1) 加強個人衛生習慣，勤洗手，避免接觸傳染。

(2) 如有出現類流感症狀（如發燒、咳嗽等），應及早就醫，以防引起肺炎、腦炎等嚴重併發症；就醫後盡量在家休息，減少出入公共場所；如外出應戴上口罩，並注意咳嗽禮節，於咳嗽或打噴嚏時，以手帕或衣袖摀住口鼻，避免病毒傳播。

(3) 於流感流行期間，盡量避免出入人潮擁擠、空氣不流通的公共場所，以減少病毒感染機會。

2. 接種疫苗

預防流感最好的方法就是施打流感疫苗，健康成年人大約可達 70~90% 之保護，而 65 歲以上老年人、嬰幼兒等高危險群尤應接種疫苗，以防流感引起之併發症。

為保護國人免受流感的威脅，臺灣自 2001 年起即針對所有 65 歲以上長者提供免費的流感疫苗，並逐年擴大接種對象。近年來每年 10 月 1 日起開放符合條件者接種公費流感疫苗，目前凡 65 歲以上長者、醫事人員、衛生單位防疫人員、禽畜業及動物防疫人員、滿 6 個月以上至國小入學前幼兒、國小、國中、高中、高職、五專 1 至 3 年級學生、孕婦及 6 個月內嬰兒之父母、幼兒園托育人員及托育機構專業人員、具有潛在疾病者（包括高風險慢性病人、BMI 大於等於 30 者、罕見疾病患者及重大傷病患者）、安養、養護及長照機構之住民、50~64 歲成人等均可陸續接種免費疫苗；每年 12 月 1 日之後開放所有國民免費接種剩餘之公費流感疫苗。

我國使用之疫苗係依世界衛生組織每年對北半球建議更新之病毒株組成，其保護效力與國際各國狀況相同。為提升疫苗的保護效力，我國自 2019 年起所購入之公費流感疫苗全面改為四價疫苗，共包含 4 種不活化病毒，即 2 種 A 型（H_1N_1 及 H_3N_2）及 2 種 B 型。流感疫苗是利用雞胚胎培養病毒去活化後加以製造，是一種不活化之疫苗，因此接種後不會有流行性感冒症狀出現。最常出現之副作用為注射部位局部疼痛、紅腫，另外有極少數人出現系統性之副作用反應（如發燒等）。因接種疫苗後需一段時間產生保護力，故建議高風險及高傳播族群，應於流感疫苗開打後，儘早接種疫苗，讓整個流感季均有疫苗保護力。

（九）流感及一般感冒之不同

表 4-2 針對流行性感冒及普通感冒的致病原、潛伏期、感染型態、臨床症狀、病程、併發症、治療及預防方法進行比較。

表 4-2　流行性感冒及普通感冒的比較

	流行性感冒(influenza, Flu)	普通感冒(common cold)
致病原	流感病毒分為 A、B、C 三型，另外，因為它很容易發生變異，所以容易發生大流行	會引起感冒的病毒大約有 200 多種，包括較常見的鼻病毒、副流行性感冒病毒、呼吸道細胞融合性病毒、腺病毒等
潛伏期	1~3 天	約 1 天
感染型態	・不分年齡層 ・症狀突然發生，通常會引起全身性症狀，且有可能有嚴重合併症，甚至死亡	・不分年齡層 ・症狀逐漸發生，通常只有局部上呼吸道症狀，多無嚴重合併症
臨床症狀	・高燒，有時伴隨寒顫；發燒可能持續 3 天 ・通常伴隨著嚴重的頭痛 ・全身性的肌肉酸痛及關節疼痛，會有明顯且持續的疲勞與虛弱；部分幼兒會有小腿肌肉觸痛	・較少見發燒，如果有的話，體溫也只有些微的升高 ・偶爾有輕微的頭痛 ・較輕微或少見
病　程	1~2 週	短期間可復原
併發症	肺炎、鼻竇炎、支氣管炎、中耳炎、心肌炎、腦病變、腦炎、雷氏症候群等	較少出現併發症

📛 表 4-2　流行性感冒及普通感冒的比較（續）

	流行性感冒(influenza, Flu)	普通感冒(common cold)
治療方法	依照醫師處方給予抗病毒藥物治療及支持性療法	感冒多半可自行痊癒，採支持性療法
預防方法	• 應考慮接受流感疫苗的接種 • 勤洗手，在流感流行時應避免出入人多擁擠的場合，減少病毒感染的機會 • 平時保持正常作息及良好生活習慣，提升自我免疫力	• 勤洗手，在感冒流行時應避免出入人多擁擠的場合，減少病毒感染的機會 • 平時保持正常作息及良好生活習慣，提升自我免疫力

（十）世界衛生組織流感大流行之警示與疫情分級

　　世界衛生組織(WHO)於 2013 年 6 月公布了流感大流行之風險管理的指導原則。新標準簡化了流感大流行之警示與疫情級別，從 2009 年公布的 6 個分級簡化為 4 個時期，依照流感大流行的連續性，分別為大流行間期(interpandemic phase)、大流行警示期(alert phase)、大流行期(pandemic phase)和過渡期(transition phase)（圖 4-6）。而新舊版的流感大流行疫情警示與分級對照如表 4-3 所示。

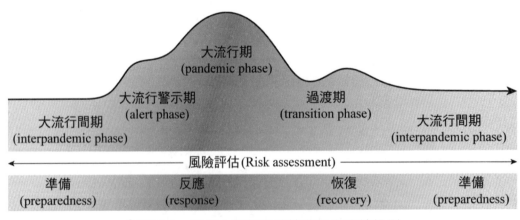

🕑 圖 4-6　流感大流行之連續警示與疫情級別

資料來源： World Health Organization (2013). *Pandemic influenza risk management- WHO interim guidance.* http://www.who.int/influenza/preparedness/pandemic/GIP_PandemicInfluenzaRiskManagementInterimGuidance_Jun2013.pdf

⚑表 4-3　2009 及 2013 年之 WHO 流感大流行疫情警示與分級之新舊版本對照表

2009 年版			2013 年版
大流行警示狀況	人類風險狀況	疫情分級	大流行警示狀況
動物感染及有限性人類傳染階段 (predominantly animal infections / limited transmissibility among people)	尚無動物流感病毒感染至人類	第 1 級 (phase 1)	大流行間期 (interpandemic phase)
	具大流行潛力的動物流感病毒感染至人類	第 2 級 (phase 2)	
	動物或動物人類混合流感病毒引起人類散發病例或小型聚集，但尚未形成有效人傳人機制導致社區層次疫情	第 3 級 (phase 3)	大流行警示期 (alert phase)
持續人傳人階段 (sustained human-to-human transmission)	已證實動物或動物人類混合流感病毒已能有效人傳人，且引起社區層次疫情	第 4 級 (phase 4)	
地理擴散階段 (geographic spread)	動物或動物人類混合流感病毒在同一地理地區之 2 個或以上非相鄰國家出現有效性人傳人疫情	第 5 級 (phase 5)	大流行期 (pandemic phase)
	病毒在至少二大洲形成疾病流行	第 6 級 (phase 6)	
後高峰階段 (post peak)	在妥適監測下大多數國家之疫情顯示已低於高峰期間之水準	後高峰階段 (post-peak)	過渡期 (transition phase)
		可能之新一波流行(possible new wave)	
後大流行階段 (post-pandemic)	流感病毒的活動性已回復至常態季節性流感之水準	後大流行階段(post-pandemic)	大流行間期 (interpandemic phase)

資料來源：經濟部研究發展委員會 (2015)．*WHO 流感大流行疫情等級新舊版本對照表*．取自 https://www.moea.gov.tw/Mns/cord/content/ContentLink.aspx?menu_id=8827

二、愛滋病

（一）疾病概述

　　愛滋病就是後天免疫缺乏症候群(acquired immunodeficiency syndrome, AIDS)的簡稱，由人類免疫缺乏病毒(human immunodeficiency virus, HIV)所引起。人類免疫缺乏病毒會破壞人體原本的免疫系統，使病患的身體抵抗力降低，當免疫系統遭到破壞後，原本不會造成生病的病菌，變得有機會感染人類，嚴重時會導致病患死亡。

（二）致病原

　　人類免疫缺乏病毒即是俗稱的愛滋病毒（圖 4-7）。HIV 目前可分為兩型，HIV-1 和 HIV-2。HIV-1 是大多數國家中最主要造成愛滋病的病因；而 HIV-2 則主要分布在西非。兩種病毒的致病力並不相同，感染 HIV-1 後超過 90%的患者會在 10~12 年內發病成為愛滋病；感染 HIV-2 則往往沒有相關的病症。

（三）流行病學

1. 1983~1984 年間法國和美國的科學家分別自血液中分離出病毒。HIV-1 的起源可能來自非洲猩猩(African ape, chimpanzee)；而 HIV-2 和猿猴免疫缺乏病毒(simian immunodeficiency virus, SIV)相似，因此它的起源可能也是來自非洲的猴子(African monkey, mangabey)。目前愛滋病患者最多的地區是非洲地區，依據聯合國愛滋病組織(UNAIDS)於 2022 年估計，全球約有 3,900 萬愛滋感染人口，2022 年新增愛滋病毒感染人數達 130 萬人，當年度約有 63 萬愛滋相關死亡案例。

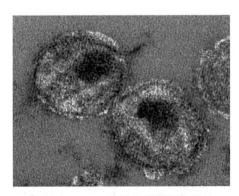

🕑 圖 4-7　HIV 電子顯微鏡照片

資料來源：Centers for Disease Control and Prevention (n.d.). http://phil.cdc.gov/phil/details.asp ID: 10860

2. 臺灣於 1984 年 12 月首次在一名外籍過境旅客驗出愛滋病，在 1986 年 2 月底首次發現臺灣人感染案例。根據疾病管制署至 2024 年 5 月統計，累計愛滋病感染通報人數達 46,356 人，其中本國籍有 44,683 人(96.39%)；本國籍之發病人數為 21.854 人、死亡人數為 8,676 人（衛生福利部疾病管制署，2024）。

3. 原本愛滋病感染者均以性行為感染為主，但是在 2003 年起毒癮病患所占比例急速上升，透過毒品減毒計畫（如提供安全針具、美沙冬等替代藥品）有效反轉上升趨勢，但男男間危險性行為所導致的感染比例卻逐年上升（圖 4-8），且有年輕化的趨勢。而隨著雞尾酒療法等新療法出現（例如高效能抗反轉錄病毒療法(highly active antiretroviral therapy, HAART)），感染者累積存活人數逐年升高，逐年高漲的治療費用已成為未來防治的困難課題。

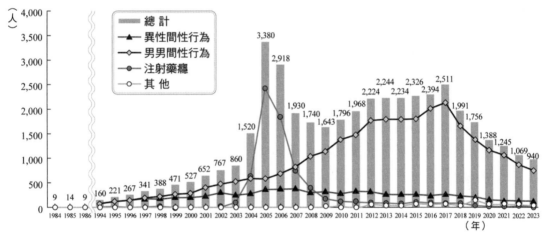

● 圖 4-8　臺灣歷年愛滋病感染人數（依危險因素統計）

資料來源：衛生福利部疾病管制署(2024)．*愛滋病統計資料*．https://www.cdc.gov.tw/Uploads/files/313219ff-9bef-4e8c-96e5-79cd00f0ab3f.pdf

（四）傳染途徑

　　愛滋病毒有三大傳染途徑：

1. **性行為傳染**：與感染愛滋病毒感染者發生口腔、肛門、陰道等方式之性交或其他體液交換時，均有受感染的可能。

2. **血液傳染**
   (1) 輸進或接觸被愛滋病毒汙染的血液、血液製劑。
   (2) 與感染愛滋病毒之靜脈藥癮者共用注射針頭、針筒或稀釋液。
   (3) 接受愛滋病毒感染者之器官移植。

3. **母子垂直感染**：嬰兒也會由其已感染病毒的母親在妊娠期、生產期、或因授乳而得到愛滋病毒。

（五）空窗期與潛伏期

在介紹愛滋病時，「空窗期」與「潛伏期」是二個重要的名詞，因為愛滋疾病在空窗期或潛伏期時，即具有傳染力，因此容易成為愛滋病毒防治的漏洞，目前愛滋病毒的流行並未稍歇，空窗期或潛伏期可能是原因之一。

1. **空窗期**：愛滋病毒感染後，需要經過一段時間才會在血（體）液中出現愛滋病毒抗原或抗體，這段已感染卻檢驗不出已感染的時間即為空窗期。一般而言，空窗期約是愛滋病毒感染後 3~12 週內，過去也有零星的報告發現空窗期長達 12 個月。隨著檢驗方式的進步，空窗期已可以縮短到 1~2 星期。在此期間，患者體內的愛滋病毒病毒量最高，傳染力強。空窗期時許多患者沒有症狀，或是症狀不特殊，易被疏忽或診斷成一般的感冒，因此患者可能繼續從事高危險性行為，傳染其他的人。

2. **潛伏期**：愛滋病毒感染後的潛伏期有二種說法：
(1) 指感染後約 2~6 星期會出現感冒樣的原發性感染症狀。
(2) 指感染愛滋病毒後到出現臨床症狀的期間，一般是 5~10 年（目前稱為隱形期或次臨床期）。

但是，如前述，愛滋病毒感染後的病程快慢不一。空窗期或潛伏期時，許多患者沒有症狀，患者可能繼續從事高危險性行為，因此成為愛滋病毒防治的漏洞。

（六）臨床症狀

得到愛滋病毒的初期，超過 50%的患者會出現像感冒、類似傳染性單核球過多症(infectious mononucleosis-like)（如發燒、紅疹、喉痛、淋巴結腫、無菌性腦膜炎等），之後這些症狀消失，患者進入無症狀的隱性期或次臨床期。在過去的自然病程調查中發現，大多數患者在 5~10 年後才發病成為愛滋病患者。愛滋病的發病症狀變化極大，隨著受感染病患免疫力的好壞、感染細菌的種類及感染部位的不同，會有不同的發病症狀，例如感染到肺囊蟲就會引起肺炎症

狀、感染到肺結核菌就會引起肺結核症狀、感染到口腔念珠菌就會引起念珠菌症症狀等。目前的藥物治療可以改善存活率，但仍然無法治癒。

（七）預防措施

迄目前為止愛滋病仍無法治癒，也沒有疫苗可以預防，目前所有的藥物治療方法都只能減慢或抑制病毒在體內的擴散，改善存活率。因此，最好的預防方法列舉如下：

1. 要有忠實可靠的性伴侶，並正確、全程使用保險套及水性潤滑液，避免性交易或性服務之消費（拒絕性誘惑(**A**bstinence)、忠實性伴侶(**B**e faithful)、全程正確使用保險套(**C**ondoms)）。

2. 不要與別人共用可能被血液汙染的用具，如剃刀、刮鬍刀、牙刷或任何尖銳器械、穿刺工具。

3. 使用拋棄式空針、針頭。

4. 避免不必要之輸血或器官移植。

5. 性病患者應盡速就醫。

6. 當性伴侶無法提供安全性行為，又不願做好愛滋病防範措施時，就應拒絕與其發生性行為。

（八）防治政策

「人類免疫缺乏病毒傳染防治及感染者權益保障條例」，是我國針對愛滋病防治及感染者權益保障的一部法律（2021 年 1 月 20 日為最新修正日期）。第 1 條即明定「為防止人類免疫缺乏病毒之感染、傳染及維護國民健康，並保護感染者權益，特制定本條例。」其中規定，中央主管機關為行政院衛生福利部（2013 年 7 月 23 日起組織改制），在直轄市為直轄市政府，在縣（市）為縣（市）政府。為保護感染者，法規第 4 條明定「感染者之人格與合法權益應受尊重及保障，不得予以歧視，拒絕其就學、就醫、就業、安養、居住或予其他不公平之待遇。」在費用的支付上，第 6 條明定「醫事機構應依主管機關規定，辦理人類免疫缺乏病毒感染之篩檢及預防工作；其費用由主管機關編列預算支應之。」

至於在防制傳染的部分，第 9 條法規明定「主管機關為防止人類免疫缺乏病毒透過共用針具、稀釋液或容器傳染於人，得視需要，建立針具提供、交換、回收及管制藥品成癮替代治療等機制。」針對藥癮者之間共用針具之危險行為導致愛滋疫情爆升的問題，在政策上採用「減害計畫」進行防治。減害計畫係藉由公共衛生措施的介入，在藥癮者無法完全戒除藥癮前，接受衛教諮詢，避免因為與其他藥癮者共用針具、稀釋液而感染愛滋病，或是運用口服替代藥品（美沙冬）取代靜脈注射海洛因的行為，降低愛滋病發生機率，主要措施包括：

1. 擴大藥癮者衛教諮詢與 HIV 篩檢：早期發現個案，及時給予治療，防治傳染他人。

2. 清潔針具計畫：提供藥癮者清潔注射針具與稀釋液、回收使用過的針具，並提供藥癮者輔導追蹤與戒癮諮商。

3. 替代療法：在醫生評估下，運用口服美沙冬，取代藥癮者靜脈注射海洛因的行為。

三、結核病

（一）疾病概述

結核病／肺結核(pulmonary tuberculosis, TB)是由結核桿菌所引起的疾病，是全球性的慢性傳染病，尤其是存在於未開發及開發中國家。在臺灣一年四季都有結核病病例，男性發生率比女性高，老年人發生率比年輕人高，社會階層低的比社會階層高的高。

結核病是由一種好氧性的耐酸性結核桿菌所引起，在初感染時，大約 95% 的人會因為自身的免疫力而未發病，但會有終身再活化(reactivation)的潛在危險（稱為潛伏結核感染）；只有 5% 的病患第一次感染結核桿菌時，結核桿菌會透過血液與淋巴液造成肺內或肺外結核（如：結核性腦膜炎等）。若給予適當的抗結核藥物治療，結核病幾乎可以百分之百痊癒(cure)；但若不予治療，則在 3 年內約有一半的病人會死亡。

（二）致病原

結核病的病原體是結核桿菌（圖 4-9），學名 *Mycobacterium tuberculosis*，分裂速度很慢，大約 20~30 小時分裂一次，不具鞭毛、也不會移動，是一種好氧性的抗酸性細菌。目前尚無研究指出其會製造內毒素或外毒素，所以受到感染之後，不會立即產生反應。

◉ 圖 4-9　結核分枝桿菌電子顯微鏡圖

資料來源： Centers for Disease Control and Prevention (n.d.). http://phil.cdc.gov/phil/details.asp ID: 11033

（三）流行病學

1. 結核病目前仍普遍存在於全世界，在盛行率低的已開發國家，如歐美各國，其結核病的發生大部分是內因性的(endogenous)，即由舊的纖維化或鈣化病灶再活化而來；反之，在盛行率高的地區則由外在的感染而來。根據研究報告顯示，和一個開放性（傳染性）肺結核病人親密接觸的家人，大約有 30%的機率會受到感染。初感染之後，一般人終其一生體內結核菌再度活化而發病(reactivation)的機率約為 5~10%，其中約有一半是在感染後的前 5 年發病，而以第 1 年的危險性最大。

2. 臺灣於 2020、2021 及 2022 年確定病例分別有 7,823、7,062 及 6,576 例，2022 年每十萬人口新案發生率分別為 33.2、30.1、28.2 人，死亡病例數分別為 460、442、477 人。確定病例以男性、65 歲以上為主，臺灣東部發生率較西部高，南部較北部高，一年四季均有病例發生，無特別集中季節之趨勢。透過 2005 年開始的結核病十年減半計畫與「都治(directly observed treatment, short course, DOTS)」計畫，結核病每年新發個案數與發生率均已逐年下降（圖 4-10）；而歷年結核病死亡人數及死亡率亦呈現下降趨勢（圖 4-11）。

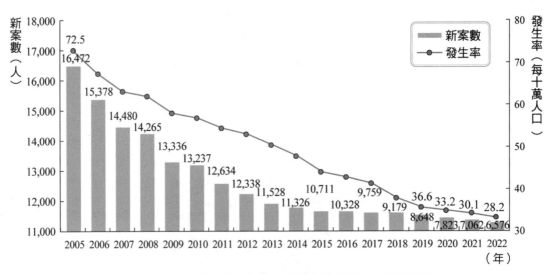

⏱ 圖 4-10　臺灣歷年結核病新案數及發生率變動趨勢

資料來源：
1. 衛生福利部疾病管制署·傳染病統計資料查詢系統_結核病·
   https://nidss.cdc.gov.tw/ch/SingleDisease.aspx?dc=1&dt=3&disease=010
2. 中華民國統計資訊網·人口靜態統計_人口數·
   https://www1.stat.gov.tw/ct.asp?xItem=15408&CtNode=4692&mp=3

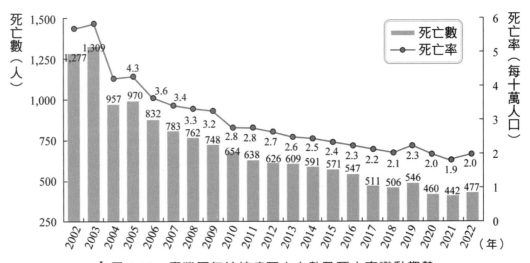

⏱ 圖 4-11　臺灣歷年結核病死亡人數及死亡率變動趨勢

資料來源：衛生福利部疾病管制署 (2024)·台灣結核病防治年報·https://www.cdc.gov.tw/InfectionReport/List/uKmf00HvSmkNaX9lNY-raQ

（四）傳染途徑

結核病的傳染途徑過去曾有飛沫傳染(droplet)、塵埃(dust)及飛沫核(droplet nuclei)傳染等學說，而以飛沫核傳染論最為人所接受。帶菌的結核病患者常透過咳嗽、打噴嚏、說話、唱歌、吐痰或大笑等，產生包覆結核桿菌的飛沫，這些飛沫在塵埃中，乾燥後之飛沫殘核飛揚飄浮在空中，直徑小於 5 μ 的飛沫殘核便可經由呼吸道到達正常的肺泡，被健康的人吸入而造成感染。近年來常常使用空氣傳染(airborn infection)一詞，強調即使離開感染源甚遠，也可能受到感染，不能掉以輕心。

理論上，結核病只要痰裡含有活的結核桿菌即具傳染性，而其傳染力大小取決於排出之結核桿菌數目、毒性、環境、通風程度、有無曝曬在陽光或紫外線下，以及病人在談話、咳嗽及打噴嚏時造成飛沫機會大小等因素。不過，因為結核桿菌並不容易到達肺的末梢部位，故結核病的感染很難發生。以流行性感冒或麻疹為例，流感病毒或麻疹病毒一旦附著在呼吸道上皮就會發生感染，但結核桿菌並非如此，傳染最常發生在較親密的接觸者，如親近的人或居住在同房屋者。此外結核病通常不會經由衣服或食器傳染；飲用未經適當消毒之牛奶雖可能得到腸結核，再擴散至身體其他器官，但目前幾乎沒有這種案例發生。

（五）潛伏期

一般而言，從受到感染到初發病灶出現，或對結核菌素測驗呈現有意義反應，大約需 4~12 週；而感染後 6~12 個月是病程繼續進行到肺結核最危險的時期。無論如何，一旦受到感染，終其一生均可能為一潛在發病源。

（六）臨床症狀

結核病的臨床表現千變萬化，初發病時往往沒有明顯或特異性的症狀，且症狀過程緩慢，時好時壞，甚至於侵犯之器官不限於肺部，如淋巴結、腦膜、胸膜、腎臟、骨骼、皮膚、消化道、泌尿生殖道等，使診斷更加困難；在臺灣比較常見的肺外結核是淋巴結核及骨結核，其次為結核性腦膜炎，但肺外結核的發生率遠比肺結核來得低。在初感染時，大約 95%的人會因自身的免疫力而未發病（即潛伏結核感染；latent tuberculosis infection, LTBI），但終身會有再活化(reactivation)的潛在危險，只有 5%的人在初感染後，結核菌會經由血行或淋巴液之散播造成肺內或肺外結核（如結核性腦膜炎）。

潛伏結核感染者(LTBI)並不會傳染結核病給別人，結核菌可長期潛存在宿主體內伺機發病，一般人受到感染後一生中約有 5~10%機會發病，感染後，首 2 年內的發病機率最高。除接觸者外，若有其他容易造成結核病發病之危險因子（例如：高齡、糖尿病、免疫機能不全者、末期腎臟病患者等）的高危險群，如能適時給予抗結核藥物治療潛伏感染，則可有效減少日後發病的機會。現行的潛伏結核感染治療是經醫師評估後，給予 isoniazid 9 個月(9H)或速克伏處方(3HP)或四個月 Rifampicin (4R)治療，並接受公共衛生的都治關懷服務，即可大幅降低未來發病風險。

　　臨床上病人常見的症狀有咳嗽、胸痛、體重減輕、倦怠、食慾不振、發燒、咳血等，惟這些症狀在其他慢性胸腔疾病亦會出現，故只能作為診斷上的參考。所以要診斷結核病必須綜合臨床表現，加上放射線學之變化，最後再以實驗室檢驗加以證實，才算完整。因此如有疑似結核病之症狀（如咳嗽超過 3 週），宜盡速就醫。

（七）預防方法

1. 早期發現與治療。

2. 改善居住環境，避免過度擁擠，以減少疾病傳染機會。

3. 接種卡介苗。

四、腸病毒（衛生福利福疾病管制署）

（一）疾病概述

　　腸病毒感染為幼兒常見的疾病，腸病毒(Enterovirus)為一群病毒的總稱，包含小兒麻痺病毒、克沙奇病毒、伊科病毒及腸病毒等種類，每一個種類還可分為多種型別，總共有數十種以上，不同類型可能會引發不同的疾病，其中很多是沒有症狀的感染，或只出現類似一般感冒的輕微症狀，常引起之症狀為手足口病、疱疹性咽峽炎。感染腸病毒痊癒之後，只會對這次感染的型別產生免疫，所以一生中可能會得好幾次腸病毒。腸病毒感染並不是幼兒的專利，大人也會得腸病毒，只是大多症狀比較輕微，與一般感冒不易區分。腸病毒目前並沒有特效藥及疫苗，最好的預防方法是大人小孩都要勤洗手，注意個人衛生，就可以降低感染的機會。

（二）致病原

腸病毒屬於小 RNA 病毒科(Picornaviridae)，為一群病毒的總稱，在 1997 年以前，已知而被分類的腸病毒共有小兒麻痺病毒(Poliovirus)共 3 型（1~3 型）、克沙奇病毒(Coxsackievirus)，含 23 種 A 型（A1~A22 型、A24 型）及 6 種 B 型（B1~B6 型）、伊科病毒(Echovirus)共 30 型（1~33 型，但 8、10、28 型除外）、及腸病毒(Enterovirus)（68 型~）等 60 餘型。近年來又陸續發現多種型別，「國際病毒分類委員會」(International Committee on Taxonomy of Viruses, ICTV)，在 2000 年依據基因序列分析結果將之重新歸類，分為人類腸病毒 A、B、C、D(Human enterovirus A, B, C, D)型，其中腸病毒 71 型被歸類於人類腸病毒 A 型。2013 年 2 月時，委員會決議將原本分類中的宿主名稱拿掉，變成腸病毒 A、B、C、D（Enterovirus A、B、C、D）。

（三）流行病學

腸病毒適合在濕、熱的環境下生存與傳播，臺灣地處亞熱帶，故全年都有感染個案發生，腸病毒感染症儼然已是臺灣地區地方性的流行疾病之一。依據臺灣地區歷年監測資料顯示：幼童為腸病毒感染併發重症及死亡之高危險群體，重症致死率約在 1.3~33.3%之間。而引起腸病毒感染併發重症之型別以腸病毒 71 型為主、克沙奇病毒居次；腸病毒感染主要常見症狀為手足口病或疱疹性咽峽炎。由全國定點醫師監視系統資料顯示：腸病毒疫情每年約自 3 月下旬開始上升，於 5 月底至 6 月中達到高峰後，即緩慢降低，而後於 9 月份開學後再度出現一波流行。以年齡層分析，患者以 5 歲以下幼童居多，約占所有重症病例 90%；在死亡病例方面，亦以 5 歲以下幼童最多。圖 4-12、4-13 分別呈現臺灣歷年腸病毒疫情趨勢及腸病毒感染併發重症病例數。

（四）傳染方式

人類是腸病毒唯一的傳染來源。腸病毒的傳染力極強，主要經由腸胃道（糞－口、水或食物汙染）或呼吸道（飛沫、咳嗽或打噴嚏）傳染，亦可經由接觸病人皮膚水泡的液體而受到感染；此外，新生兒則可能透過胎盤、孕婦分娩過程或產後人際接觸等途徑感染腸病毒。在發病前數天，喉嚨部位與糞便就可發現病毒，此時即具有傳染力，通常以發病後 1 週內傳染力最強；而患者可持續經由腸道釋出病毒，時間長達 8~12 週。

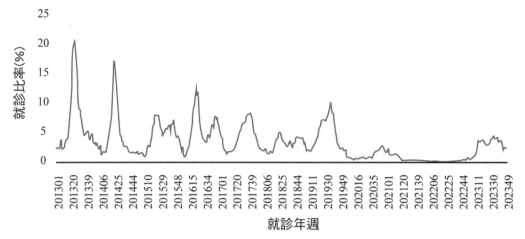

圖 4-12　2013~2023 年臺灣腸病毒急診監測

資料來源：衛生福利部疾病管制署，*傳染病統計資料查詢系統_腸病毒*，https://nidss.cdc.gov.tw/rods/
Rods02?disease=1

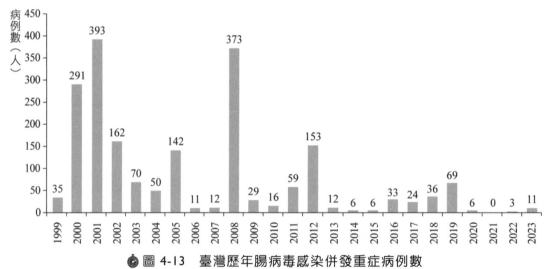

圖 4-13　臺灣歷年腸病毒感染併發重症病例數

資料來源：衛生福利部疾病管制署，*傳染病統計資料查詢系統_腸病毒*，https://nidss.cdc.gov.tw/ch/
SingleDisease.aspx?dc=1&dt=4&disease=0749&position=1

（五）臨床症狀

　　腸病毒可以引發多種疾病，其中很多是沒有症狀的、或只出現類似一般感冒的輕微症狀。常引起手足口病(hand-foot-mouth　disease)及疱疹性咽峽炎(herpangina)，有些時候則會引起一些較特殊的臨床表現，包括無菌性腦膜炎、病毒性腦炎、心肌炎、肢體麻痺症候群、急性出血性結膜炎(acute　hemorrhagic conjunctivitis)等。5 歲以下的幼兒為重症的高危險群，故在幼兒感染腸病毒後的 7 天內，家長與其他照顧者要特別注意其病情變化，如果出現「嗜睡、意識不

清、活力不佳、手腳無力」、「肌躍型抽搐（無故驚嚇或突然間全身肌肉收縮）」、「持續嘔吐」與「呼吸急促或心跳加快」等腸病毒重症前兆，請務必立即送到大醫院就醫。

腸病毒感染較常見的臨床症狀及可能病毒型別說明如下：

1. **疱疹性咽峽炎**：由 A 族克沙奇病毒引起。特徵為突發性發燒、嘔吐及咽峽部出現小水泡或潰瘍（圖 4-14(a)），病程為 4~6 天。病例多數輕微無併發症，少數可能併發無菌性腦膜炎。

2. **手足口病**：由 A 族克沙奇病毒及腸病毒 71 型引起。特徵為發燒及身體出現小水泡，主要分布於口腔黏膜及舌頭，其次為軟顎、牙齦和嘴唇，四肢則是手掌、手指、腳掌及腳趾（圖 4-14(b)）。患者常因口腔潰瘍而無法進食，病程約 7~10 天。

3. **嬰兒急性心肌炎及成人心包膜炎**：由 B 族克沙奇病毒引起。特徵為突發性呼吸困難、蒼白、發紺、嘔吐。一開始可能誤以為是肺炎，接著會明顯心跳過速，快速演變成心衰竭、休克、甚至死亡，存活的孩童會復原得很快。

4. **流行性肌肋痛**：由 B 族克沙奇病毒引起。特徵為胸部突發陣發性疼痛且持續數分鐘至數小時，合併發燒、頭痛及短暫噁心、嘔吐和腹瀉，病程約 1 週。

5. **急性淋巴結性咽炎**：由 A 族克沙奇病毒引起。特徵為發燒、頭痛、喉嚨痛、懸雍垂和後咽壁有明顯白色病灶，持續約 4~14 天。

6. **發燒合併皮疹**：與各類型克沙奇及伊科病毒都有關，皮疹通常為斑丘疹狀，有些會出現小水泡（圖 4-14(c)）。

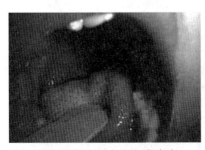 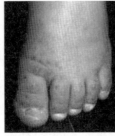 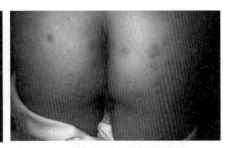

(a) 咽峽部出現小水泡或潰瘍　　(b) 足部出現小水泡紅疹　　(c) 皮膚出現小水泡紅斑疹

🌸 **圖 4-14　腸病毒的症狀**

資料來源：衛生福利部疾病管制署．*腸病毒的症狀有哪些？*http://www.cdc.gov.tw/kids/

（六）預防方法

　　腸病毒的傳染力極強，但可透過簡單的衛生保健動作，有效降低感染的機會，以下為幾點預防方法：

1. 勤洗手，養成良好的個人衛生習慣。

2. 均衡飲食、適度運動及充足睡眠，以提升免疫力。

3. 生病時應盡速就醫，並請假在家多休息。

4. 注意居家環境的衛生及通風。

5. 流行期間避免出入人潮擁擠、空氣不流通的公共場所。

6. 儘量不要與疑似病患接觸，尤其是孕婦、新生兒及幼童等易受傳染者。

7. 新生兒及嬰兒可多餵食母乳，以提高抵抗力。

8. 兒童玩具（尤其是帶毛玩具）應經常清洗、消毒。

9. 幼童之照顧者或接觸者應特別注意個人衛生。

10. 在接觸或哺育新生兒前應洗手，必要時務必更衣、戴口罩；除母親或主要照顧者以外的人員儘量避免接觸新生兒。

五、登革熱

（一）疾病概述

　　登革熱(Dengue fever)為傳染病防治法第二類傳染病，是一種由登革病毒所引起的急性傳染病，這種病毒會經由蚊子傳播給人類。依據不同的血清型病毒可分為 I、II、III、IV 等四型，而每一型都具有能感染致病的能力。

（二）致病原

　　由黃病毒科(Flaviviridae)黃病毒屬(Flavivirus)中的登革病毒亞屬所引起，在登革病毒亞屬裡共有四種登革病毒，它們依抗原性的不同分別稱為第 I、II、III、IV 型。如果患者感染到某一型的登革病毒，就會對那一型的病毒終身免疫，但是對於其他型別的登革病毒僅具有短暫的免疫力（約 2~9 個月），過了這段期間還是有可能再感染其他型別。例如：以前曾得過第 I 型登革熱，雖不會再得到第 I 型登革熱，但之後仍有可能會得到第 II、III、IV 型等三型的登革熱。

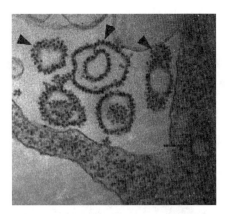

♨圖 4-15　登革熱病毒電子顯微鏡圖

資料來源： 衛 生 福 利 部 疾 病 管 制 署 (2009)。*臨 床 微 生 物 電 顯 圖 譜*。http://www.cdc.gov.tw/infectionreportinfo.aspx?treeid=075874dc882a5bfd&nowtreeid=91977f9e601d7b75&tid=9D2E1B3A862F06FB

（三）流行病學

1. 全球登革熱發生的地區，主要在熱帶及亞熱帶有埃及斑蚊及白線斑蚊分布的國家，包括非洲、南美洲、中東、東南亞及西太平洋地區。但自 1980 年代後，登革熱似乎有向全球各地蔓延的趨勢，2010 年首度於歐洲的法國及克羅埃西亞出現本土疫情，2013 年首次於美國本土現蹤，在部分東南亞國家如印尼、越南、泰國、菲律賓，以及若干中南美洲國家，已生根成為地方性傳染病（衛生福利部疾病管制署，2017）。

2. 臺灣主要傳播登革熱的病媒蚊為埃及斑蚊(*Aedes aegypti*)及白線斑蚊(*Aedes albopictus*)，如圖 4-16 所示，叮咬人的高峰期約在日出後的 1~2 小時及日落前的 2~3 小時。臺灣發生過數次流行，歷年登革熱本土確診病例數如圖 4-17，主要是在南部地區的台南市、高雄市與屏東縣，圖中可清楚的看出 2014 及 2015 年爆發了歷年最嚴峻的登革熱疫情，病例數超過萬例以上。至於境外移入部分，主要來自東南亞鄰近國家，且以印尼與越南二國最多，菲律賓、泰國、馬來西亞次之。受到東南亞國家登革熱疫情日益嚴峻之影響，我國登革熱境外移入病例在 1999 年僅有 26 例，其後病例數逐年攀升，2005 年突破百例，2007 年之後每年境外移入病例均超過 150 例，如圖 4-18 所示。

(a)埃及斑蚊

(b)白線斑蚊

🕐 圖 4-16　登革熱病媒蚊

資料來源：衛生福利部疾病管制署‧*傳染病介紹*‧http://www.cdc.gov.tw/disease.aspx?treeid=8d54c504e820735b&nowtreeid=dec84a2f0c6fac5b

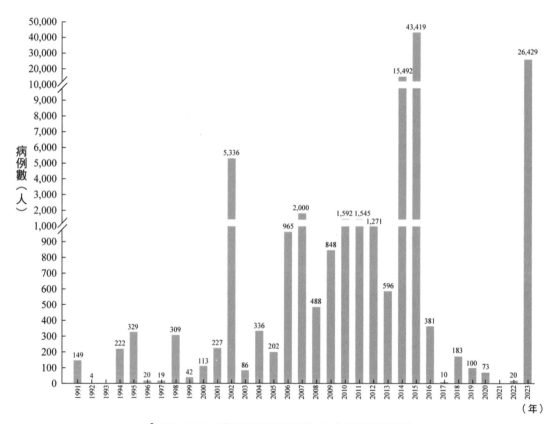

🕐 圖 4-17　臺灣歷年登革熱本土確診病例數

資料來源：衛生福利部疾病管制署‧*傳染病統計資料查詢系統_登革熱*‧https://nidss.cdc.gov.tw/nndss/disease?id=061

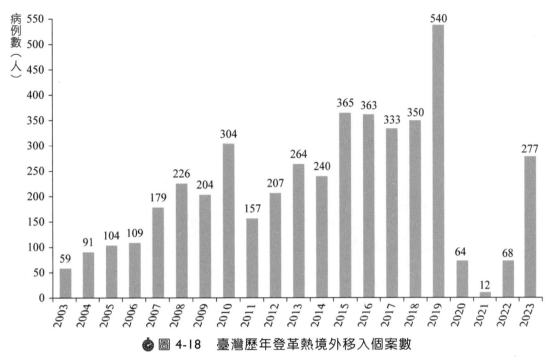

● 圖 4-18 臺灣歷年登革熱境外移入個案數

資料來源： 衛生福利部疾病管制署，*傳染病統計資料查詢系統_登革熱*，https://nidss.cdc.gov.tw/nndss/disease?id=061

（四）潛伏期

典型登革熱的潛伏期通常約為 2~8 天，但有些病例可達 14 天。

（五）傳染途徑

人與病媒蚊間的傳播循環為唯一的傳染途徑（圖 4-19）。人被帶有登革病毒的病媒蚊叮咬而受到感染，發病前 1 天至發病後 5 天間，病人血液中有病毒活動，稱之為病毒血症期(viremia)。病媒蚊經叮咬病毒血症期的病患 8~12 天後，則具有終生傳染病毒的能力。

（六）臨床症狀

每個人的體質不一樣，感染登革熱時，可引起宿主不同程度的反應，從輕微或不明顯的症狀，到發燒、出疹的典型登革熱，或出現嗜睡、躁動不安、肝臟腫大等警示徵象，甚至可能導致嚴重出血或嚴重器官損傷的登革熱重症。

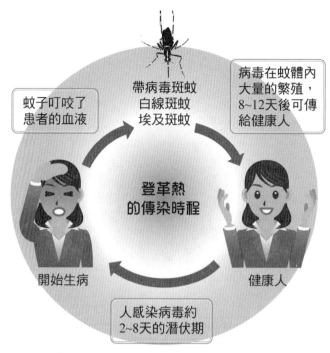

☙ 圖 4-19　登革熱的傳染途徑與時程

資料來源：衛生福利部疾病管制署‧登格熱/屆公病防治工作指引

1. 典型登革熱

　　一般人感染登革熱，會有高燒、全身酸痛等症狀，由於類似感冒，經常會被忽略。惟需注意的是：典型登革熱除了有突發性的高燒(≧38℃)，且還會有肌肉、骨頭關節的劇痛、轉動眼球或按住眼球時，前額及後眼窩會感覺特別的痛，所以老一輩的人所提到的「斷骨熱」或「天狗熱」，指的就是登革熱。此外，登革熱有時也會伴隨皮膚出疹的情形（先發生於胸部及軀幹，而後擴散至四肢和臉部），而像這樣的皮疹，常會令人感到無比的搔癢和疼痛，也是跟一般的感冒及過敏不同的地方。

2. 登革出血熱

　　登革熱有四種病毒型別，第一次感染某型發病後，可引起身體對該型病毒的終身免疫。但若又感染到不同型的登革熱病毒時，將可能發生「出血性登革熱」，它與典型登革熱的症狀相當類似，會出現發燒、頭痛、肌肉痛、噁心、嘔吐、全身倦怠、情緒顯得煩躁不安等症狀，但兩者最大的不同在於後者會有明顯出血現象（如皮下點狀出血、腸胃道出血、子宮出血、血尿等），這是典型登革熱較為少見的症狀；當登革出血熱之血漿滲出很多時，病患會呈現四肢冰

冷、脈搏加快、血壓下降，甚至休克，此時又稱為「登革休克症候群」。如果沒有及時就醫或治療，死亡率可以達到 20%。

（七）預防方法

登革熱是一種「社區病」、「環境病」，且病媒蚊對於叮咬對象並無選擇性，一旦有登革病毒進入社區，且生活周圍有病媒蚊孳生源的環境，就有登革熱流行的可能性，所以民眾平時應做好病媒蚊孳生源的清除工作。此外，民眾平時也應提高警覺，了解登革熱的症狀，除了發病時可及早就醫、早期診斷且適當治療，亦應同時避免再被病媒蚊叮咬，以減少登革病毒再傳播的可能。

1. 一般民眾的居家預防

◎ 家中應該裝設紗窗、紗門；睡覺時最好掛蚊帳，避免蚊蟲叮咬。

◎ 清除不需要的容器，把不用的花瓶、容器等倒放。

◎ 家中的陰暗處或是地下室，可噴灑合格之衛生用藥，或使用捕蚊燈。

◎ 家中的花瓶和盛水的容器必須每週清洗一次，清洗時要記得刷洗容器內壁。

◎ 平日至市場或公園等戶外環境，宜著淡色長袖衣物，並在皮膚裸露處塗抹政府主管機關核可含 DEET 或 Picaridin 之防蚊藥劑。

2. 清除孳生源四大訣竅－徹底落實「巡、倒、清、刷」

◎ 「巡」－經常巡檢，檢查居家室內外可能積水的容器。

◎ 「倒」－倒掉積水，不要的器物予以丟棄。

◎ 「清」－減少容器，使用的器具也都應該澈底清潔。

◎ 「刷」－去除蟲卵，收拾或倒置勿再積水養蚊。

第三節　傳染病防治政策

Health
And Life

一、預防接種

　　預防接種為疾病防治三段五級之初段預防策略，是疾病防治上最具成本效益之公共衛生措施。我國自 1948 年引進白喉類毒素起，開啟了臺灣預防接種史，1954 年國人開始自製百日咳、破傷風和白喉類毒素三合一(DPT)疫苗，從此白喉、百日咳和破傷風等傳染病即急速減少。隨後又有小兒麻痺、先天性德國麻疹、麻疹及新生兒破傷風的「三麻一風根除計畫」，幼兒十三價結合型肺炎鏈球菌疫菌(PVC-13)免費接種計畫與各項預防接種疫苗推廣計畫。

　　目前我國預防接種時程如表 4-4 所示，而 B 肝疫苗(Hep B)、五合一疫苗(5 in 1)、麻疹、腮腺炎、德國麻疹(MMR)、水痘疫苗(VAR)、日本腦炎疫苗(JE)、結合型肺炎鏈球菌疫苗(PCV)及卡介苗(BCG)的接種完成率如圖 4-20 所示，各項疫苗接種的完成率均達九成以上（不含流感疫苗）。預防接種政策成功，使臺灣居民避免了天花、白喉、小兒麻痺、麻疹、德國麻疹、結核病、百日咳、破傷風、日本腦炎、B 型肝炎、腮腺炎、b 型嗜血桿菌、水痘等許多傳染病的威脅。

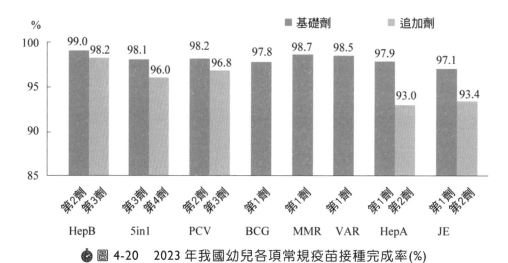

🕑 圖 4-20　2023 年我國幼兒各項常規疫苗接種完成率(%)

註：HepB：B 型肝炎疫苗；5in1：五合一疫苗（白喉、百日咳、非細胞性百日咳、b 型嗜血桿菌及不活化小兒麻痺混合疫苗）；MMR：麻疹、腮腺炎、德國麻疹混合疫苗；VAR：水痘疫苗；JE：日本腦炎疫苗；PCV：結合型肺炎鏈球菌疫苗；BCG：卡介苗
資料來源：衛生福利部疾病管制署(2024)．*預防接種統計*．https://www.cdc.gov.tw/Category/MPage/S2UF2-VuMgfzgzpy7qdvlA

♣ 表 4-4　我國現行兒童預防接種時程

108.05 版

接種年齡　疫苗	24hr內儘速	1 month	2 months	4 months	5 months	6 months	12 months	15 months	18 months	21 months	24 months	27 months	滿5歲至入國小前	國小學童
B型肝炎疫苗 (Hepatitis B vaccine)1	第一劑	第二劑				第三劑								
卡介苗 (BCG vaccine)1					一劑									
白喉破傷風非細胞性百日咳、b型嗜血桿菌及不活化小兒麻痺五合一疫苗 (DTaP-Hib-IPV)			第一劑	第二劑		第三劑			第四劑					
13價結合型肺炎鏈球菌疫苗 (PCV13)			第一劑	第二劑			第三劑							
水痘疫苗 (Varicella vaccine)							一劑							
麻疹腮腺炎德國麻疹混合疫苗 (MMR vaccine)							第一劑						第二劑	
活性減毒嵌合型日本腦炎疫苗 (Japanese encephalitis live chimeric vaccine)2								第一劑				第二劑	一劑 *	
流感疫苗 (Influenza vaccine)3						← 初次接種二劑，之後每年一劑 →								
A型肝炎疫苗 (Hepatitis A vaccine)4							第一劑		第二劑					
白喉破傷風非細胞性百日咳及不活化小兒麻痺混合疫苗 (DTaP-IPV)													一劑	

註：
1. 105年起，卡介苗接種時程由出生滿24小時後，調整為出生滿5個月（建議接種時間為出生滿5~8個月）。
2. 106年5月22日起，改採用細胞培養之日本腦炎活性減毒疫苗，於滿5歲入國小前應接種1劑。接種時程為出生滿15個月接種第1劑，間隔12個月接種第2劑。
* 針對完成3劑不活化型日本腦炎疫苗之幼童，於滿5歲至入國小前再接種1劑，與前一劑疫苗間隔至少12個月。
3. 8歲（含）以下兒童，初次接種流感疫苗2劑，2劑間隔4週。9歲（含）以上兒童初次接種只需一劑。目前公費流感疫苗於校園集中接種時，全面施打1劑公費疫苗。對於8歲（含）以上學童於校園集中接種第一劑間隔4週後，若家長覺需要，可於9歲（含）以上之幼兒，年滿12個月以上之幼兒。
4. A型肝炎疫苗107年1月起公費接種對象為民國106年1月1日（含）以後出生，年滿12個月以上之幼兒，另包括設籍於30個山地鄉，9個鄰近山地鄉之平地鄉鎮及金門連江兩縣等原公費A肝疫苗實施地區補接種之學齡前幼兒。另自108年4月8日起，擴及國小六年級（含）以下之低收入戶及中低收入戶兒童。
資料來源：衛生福利部疾病管制署(2019)。

自 1984 年推動 B 型肝炎預防注射計畫，以新生兒為重點，截斷母子間的垂直傳染，過去 B 型肝炎帶原母親造成之母子垂直傳播途徑已獲得相當有效的阻斷，幼兒 B 型肝炎帶原率由未實施預防注射前之 10.5%，大幅下降為 0.8%；我國兒童的肝細胞癌發生率，也由未實施 B 型肝炎預防接種前的十萬分之 0.52，降為十萬分之 0.13。可預見臺灣的未來將可擺脫 B 型肝炎的重大威脅，也是世界上第一個成功透過疫苗接種達到預防癌症的國家。

二、傳染病防治的未來與挑戰

　　世界衛生組織(WHO)在 2007 年世界衛生報告(The World Health Report 2007)中揭櫫，快速流動、相互依賴的世界，讓傳染病的快速傳播形成 21 世紀全球公共衛生巨大的威脅。

(一) 流感大流行（衛生福利部疾病管制署，2011）

　　目前引起國際關注的潛在與突發公共衛生事件，最大的隱憂就是流感。流感是最具世界大流行潛力的疾病，所謂「流感大流行」，是指一支人類的新型流感病毒產生後，因大多數人未具抗體，故在短時間內使族群中多數人感染，並擴及全球的疫情狀況。

　　自 2003 年起，由於 H_5N_1 流感病毒所引起之禽類疫情擴散與人類病例發生，使得流感大流行的準備工作受到重視；2009 年全球爆發 H_1N_1 新型流感大流行、2013 年中國大陸爆發 H_7N_9 流感，使得流感大流行的重要性受到極度的重視。流感大流行的病毒可能來自於動物流感病毒或季節性流感病毒的飄變(drift)或突變(shift)，如 H_1N_1 新型流感大流行的病毒源自北美及歐亞豬流感病毒，另包括 H_5N_1、H_7N_7 及 H_9N_2 等禽流感病毒，則被認為可能導致下一次流感大流行。

　　目前我國對於流感大流行防治之總體目標為：

1. 持續監視：密切關注國際疫情發展，維持對國內病毒活動、輕重症病例及群聚事件之監視，以利於疫情初期防止擴散。

2. 避免傳染：如新型流感病毒自國外傳入，盡全力圍堵，避免進一步傳染於國內發生。

3. 減少傷害：如新型流感病毒傳染力增強，演變為人類病毒，則積極進行醫療及公共衛生介入，減少國人之健康損失；大流行期間，社會機能與經濟活動持續運作。

4. 執行復原：流行期結束後，展開社會心理復原與經濟復甦計畫。

　　而流感大流行之防治架構為「四大策略、五道防線」如圖 4-21 所示，並說明如下：

1. 四大策略

◎ 策略一：疫情監視評估

疫情監視的作用在於及早發現不尋常的聚集、病例之異常臨床表現，同時掌握病毒特性及流行變化趨勢，進而評估防治措施的成效及疫情的影響程度。

◎ 策略二：傳染阻絕手段

非屬醫療手段之公衛介入措施，如個人衛生行為（包括勤洗手、生病戴口罩）、病患隔離、接觸者管理、擴大社交距離等，可減少易感族群接觸到病毒，為重要且經濟之防治措施。

● 圖 4-21　流感大流行之防治架構

資料來源：衛生福利部疾病管制署 (2011)・*因應流感大流行執行策略計畫（第三版）*・取自 http://www.cdc.gov.tw/infectionreportinfo.aspx?treeid=075874dc882a5bfd&nowtreeid=8dba723ff 186fac0&tid=A3139624D57FD9F9

◎ 策略三：流感抗病毒藥劑

神經胺酸酶抑制劑(neuraminidase inhibitor)之流感抗病毒藥劑，可有效治療及預防季節性流感，因此在流感大流行之治療與暴露後預防可以發生功效，以圍堵病毒擴散，或降低罹病率與死亡率。

◎ 策略四：流感疫苗

流感疫苗可有效減少嚴重疾病與死亡。因此，對於未來的大流行，亦期望透過事先儲備、緊急生產或緊急採購等方式，獲得足量的有效疫苗，以維持重要社會機能，保障高危險族群健康。

2. 五道防線

◎ 防線一：境外阻絕

為將具大流行潛力之病毒阻絕於境外，除積極參與國際合作計畫，加強資訊交流分享，監視國際疫情變化外，應針對前往禽流感流行國家／地區之民眾加強宣導，適時發布國際旅遊警示，必要時限制國際旅遊。

◎ 防線二：邊境管制

流感大流行於國外出現傳染力強的病毒時，加強機場、港口之檢疫工作，即為保障我國國民健康的重要手段。入境旅客之篩檢、通報、健康監測與處理等措施，將視國際疫情等級逐步提升，以即時發現病例並迅速診治，防範疫情於國內擴散。

◎ 防線三：社區防疫

除藉由境外阻絕及邊境管制措施加以防堵大流行病毒，公衛介入措施、抗病毒藥劑及疫苗等手段亦須適時運用於社區防疫。另民眾能否了解各項防疫措施的意義，從而加以配合遵守為一大關鍵，因此，須結合民間團體與志工，提供民眾正確的防護資訊，強化民眾對於社區防疫之配合度。

◎ 防線四：醫療體系保全

大流行期間，大量流感病患勢必對醫療體系帶來極大負擔，為提供適當照護，並避免排擠其他病患之醫療資源，醫療體系必須在大流行期間維持功能；除加強院內感染管制外，亦須規劃完善的傳染病醫療體系，依國家防疫需要緊急應變。此外，地方政府也須假定轄區病患人數將超出傳染病防治醫療網收治量能，事前規劃設立隔離場所。

◎ 防線五：個人與家庭防護

除個人平日即應養成正確之衛生習慣，家庭亦應儲備適量之防疫及生活物資；疫情發生期間除繼續保持平日之正確習慣外，應減少不必要的社交接觸；此外，輕症病患屆時也可能需要於家中療養，此時將加強要求個人與居家衛生，並避免民眾心生恐慌。

（二）新興傳染病

嚴重急性呼吸道症候群(SARS)、拉薩熱、馬堡病毒出血熱、中東呼吸症候群冠狀病毒感染症(MERS)，以及 2019 年的嚴重特殊傳染性肺炎(COVID-19)等新興傳染病，均引起國際高度重視。近年來層出不窮之新興傳染病、微生物汙染、化學或有毒物質造成的食品汙染，隨著國際食品貿易的流動，更加重了疾病爆發流行的可能性。以 COVID-19 來說，2019 年 12 月起中國湖北武漢市發現不明原因肺炎群聚，疫情初期個案多與武漢華南海鮮城活動史有關，中國官方於 2020 年 1 月 9 日公布其病原體為新型冠狀病毒。此疫情隨後迅速在中國其他省市與世界各地擴散，並證實可有效人傳人。世界衛生組織於 2020 年 1 月 30 日公布此為一公共衛生緊急事件(Public Health Emergency of International Concern, PHEIC)，2 月 11 日將此新型冠狀病毒所造成的疾病稱為 COVID-19 (Coronavirus Disease-2019)，國際病毒學分類學會則將此病毒學名定為 SARS-CoV-2 (Severe Acute Respiratory Syndrome Coronavirus 2)。為監測與防治此新興傳染病，我國於 2020 年 1 月 15 日起公告「嚴重特殊傳染性肺炎」(COVID-19)為第五類法定傳染病，並於 2020 年 1 月 21 日確診第一起境外移入確診個案，另於 1 月 28 日確診第 1 例本土個案，後於 2023 年 5 月 1 日起「嚴重特殊傳染性肺炎(COVID-19)」由第五類傳染病調整為第四類傳染病。據統計全球已超過 6 億人感染，對於此新興傳染病的宿主、傳播途徑、流行病學、臨床表現與嚴重程度、診斷與治療等資訊則都還在持續調查研究中。

（三）再浮現傳染病（Re-emerging infectious diseases）

再浮現傳染病是指過去已知在特定區域中受到控制的傳染病，但因公共衛生的失效或抗藥性的產生，而再度有造成流行之趨勢者。除了最具世界大流行潛力的流感及新興傳染病外，再浮現傳染病的問題亦值得重視。

1. 氣候變遷，重大天然災害發生頻率逐漸上升：可能使得病媒蚊的繁衍加速，或使其分布區域擴增，使得過去受到控制的傳染病捲土重來，再次成為全球公共衛生新威脅。以「登革熱」為例，僅 1998 年世界衛生組織(WHO)便接獲全球 56 國報告高達 120 萬例病例，且病例數以每 10 年增加 1 倍趨勢成長。

2. 抗藥性病株：例如超級抗藥性肺結核(XDR-TB)目前儼然已成為一個全球性的公共衛生威脅，對於未來傳染病控制的挑戰更形嚴峻。

結 語

現有傳染病的種類已很多，不過，隨著全球暖化、氣候變遷等因素，將來新興傳染病仍會不斷的出現。此外，隨著人類社會生態的改變，如國際間交通的便捷、人與人的互動頻繁等因素，均使得傳染病的傳播速度及防治的困難度大幅地增加。因此，在傳染病防治的重要課題上，每個人都應學習傳染病的基本知識，並了解傳染病防治的基本概念，以預防傳染病的發生及傳染。

1. 國內將傳染病分為五類分類，以下何者正確？(A) SARS 為第一類傳染病　(B)結核病為第二類傳染病　(C)水痘為第三類傳染病　(D)流感為第四類傳染病。

2. 有關傳染病之傳染方式，何者正確？(A) A 型肝炎為接觸傳染　(B)肺結核為蟲媒傳染　(C)流行性感冒為飛沫傳染　(D)狂犬病為食物或水傳染。

3. 下列何者非傳染病發生的三大要素？(A)抵抗力弱的易感宿主　(B)遺傳　(C)病原體的存在　(D)適當的傳染途徑。

4. 以下何種疾病的病原體不是病毒？(A)登革熱　(B)流行性感冒　(C)腸病毒　(D)肺結核。

5. 老人和幼童是感染的高危險群，常容易發生在季節交替，會產生高燒、頭痛、喉嚨痛等症狀的是哪一種疾病？(A)登革熱　(B)肺結核　(C) A 型肝炎　(D)流行性感冒。

6. 有關結核病的敘述，下列何者錯誤？(A)由結核桿菌引起，為一種慢性傳染病　(B)在臺灣一年四季都有病例，男性發生率比女性高　(C)會經由衣服或食器傳染　(D)結核病可發生在人體任何器官或組織。

7. 腸病毒是國內常見的流行疾病之一，下列敘述何者正確？(A)單一的病毒總稱　(B)透過輸血傳染　(C)主要感染對象是老人　(D)症狀通常為手足口病。

8. 登革熱的敘述，何者錯誤？(A)老一輩的人常稱為天狗熱或斷骨熱　(B)經由三斑家蚊和埃及斑蚊傳染　(C)治癒後再感染到不同型的登革熱病毒，易發生內臟出血，即為出血性登革熱　(D)防治方式是常清理積水容器及改善環境衛生。

9. 「疫苗接種」是預防傳染病的方法之一，是屬於哪一種傳染病預防策略？(A)消滅病原體　(B)管制傳染途徑　(C)增強抵抗力　(D)檢疫管理。

10. 下列何種傳染病目前仍無疫苗可接種？(A)愛滋病　(B) A 型肝炎　(C)流感　(D)麻疹。

解答　1.A　2.C　3.B　4.D　5.D　6.C　7.B　8.B　9.C　10.A

參考文獻

王凱淞(2014)·*簡明傳染病學（第二版）*·新文京。

林金絲(2003)·*實用傳染病防治學（第二版）*·華杏。

陳建仁(1999)·*流行病學原理與方法*·聯經。

經濟部研究發展委員會(2015)·*WHO 流感大流行疫情等級新舊版本對照表*·https://www.moea.gov.tw/Mns/cord/content/ContentLink.aspx?menu_id=8827

衛生福利部疾病管制署(2006)·*「防毒品減愛滋大作戰」政策說帖*·衛生福利部疾病管制署。

衛生福利部疾病管制署(2007)·*「走進減害」政策說帖*·衛生福利部疾病管制署。

衛生福利部疾病管制署(2007)·*「都治抗結核 全球總動員」政策說帖*·衛生福利部疾病管制署。

衛生福利部疾病管制署(2008)·*登革熱教戰手冊*·衛生福利部疾病管制署。

衛生福利部疾病管制署(2009)·*臨床微生物電顯圖譜*·http://www.cdc.gov.tw/infectionreportinfo.aspx?treeid=075874dc882a5bfd&nowtreeid=91977f9e601d7b75&tid=9D2E1B3A862F06FB

衛生福利部疾病管制署(2011)·*因應流感大流行執行策略計畫（第三版）*·http://www.cdc.gov.tw/infectionreportinfo.aspx?treeid=075874dc882a5bfd&nowtreeid=8dba723ff186fac0&tid=A3139624D57FD9F9

衛生福利部疾病管制署(2017)·登格熱/屈公病防治工作指引。

衛生福利部疾病管制署(2020)·*我國現行預防接種時程(108.05 版)*·https://www.cdc.gov.tw/File/Get/83fnbb9oIRBWMBL_AR6Jkw

衛生福利部疾病管制署(2024)·*台灣結核病防治年報*·https://www.cdc.gov.tw/InfectionReport/List/uKmf00HvSmkNaX9lNY-raQ

衛生福利部疾病管制署(2024)·*傳染病統計資料查詢系統*·https://nidss.cdc.gov.tw/nndss/disease?id=487a

衛生福利部疾病管制署(2024)·*愛滋病統計資料*·https://www.cdc.gov.tw/Uploads/files/313219ff-9bef-4e8c-96e5-79cd00f0ab3f.pdf

衛生福利部疾病管制署(2024)·*預防接種統計*·https://www.cdc.gov.tw/Category/MPage/S2UF2-VuMgfzgzpy7qdvlA

衛生福利部疾病管制署（無日期）·*傳染病介紹*·https://www.cdc.gov.tw/Disease/Index

衛生福利部疾病管制署·*腸病毒的症狀有哪些？*·http://www.cdc.gov.tw/kids/

衛生福利部疾病管制署·*認識細菌、病毒與寄生蟲*·取自 http://www.cdc.gov.tw/kids/

鍾兆麟(2006)·漫談登革熱防治·*疫情報導*，*22*(9)，589-596。

Centers for Disease Control and Prevention (n.d.). http://phil.cdc.gov/phil/details.asp ID: 11033

Hashimoto, S., Kawado, M., Murakami, Y., et al. (2007). *Epidemics of vector-borne diseases observed in infectious disease surveillance in Japan,* 2000-2005. J. Epidemiol. 2007, 17, S48-55.

WHO (2007). *The world health report 2007-A safer future.* WHO.

World Health Organization (2013). *Pandemic influenza risk management-WHO interim guidance.* Retreived from http://www.who.int/influenza/preparedness/pandemic/GIP_P andemicInfluenzaRiskManagementInterimGuidance_Jun2013.pdf

Health And Life ‧ MEMO

PART
────────
02

安全教育與傷害
預防

Health And Life ·MEMO

作者｜林慧美

CHAPTER
05

事故傷害預防與安全教育

學習目標

1. 了解事故傷害發生的原因。
2. 清楚事故傷害的預防方法。
3. 學會處理事故傷害。

Health And Life

依據行政院衛生福利部統計資料顯示，事故傷害不但是歷年十大死亡原因之一，死亡年齡層幾乎是其中最年輕的，更是臺灣地區連續 30 多年十大死因之前 5 位。2023 年事故傷害死因為十大死因第 8 名，死亡人數為 7,064 人，較去年增加 111 人，是 1~14 歲及 15~24 歲的主要死因之首（衛生福利部，2024），由此可見，事故傷害長期防制措施之顯著成效與重要性。，由此可見，事故傷害長期防制措施之顯著成效與重要性。

　　影響事故傷害的相關因素眾多且複雜，包括個人因素和環境因素之間的交互作用。葛應欽、謝淑芬(1997)提到缺乏安全相關的知識、應變能力和技巧，會增加個人發生事故傷害的危險性；但如果遵守安全的個人行為、社會規範、及具備安全知識，可以有效的降低事故發生的危險性。因此，本章彙整諸多專家學者針對事故傷害的相關研究，以及個人 10 幾年來處理相關案例之經驗，提供青年學子預防事故傷害之相關安全知識，希望藉此有效減少事故傷害的發生，並借助適當的緊急處理方法來降低其傷害程度。

第一節　認識事故傷害

Health
And Life

一、事故傷害之定義

　　「傷害(injury)」源自拉丁字"in juris"是"not right"之意。William Haddon Jr.(1981)將其定義為因急性暴露在物理和化學的媒介物，人體無法承受能量快速轉移，如氧氣交換及熱能的產生，而使組織受損的危害和結果。其中包含故意傷害(intentional injuries)，如自殺、他殺、暴力、虐待等；和非故意傷害(unintentional injuries)，如地震、車禍、意外中毒、火災、溺水等。

　　Strasser、Aaron 與 Bohn(1981)指出事故傷害是未經過計畫的行為或事件，會導致人們的傷害或死亡及財產的損失。林頂(1985)歸納事故傷害乃意料之外的、未經事先安排的、未經計畫的事件或行動。Waller(1989)又改稱它是非故意性傷害事件，將其定義為：事故皆在短時間內發生，多數可能在幾分鐘或幾秒鐘內發生，而傷害的結果無法預見，且來自能量的轉移，包括動能、熱能、化

學能、輻射能。美國國家安全委員會(National Safety Council, 1995)對事故傷害所下的定義為：事故傷害是一連串常會導致非預期的傷害、死亡或財產損失事件發生的現象。趙秀雄、葉金川(1979)則歸納事故傷害三特性如下：

1. 事故傷害發生率是所有疾病中最高的。

2. 事故傷害導致死亡者多為幼兒、學童及青肚年。

3. 事故傷害的發生大多是可以避免的。

　　綜上所述，我們可以得知，事故傷害是屬流行病學的一種，因意料之外瞬間發生的短暫事件或行動，造成人類可辨識的生命或財產之傷害，現為世界各國政府長期積極努力改善的目標。

二、事故傷害的類型

　　事故傷害依不同的單位、目的及其本身的特性分類眾多，本書主要以青年學子最常發生的事故傷害來做區分。何文達(2002)認為校園事故傷害的內容，以發生原因區別來說明其範圍。

1. 車禍：包括校內或校外所發生之交通事件。

2. 溺水：包括游泳池、河邊、坑井之溺水。

3. 中毒事件：包括食物中毒、野外中毒、其他氣體中毒等。

4. 運動及遊戲傷害：包括運動傷害、遊戲傷害、墜樓事件等。

5. 實驗實習傷害：包括實驗室傷害（物理化學實驗操作不當），以及實習教室傷害（工廠、家政、廚房等實習場所）。

6. 火災：電線走火等非人為事件。

7. 學校設施意外事件：包括學校工程施工設施的設置及管理不當所生的意外。

　　常見學生事故傷害依意外事件發生原因整理分類整理如下（教育部，2024）：

1. 食品中毒。

2. 校內交通意外事件、校外教學交通意外事件、校外交通意外事件。

3. 實驗室毒性化學物質中毒、其他化學品中毒、實驗或實習傷害、工讀場所傷害。

4. 自殺、自傷。

5. 溺水、山難事件。

6. 運動、遊戲傷害、墜樓事件（非自殺）。

7. 因校內設施（備）或器材受傷。

8. 工地整建傷人事件、建築物坍塌傷人事件。

9. 其他意外傷害事件。教育部(2024)依據以上各事故傷害之種類項目歸納整理，其中以校外交通事故占總事故事件 22.51%，校園運動遊戲傷害占 19.09%，其他事故傷害占 21.81%，交通事故和校園中運動遊戲事故傷害仍為學生在校園事故傷害發生的常見原因。

三、事故傷害發生原因之探討

Greenwood 與 Woods(1919)根據長期研究結果提出，某些人較容易發生事故傷害。此項觀念在事故傷害發生原因的研究上引起很大的轉變，以前都是著重在環境的危害(environmental hazards)方面。這是科學家首例將「人」的因素列入事故傷害原因之研究。

1931 年海因理希(W. H. Heinfich)的事故因果連鎖論認為：事故的發生不是一個孤立的事件，儘管事故發生可能在某一瞬間，卻是一系列互為因果的原因事件相繼發生的結果，就像骨牌效應般形成圖 5-1 之連鎖效果；而事故傷害的三個主要影響因子，藉由媒介的串聯建立了事故傷害的三角模型（圖 5-2）。

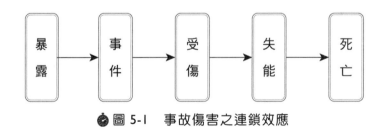

🕐 圖 5-1　事故傷害之連鎖效應

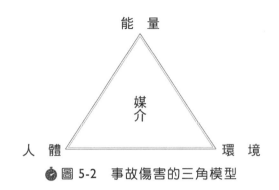

能　量

媒介

人　體　　　　　環　境

🕐 圖 5-2　事故傷害的三角模型

　　到 1979 年 Shaw 和 Sichel 更認為某些「意外傾向」之人格特質，如：適應不良、富侵略性、自私、自我為中心等行為，容易使人發生事故傷害；而非意外傾向的人格特質，如：善於控制情緒、體諒別人、奉公守法、友善、樂觀進取等行為，意外傾向在這些人身上存留的時間便很短暫。因此，改變一個人的行為，可加重或減輕其意外傾向的程度。

註：　意外傾向(accident proneness)指使一個人具有容易發生意外的人格特質。

　　1983 年 Makenna 亦提出：多方面形成的單一人格特質概念，為一種交錯的行為特徵與精神因素相結合交替，導致事故傷害的危險性增高。形成事故傷害的因素很多，包括個人較易緊張、好奇心較重、粗魯、有罪惡感、活動量大、身體健康狀況不佳、家庭人數多、家庭社經地位低、單親家庭、父母不和或家庭不和諧等（黃松元，1993）。

　　社會病理學者 Suchman 用晤談和問卷調查法研究了 1,500 名高中生和大學生，發現事故傷害和社會偏差的特質有顯著相關，指出不遵守社會規範的人較容易發生事故傷害，並歸納出好鬥以及在測驗時作弊的行為，顯示不負責任的態度和使人從事容易發生事故傷害的冒險行為有關。有些社會學家相信，事故傷害可以反映出一個人的生活態度，而經常發生意外災害乃是社會適應不良的症狀。「社會病理學」理論提出一假說：每個人都依循自己獨特的內在準則生活，這些準則能管制一個人在所有活動的行為表現；而這些準則所反應的欠缺社會責任的程度愈高，某一個人發生事故傷害的可能性也愈高（黃松元，1993）。

　　另外，生態模式理論認為意外災害不可能由「單一」因素造成，是「不安全的情境」釀成危險生態環境的結果。意外災害是人為因素和環境因素互動的

結果，因此，又稱為「多元化因素病因學(multifactorial etiology)」。不安全的情境(unsafe situation)因素融合起來包含了下列四要點（黃松元，1993）：

1. **不安全的情況(unsafe conditions)**：指事件發生的環境情況，如下雨天或擁擠的公路。

2. **不安全的事件(unsafe events)**：指非預期性外在情況的發生，如爆胎，或是一個不負責任的駕駛人突然將車子插隊到其他車輛之前。

3. **不安全的狀態(unsafe state)**：指身體的、情緒的和心裡的不良狀態的總和，如憤怒、緊張和精神官能症傾向。

4. **不安全行動(unsafe acts)**：指一個人對目標導向的刺激所產生的行為反應，生態模式強調的是安全行為的建立。當一個人進入新情境時，都具有原已建立的獨特行為模式；而此項模式乃是知識、技能、習慣和態度的累積，同時能加以融合形成一項新的行為。

　　美國疾病防制中心指出，事故傷害常肇因於人們先前所採取的行為或事件，並伴隨人們意圖而發生(CDC, 1999)。黃雅文、梁又照(2005)進行青少年遊戲活動事故傷害推展模式成效評估調查，將校園事故傷害原因分為以下五類：

1. 不當的態度與習慣：如冒險、投機心和同學打賭等。

2. 不安全的行為：同學間嬉戲推擠、玩刀片、開玩笑等。

3. 不熟練的技術：如因不熟悉運動技巧而發生事故。

4. 環境中不安全因素：如學校設施不安全。

5. 其他：未能分類，如突然昏厥、心臟病發、中暑等。

　　從以上諸多學者以科學方法探究事故傷害發生之原因，不難發現有許多事故傷害是可以預防的，常言道，「千金難買寸光陰，萬金難買早知道」。本章第二節中直接針對事故傷害預防作介紹，希望藉此可將事故傷害防範於未然。

事故傷害的預防

Health
And Life

一、哈登矩陣(Haddon's Matrix)事故分析法

　　一個精美花瓶，如果只撞破瓶口一角，不論花了多少錢多少精力去修補，都還是無法修補回原來的瓶子，所以預防是最有效的辦法。事故傷害的特點是發生的時間通常很短，而其結果是相當的不確定，甚至不是人力所能決定的。當你意識到狀況可能發生時，往往來不及了。以車禍為例，撞車後的主要傷害，可能都在短短的幾秒鐘內發生，如腦震盪、骨折、出血等；有時恰好撞在尖銳的物品上，造成嚴重的出血，甚至死亡，可是相隔幾公分鄰座的人沒有這樣的環境，可能就非常幸運地只受到輕傷。事故傷害的發生，有些是個人的因素，但也有些是環境或制度的問題，例如：你很小心在街上行走，可是路上有人酒醉駕車，把你撞傷了，再怎麼預防都無濟於事，須從整體的制度著手。

　　哈登(Haddon)從事故的「人(host)」、「媒介物(vector)」及「環境(environment)」三方面，配合事故發生前、事故發生時及事故發生後來討論，構成了一個 3×3 的哈登矩陣。以下用一個「路上行人被車子撞倒」的事故來探討哈登矩陣如何用在事故傷害的預防。

1. **事故發生前**：一個酒醉的行人，反應比較遲鈍，這是「人」的因素；一輛超速行駛的車子，這是「媒介物」；交叉路口光線不良，及當地的執法不嚴格，這就是「環境」的因素。

2. **事故發生時**：一個骨質疏鬆的老人，輕輕的撞擊就可能把骨頭撞斷了，這是「人」的因素；車子的前方視野不夠清楚，這是「媒介物」；而道路不平，或是當地的速限過於寬鬆，這是「環境」的因素。

3. **事故發生後**：一個年老的行人，傷口恢復很慢，而且容易有併發症而造成死亡，這就是「人」的因素；事故車輛後續的調查，會影響未來同類事情的發生，這是「媒介物」；而病患送到當地醫院，以及當地的緊急醫療系統和醫院的創傷救護能力就是屬於「環境」因素。

　　以上這些因素，如果用一個方格矩陣來列表，就可以看到表 5-1 的矩陣。

表 5-1　哈登矩陣事故分析（以路上行人被撞倒事故為例）

	人	媒介物	物理環境	社會環境
事故發生前	酒醉的行人	超速的車輛	交叉路口光線昏暗	當地執法不嚴
事故發生時	骨質疏鬆的老人	車輛前方視線不良	道路品質不良	速限寬鬆
事故發生後	年老行人	事故車輛調查	送到醫院的距離	當地醫院的醫療品質

註：「環境(environment)」分為物理環境與社會環境。

　　每一種事故傷害，都可用以上的方法來分析，不同的單位或是人，都可以考慮他們立場裡面最可以預防的部分，整體再找出一些最容易改變的作法，來減少事故的發生或衝擊。例如：以行人而言，「年紀大」非自己所能決定的，不要酒後街上行走卻是簡單可以做的；對於開車的人而言，不要超速，要買一輛視線佳而且顯眼的車輛是簡單可以做的；對於當地的政府機關而言，設置創傷專責醫院並且提高醫療品質，可能要花大錢，且不是一朝一夕可以完成的，但是訂定合理的速限，並嚴格執法，倒是立竿見影。諸位可以把你們日常生活會發生的事故，如家裡的燒燙傷事故、校園的失足墜落事故等，用這個方法去分析，就能找出一些好的預防辦法。

　　很多大學都十分重視學生安全，於校內成立校安中心，平時以巡視校園、問卷調查、學生反應等方式蒐集校園危險處所。在未改善之前，透過新生訓練輔導、課堂上的安全宣導（如圖 5-3）；交通事故則邀請安全駕駛教育中心或交通大隊警察到校講習，先將「人」的因素降至最低，再透過期末或期初校園安全維護會議，正式發函邀請政府、民間及學校相關單位主管與會，透過專業人士的指導和溝通協調，改善不良的「環境」因素，預防事故於發生前，如圖 5-4就是原先常發生交通事故處，圖 5-5 即是校方經過多方協調努力後改善情形。

🕐 圖 5-3　新生訓練輔導及課堂上的安全宣導

資料來源：林詩經提供。

🕐 圖 5-4　常發生交通事故之處

🕐 圖 5-5　協調後，路已拓寬並設警告標語

二、事故傷害防制十原則

從海因理希(W. H. Heinfich)的事故因果連鎖論所探討事故傷害發生因素的三角模型作為防制事故傷害之十原則如下：

1. **盡量避免能量產生**：例如廠商不應該生產未經過安檢合格的危險交通工具。

2. **減少危害能量聚集**：例如載人的交通工具重心要低、限制車輛的馬力、限制槍械的販賣、減少一次處方的藥丸數，既使一次服完也不會致命、限制熱水器的最高溫度設定。

3. **盡量減少能量釋放**：例如改善重型卡車的煞車系統、提供老人拐杖及在居住環境提供扶手把、火柴及打火機的設計使孩童不易點燃、藥罐的設計使孩童不易取得藥物。

4. **改變能量釋放速度與空間**：例如颱風來時玻璃窗貼膠布、限制行車速度、雙層安全門、改善衣服的質材使其不易燃燒、裝置自動救火噴水系統等。

5. **利用時空隔離能量**：例如森林防火林道、房舍間的防火巷、設立腳踏車及行人專用道、某些時段或路段禁止大卡車行駛、颱風來臨前疏散海邊住戶、烹調時不讓孩童接近廚房。

6. **人體與能量間設阻隔物**：例如提高汽車緩衝槓的避震力、安全氣囊、安全帶、安全帽、道路旁要有緩衝隔絕物、游泳池或水池邊要有防止孩童進入的阻隔、火災逃生時用濕被單包裹身體、機械引擎旁設阻隔。

7. **改變能量接觸特性**：例如汽車安全玻璃、避免稜角或尖銳表面、零件或按鍵盡量避免凸出、遊戲場或運動場的地面要用緩衝力好的材料、禁止連結車拖曳超過一個以上的車體。

8. **強化人體組織，提高能量承受力**：例如平日多運動鍛鍊筋骨、治療骨質疏鬆症或凝血功能不良疾病，使其較能承受碰撞；對要從事某種易受傷的運動或活動者，要有體能狀況的要求限制。

9. **盡早得知傷害防止繼續擴大**：完善緊急救護通報與通訊系統（地理資訊系統配合衛星定位系統）、增加高速公路旁的緊急電話數目、車禍高發生率地段緊急救護系統要有效率、增加一氧化碳及煙光偵測器數目。

10. **緊急救護減低傷害程度**：在黃金救命時間內將受傷病患送至適當創傷中心接受適當治療、對殘障截肢者提供好的義肢及其他周邊設備，使其盡可能恢復正常生活、提供職業訓練及就業輔導。

三、運輸事故傷害之預防

　　機車使用者一旦發生事故，常因其結構與設計上之限制，欠缺對騎士的保護，致身體暴露於外，使得機車使用者成為機動車輛最脆弱的一族群。又因機車速度較快，往往造成機車騎士或乘客傷亡嚴重度超過腳踏車騎乘者或行人，在使用機車為交通工具時，須有一個認知就是你正在使用一個「高危險交通工具」，如稍有不慎可能是此工具的「受害者」或成為「加害者」。根據行政院衛生福利部統計，每年約有四、五千個家庭必須面對頓失親人的痛苦，然而探討車禍發生的原因，居然 95%（含肇事逃逸）是「駕駛人過失」所造成的，可見駕駛人自認不可能發生車禍的「僥倖心理」相當嚴重，更顯示駕駛人未能尊重自己及他人的生命。以下提供使用機車時的安全預防措施。

（一）機車事故預防篇

1. **不可任意變換車道**：騎乘機車就如「肉包鐵」，一旦發生事故，對騎乘者所造成的傷害相當嚴重，靠邊行駛可降低碰撞，定線行駛可以提供其他車輛駕駛人對車況的信任判斷，在變換車道時，應事先打出號誌或手勢提醒周圍車輛注意，並確定周遭沒有來車，才可以變換車道。

2. **轉彎時，打方向燈、勤擺頭**：在充分確認整個交通狀況之前，緊急起步進入車道、轉彎及變換車道，很容易發生交通意外事故釀成悲劇。轉彎時善用車輛燈號系統，明確將己車的駕駛行為告知其他車輛，除利用後照鏡掌握車行後方狀況外，更應利用擺頭動作，確認視覺死角減少意外事故的發生。

3. **保持安全距離**：安全距離是科學計算的數據，從發現危險到開始操作煞車為止，機車在這段時間所行進的距離稱為「空走距離」，而這段時間謂之「反應時間」，一般人約為 1 秒；從煞車開始至停止的距離稱為「煞車距離」，其所需的時間為「煞車時間」。停止距離＝空走距離＋煞車距離。而車速與停止距離的關係如表 5-2 所示。

4. **勿超速**：速度限制是經由專家無數次的研究與討論，考量道路結構、交通狀況、駕駛人的生理極限、車輛性能等所制定，提供駕駛人做為行車之依據。超速是造成嚴重交通事故的主要原因之一，給自己多一點的處置能力，切勿超速行駛。

表 5-2　車速與停止距離的關係

速　度	1 秒鐘反應距離	前後輪煞車併用 （煞車距離 μ =0.8）	停止距離
30 km/h	8.5 公尺	4.5 公尺	13 公尺
40 km/h	11 公尺	8 公尺	19 公尺
50 km/h	14 公尺	12.5 公尺	26.5 公尺
60 km/h	17 公尺	18 公尺	35 公尺

資料來源：新竹安全駕駛教育中心。

5. **注意路況**：廣義的路況還包括路型（如直路、彎路、岔路等）、天候、時間、照明設施、速限標誌、標線、道路施工狀況、能見度、有無障礙物等。為了防止自己不當的駕駛行為，危害自己也危害別人，應隨時掌握各種路況，以符合安全駕駛，尤其在自己不熟悉的環境，更應減速慢行，給自己餘裕的緩衝時間。

6. **遵守路權**：重要基本路權如圖 5-6 所示。

(1)上坡車先行

(2)道路外緣車先行

(3)行進多車道之圓環，應讓
　內側車道之車輛先行

(4)遇有交通警察指揮與燈光號誌並
　用時，以交通警察之指揮為準

圖 5-6　重要基本路權

(5) 在幹、支線交岔路口交會時，
　　幹道先行

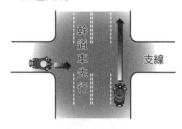

(6) 兩車同為幹、支線時，右方車先行

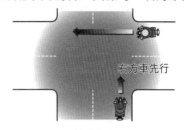

(7) 轉彎車應讓直行車先行

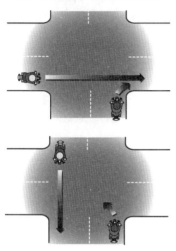

(8) 左右轉車須進入同一車道時，
　　轉彎車已達中心處開始轉彎，
　　直行車應讓轉彎車先行

(9) 左右轉車須進入同一車道時，
　　右轉彎車應進入外側車道，左
　　轉彎車應進入內側車道

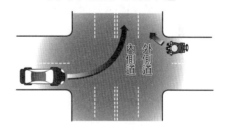

(10) 左轉彎時，應繞越道路中心處左
　　　轉，進入右側慢車道（四車道以
　　　上道路設有快慢車道者才得左轉）

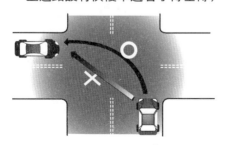

(11) 左轉彎時，機車應在設有左轉待
　　　轉區進行二段式左轉

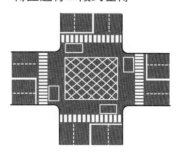

🕐 圖 5-6　重要基本路權（續）

資料來源：新竹安全駕駛教育中心。

7. **遇到大型車輛注意事項**：騎乘機車盡量避免行駛於公車或大貨車等大型車旁，以防止受到大型車輛行駛時所產生的氣流或輪差死角而捲入，發生事故。大型客車與大型貨車行駛時所產生的不同氣流如圖 5-7 所示，需慎防遭氣流捲吸入車底發生事故。

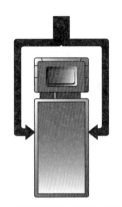
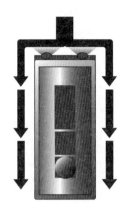

(a)大貨車：瞬間產生真空吸入車輛底端　　(b)大型客車：氣流瞬間向外

🕙 圖 5-7　大型車周遭氣流

資料來源：新竹安全駕駛教育中心。

（二）騎乘機車應遵守之規定

行駛車道及轉彎應依標誌或標線之規定；無標誌或標線者，須依下列規定行駛：

1. 在未劃分快慢車道之道路，得在最外側二車道行駛；單行道得在最左或最右側車道行駛。

2. 在已劃分快慢車道之道路，雙向道路得在最外側快車道及慢車道行駛；單行道得在慢車道及與慢車道相鄰之快車道行駛。

3. 同向三車道以上道路，均應以兩段方式進行左轉彎；單行道行駛於右側車道或慢車道者，應以兩段方式進行左轉彎；行駛於左側車道或慢車道者，應以兩段方式進行右轉彎。

4. 不得在人行道行駛。

（三）機車安全駕駛

1. 車輛檢查

(1) 檢查的目的：行車前的檢查是事故防止的基本條件與要素，早期發現車輛不良，及早修護並了解車況，隨時保持在最佳機動狀態。

(2) 平日檢查項目：汽油、引擎、燈類、電瓶、機油、煞車、輪胎、鍊條、離合器和保安螺絲，如圖 5-8 所示。

(3) 重要檢查項目：與危險直接相關的三個部位：「煞車」、「輪胎」、「燈類」。

1. 汽油：確認汽油量，通常以足夠一天使用為原則

2. 引擎：引擎機油是否足夠。發動時有無異狀、異音

3. 燈類：是否明亮、有無髒汙、燈殼有無破損及功能是否正常

4. 電瓶：電瓶液是否足夠、樁頭是否銹蝕、通氣瓶是否暢通

5. 機油：（上圖：二行程、下圖：四行程）檢查機油量是否在上下限間、黏度及汙穢程度

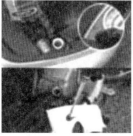

6. 煞車：檢查煞車拉捍縫隙是否為 10~20 mm，腳煞車縫隙為 20~30 mm；注意煞車導線是否有外傷、斷裂、潤滑性是否足夠；煞車功能是否良好；煞車液是否足夠

🕐 圖 5-8　車輛檢查

7. 輪胎：檢查輪胎磨損的程度，是否有外傷，有無附著異物，輪圈是否變形，胎壓是否適當，外表是否已龜裂、損傷、磨損

8. 鍊條：（此項目適用於換檔車）請檢查鍊條上下縫隙為 10~20 mm；鍊條如太汙穢則須擦拭；如過於乾澀則必須全鍊上油

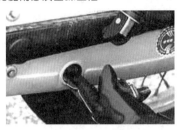

9. 離合器：（此項目適換檔車）檢查離合器拉桿間隙是否為 10~20 mm。離合器是否斷裂、潤滑性是否足夠、功能性是否正常

10. 保安螺絲：檢查車輛重要部分之螺絲是否穩固

🕐 圖 5-8　車輛檢查（續）

資料來源：新竹安全駕駛教育中心。

2. 機車煞車（圖 5-9）

(1) 一個完整的煞車操作包括：同時用前輪、後輪、引擎煞車。同樣的條件下，前輪的煞車效果優於後輪煞車，主要是因為煞車時，重力移向前輪，前輪的荷重變大，其所需煞車力，也隨之變大。

(2) 剎車方法有兩種，一種是緊急剎車，另一種是有預測而保持一些時間慢慢停下來的剎車。一般正確剎車方法，是引擎剎車和前後輪剎車同時使用。

(3) 煞車距離

　◎ 根據統計顯示，初學者比有經驗之騎乘者，其剎車距離約長 50%。一般有經驗之騎乘者，可在障礙物或人之前面 1 公尺完全停住；但初學者則無法控制，所以常造成事故的發生。

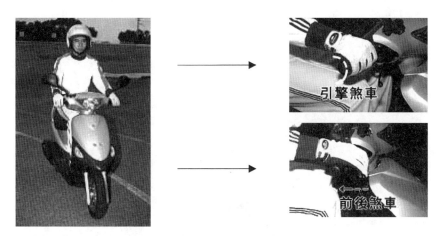

引擎煞車

前後煞車

⏱ 圖 5-9　機車煞車方法

資料來源：新竹安全駕駛教育中心。

◎ 緊急煞車時所需的煞車距離，是在騎士發揮最完備的技術之下完成，
　　在一般情況下，煞車距離應較長。

◎ 行駛速度增為 2 倍時，煞車距離增為 4 倍。

　　在一般柏油路面下、各種速度煞車距離如表 5-3 所示。

(4) 動態死角

　　◎ 直接視界：駕駛人不藉任何輔助器材直接經由眼睛視線所取得的視野
　　　　情報範圍。

🍾 表 5-3　速度與煞車距離之關係

速　度	煞車距離（μ =0.8 前後輪煞車併用）
10 km/h	0.5 公尺
20 km/h	2 公尺
30 km/h	4.5 公尺
40 km/h	8 公尺
50 km/h	12.5 公尺
60 km/h	18 公尺

資料來源：新竹安全駕駛教育中心。

◎ 間接視界：藉由輔助器材如後照鏡等，所取得的情報範圍。

直接視界與間接視界無法含蓋之區域，謂之動態死角（圖 5-10）。圖 5-11 說明機車駕駛人應了解小客車及貨車駕駛人的視覺死角。

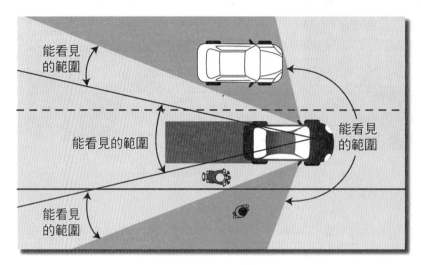

🏵 圖 5-10　動態死角

註：1. 灰色部分為動態死角。

　　2. 機車駕駛人應設法避免進入其死角範圍，以免他車進行轉彎或車道變換時疏忽而發生意外。

資料來源：新竹安全駕駛教育中心。

小客車

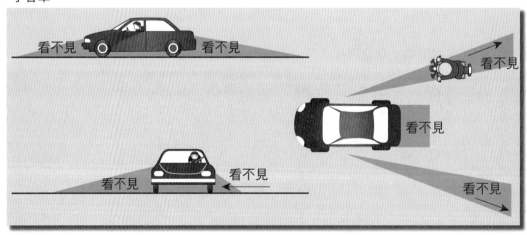

🏵 圖 5-11　小客車及貨車駕駛人的視覺死角

小貨車

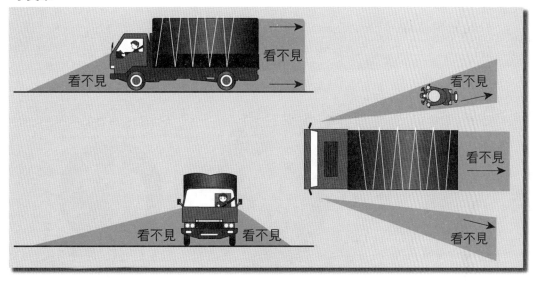

圖 5-11　小客車及貨車駕駛人的視覺死角（續）

資料來源：新竹安全駕駛教育中心。

◎ 依照汽車基本構造與作用原理，汽車轉彎時之前後兩內（外）側輪所行進軌跡不同，其所形成之距離差謂「內（外）輪差」。內輪差隨軸距之長度及轉向角度而不同，軸距越長、轉向角度越大，其內輪差也隨之變大，而危險程度也隨之增高（圖 5-12）。

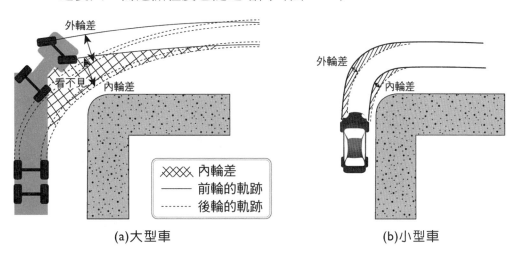

(a)大型車　　　　　　　　　　　　(b)小型車

圖 5-12　大型車與小型車右轉內輪差示意圖

註：此圖所繪之內輪差範圍為機車最容易發生事故的情形，應閃避。

資料來源：新竹安全駕駛教育中心。

(5) 機車後照鏡：無裝設後視鏡，騎士將完全看不見左、右兩側之後方訊息，只能完全依靠回頭方式確認，十分危險。然而後視鏡亦有其死角，如圖 5-13 所示，因此在變換車子行徑前，需以擺頭和眼角餘光隨時注意周遭事物。

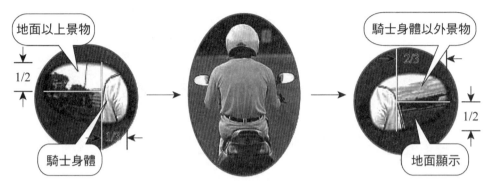

● 圖 5-13　機車後照鏡說明

資料來源：新竹安全駕駛教育中心。

 第三節

交通事故的處理

Health
And Life

一、「備案」與「報案」有何差別？

一般來說到警察局「備案」，是向警察局表示「有這件案件發生」，警察會在記錄簿上記載，性質上警察局並未受理，如果想要警察局進行偵辦，必須再一次到警察局，將「備案」轉成「報案」。

所謂「報案」，即向警察局表示「有刑事案件，並行使告訴權利」，警察局在接受民眾「報案」後，就必須開始刑事偵查程序。

二、交通事故處理五大原則

交通事故人人不願發生，但是，每個人遇到的機率卻非常高，簡單提供「放、撥、搜、移、等」五字訣，作為交通事故處理五大原則。

1. **放**：放置警告標誌，打開車輛危險警告燈（閃光黃燈）；若在高速公路發生車禍則先開啟右側方向燈，盡可能讓車滑行至路肩，車上乘客下車至護欄外，最好在車輛前方 10~20 公尺處；若有傷者可自行移動者，協助至路肩待援。

在事故地點後方依「道路交通事故處理辦法」第 3 條規定距離處，放置車輛故障標誌。

(1) 高速公路：應放置於事故地點後方 100 公尺處。

(2) 快速道路或最高速限超過 60 公里之路段：應放置於事故地點後方 80 公尺處。

(3) 最高速限超過 50 公里至 60 公里之路段：應放置於事故地點後方 50 公尺處。

(4) 最高速限 50 公里以下之路段：應放置於事故地點後方 30 公尺處。

2. **撥**：撥打 110（報警）與 119（救護）或 112（緊急求救），亦可通知保險公司協助處理。

(1) 不論是否求償或私下和解均要報案留記錄，以備不時之需，報案時應說明事故地點、時間、車號、車種、傷亡情形及報案人姓名。

(2) 手機即使遭到鎖定或找不到網路、或尚未插入 SIM 卡時，只要手機仍位於可使用之網路類型涵蓋範圍內，仍可撥通 112 緊急求救系統。

(3) 當事人最好親自報案，或委託他人報案，此屬「自首行為」，日後若需負擔刑事責任，則可依法獲得減刑。就算沒發生擦撞卻疑似因你而造成對方受傷，亦須主動探視協助對方報案；如對方不理而將車輛開走，記下對方車牌號碼報警處理，肇事逃逸若成立會加重法律責任。

(4) 如有人傷亡，而且是另一方有肇事責任，受傷的一方可憑醫療院所開立之診斷證明於 6 個月內依中華民國刑法第 284 條提出過失傷害告訴。死亡件，有肇事責任者，檢察官會依中華民國刑法第 276 條提起公訴。

3. **搜**：以劃線及拍照等方式搜集事故雙方車輛相關資料。

(1) 搜集資料的方式，請參考後文「車禍十四大處理要訣」的介紹。

(2) 「有人傷亡」事故，因屬刑案性質，應保持現場完整，待救護人員前來處理再標示定位。

4. **移**：移開車輛，「無人傷亡」事故，車輛尚能行駛，應盡速將車輛位置標繪移置路邊，避免妨礙交通並維護自身安全，依據道路交通管理處罰條例第 62 條第二項之規定，無人受傷或死亡且車輛尚能行駛，而不盡速將汽車位置標繪移置路邊，致妨礙交通者，處新台幣 600~1,800 元的罰鍰。

5. **等**：平心靜氣等候警察。等候期間，當事人可先行現場拍照，並尋找目擊證人，「無人傷亡」事故，縱使雙方已達成和解，不需警察處理，仍可自行拍照存證。

三、車禍十四大處理要訣

新竹市監理站在網路上提供車禍十四大處理要訣給大家參考。

1. 車禍發生後，應立即停車以「雙黃燈及三角牌警示後方來車避免追撞」，同時應在車身後方放置三角牌警告標誌。

2. 車主最好要做到「保留現場以利警方採證」在警方趕到現場時，將依據車輛方位及現場掉落物繪製現場圖，（請於車上放置相機及筆、尺、紙）做為未來肇事責任研判的依據；標繪事故現場，可利用蠟筆、噴漆、尖硬物（如石頭、磚塊、鐵器等）具有標記功能的物品，做為標繪工具，但為保障車主自我權益請勿任意破壞現場。標繪事故現場的方法如圖 5-14 所示，說明如下：

(1) 汽車：描繪汽車的四個車角（或輪胎），並以三角圖示標明車輛行進方向。

(2) 機（慢）車：描繪機（慢）車兩個輪胎半圓與把手的位置。

圖 5-14　車禍標示法

資料來源：新竹市監理站。

3. 照相注意事項

   (1) 車子前後左右都要照相。

   (2) 撞擊點要近照，最好要放比例尺。

   (3) 煞車痕一定要照。

   (4) 底盤要照相。有很多人會問如何照相，第一是要照有異物，不要忘記沒有東西也是一個最有利的證據。

   (5) 擋泥板要照，可以確定撞擊方向。

   (6) 最後當在為自己照相時，也要為別人照相。

4. 做筆錄時首先要求警察對雙方做酒精濃度測試，不但可自保，也可以確定對方是否有喝酒；如果對方不幸死亡，則可要求抽眼球液做酒精及藥物測試。曾經有案例表面上是車禍致死，可是做完酒精及藥物測試後，才知道死者是先藥物中毒死亡後發生車禍，如果沒有做上述測試，車主可能就要負上過失致死之刑事責任。

5. 要求檢察官或警察照相。要照什麼呢？要照自己和對方身上的傷，這在日後法律上請求時，或判定違規肇事上有很大的用處，美國的法醫報告中此乃重要車禍責任判定依據。我想臺灣很多檢察官還不知道如何用此項證據作為法庭證據，重要的是你要求檢察官做，他才一定會去問人如何用此證據。

6. 告訴檢察官你有照片，你洗一份給他，但記得自己一定要留備份，處理態度要客氣。

7. 如果有人傷亡不論是任何人，應迅速打「119」尋求救護車將傷者送醫急救，切記千萬勿使用肇事車輛移送傷患，避免有畏罪潛逃之嫌；救護車離開時記得詢問傷者姓名並記下車號，如消防局應記下單位及送往之醫院。

8. 要記得打「110」報警處理，由於保險申請或訴訟，將以警方的記錄為重要參考依據，因此車禍需要有警方到現場處理；對於警方應訊筆錄、現場測繪，一定要詳實核對，有任何問題就要在現場一一提出。尤其各相關位置必須檢查無誤後才能簽名確認，同時最好記下警員姓名或代號及所屬單位。

9. 最好「避免當場爭辯或和解」，因為肇事責任的判定較為複雜，一般情況雙方都要負擔一定的責任，一般車主並無法做出正確的判斷；此外，為了本身的

安全，最好避免當街與對方爭辯，而在肇事責任未明確之前，最好不要與對方私下和解，以免影響日後訴訟及保險權益。

10. 大部分車主擦撞後，都認為只是小事故，不想浪費時間，最好處理方式還是下車詳查雙方車輛受損及人員傷亡狀況，並且互留車號、車型、姓名及聯絡方式；如果已經報警處理，在警方未到達前不要隨便離開現場，以免事後被對方控訴為肇事逃逸，而被加重法律責任。

11. 車主於必要時，最好能尋找現場目擊者並記下車號，如在十字路口則要注意「紅綠燈及時間」，以作為日後訴訟的保留證人。

12. 有投保的車主記得要向保險公司報案，依保險法相關規定，車主應於事故發生後立即告知保險公司。目前政府已規定汽、機車都要投保強制責任險，以保障車禍事故傷者權益。事故發生後車主即可利用強制保險證上各保險公司提供的免付費服務電話，向所屬保險公司報案。如果事故非保障範圍，仍可尋求保險公司協助。

13. 車主要在 5 日內提出書面理賠申請，根據現行「汽車保險條例」規定，不論是強制險或其他任意險的理賠申請，都應在事故發生後 5 日內辦理，因此，車主應攜帶駕照及印章到保險公司申請理賠，以免權益受損。

14. 如果車主雙方要達成和解，請注意和解細節。協調和解事宜時可透過各地調解委員會或警察局進行和解，以保安全。和解時建議使用標準和解格式，並清楚載明和解內容，尤其遇有人員傷亡，務必清楚載明此和解是否包含強制險理賠金，以及是否同時拋棄刑事及民事的權利，最後應注意與對方所有具賠償請求權的人完成和解手續。

四、員警處理流程

　　若交通事故發生在私人土地內，如私校校園內、工廠園區等，一般由派出所員警依民事糾紛或刑事傷害作報案登記處理；反之，則由當地交通警察大隊處理，其處理流程如圖 5-15 所示，注意事項說明如下：

1. 配合警方說明經過，若車輛或傷亡人員已移動要主動告知。

2. 協助員警確認現場重要跡證（如煞車痕、刮地痕）。

3. 可向警方提出肇事雙方酒測要求。

4. 現場圖與筆錄簽名前均要詳細閱讀確認，甚至情緒失衡時，可請警方在當事人情緒平復後再進行筆錄。

5. 肇事車輛處理單位可以暫時扣留處理（以 3 個月為限），如依刑事訴訟法執行扣押者不在此限，惟均應發收據為憑。

6. 當場索取「道路交通事故當事人登記聯單」。

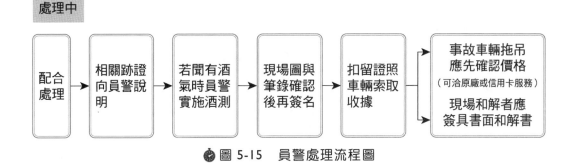

圖 5-15　員警處理流程圖

五、現場處理後當事人權益保障（圖 5-16）

處理後		
得向處理單位申請 1.肇事原因初步分析表 2.事故證明書 3.現場圖、相片	通知保險公司（5日內） 申請肇事原因鑑定 1.鑑定申請：6個月內 2.覆議申請：收受鑑定書30日內	解決途徑 1.自行和解 2.聲請調解 3.提出告訴（刑案告訴：6個月內，民事告訴：2年內） （公訴罪由檢察官主動偵辦）

圖 5-16　當事人權益保障

（一）申請事故相關資料

1. 當事人或利害關係人可於交通事故現場處理完畢 5 日後，向處理單位查詢事故處理情形，並可申請核發道路交通事故證明書；另於事故發生 7 日後，向當地「縣市警察局交通隊交通事故案件審核小組」申請提供「道路交通事故初步分析研判表」等相關資料，該資料會針對現場圖初步分析肇事責任，是私下和解或調解之重要判斷依據；申請前可以電話先聯絡問清所需費用及申

請方法，其聯絡電話於道路交通事故當事人登記聯單有註記，單子上也有列出當事人須知，提供諸多處理方法。

2. 無人受傷之事故案件，得申請閱覽或提供道路交通事故調查報告表、現場圖、現場相片及己方談話記錄等相關資料；有人受傷或死亡之道路交通事故案件，得申請閱覽或提供現場圖、現場照片及閱覽己方筆錄或談話記錄。

（二）申請鑑定

1. 對於警察機關所提供肇事原因研判分析有異議時，可在事故發生當日起 6 個月內逕向發生地區行車事故鑑定委員會申請鑑定。

2. 當事人對前項鑑定結果仍有異議時，得於收受鑑定書翌日起 30 日內，敘明理由，以書面向所轄車輛行車事故鑑定覆議委員會申請覆議。

3. 已進入司法程序案件，應訴請法院囑託鑑定或覆議。

4. 當事人對鑑定覆議結果仍有異議時，應自行舉證具狀陳明，提供法院審理時參考。

六、交通事故肇事責任劃分原則

車禍有財物損失時，理賠處理一般均會採取肇責分攤方式處理；若肇責不清或有異議時，可送交車禍肇事鑑定委員會裁決。私下和解時須通知保險公司，否則保險公司可不予理賠。交通事故的肇事責任可以從下列三大原則作為刑事及民事法律責任主要判斷依據。

（一）路權優先

車輛行駛時，路權為肇責的主要判決依據之一，例如：左方車要讓右方車、轉彎車要讓直行車、支線車要讓主幹車、行人穿越道（斑馬線）則以行人路權優先，不論行人是否闖紅燈。補充案例中即可看出其重要性。

> **📝 案例**　閃避不及撞死人　騎士無罪
>
> 2007/10/23 07:30 記者：何祥裕／臺北縣報導
>
> 　　法界人士指出，過去類似個案中，光是「駕駛人應注意車前狀況並隨時採取必要之安全措施」這個「帝王條款」，就足以將肇事駕駛人定罪。不過近年「路權」意識抬頭，只要駕駛人在自己車道上沒有違規，且已善盡注意之責，車撞人未必是車的錯。
>
> 　　2006 年 11 月 20 日傍晚，華夏技術學院 19 歲學生楊朝鈞在北縣中和騎機車由南山路往景安路方向行駛，原在路邊行走的李何蓮花突然欲橫越馬路，他煞車不及直接撞上，造成她腹部重創，脾臟破裂，送醫後不治。檢察官調查後，根據現場事證及事故鑑定委員會的報告，認定楊朝鈞涉過失致死罪嫌將他起訴。法院審理期間，楊朝鈞認為自己沒有疏失，是婦人突然橫越馬路，看到時已來不及反應，且當時未超速，撞到人時機車沒有倒地，顯示他速度很慢。法官仔細調查，發現連現場處理員警也說，從現場沒有煞車痕、機車沒有急煞滑倒的情況，速度應沒很快；被告則稱當時時速約 50 公里。檢警調查指出案發時有下雨，法官從現場照片查出當時雖是陰天，但員警抵達前還沒下雨，騎士也無雨天行車不減速的過失。法官據機車時速及反應距離推斷，駕駛人一般反應時間約為 3/4 秒，反推楊朝鈞能即時反應的距離為 9~11 公尺；而被告從看到婦人到撞上的距離僅 7~8 公尺，比反應距離還來得短。換句話說，被告能反應的時間比平均值還短，故難以期待他能立即反應煞車或轉向。法官因此認定楊無法避免撞上死者，符合信賴原則，且並無積極證據證明他有任何過失肇事，判決無罪。

（二）過失行為

　　法官在判定法律責任時，除了是否違反交通規則以外，一些沒有警察取締處罰的違規過失行為亦是重要準繩，例如：行至十字路口應減速、路邊下車開車門需採先開一小縫隙轉頭確認後方無來車後再全開下車之兩段式、駕車應注意前車狀況等規定。2013 年 6 月 10 日 TVBS 新聞報導，臺北市一名陳姓男子，

騎機車騎在延平北路內側車道，後方汽車速度並不慢，兩車距離很快拉近，透過監視器仔細看，就在不到一秒鐘的時間，機車稍稍往左偏，些微角度之差，67 歲的騎士摔車送醫不治，家屬怒告汽車駕駛過失致死，檢方認為車禍發生前，機車明明騎在汽車右前方，駕駛不可能不去注意，顯然沒有保持安全距離，還原當時狀況，汽車和機車距離很近，一審法官認為碰撞只有一秒鐘，而且駕駛沒變換車道沒有過失；案子到二審，法官認為汽車車頭超前機車，視線有死角，沒注意到右後方機車偏向才會擦撞，維持汽車駕駛無罪判決，全案定讞。在車流量大的路段，常見汽、機車爭道，騎機車是「肉包鐵」，最好行駛外側車道，注意安全距離才能自保。

（三）違　規

交通法規裡明確規定之交通安全規則，警察可明確取締之項目，如闖紅燈、超速等。

八、和解談判的技巧

通常交通事故在釐清責任歸屬後，若無涉及刑事責任（過失致死），兩造雙方即可進入和解階段，但在和解談判的過程中，有許多注意事項是不能忽略的。

1. 必須充分了解本身所投保的險種以及承保範圍，接著再看保額是多少錢，這樣才能知道自己保障在哪裡。

2. 受損車輛勿先修理，待通知保險公司理賠員勘估後再修理。

3. 如對方車輛為營業用車（如計程車、租賃車），會增加一筆營業損失賠償，最好先知道對方要求索賠金額。

4. 發生交通事故若有人員受傷，則涉及刑事過失傷害責任，撥空探視傷者。和解前先取得醫院診斷證明書、醫療收據、薪資證明、就醫交通費、修車估價單或收據發票等，以作為賠償金額計算依據。

5. 和解時最好有保險公司理賠員在場；若理賠員不能參與，則必須將對方要求金額告知理賠員，無論如何要先知道此案能獲得多少理賠，再與對方談和解。

6. 千萬不要等和解完畢才告知保險公司，保險公司會自行研判賠償金額，而不受雙方和解金額的約束。

7. 要慎選和解的地點與場所，千萬不要在對造家中談，可在學校校安中心、派出所或調解委員會內談判和解。

8. 所有保險契約承保範圍的任何一次損失，被保險人均須先負擔約定之自付額，保險公司僅會對超過的損失部分負賠償之責。

9. 簽訂和解書前，賠償金額必須以現金或銀行本票現場付清；否則事後賠償一方未支付賠償金時，又必須另尋法律途徑解決，徒增困擾。

10. 若未能達成和解，則需在法律規定之追訴期限內（民事 2 年、刑事 6 個月）向地方法院提告。

    (1) 無人傷亡，僅車輛毀損、財物損失屬民事案件，由當事人自行協調理賠或委託保險公司辦理，若無法達成和解，逕向當地區公所調解委員會申請調解或向地方法院民事庭訴請審理（民事賠償依規定警察不得主動干涉）。民事賠償屬告訴乃論案件「不告不理」，現場處理警察機關，不會主動通知辦理，當事人應自行依法辦理。

    (2) 有人受傷交通事故，當事人無法自行和解，欲提出傷害告訴時，須主動向肇事地點轄區分局刑事組或管轄地方法院提出告訴，法院受理後，檢察官會通知雙方到場先開偵察庭，確認是否成立案件；為避免浪費法律資源，檢方會再安排一次和解，俟和解成立，即賠償金額給付完全，由提告一方撤訴，否則，直接由法官開庭，法院判決後之賠償金額若未獲得支付，需再向法院申請強制執行。

11. 涉外事故：當事人係外籍人士則逕向臺北市政府警察局外事服務站洽辦。

12. 軍車事故：當事人係軍人則向當地憲兵機關洽辦。

　　行車事故的發生，不是你我所願意看見的。以上只是筆者就事故發生後雙方應注意的事項加以提醒，不是一成不變的規則。最好的情況應是大家遵守交通規則、禮讓行人，不要讓事故發生，同時也不是鼓勵大家興訟。以前「大車撞小車，大車賠；車撞行人，車賠」的觀念不再，可從前文補充案例中看出。

其他事故傷害之安全教育

一、性騷擾與性侵害

安全、無懼的校園環境一直是教育部長期以來重視、努力的目標。除了政策的推動外，更希望能將正確的觀念深植於每個人的心中，因此，希望藉由這部分幫助大家釐清對性騷擾及性侵害一些似是而非的觀念；做到對自己及他人性自由的尊重；對性侵害犯罪有所認識；更對危機處理及防範技巧能有效的運用及學習。性騷擾或性侵害有可能發生在任何一個人的身上，因此衷心期盼同學都能詳讀本部分，並善用校園資源，除了能自我保護外，也能協力創造及維護一個舒適無慮的學習與工作環境，讓我們能平等互信的對待彼此、展現自我、發揮潛能。

（一）性騷擾

凡是具有性別歧視、性意味的言辭或行為，以及其他不受歡迎的性接近、性的要求等，都是性騷擾。性騷擾依行為的嚴重程度可分為五個等級：

1. **性別騷擾**：舉凡一切強化「次等性別」印象的言行，包括各種帶有性意涵、性別歧視或偏見的言論，以及侮辱、貶抑或敵視任何性別或同性戀者的言詞或態度，都在此之列。

2. **性挑逗**：包含一切不受歡迎、不合宜或帶有攻擊性的口頭或肢體上的吃豆腐行為，包括公開色情圖片、講黃色笑話、掀裙子、撫摸女性的胸部或其他私處及暴露性器等。

3. **性賄賂**：以同意性服務作為交換利益的手段，例如：上司（教師）以要求約會或占性便宜作為允諾加薪、升遷或加分、及格等的條件。

4. **性要脅**：以威脅利誘的手段強迫進行性行為。這不僅適用於校園或工作場合中對性的脅迫，也包括情侶或夫妻關係中，在對方不願意的情形中強吻或強行性行為。

5. **性攻擊**：強姦以及任何造成肢體傷害的暴力動作或異常性行為，如毆妻、性虐待等。

當上述任何一類性騷擾行為發生時，不論多麼輕微，只要你感覺到一絲的不舒服、不愉快，都應該毫不猶豫的制止，並明確向對方說出自己的感受；否則這些性騷擾行為會一再發生，甚至演變成情節更嚴重的性侵害行為，造成更大的困擾與傷害。

王麗容(1999)將常見的性騷擾行為分成以下五種：

1. **老師對學生的性騷擾**：例如老師疼愛學生、鼓勵學生或警告學生，用的方式是拍學生的屁股；或對幫忙做事的學生拍肩膀然後順勢往下摸；上課時喜歡摸摸學生，問一下狀況好不好，或針對姿色比較好的女學生問月經怎麼樣等；或在課堂上講黃色（與性有關）笑話等課程外關於性的議題。

2. **學生對老師的性騷擾**：例如學生暗戀老師，天天送花、送卡片，問老師個人與性有關隱私，以電話或塗鴉的方式騷擾老師等。

3. **同儕性騷擾**：例如在廁所偷窺；在任何場所，未尊重他人意願而碰觸對方身體；男生問女生「穿什麼尺寸的內衣？」「有沒有穿安全褲？」

4. **同事間的性騷擾**：例如講入骨的黃色笑話（隱含性意味的談話），不必要的肢體接觸「我幫你按摩肩膀……」，使用輕蔑的字眼或刻板化的印象「女人就是很……」。

5. **陌生人的性騷擾**：例如搭公車時，被人摸了一把或故意擠壓、觸摸、磨擦；路上遇到暴露狂（公然猥褻）等。

（二）性侵害

根據內政部家庭暴力及性侵害防治委員會(1999)指出：性侵害可分為強制性交（舊稱強姦）與猥褻等兩大類：

1. 強制性交：指以暴力、脅迫、恐嚇等違反當事人意願之方式性交，而性交的範疇不僅是傳統上的陽具插入陰道，更包括口交、肛交、手交、以異物插入生殖器官等。換言之，只要被人的性器侵犯到，都算是性交。依據兒童及少年性交易防治條例所稱性交易犯罪，係指對於 18 歲以下兒童及青少年進行有價之姦淫或猥褻行為。

2. 猥褻：指行為人為了滿足性慾而對被害人從事的親吻、撫摸等肢體接觸。

（三）性騷擾、性侵害的迷思與澄清

以下就常見的性騷擾、性侵害迷思提出正確的觀念：

1. **女性被擾騷是因為行為不檢、衣著暴露、眼神挑逗所致？**

【錯】男女兩性都可能遭受性騷擾，性騷擾的發生不在於受害者的行為，而在於事件發生時加害者的情境脈絡。

2. **被性騷擾很丟臉，不要再說出去了？**

【錯】當受到性騷擾時，應該採取「大聲說，到處說」的策略，這樣的策略不僅使受害者有機會相聚和討論共同的經驗，更可使性騷擾問題受到應有的重視。

3. **如果他們是男女朋友，就不算是性騷擾？**

【錯】不管是不是男女朋友，只要是一方感覺到與性有關的言語或行為，造成不舒服的感受，就算是性騷擾。

4. **只有強暴才算性侵害？**

【錯】凡是任何涉及性的意涵之行為均被視為性侵害，例如：展示色情圖片、口語上的性騷擾、強迫觀賞色情影片、不斷撫摸女性身體、窺視等都算是性侵害。

5. **只有在深夜外出，或是偏僻的空地、暗夜裡，才會發生性侵害？**

【錯】無論任何時間、地點，如家裡、樓梯間、住宅、公園或校園等，都有可能發生性侵害。

6. **性侵害的發生都是臨時起意的？**

【錯】事實上，有的性侵害事件是加害人長期間、有計畫的「預謀事件」。

7. **長輩、父母親、親戚、手足不可能對家人進行性侵害？**

【錯】實際上，許多性侵害事件就發生在家庭之內。

8. **只要兩情相悅就沒問題？**

【錯】依據中華民國刑法第 227 條規定「對於未滿 14 歲之男女為性交者，處 3 年以上 10 年以下有期徒刑。對於未滿 14 歲之男女為猥褻之行為者，處 6 月以上 5 年以下有期徒刑。對於 14 歲以上未滿 16 歲之男女為性交者，處 7 年以下有期徒刑。對於 14 歲以上未滿 16 歲之男女為猥褻之行為者，處 3 年以下有期徒刑。第一項、第三項之未遂犯罰之。」

9. 保險套萬能？

【錯】愛滋防治團體「臺灣愛之希望協會」擔心年輕世代聽信謠言而染病，出面導正錯誤的性觀念（迷思），表 5-4 列出錯誤和正確的性觀念。

🍼表 5-4　錯誤和正確的性觀念

迷　思	正確的性觀念
1. 雙層保險套比較保險？	戴雙層保險套容易造成乳膠磨破，增加保險套滑脫和病毒感染風險。若正確使用，戴一層就足以防護愛滋感染
2. 口交完用漱口水可避免感染菜花？	菜花是由人類乳突病毒(HPV)所引起，主要感染途徑包括直接性接觸、日常生活用品（如浴巾）之間接接觸、母嬰垂直感染等，性行為後用漱口水無法避免感染菜花
3. 口交前應該要刷牙，除了保持口氣清新，也比較乾淨衛生？	刷牙容易造成口腔黏膜破損，反而更容易造成感染。若要保持口氣清新，建議事前嚼食口香糖或用漱口水就好
4. 用力越猛，感覺越好？	性行為太猛烈，可能造成保險套破損、括約肌撕裂傷，甚至可能導致腸道受傷。用力過猛也會導致傷口出現，提升感染的風險
5. 只要殺精，就不會感染愛滋病毒？	愛滋病毒只會在有細胞核的細胞內繁殖，精蟲無細胞核，不會被病毒感染，但愛滋病毒容易藏在前列腺液中，因此任何殺精方式，都無法避免愛滋病毒的感染
6. 只要有戴保險套，就萬無一失？	發生性行為時，全程戴保險套是正確且安全的做法；但進行 15~20 分鐘後，一定要記得更換保險套；過程中需時刻補充潤滑液，避免因為潤滑不夠，導致保險套破裂
7. 手邊沒有水性潤滑液，可以使用凡士林、嬰兒油代替？	保險套是乳膠材質，使用凡士林、嬰兒油等油性潤滑液，容易使保險套腐蝕而破損，進而造成疾病的感染
8. 一時找不到保險套，用保鮮膜頂一下？	保鮮膜的材質、耐用度都和保險套不同，雖然可能可以阻擋精液，但因無法確定自行包裹絕對無隙縫，也無法保證精液不會滴漏，因此絕不建議使用
9. 進行性行為，只要屁股朝向北邊就比較不會得病？	這是一個完全沒有科學根據的說法，要避免性傳染病的侵襲，全程且正確的使用保險套，才是預防性病的不二法門
10. 愛滋感染者發生性行為，不必再戴套？	愛滋病患認為彼此已經是感染者，不用再擔心被傳染，但有醫師提到即使雙方都是感染者，性行為時還是要戴套，以免人類免疫缺陷病毒(HIV)因互相傳染而變異，屆時恐怕會無藥可醫

資料來源：臺灣愛之希望協會（2013，7 月 6 日）．愛滋迷思，教你破除．*臺灣愛之希望協會記者會—公視晚間新聞*．http://www.lovehope.org/news_content.asp?code_id=1&id=241

（四）性侵害對受害者的影響

受到強暴後，受害者之身心都會受嚴重的創傷，通常心理會感受到強烈的傷害，產生所謂「強暴創傷症候群(rape trauma syndrome)」，出現下列的情況：

1. 情緒震驚，不相信自己真的被強暴、覺得麻木不仁、哭不出來。

2. 對人的信任全毀，不相信自己可以自由自在的在周遭活動或信任別人。

3. 感到尷尬，擔心別人會怎麼想？

4. 憤怒事情為什麼會發生在自己身上？

5. 責怪、討厭並否定自己，覺得是自己做錯了什麼，應該死掉最好。

6. 感到羞恥與罪惡感。覺得自己很髒，擔心別人無法再接受自己。

7. 非常深的無力與無助感，無法處理日常生活事務。

8. 常做可怕的惡夢，重複憶起受暴時的情景，揮之不去的夢魘。

9. 感到憂鬱沮喪，時常自憐自艾，覺得自己是可憐而不幸的人。

10. 對很多事情都有強烈的恐懼感，害怕懷孕或染上性病，懷疑自己是否安全？擔心事情會再發生。

（五）如何預防性騷擾

1. 不要接受老師、同學、同事單獨的邀約，進入對方的單身宿舍或無人的教室、辦公室，也要避免單獨主動進入他人私密場所。

2. 不接受以關心、算命、看手相、摸骨、酒醉等藉口而觸摸你的身體。

3. 提防持續傾訴個人情感及家庭問題者。

4. 拒絕對方帶有性意味的言辭挑逗。

5. 了解區辨潛在騷擾者之警訊指標，如：歧視與喜歡用汙穢言語評論女性的人、過度壓抑自己的情緒與感受的人、低挫折容忍力與處理壓力有困難的人、濫用藥物與酗酒者。

6. 清晰的溝通，對違反自己意願之脅迫或利誘的性騷擾，必須堅決的說「不」。

7. 必要時應採取行動，包括：正面回應性騷擾－清楚表達厭惡之意，要求騷擾者立即停止騷擾行為；性騷擾仍不停止時，立即向有權受理單位提出申訴。

（六）遇襲處置方法

設想你每天生活必經的路線（上、下樓梯，電梯間、行路間、搭車時），如遭人襲擊，該怎麼辦？能否反抗？是否因地制宜，並等待時機逃跑？

1. 遭遇襲擊時，保持冷靜是保護自己最重要的方法。

2. 與歹徒攀談，盡量使用方法延遲、困惑歹徒，如告訴歹徒懷孕、生病、正值生理期，或要求歹徒更換至較熟悉可掌控的地點。

3. 無論攻擊歹徒與否，皆應掌握下列原則：降低歹徒的警戒心；使歹徒易於分心；若情況允許，攻擊歹徒而逃脫的機會很大，可使用隨身攜帶的雨傘、瓦斯槍或鑰匙，或利用身旁的沙、石、磚、瓦等攻擊歹徒；攻擊時，歹徒的眼、耳、鼻、髮、鼠蹊部等都是歹徒脆弱的部位，預設逃跑方向後，「快、狠、準」奮力一擊，立刻邊大聲喊「失火」邊使勁逃跑，嚇阻歹徒再攻擊。

4. 萬一脫逃不了，以保全生命為優先原則，而遭性侵害後處置方式如下：保持現場，不要移動或再觸摸任現場器物，切記在警方未完成採證之前不得沐浴沖洗及更換衣物，直接以大毛巾或外套裹身，撥打全國保護專線電話「113」或就近向管區派出所報案或醫療院所進行驗傷採證及相關診療；醫療院所會提供隱密的空間當作急診檢傷分類第一級病人優先處理，若設備或技術無法提供完整診療時，醫院亦會主動轉診接受完整的照顧，而證物的收集及驗傷，會經由被害人的同意並填寫性侵害案件驗證同意書之後才會進行。各地方性侵害防治中心設有專業人員會陪伴被害人及其家屬一起面對法律訴訟、心理諮商、生活重建等問題，協助走向復原。

5. 性侵害案件自 2001 年 1 月 1 日起，除夫妻間之強制性交罪、強制猥褻罪及未滿 18 歲之人與未滿 16 歲之人合意性交或猥褻等罪外，已全部不再適用告訴乃論之規定，縱使被害人未提出告訴，檢警機關亦將主動偵辦；夫妻間之強制性交或猥褻，或未滿 18 歲之人與未滿 16 歲之人合意性交或猥褻，屬於告訴乃論案件，必須在 6 個月內決定是否對加害人提出告訴，到時候如果不提出告訴，就喪失了告訴的權利。

二、中毒預防與處理

中毒種類非常多，本部分主要針對青年學子離家住宿常會發生之事件，進行簡單的提醒。

（一）食物中毒之預防與處理

林稜傑(2003)認為食品中毒係因攝食汙染有病原性微生物、有毒化學物質或其他毒素之食品而引起之疾病，其主要症狀為引起消化及神經系統之異常現象，最常見之症狀有嘔吐、腹瀉、腹痛等。依美國疾病管制中心所採用之定義：二人或二人以上攝取相同之食物而發生相似之症狀，並且自可疑的食餘檢體及患者糞便、嘔吐物、血液等人體檢體，或者其他有關環境檢體（如空氣、水、土壤等）中分離出相同類型之致病原因，如病原性微生物、毒素或有毒化學物質，則稱為一件「食品中毒」。但如因攝食肉毒桿菌或急性化學中毒而引起死亡時，即使只有一人，也視為一件「食品中毒」。

在烹調製作食品過程中，因衛生上疏忽發生細菌性食品中毒原因如下：

1. 食品儲存及調理方式不當：(1)生熟食交互汙染（約 30.6%）；(2)熱處理不足（約 17.7%）；(3)食物置於室溫下過久（約 17.5%）；(4)冷藏不足（約 11.7%）。

2. 被感染的人汙染食品（約 14.2%）。

3. 其他：包括廚房地面濕滑積水、未設紗窗、清洗設備不全、有病媒出沒痕跡及原因不明等（約 33.0%）。

預防食品中毒有三個關卡如下：

1. 避免食品中毒菌之汙染。

2. 防止食品中毒菌增殖。

3. 殺菌或滅菌。

而預防食品中毒四原則如下：

1. **清潔**：食品要徹底清洗、調理，以及儲存場所、器具、容器等均應保持清潔。

2. **迅速**：處理生鮮食物及調理食物要迅速，調理後之食品迅速食用，剩餘食物應迅速處理，調理後之食品以不超過 2 小時食用為原則。

3. **加熱或冷藏**：注意加熱與冷藏，一般引起食品中毒之細菌，其最適生存繁殖溫度在攝氏 4~65 度之間，臺灣一年四季從早到晚溫度都在此範圍內，故食品應保持在細菌不適生存的溫度範圍，放入冰箱冷藏或冷凍，食用前應予加熱煮沸，以避免食品中毒。

4. **避免疏忽**：餐飲調理工作，應按部就班謹慎行之，遵守衛生原則，注意安全維護，不可忙亂行之，以免將有毒物質誤以為調味料而造成不可挽回之痛苦。

　　萬一發生食品中毒，宜採取下列措施，以便有效處理。

1. 迅速將患者送醫急救。

2. 保留剩餘食品及患者之嘔吐物或排瀉物留存冰箱內（冷藏，不可冷凍），並盡速通知衛生單位檢驗。

3. 醫療院所發現食品中毒病患，應在 24 小時內通知衛生單位。

（二）一氧化碳中毒的預防與處理

　　「一氧化碳中毒」簡單來說是指在不通風的環境下，任何燃燒不完全而產生有毒氣體一氧化碳的堆積，在不知情的情況下吸入體內的意外事故。?瓦斯熱水器或瓦斯爐在使用時，瓦斯的燃燒並非完全，尤其在氧氣不足的情況下更加嚴重，冬季時因為氣溫低，窗戶緊閉，室內空氣不流通，易產生氧氣不足、一氧化碳堆積的情形；如果熱水器或瓦斯爐又全裝在室內的話，情況只有雪上加霜。因為一氧化碳本身無色、無味，但它卻有劇毒，當室內的一氧化碳開始堆積時，人們並不會有太明顯的感覺，一氧化碳吸入人體後會使紅血球的攜氧能力喪失，進而出現頭痛、想吐、暈眩等情形，嚴重者甚至意識不清、昏睡而死亡，所以它又被稱為無聲無息的致命隱形殺手，這也就是為什麼一到冬季或寒流來襲時，「瓦斯中毒」或「一氧化碳中毒」事件會頻傳的原因。

1. 一氧化碳中毒的現象

在談論瓦斯中毒的症狀時，我們必須先了解一氧化碳的濃度和暴露時間的長短都與中毒的嚴重程度有關係。因為一氧化碳是無色無味，它與血紅素的結合速度是氧的 4 倍，很快就會讓人體的血紅素無法攜帶氧氣進行新陳代謝，導致人體細胞缺氧。

通常人們呼吸含有 1%一氧化碳的空氣，大約只要 10 分鐘就會中毒，人若長期暴露在低濃度的一氧化碳下，會產生頭痛、嘔吐和其他不明顯的症狀；若暴露在高濃度的一氧化碳下，只要幾秒鐘就會因窒息而昏迷。相對的，如果病人長期暴露在較低濃度的一氧化碳中，由於其中毒程度已和組織飽和，並且達到細胞酵素系統，他們經常會殘留有長久不易痊癒的症狀，臨床上常見的症狀有頭痛和輕度的呼吸困難、肌肉無力、心悸、無方向感、人格改變、眩暈及精神混亂等，而且會很快變成昏迷，皮膚顏色不是一個可靠的徵象，它可能為粉紅色、桃紅色或發紺與蒼白。

2. 如何預防一氧化碳中毒？

常見一氧化碳中毒的原因是在密閉的空間內或通風不良處有燃燒之行為，譬如冬天在門窗緊閉的室內用瓦斯或木炭煮火鍋或烤肉吃，或是火災發生劫後餘生者皆有一氧化碳中毒之可能性。另外將車子停在密閉的車庫內未熄火或將車子停在汽車旅館內未將引擎熄火，即上到二樓房間休息，皆會因汽車引擎燃燒所產生的廢氣在密閉的空間內累積導致發生一氧化碳中毒。另有人常在冬天或寒流來時，在臥室內燃燒木炭取暖，亦是常見一氧化碳中毒致死的原因。

一般人都知道要把瓦斯熱水器置放在陽台，不可置於浴室內，亦不可放置於廚房或其他室內，因為瓦斯熱水器燃燒所產生的一氧化碳會隨著大氣而被稀釋掉不易中毒。但是若把陽台加蓋鋁門窗，瓦斯熱水器即視同裝在密閉空間內，洗澡時，瓦斯熱水器所產生的廢氣、一氧化碳無法排出，堆積到一定濃度時，即會使室內的人產生一氧化碳中毒。若家裡真的沒有開放的空間可裝設瓦斯熱水器，可選擇強制排氣型瓦斯熱水器，或改裝電熱水器，因電熱水器是利用電能轉換成熱能，並未有燃燒的行為，故不會發生一氧化碳中毒的意外。

3. 一氧化碳中毒處理（圖 5-17）

(1)中毒時，迅速將中毒者移到通風處，鬆解衣物，呼吸新鮮空氣

(2)盡量使中毒者安靜休息，並使下頦向上抬高

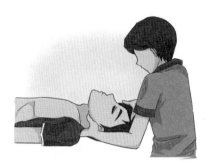

(3)如呼吸微弱或停止時，請即時作人工呼吸

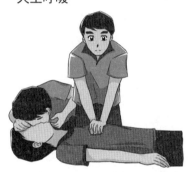

(4)症狀嚴重時，送醫院急救

● 圖 5-17　一氧化碳中毒處理流程

（三）藥物中毒的處理與預防

　　使用藥物未依照醫師指示，私自使用或增加劑量、次數，因服用過量、誤食、自殺或受虐，而食入酒精、安眠鎮靜劑、麻醉劑、迷幻藥、有機溶劑、農藥等而中毒者，均屬藥物中毒。以下列舉幾個藥物中毒情況的處理方式：

1. **普通藥物中毒急救**：若傷患清醒，讓傷患喝大量清水，以沖淡毒物；或喝大量牛奶，以保護消化系統，減緩毒物吸收速度，盡速送醫。

2. **腐蝕性毒物中毒急救（強酸、強鹼）**：不可催吐、不可稀釋、不可中和，不要服用任何東西，維持呼吸道暢通，預防休克，並盡速送醫。

3. **若口唇有灼傷時**：不可催吐、不可稀釋、不可中和。

4. **意識不清中毒者之急救**：維持呼吸道之暢通，必要時給予人工呼吸及心肺復甦術，立刻聯絡 119，暫時不給任何飲料，將可疑容器、標籤、嘔吐物、排泄物一起送醫作鑑別診斷，以對症下藥，不可催吐，預防休克。

　　預防藥物中毒可將所有藥品、家庭用清潔劑、消毒藥品、殺蟲劑等，放置於兒童拿不到的地方；服藥或給藥時，必須遵照醫師指示的方法、時間、劑量，若藥物無法減輕症狀，可請醫師再更改藥方，遇到心情沉悶時，可找人陳述、抒解，不得私自用藥；毒物和其他藥物分開，置於不同的地方，並鎖好；毒物瓶上註明大而清晰的字體，藥物使用後，須拋棄藥瓶，未用完的藥品，即刻棄置；指導較大的兒童，認識毒物的危險。

　　另外，近年警方不斷破獲犯罪集團在 KTV、酒店、網咖等複雜分子出入頻繁之場所，或在網路刊登不實廣告，誘使青少年借貸、偷偷餵食毒品使之藥物成癮，藉此控制他們從事暴力討債、販賣毒品、性交易等不法行為，從中獲取暴利，如有不從即以私刑逼迫青少年屈就。而長期遭受藥物控制之青少年，身心均遭受劇創，從事性交易者更多有染上性病及愛滋病者。因此，慎選朋友、打工場所、休閒娛樂處所等，是保護自己避免遭到犯罪集團利用的最佳方法。

　　中央警察大學教授葉毓蘭認為，現代父母因少子化而對子女過於溺愛，以及教改無法讓學生獲得學習成就，家庭與教育功能也都式微下，讓青少年的觀念無法接受正確的導引。另中正大學的調查報告建議參考美、日、澳洲等國經驗，在教育部設置專責單位，有效掌握霸凌、幫派入侵校園、性侵和藥物濫用等校園犯罪，在第一時間做適當處理，將危機降到最低，否則「今天不投資教育，明天將多蓋監獄」。

三、詐騙預防與處理

　　有個故事是這樣的，歹徒發出 1 萬封網路信件預測隔天職棒比賽，5,000 封預言洋基隊會贏，另 5,000 封則寫紅襪隊一定贏，無論如何，都有二分之一猜中的機會；猜中的 5,000 封，再分一半寄出預測信，又有一半猜中的機率；寄了 3 次，已經有 1,250 個人收到 3 次全猜中的預測信；接下來寄給這些人「如果你想先知道第 4 天的比賽結果，只要匯 10 塊美金至指定帳號即可」的信件，此時只要有 500 人去匯款，歹徒就有 5,000 塊美金的收入。若你收到不準的信，你會報警嗎？大部分的人都當作一場遊戲算了，可是收到預報正確的人，歹徒繼續第 5

天、第 6 天的預測，算算歹徒從中可獲利多少？這就是利用人不夠警覺、忽視小惡的心理所進行的詐騙行為。

歹徒詐騙手法不斷翻新，從其詐騙工具可簡單分為以下幾種：

1. 電　話

以電話詐騙者常會先激起聽電話人的情緒起伏，讓人失去平靜判斷力，像假擄人真勒贖詐騙方式的受騙者，有很多是因擔心出門在外的子女而受騙的父母。因此，遊必有方，隨時保持電話聯絡暢通，讓家人可以隨時找到您；萬一聯絡不上，也要讓家人知道學校聯絡電話，通常高中職以上學校，均設有 24 小時緊急事故聯絡專線，協助緊急事故之處理。另外，電話盜轉接、「猜猜我是誰」，以及電話語音通知「戶政事務所通知—換發身分證」，「中華電信—催收話費」，「法院通知出庭」，「警察機關電話製作筆錄」，「這裡是中華電信，您好，您積欠電話費 1 萬 2,000 元，尚未繳清，請盡快繳納，如有任何問題請按 9。」均是常見例子。

2. 網　路

網路是個非常方便又低成本的詐騙管道，如網路信件、網路劫標詐騙、網路電子銀行、網路拍賣詐騙、網路交友、網路綠卡抽獎、網路援交詐騙。

3. 簡　訊

詐騙集團採取亂槍打鳥方式，大量傳送詐騙簡訊，這些簡訊的詐騙內容五花八門，像是「退保證金」、「信用卡費催收」、「色情應召」、「假投資詐財」、「假中獎通知」等，許多人因相信詐騙簡訊而受騙上當。

4. 報紙廣告

例如報紙分類廣告上的「家庭代工」，要你先付押金或是辦理「薪資專戶」設定，利用操作自動提款機騙你的錢；連續刊登數週或數月的求職廣告，且待遇優渥、工作輕鬆、免經驗，要你預付保證金、治裝費、材料費、購買產品、留下個人身分證資料等，成為詐騙集團人頭帳戶；利用廣告刊登「30 分鐘當天過件」、「內線保證過」、「無工作、拒保免聯徵」等訊息，騙取貸款人身分證資料，申辦多家銀行的現金卡騙得貸款後，讓借款人背負一堆卡債卻逃之夭夭。

5. 信　件

例如印製法院、政府機關等公文信函，通知你攜帶身分證、印章、戶口名簿等資料，前往指定地點辦理登記、更新、換發等手續，藉以竊取個人資料。

6. 親自到家裡

例如趁年輕人外出工作時，向家中長者佯稱是某人的同學，有急用借小錢；賣「靈骨塔」做幌子詐騙獨居老人；假裝成「退輔會」職員，利用上班時間，登門拜訪老榮民以調查核發「榮民就養金」名義，要求檢查存摺同時騙到了存款密碼，並且在訪問單上作手腳，騙老伯伯用印鑑蓋了提款單。

歹徒不斷翻新詐騙手法，並利用電話、網路、書信、報紙小廣告等，設下許多詐騙陷阱，實在難以防範。平時可上「刑事警察局網站」（網址：http://www.cib.gov.tw）了解最新的預防詐騙資訊，遇有疑似詐騙情形時處理原則如下：

1. 秉持著冷靜、不慌、不貪心的原則。

2. 接到電話多向親朋好友詢問商量。

3. 有疑問就撥打刑事警察局反詐欺專線「165」查證。

4. 不要因好強、鬥勝，不斷與歹徒周旋；發現不對，就要立刻報案，才能掙脫歹徒的不斷糾纏。

5. 切記 ATM 除少部分有存款功能外，其他僅有提款、轉帳、更改密碼三種功能，無法以 ATM 進行資料修訂、買賣等功能，更不得依他人電話指示操作。

6. 養成個人資料不外露，網路上的朋友帳號隨時可能被盜用，非親自當面借用個人帳號時，寧可先得罪人而多方確認，事後再予以道歉，也不要讓詐騙歹徒得手。

7. 存摺帳號常變成詐騙集團洗錢的人頭戶，存摺裡多了來路不明的存款時，必須先查明，若屬不明之財應立刻報警，否則容易淪為詐騙集團共犯。

四、霸凌與應對方式

依據教育部頒發的「校園霸凌防制準則」，霸凌是指個人或集體持續以言語、文字、圖畫、符號、肢體動作、電子通訊、網際網路或其他方式，直接或間接對他人故意為貶抑、排擠、欺負、騷擾或戲弄等行為，使他人處於具有敵意或不友善環境，產生精神上、生理上或財產上之損害，或影響正常學習活動之進行。

而「校園霸凌」乃指相同或不同學校校長及教師、職員、工友、學生（以下簡稱教職員工生）對學生，於校園內、外所發生之霸凌行為。

而透過語言、肢體或其他暴力，對於他人之性別特徵、性別特質、性傾向或性別認同進行貶抑、攻擊或威脅之行為且非屬性騷擾者即為「性霸凌」，則依性別平等法規定處理。

霸凌有多種形式，所有形式的霸凌都會造成傷害。即使霸凌者和目標之間沒有身體接觸，被欺負的人也可能會在餘生中承受他們所經歷的情緒傷害，所以制止霸凌行為很重要。如果你受到霸凌，你可以採取一些措施來應對霸凌者。如果你目睹霸凌行為，你也可以採取一些措施來幫助他人。以下介紹各種尋求幫助的方式。

1. 遠離霸凌者：當感到有針對性的霸凌向你而來時，無論是否感到威脅，盡可能地遠離霸凌者，並走向人群或是像老師、教官等可以求助的對象；這可以平和地向霸凌者釋放一個訊息：你無法忍受目前或即將發生的霸凌行為。

2. 保持內心平靜與外在自信：霸凌者期待看見受霸凌者崩潰、沮喪、動怒、驚恐的情緒反應，這也使他們更樂於霸凌他人；所以，當感受到霸凌威脅時，一定要保持情緒淡定，不必為對方的口舌之快感到心煩意亂，更不必硬碰硬，眼神應直視霸凌者，無需避開，自信、冷靜地請他停止這些行為。

3. 向有能力制止霸凌的對象投：有些人在受到欺凌時，常下意識地避免向成人求助；但，如果自己無法讓對方停止霸凌行為，尋求家長、老師、學校輔導員的幫助是必要的；詳細記錄遭霸凌的證據（網路言論、現實生活言行等），將記錄交給家長、老師、學校輔導老師或校長。如果您告訴的第一個人沒有對霸凌者採取任何行動，請告訴其他人直到有人幫助你為止，千萬不要默默忍受欺凌。告訴求助對象事發經過，及自己對霸凌的難以忍受，相信一定能得到妥善的協助。

4. 拒絕在剛開始時：霸凌者剛開始也會測試目標者的反應，如果你一直逆來順受，甚至巴結他們，只會助長霸凌者的權力感，所以在一開始遭到霸凌時，如果沒有感到身體受威脅，可以直接、自信的溝通和肢體語言，例如交叉雙臂或將膝蓋靠近身體，將自己拉到最大高度，將手臂放在身體兩側，雙腳分開與肩同寬，眼睛直視對方簡單直接說不，但切記不可出現謾罵、挑釁、鄙視對方的語言和表情去刺激對方。如果覺得上述「說不」的作法可能會對你造成危險，就不要嘗試直接對抗霸凌者，而是在霸凌者離開後立刻尋求第三者協助。

　　大部分的霸凌事件會持續發生，除了霸凌共犯的敲邊鼓，還有他人的袖手旁觀，這些都會促使霸凌者越發大膽，甚至加劇霸凌強度；如果你目睹霸凌發生，應依據當下情況和己身能力可及，幫助制止霸凌行為。

1. 量力而為，採取立即行動：如果你和霸凌者同齡，可以堅定地勸說：「嘿！別再欺負他（她）了，這不能為你得到任何好處。」或是你和霸凌者交情不錯的話，試著轉移目標，找他去打球、逛福利社、討論其他有趣的議題等；若擔心霸凌者過於強勢，你的干預無效的話，可以偷偷向周圍的成人求助；因為，當一位成人願意干預霸凌時，很容易吸引更多的成人參與干預，也能提高阻止霸凌行為的成功率。

　　然而校園霸凌行為有時原因複雜，並非尋求普通成人的協助就能制止，如果霸凌牽涉以下內容，應立即聯繫當地執法單位或是相關緊急求助部門，避免霸凌事件升級為令人遺憾的犯罪行為。

1. 涉及武器、械鬥。

2. 涉及人身安全的威脅。

3. 暴力威脅是出於歧視或仇恨；如同性戀恐懼、身障者歧視等。

4. 涉及性騷擾或是性虐待。

5. 涉及明確的違法行為；如敲詐、勒索或搶劫等。

　　教育部也設立了防制校園霸凌專區，如遭遇霸凌行為，可立即撥打各縣市反霸凌投訴專線投訴或撥打 1999 便民專線或向教育部 24 小時反霸凌專線 1953 投訴，幫助自己，也幫助他人。

 學後評量

1. 探討了解事故傷害的原因以加以預防發生，何者不是事故傷害的原因？(A)嚴謹的態度　(B)不安全的行　(C)不熟練的技術　(D)不安全的環境。

2. 當你騎機車在道路上時，如何預防事故發生？(A)任意變換車道　(B)跟緊前車　(C)超速　(D)轉彎時要打方向燈、擺頭注意後方來車。

3. 以下何者為錯誤的路權敘述？(A)直行車讓轉彎車先行　(B)上坡車先行　(C)道路外緣車先行　(D)在幹、支線交叉路口，幹道車先行。

4. 「性騷擾」的判定標準是以何人的主觀感受為主？(A)騷擾者　(B)受騷擾者　(C)父母　(D)法官。

5. 下列「性騷擾」的敘述，何者正確？(A)遭到性騷擾的人是因為自己穿著暴露，引人遐想　(B)女生說「不要」就是「要」的意思　(C)講黃色笑話不是幽默，是性騷擾的行為　(D)被摸一下就抗議自己遭到性騷擾的人，是小題大作。

6. 如何預防生活裡中毒事件的發生與處理？(A)開封未食用完的食物暫放餐桌上可方便再取用　(B)冬天天氣冷，關門窗在房間裡開瓦斯煮火鍋　(C)一氧化碳中毒時應大量飲水　(D)一般普通藥物中毒時應大量飲水，但腐蝕性毒物中毒則不要服用任何東西且不可催吐。

7. 有關校園霸凌，下列敘述何者錯誤？(A)加害者可能有權威性格　(B)不包括性的欺凌　(C)學生於校園外發生的霸凌行為亦屬於校園霸凌的範圍　(D)加害者的表現行為會因旁觀者的態度與立場而有所改變。

8. 面對校園霸凌，適當的處理方式何？(A)尋求師長或父母的協助　(B)打電話報警　(C)霸凌的人比較幼稚，不要跟他們計較　(D)避免被報復，當作沒這回事。

9. 關於霸凌的敘述，何者正確？(A)屬於偶發事件　(B)開玩笑的言行，不會觸犯法律　(C)言語上的謾罵也會構成霸凌行為　(D)只會發生在師生之間。

10. 小靜在學校裡總是表現安靜，因為制服較舊、個性內向，班上部分同學會找機會嘲笑他，活動分組時排擠他。這些同學的行為已構成哪些霸凌？(A)言語霸凌、關係霸凌　(B)言語霸凌、肢體霸凌　(C)網路霸凌、關係霸凌　(D)網路霸凌、言語霸凌。

解答　1.A　2.D　3.A　4.B　5.C　6.D　7.B　8.A　9.C　10.A

參考文獻　　　　　　　　　　　　　　　　　　　　　　　　　　REFERENCES

王麗容(1999)·*婦女保護網絡建構之研究*·內政部委託研究報告。

台中市政府警察局 (2013) · *政令宣導* · http://www.police.taichung.gov.tw/TCPBWeb/wSite/lp?ctNode=250&mp=tcpb

臺灣愛之希望協會（2013，7 月 6 日）·愛滋迷思，教你破除·*臺灣愛之希望協會記者會—公視晚間新聞*·http://www.lovehope.org/news_content.asp?code_id=1&id=241

何文達(2002)·*校園意外事件處理程序之案例推理研究*·未發表的碩士論文，國立東華大學教育研究所。

林頂(1985)·*臺北縣衛生所護理人員急救知識、態度暨需要調查研究*·未發表的碩士論文，國立臺灣大學衛生教育研究所。

林稜傑(2003)·*食物中毒之預防與處理*·http://www.kmu.edu.tw/~kmcj/data/9209/10.htm

教育部(1995)·教育部災害防救方案叢書—學生意外事故處理手冊·教育部。

教育部校園安全暨災害防救通報處理中心(2024)·*教育部一一一年各級學校校園安全及災害事件分析報告*·https://csrc.edu.tw/filemanage/detail/688ef27d-b924-4ca1-830f-4cea333a2d0b

黃松元(1993)·*健康促進與健康教育*·師大書苑。

黃雅文、梁又照(2005)·*青少年校園遊戲活動事故傷害推展模式成效評估研究*（行政院衛生署國民健康局 94 年至 95 年委託科技研究成果，DOH95-HP-1314）·財團法人臺灣玩具暨兒童用品研發心。

葛應欽、謝淑芬(1997)·事故傷害防治·*公共衛生學*（上冊）·巨流。

趙秀雄、葉金川(1979)·*臺灣地區意外死亡流行病學研究*·單行本。

衛生福利部（2024，6 月 25 日）·*112 年死因結果分析*·https://dep.mohw.gov.tw/DOS/lp-5069-113-xCat-y112.html

教育部(2020)·校園霸凌防制準則。

林聖堯 (2024) · *專家，網友經驗分享，面對校園霸凌你應該這樣做* · https://forum.babyhome.com.tw/article/4964439

CDC (1999). *Healthy People 2010*. Centers for Disease Control and Prevention, National Center for Health Statistics.

Greenwood, M., & Woods, H. M. (1919). *The incidence of industrial accidents with special reference to multiple accidents*. (Medical Research Committee, Industrial Fatigue Research Board. Report No.4). His Majesty Stationery Office.

Haddon, W., & Baker, S. P. (1981). Injury control. In D. Clack & B. Macmamhon (Eds.), *Preventive medicine* (2nd ed., pp. 109-140). Little Brown & Co.

National Safety Council (1995). *Accident facts*. National Safety Council.

Strasser, M. K., Aaron, J. E., & Bohn, R. C. (1981). *Foundation of safety education.* New York: Macmillan Publishing Co., Inc.

Waller, J. A. (1989). Injury control: A guide to the causes and prevention of trauma-Meeting the challenge. Oxford University.

Wikihow(2024). *How to stop bullying.* https://www.wikihow.com/Stop-Bullying

作者｜陳逸卉、鄭怡娟

CHAPTER
06

簡易急救及事故傷害處理

學習目標

1. 了解臺灣事故傷害的現況。

2. 介紹基本救命術的概念。

3. 認識各種急救及事故傷害處理法。

4. 學習各種急救及事故傷害處理次序。

5. 熟悉各種急救技巧及預防措施。

Health And Life

═══ 前言 ═══

　　事故傷害死亡一直高居國人十大死因之一，根據行政院衛生福利部 2023 年國人死因統計結果，事故傷害為十大死因的第 8 名，在男性死因中排序第 7，在女性死因中則排序第 9；而在嬰兒死亡原因中，事故傷害死亡高居第 4 名，在男性嬰兒死亡中排序第 4 名，在女性嬰兒死亡中排序第 5 名。但事故傷害發生時，若能當下能立即適時的處理，或許可以把傷害、後遺症或死亡率降低；有鑑於此，衛生福利部於 2010 年起就全面倡導「全民 CPR」，至今則推廣「全民 CPR+AED」，藉由這些運動，民眾能尊重和愛惜生命，在第一時間內就能適切處置，便能救人救己，以及協助參與挽救生命的救護行列。此外，衛生福利部更近一步與社團法人臺灣急診醫學會合作研發「全民急救 AED」APP，供民眾下載，讓 CPR 和 AED 更貼近國人需求，保障全民的生活安全。

　　急救的目標是希望藉由緩解傷患者的痛苦，而預防進一步疾病損傷且促進復原，此外，更進一步降低發病率和死亡率（American Heart Association, 2015, 簡稱 AHA）。雖說基礎急救知能學習和技能操作推展數年，然而全民對急救的認知及技能仍須加強。因此，本章以深入淺出的方式主要說明成人、兒童及嬰幼兒簡易急救及事故傷害處理方法，內容包括心肺復甦術、呼吸道異物哽塞處理、外傷處理、冷熱傷害處理和其餘常見急症處理（如：中暑、熱衰竭等），讓讀者能學習到相關基礎急救知識和技能。

第一節　心肺復甦術 CPR 處理

Health
And Life

　　基本救命術（basic life support，簡稱 BLS）技巧對患有內科急症患者而言，至少包括心肺復甦術及哈姆立克法。當患者心跳突然停止，如未給予施救措施，腦部在 4~6 分鐘後，開始受損，若超過十分鐘未予急救，將會造成大腦功能無法恢復之損傷(Siesjo, 1981)。學習 BLS 的主要目的，為的是挽救生命災難和意外的發生，如：溺水、觸電、呼吸困難、藥物過量、一氧化碳中毒、心臟病等所導致的呼吸及（或）心臟搏動停止，常常讓人措手不及，若要掌握傷患停止呼吸心跳的急救黃金時刻（即 4~6 分鐘），最需要的是旁邊有人立即施行 BLS，為的是要填補等待醫護人員介入的空窗時間，藉由 BLS 技巧，使患者血

液可以攜氧到腦部以維持生命。因此，分別在第一節和第二節介紹心肺復甦術及哈姆立克急救法。

　　心肺復甦術（cardio-pulmonary resuscitation，簡稱 CPR）是指人工呼吸、壓胸、及電擊除顫三者合併使用。根據 2015 年 AHA 所提出的建議，CPR 步驟口訣為「叫叫 CABD」。在進行 CPR 前，施救者要先確認急救現場是否安全；確定施救者本身及傷患均無進一步的危險才可就地評估和進行救護，但若有危險應立刻脫離危險地區或除去危險因子，如觸電傷患，應立刻切斷電源或使用非導體物品讓傷患者與電源脫離。此外，除了送醫時必要的搬動之外，絕對不可任意移動傷患，以免導致傷勢惡化或加重。

・第一個「叫」

　　即為確認反應，先評估傷患者意識和呼吸，並大聲呼叫請患者「張開眼睛」或大叫：「你還好嗎？」，同時在 10 秒內，快速掃視傷患胸部，確認傷患是否無呼吸或無正常呼吸。如果傷患沒反應又沒呼吸或不正常呼吸，則進行下一步驟。

・第二個「叫」

　　即為啟動緊急醫療救護系統，並取得自動體外心臟除顫器（automated external defibrillator，簡稱 AED）。施救者應請旁邊民眾協助打 119 請求救援，並請其民眾設法取得 AED，而在等待 AED 過程中，施救者應先進行 CPR；需注意，如果施救者目擊傷患直接倒地且可立即使用 AED，則須馬上給予電擊。

・「C」→胸外按壓(**C**ompression)

　　目的是為了維持傷患者的循環(circulation)，在壓胸正確位置上，為傷患進行按壓，施救者應避免在按壓後依靠在傷患者的胸部上，以便使傷患的胸壁可以完全回彈，在此階段盡量減少胸部按壓中斷次數和時間，就算中斷，其中斷時間不得超過 10 秒。如有 2 名以上的施救者，應每 2 分鐘換手一次，以避免疲勞。

・「A」→暢通呼吸道(**A**irway)

　　利用壓額提下巴法(head tilt-chin lift)使傷患呼吸道維持暢通，如有明顯異物在口腔或咽喉部，則立即以食指挖除，但是使用壓額提下巴法須確保傷患無疑

似頸椎受傷；若傷患者疑似頸椎有受傷時，則使用下顎推前法(jaw thrust)，以打開呼吸道。

- 「B」→進行人工呼吸(**B**reathing)

　　先將傷患者的鼻子捏住後，再將空氣從傷患的嘴部吹入其肺中。執行人工呼吸時，應以每次超過一秒鐘時間吹氣，同時觀察傷患的胸部起伏，以確定吹氣之有效性；如吹氣受阻時，則重新暢通呼吸道再予以吹氣，如不成功則執行異物哽塞處理。針對未經受過訓練的急救者，建議則可不操作人工呼吸，需僅執行「純壓胸式 CPR」。

　　進行五個週期循環後（一個週期循環為壓胸 30 次後實施 2 次人工呼吸，五個週期循環共約 2 分鐘），再次進行生命徵象評估。目前 AHA 的 CPR 指南建議在 CPR 期間，應每 2 分鐘檢查一次心律，但此檢查步驟會因停止胸部按壓，而可能增加腦損傷並降低恢復自發性血液循環（return of spontaneous circulation，簡稱 ROSC）的機會，近期則有研究指出，在胸部按壓期間，每 2 分鐘的心律檢查步驟對於非電擊節律(non-shockable rhythm)的患者來說並非絕對需要(Takegawa, Shiozaki, Ohnishi et al., 2018)。

- 「D」→進行去顫(**D**efibrillation)

　　如果傷患沒有循環徵象，則繼續執行心肺復甦術直到傷患會動或醫護人員到達為止，或 AED 已拿到現場且已經準備就緒使用。馬上聽從 AED 機器指示操作，進行去顫(defibrillation)。

　　AED 是一部能釋放適當電量，使用於心臟驟停突發事件急救上，也就是使患者心律從心室纖維顫動(ventricular fibrillation)或無脈性心室頻脈(pulseless ventricular tachycardia)恢復正常心律的醫療儀器。根據緊急醫療救護法在民國 101 年修正，通過了特定的公共場所應該置放 AED；特定的公共場所則包括：交通要衝、長距離交通工具、觀光旅遊地區、學校、大型集會場所或特殊機構、大型休閒場所、大型購物場所、旅宿場所、以及大型公眾育場或溫泉區等。

　　AED 特別設計給非醫護人員使用，所以沒有受過 AED 訓練的大眾，也可以依 AED 指示來操作救人，其口訣為「開、貼、插、電」；首先，打開 AED 的盒子，打開電源；拉開傷患的衣服，將電極貼片依圖示貼在傷患者裸露的胸壁；再

來則將電極插入電極插孔；AED 會自動分析心律並語音指示。分析心律及電擊時均不可接觸或碰觸病患，所以電擊前，應確認無人接觸病人，再按下電擊鈕，傷患如身體觸碰到水，必須移到乾燥的地方，並擦乾傷患身體再操作。電擊後，應該立刻繼續胸外按壓，不須移除 AED 貼片，如此反覆操作胸外按壓以及 AED 心律分析。當再次評估生命徵象時，如果傷患者有循環徵象，則應進一步確認呼吸情況，如果沒呼吸，則繼續人工呼吸；但如果有呼吸，則應進而確認其意識狀態，如果無意識，則檢查身體，並採復甦姿勢（如圖 6-1 所示）；但如果有意識，則進行檢查身體。

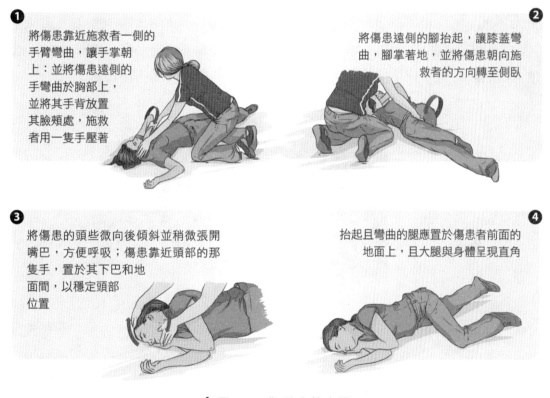

❶ 將傷患靠近施救者一側的手臂彎曲，讓手掌朝上；並將傷患遠側的手彎曲於胸部上，並將其手背放置其臉頰處，施救者用一隻手壓著

❷ 將傷患遠側的腳抬起，讓膝蓋彎曲，腳掌著地，並將傷患朝向施救者的方向轉至側臥

❸ 將傷患的頭些微向後傾斜並稍微張開嘴巴，方便呼吸；傷患靠近頭部的那隻手，置於其下巴和地面間，以穩定頭部位置

❹ 抬起且彎曲的腿應置於傷患者前面的地面上，且大腿與身體呈現直角

🕐 圖 6-1　復甦姿勢步驟

　　以下更進一步分別描述成人、兒童（1~8 歲）及嬰幼兒（1 歲以下）CPR 之流程。

一、成人 CPR 操作流程（圖 6-2）

　　首先，確認現場的環境安全，排除危險因子後即可進行救護。先輕拍傷患者肩部並大聲呼叫傷患者，於 10 秒內快速檢查是否有無呼吸、不正常呼吸或抽搐，若無反應需立刻請旁人打 119 並同時取得 AED，若現場只有一名施救者，應先打 119 救援並取得 AED。

・「C」胸外按壓

　　讓傷患仰躺在平面上，施救者兩膝打開與肩同寬，以雙手且手肘打直之姿勢，在傷患者的胸部胸骨的下半段（即兩乳頭連線中央）進行按壓，垂直下壓深度至少 5 公分，但不超過 6 公分，每分鐘至少 100 下，但不超過每分鐘 120 次的速度，執行壓胸，口中同時讀數，確保每次按壓後胸部完全回彈。如有 2 名以上的施救者，應每 2 分鐘換手一次，以避免疲勞，其中斷時間不得超過 10 秒。

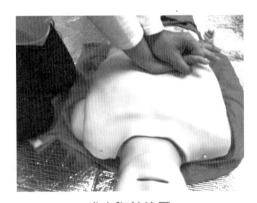

成人胸外按壓

・「A」暢通呼吸道

　　若傷患者無疑似頸椎受傷，可利用壓額提下巴法使傷患呼吸道維持暢通，如有明顯異物在口腔或咽喉部，則立即以食指挖除；但若傷患者疑似頸椎有受傷時，則使用下顎推前法，以打開呼吸道。

・「B」進行人工呼吸

　　先將傷患者的鼻子捏住後，再進行兩次人工呼吸，將空氣從嘴部吹入傷患者的肺中，每次至少一秒，確認傷患者的胸廓是否隆起。

　　進行五個週期循環後（一個週期循環為壓胸 30 次後實施 2 次人工呼吸，五個週期循環共約 2 分鐘），再次進行生命徵象評估。

・「D」進行去顫

　　打開 AED 的盒子，打開電源，拉開傷患的衣服，將電極貼片依圖示貼在傷患者裸露的胸壁：一個黏在左側乳頭側邊，另一個放在胸部右鎖骨止下方（如圖 6-3 所示），再來則將電極插入電極插孔，AED 會自動分析心律並語音指示。

　　研究指出胸外按壓速度每分鐘 100~120 次、胸外按壓深度至少 5 公分、每次胸外按壓後，確保完全的胸部回彈、及儘量避免中斷胸外按壓的施行，皆能提高傷患者的生存率(Yannopoulos, Abella, Duval, & Aufderheide, 2014)。近期更有研究指出，每增加 CPR 總時間一分鐘，會使傷患者生存機率降低 20%(Stolz, Irisawa, Ryooet al., 2014)，因此，提供協調、有效的高品質 CPR 才能更有效的挽救生命。

① 拍打及呼叫傷患，以確認其意識狀態

② 大聲呼救並請求周遭的民眾設法取得最近的 AED，以及撥打119

③ 觀察傷患的呼吸狀況，確認傷患有無正常呼吸，或僅在喘息

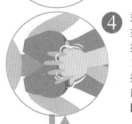
④ 進行30次的胸外按壓，按壓深度至少 5 公分，按壓速度為每分鐘 100~120下。每次胸外按壓後，確保完全的胸部回彈，及儘量避免中斷胸外按壓的施行

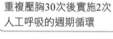
重複壓胸30次後實施2次人工呼吸的週期循環

⑤ 打開呼吸道並進行2次人工呼吸

⑥ 當AED到時，打開開關並遵從指示

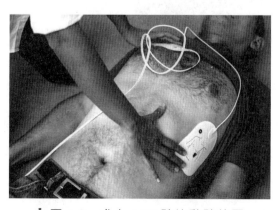

⏱ 圖 6-3　成人 AED 貼片黏貼位置

⏱ 圖 6-2　成人心肺復甦流程

二、兒童（1~8 歲）CPR 操作流程（圖 6-4）

　　施救者先確認現場的環境安全後，再輕拍兒童傷患肩部並接著大聲呼叫請患者「張開眼睛」或大叫：「你還好嗎？」，同時於 10 秒內快速檢查是否有無呼吸、不正常呼吸或抽搐，若無反應需立刻請旁人打 119 並同時取得 AED。然而，若現場只有一名施救者發現無反應且無呼吸或不正常呼吸的兒童傷患，則先做 CPR 兩分鐘，再打 119 並同時取得 AED。

・「C」胸外按壓

　　讓兒童傷患者仰躺在平面上，進行胸外按壓，施救者兩膝打開與肩同寬，以雙手或單手且手肘打直之姿勢，在壓胸正確位置上，為兒童傷患者進行按壓，壓胸位置為兒童傷患胸部胸骨的下半段（即兩乳頭連線中央），垂直下壓深度為 5 公分，每分鐘至少 100 下，但不超過每分鐘 120 次的速度，執行壓胸，口中同時讀數，確保每次按壓後胸部完全回彈。如有 2 名以上的施救者，應每 2 分鐘換手一次，以避免疲勞，其中斷時間不得超過 10 秒。

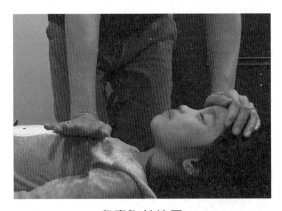

兒童胸外按壓

・「A」暢通呼吸道

　　利用壓額提下巴法：一隻手放在兒童傷患者的前額，另一手放在其下巴，向後仰頭的同時抬起下巴，以打開呼吸道；如果傷患有頸椎受傷的可能性，則使用下顎推前法，以打開呼吸道。

① 輕拍及呼叫兒童傷患，以確認意識狀態

② 大聲呼救並請求周遭的民眾設法取得最近的AED，以及撥打119

③ 觀察呼吸狀況，確認兒童傷患有無正常呼吸，或僅在喘息

④ 進行胸外按壓，按壓速度為每分鐘100~120下

重複壓胸30次後實施2次人工呼吸的週期循環

⑤ 打開呼吸道並進行2次人工呼吸

若進行五個週期循環後（一個週期循環為壓胸30次後實施2次人工呼吸），仍只有一名施救者，撥打119後繼續進行下一個循環

⑥ 當AED到時，打開開關並遵從指示

⏱ 圖 6-4 兒童心肺復甦流程

‧「B」進行人工呼吸

先將兒童傷患者的鼻子捏住後，再將空氣從嘴部吹入傷患肺中，進行兩次人工呼吸，每次至少一秒，確認兒童傷患胸廓是否隆起。

進行五個週期循環後（一個週期循環為壓胸 30 次後實施 2 次人工呼吸，五個週期循環共約 2 分鐘；但如有兩位以上施救者進行急救，則一個週期循環為壓胸 15 次後實施 2 次人工呼吸），再次進行生命徵象評估。

‧「D」進行去顫

打開 AED 的盒子，打開電源，將 AED 轉換兒童模式，拉開兒童傷患的衣服，將電極貼片依圖示貼在兒童傷患者裸露的胸壁：胸前兩乳頭中央處，以及背後兩肩胛骨之間（圖 6-5(a)），或右邊乳房上方處，以及左邊胸部下方腋下處（圖 6-6(b)），再來則將電極插入電極插孔，AED 會自動分析心律並語音指示。根據衛生福利部 2015 年心肺復甦術參考指引，1~8 歲的兒童，優先使用兒童 AED 及電擊貼片；如果沒有，則使用成人 AED 及電擊貼片。

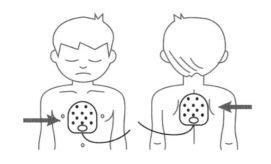

(a) 胸前兩乳頭中央處，及背後兩肩胛骨之間　　(b) 右邊乳房上方處，及左邊胸部下方腋下處

⏱ 圖 6-5　兒童 AED 貼片黏貼位置

三、嬰幼兒（1 歲以下）CPR 操作流程（圖 6-6）

先確認現場的環境安全，接著拍打嬰幼兒傷患的腳部並呼喊傷患，同時於 10 秒內快速檢查是否有無呼吸、不正常呼吸或抽搐，若無反應需立刻請旁人打 119 並同時取得 AED。然而，若現場只有一名施救者，發現無反應且無呼吸或不正常呼吸的嬰幼兒傷患者，則先做 CPR 兩分鐘，再打 119 並同時取得 AED。

① 輕拍及呼叫嬰幼兒傷患，以確認意識狀態

② 大聲呼救並請求周遭的民眾設法取得最近的AED，以及撥打119

③ 觀察呼吸狀況，確認嬰幼兒傷患有無正常呼吸，或僅在喘息

④ 進行胸外按壓，按壓深度至少4公分，按壓速度為每分鐘100~120下，每次胸外按壓後，確保完全的胸部回彈，及儘量避免中斷胸外按壓的施行

重複壓胸30次後實施
2次人工呼吸的週期循環

⑤ 打開呼吸道並進行2次人工呼吸

⑥ 若進行五個週期循環後（一個週期循環為壓胸30次後實施2次人工呼吸），仍只有一名施救者，帶著嬰幼兒傷患撥打119及取得AED，繼續進行下一個循環

🕐 圖 6-6　嬰幼兒心肺復甦流程

· 「C」胸外按壓

　　讓嬰幼兒傷患者仰躺在平面上，進行胸外按壓。若一名施救者，以 2 根手指進行按壓（如圖 6-7(a)所示），但若為兩名以上的施救者，則以雙手拇指環繞手法進行按壓（如圖 6-7(b)所示）。其壓胸位置在於嬰幼兒傷患者的胸部兩乳頭連線中央之下方，下壓 4 公分，每分鐘至少 100 下，但不超過每分鐘 120 次的速度，執行壓胸，口中同時讀數，確保每次按壓後胸部完全回彈。如有 2 名以上的施救者，應每 2 分鐘換手一次，以避免疲勞，其中斷時間不得超過 10 秒。

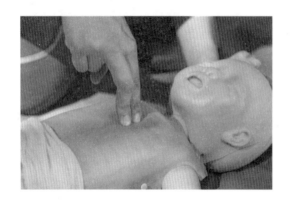

(a) 一名施救者，以2根手指進行按壓　　(b) 兩名以上的施救者，以雙手拇指環繞手法進行按壓

🕑 圖 6-7　嬰幼兒胸外按壓位置

· 「A」暢通呼吸道

　　使用壓額提下巴法：一隻手放在嬰幼兒傷患者的前額，另一手放在其下巴，向後仰頭的同時抬起下巴，以打開呼吸道；如果嬰幼兒傷患者疑似頸椎受傷，使用下顎推前法，以打開呼吸道。

· 「B」進行人工呼吸

　　用嘴罩住嬰幼兒傷患的口鼻，進行兩次人工呼吸，每次至少一秒，確認傷患者胸廓是否隆起。

　　進行五個週期循環後（一個週期循環為壓胸 30 次後實施 2 次人工呼吸，五個週期循環共約 2 分鐘；但如有兩位以上施救者進行急救，則一個週期循環為壓胸 15 次後實施 2 次人工呼吸），再次進行生命徵象評估。

．「D」進行去顫

首先，打開 AED 的盒子，打開電源；拉開嬰幼兒傷患的衣服，將電極貼片依圖示貼在傷患者裸露的胸壁：在嬰幼兒傷患者的左上胸部處，以及背後兩肩胛骨之間（如圖 6-8 所示）；再來則將電極插入電極插孔；AED 會自動分析心律並語音指示。

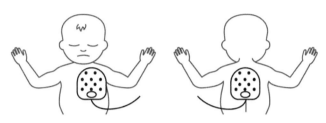

🕐 圖 6-8　嬰幼兒 AED 貼片黏貼位置

 第二節

哈姆立克急救法(Heimlich Maneuver)

Health And Life

異物梗塞在呼吸道時，可能產生的情況為以下三種：

1. 患者意識沒有喪失，而患者的呼吸道部分阻塞，但患者仍可以呼吸、咳嗽或說話，應當鼓勵患者盡量咳嗽，並密切觀察是否有咳出異物，及是否演變成呼吸道完全阻塞。如演變成呼吸道完全阻塞，應進行哈姆立克法(Heimlich Maneuver)。

2. 患者意識沒有喪失，但呼吸道嚴重阻塞；進而表現出呼吸困難、無法咳嗽或說話等徵象，此時通常患者兩手按在喉部，臉部潮紅，睜大雙眼，應立即進行哈姆立克法（又稱腹部推擠法）。哈姆立克法的施救步驟為先站在患者背後，其施救者的腳成弓箭步並置前腳於患者雙腳間。然後，施救者一手測量患者的肚臍與劍突中間處，而另一手則握拳，其虎口向內並置於患者肚臍上方，遠離劍突；之後，剛用於測量的手，則再握住另一手，兩手環抱患者腰部，快速向內向上壓，直到呼吸道阻塞解除或意識昏迷（圖 6-9）。

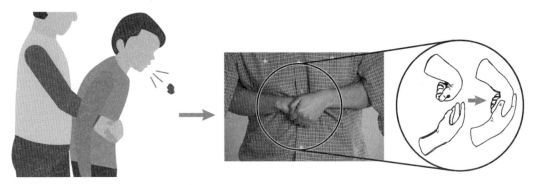

⏱ 圖 6-9　哈姆立克急救法

　　如果患者為孕婦或腹部肥胖者，當其雙手無法環抱患者時，擠按的部位則移至胸骨心臟按摩處（CPR 之壓胸動作），其步驟如前。此外，每次擠按都要注意患者是否已有呼吸道阻塞解除的現象（如：可嘔吐、咳嗽或講話等）或注意是否患者已呈昏迷。若患者昏迷，則利用兩肘往上頂住患者腋下，讓患者靠在施救者的身上，再使患者安全地往後平躺於堅硬的平面上，以利進行 CPR。

　　但若患者為 1 歲以下的嬰幼兒，可使用拍背壓胸法（圖 6-10）：先將嬰幼兒臉朝下，置於施救者前臂上，而該手臂則靠在該施救者的大腿上，使嬰幼兒頭稍低於身體，用急救者的手支撐嬰幼兒臉頰與頭部，施救者用手掌掌根拍嬰幼兒兩邊肩胛骨中間的地方五下；然後，支托嬰幼兒頭與頸部轉成仰臥，並採頭低腳高的姿勢，身體置於施救者前臂及大腿上，以固定嬰幼兒，在嬰幼兩乳頭連線下一橫指中間處，用兩手指，垂直往下用力推五下；接著，檢查口中有無異物，有異物時，用手指挖除，重複拍背壓胸法，直到異物完全排出或嬰幼兒已無意識。若嬰幼兒已無意識，則進入 CPR 之步驟。

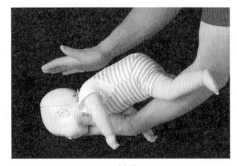
(a) 拍背

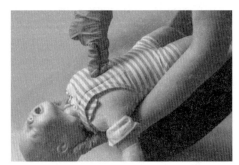
(b) 壓胸

⏱ 圖 6-10　拍背壓胸法

3. 患者意識喪失且呼吸道阻塞，此時應先急救，每當施行人工呼吸之前都要檢查患者是否口中有異物，如果有，就要以手指掃除，即以一手之食、拇指張開患者嘴巴，另一手食指伸入後則沿著臉頰，深入喉頭到舌根勾出異物後，再施行 CPR 流程。

　　當異物梗塞在呼吸道時，身邊無任何可協助的人，可執行自救法，其為在自己腹部上（肚臍和肋骨最下部間），設法用自己的拳頭快速向內向上，連續地壓擠；或抵住椅背、水槽邊緣、扶手欄杆等於橫隔膜下方處，快速擠壓自己的腹部，將異物咳出。

第三節　外傷處理

Health
And Life

一、創傷

　　跌倒、車禍等事故所引發的損傷，皆屬於創傷範疇。所謂的創傷，是指因外部力量的直接作用，導致人體表面或內部的組織、器官和骨骼遭受破壞或斷裂的情況。從廣義上來看，創傷可以細分為以下幾類：

1. 閉合性創傷：皮膚完整而皮膚下方軟組織受到傷害，如挫傷、鈍傷、腦震盪等。

2. 開放性創傷：皮膚和黏膜均受到損傷，造成有開放性傷口，如切割傷、擦傷、穿刺傷、撕裂傷等。

　　創傷可能引起大量出血，進而威脅生命。在受傷的同時，可能會損及血管、神經、骨骼及肌腱等結構。若創傷未獲得適當的急救或處置，可能會加劇這些結構的損傷。此外，創傷還可能導致開放性傷口，若處理不當，則可能引起發炎、化膿、組織壞死、敗血症、破傷風等後果。因此，處理創傷的首要目標是控制重度出血、防止休克發生、預防感染，並盡快將患者送往醫療機構治療。在進行創傷救護時，由於可能接觸到傷者的體液，故應佩戴手套以保護自己。

（一）出血和止血處理

　　出血分為兩大類型：內出血與外出血。內出血是指血液從血管流入體內組織或腔體，這種情況較難以直接發現，若未及時發現且出血量大，可能導致休

克甚至致命。相對之下，外出血是因為傷口使血液流出體外，這種情形較容易被發現並處理。

1. **內出血**

閉合性創傷常伴隨內出血。由於內出血診斷較不易，很多時候是由傷患者的損傷原因（如跌倒）和徵象來猜測是否有內出血的情形。有關內出血的分類、傷患者所表現出的徵象及急救處理方法如下：

(1) 分類：a.隱藏不現的內出血：如顱內出血等；b.後來顯現的內出血：如血液自口、耳或鼻道流出。

(2) 徵象：a.脈搏加快；b.皮膚濕冷；c.噁心、嘔吐；d.疼痛、虛弱、下腹瘀血；e.吐血、尿中或糞中帶血；f.瞳孔放大；g.肋骨骨折或胸部瘀血；h.其他一些足以顯示內出血出血部位的現象。

(3) 急救方法：a.不可由口給予任何飲料或食物；b.鬆開頸部、胸部、腰部過緊束縛的衣服，以便讓傷患完全休息；c.持續小心觀察傷患意識、呼吸、脈搏、體溫、血壓等生命徵象。

2. **外出血**

(1) 有關外出血的分類如下：

a. 動脈出血：血液流出速度很快，血液像是噴離身體一樣，出血量多且其血液不易凝固而止血，血色因動脈血充滿氧氣而呈現鮮紅色。動脈出血是出血狀況較嚴重的一種。

b. 靜脈出血：血液流出速度稍慢且平穩，其靜脈血呈暗褐紅色。靜脈出血也可能會大量出血，但是相對於動脈出血它通常比較容易控制。

c. 微血管出血：血液流出速度為慢慢滲流，其血色呈暗紅色，是最常見的外出血，見於所有輕度切割傷、撕裂傷、擦傷等。除非傷患是血友病患，即使微血管出血，也必須立即送醫處理。要不然，一般說來，微血管出血是沒什麼危險性的。

(2) 外出血的各種急救處理方法，如下：

a. 直接加壓止血法：幾乎所有的開放性創傷都適用此方法。其處理步驟如下：(a)施救者需先戴上手套；(b)在傷口上蓋上無菌敷料，然後用手的力量在敷料上加壓；(c)用彈性繃帶固定蓋上敷料的傷口，同時仍需繼續用手加壓；(d)若是血液從敷料滲出，則再加一塊敷料蓋在原敷料之上，同時繼續加壓；(e)壓到停止流血為止。

b. 抬高傷肢止血法：將受傷部位抬高於心臟，雖不能止血，但可使血流變緩而有助於凝血。

c. 止血點止血法：止血點法是利用壓迫靠近體表動脈的適當位置，以減少流血量。要注意的是，需準確地壓對位置，否則這個方法是沒用的。此外，此止血法可同時與直接加壓法及抬高傷肢法並用止血。

d. 止血帶止血法：當四肢動脈大出血，用其他方法不能止血並已危急生命時，才可用止血帶。因止血帶易造成肢體殘廢，故使用時要特別小心。其處理步驟如下：

(a) 使用寬度約 5 公分的止血帶，但如果沒有止血帶，則可用三角巾、領帶、長襪等代替，切勿使用細繩類，以免傷及皮膚和內層組織。

(b) 止血帶應放在傷口上方（即近心端處）；若傷口靠近關節，則置放在離開關節稍上方的肢體處。

(c) 用止血帶的部位，應要露在外面，並標明使用止血帶的時間；並隨時觀察傷處和傷患的生命徵象，然後即刻送醫治療；且將傷患送達醫院前，不應隨便鬆開止血帶。

（二）創傷出血處理的原則

1. 在校園中，常見鼻出血，而處理的步驟為：
   (1) 讓傷患安靜坐下，將其頭部稍微往前傾。
   (2) 施救者以拇指和食指壓傷患的下鼻甲，約 5~10 分鐘。
   (3) 可鬆開衣領，讓傷患可張口呼吸。
   (4) 於傷患之額部和鼻部進行冷敷。
   (5) 短時間如果無法止血，應送醫就診。此外，若懷疑患者因高血壓或顱底骨折引起鼻出血，應立即送醫。

2. 面對輕微出血傷患時，其處理步驟為：
   (1) 用清水及肥皂，徹底洗淨施救者的雙手，並戴上手套。
   (2) 以傷口為中心，用開水、自來水或生理食鹽水等，環型向四周沖洗，徹底洗淨傷口後，以無菌棉籤或紗布將傷口拭乾。
   (3) 用消毒紗布塊或乾淨布塊，敷蓋保護傷口，然後用繃帶包紮或膠布固定其布塊。

在處理過程中，更加注意地是預防破傷風感染。如果發現傷口已有感染症狀時（如局部腫脹、發紅、疼痛、化膿或發燒、淋巴結腫大等），應立即就醫。

3. 然而，面對嚴重出血患者時，其處理的步驟為：

(1) 立刻以敷料覆蓋傷口，施加壓力以止血。如果發現傷口內有刺入異物或有斷骨等，不可以移動、取出或推回傷口內，應先用無菌的 Y 型敷料覆蓋傷口，然後以大小合適的環形墊置於傷口四周，便於止血及包紮。

(2) 使傷患靜臥，若無骨折情形，則可抬高傷處。

(3) 用消毒紗布塊或乾淨布塊覆蓋傷口，預防汙染。注意如果此時傷口上有血液凝塊，不要除去。

(4) 傷患如果清醒，則可給予飲料，以提供身體所需的液體。但如果有嘔吐情形、頭部及胸部、腹部嚴重創傷者、或昏迷者則不可給予任何飲料。

(5) 持續觀察及記錄傷患的呼吸、血壓、脈搏、體溫、膚色，及意識狀況，盡快將傷患送醫，最好能在傷後 6~8 小時以內送醫。

遭遇斷肢傷者時，首先需迅速進行傷口止血並包紮，接著要儘快尋回斷肢部分。斷肢清洗過程應用生理食鹽水輕柔沖洗，之後用浸有生理食鹽水的紗布進行包裹，放入乾淨的塑膠袋中並確保袋口綁緊。將此塑膠袋置於裝有冰塊的容器內，保持溫度在攝氏 4 度左右。容器外部應清楚標記傷患姓名、斷肢部位及時間等資訊，隨後緊急送往醫院進行縫合手術。

在學校環境中，碰撞導致的牙齒斷裂也是常見的傷害。遇到此種情況，應先使用紗布對傷口進行止血。接著，將斷裂的牙齒部分稍微用生理食鹽水沖洗後，用浸有生理食鹽水的紗布包裹，並於 30 分鐘內將傷者送達醫院，以便進行牙齒的再植手術，有機會恢復其原狀。

二、骨折與脫臼

（一）認識骨折

當骨頭承受瞬間的壓力，破壞原本的連續性，造成分裂成兩塊以上碎段骨頭，即為骨折(fracture)。

1. 造成骨折常見的原因如下：
   (1) 直接暴力：外力撞擊處即是骨折處，如車禍。
   (2) 間接暴力：骨折處非外力撞擊處，如從高處墜落，四肢先觸地，而發生它
   處壓迫性骨折。

(a) 直接外力引起骨折   (b) 間接外力引起骨折

⏱ 圖 6-11　直接暴力與間接暴力造成的骨折

2. 依骨折傷口是否與外界空氣相通亦有下列分類：
   (1) 封閉性骨折(closed or simple fracture)：骨折部位附近的皮膚仍然完整。
   (2) 開放性骨折(open or compound fracture)：骨折傷口與外界相通，可造成致
   命性的感染及大量失血。

(a) 開放性骨折   (b) 封閉性骨折

⏱ 圖 6-12　封閉性骨折與開放性骨折

（二）認識脫臼

　　脫臼(dislocation)是骨骼關節移位，關節變形暨突出，經常合併韌帶的拉傷或撕裂傷，嚴重者有骨折發生的可能性，而造成肢體嚴重的疼痛而失能。脫臼症狀含括：關節外觀變形及劇痛，關節周圍腫脹淤血及不能活動。一般脫臼種類可分為：

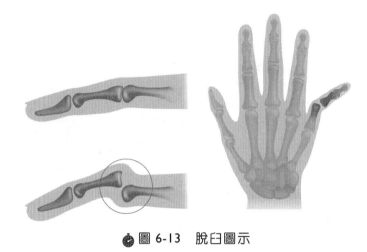

🕐 圖 6-13　脫臼圖示

1. 急性脫臼：突然受到來自內在或外在力量，造成骨骼關節移位，合併韌帶的裂傷。

2. 習慣性脫臼：大多個案是有陳舊性韌帶裂傷或性韌帶鬆弛的病史，讓關節不穩定，稍用力當就容易發生脫臼。

（三）骨折與脫臼之處置

　　處理骨折或脫臼前，需先評估傷患有無窒息、大出血及其他危急生命之創傷情形。如果確定傷患沒有立即生命危害，即可就地處理。先固定受傷部位，切記不可將突出的骨骼推進復位。固定後須抬高受傷肢體，促進血液回流，亦可合併冰敷於受傷處，可減少腫脹痛苦。一般骨折與脫臼之處置如下：

1. 在移動傷患之前，須先固定骨折或脫臼肢體，採固定上下關節為主，因合宜的固定可預防骨折或脫臼處的異常骨頭傷及軟組織與血管，而引起疼痛或嚴重出血，此亦可減輕疼痛。

2. 固定後需監測傷肢的末梢血循，觀察其皮膚顏色、溫度、循環、感覺、腫脹、運動等情形。例如施壓在傷患的傷肢指甲上，立即放鬆，監測指甲恢復粉紅顏色的所需時間，小於二秒為正常，若指甲顏色回復太慢，表示包紮固定太緊須放鬆。

3. 若有開放性傷口可先用無菌生理食鹽水清洗，再覆蓋紗布，可降低感染機會，切記不可將突出於皮膚外的骨頭推回去。

4. 不可給傷患吃喝任何東西，因就醫時可能需全身麻醉治療，避免因禁食時間不足而延誤手術及治療時機。

5. 撥打 119，盡速就醫。

（四）固定的方法

　　適當的固定可減少疼痛、降低周遭組織再度傷害、減少出血、避免血管壓迫循環受阻及避免單純骨折變為開放性骨折。選擇固定器具的條件如下：

1. 牢固、不易彎折。

2. 長度必須超過受傷部位之上下兩端的關節。

(a) 上肢固定

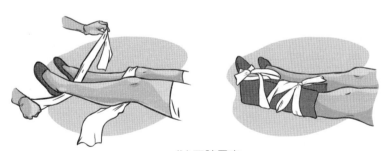

(b) 下肢固定

⏱ 圖 6-14　脫臼固定法

3. 可用硬紙板、報紙、雜誌、樹枝、拐杖、木棍、木棒、雨傘、枕頭等代用品，但須注意固定器具的表面，若太粗糙需覆以較柔軟的材質，如毛巾或浴巾等以提供舒適的固定。

4. 肩關節脫臼可使用三角巾，將傷肢手肘固定在胸前，可避免肩關節活動，以利降低疼痛。

第四節 冷熱傷害處理

一、認識失溫及處置

　　溺水、穿戴潮濕衣服或在寒冷風中暴露會導致體溫下降，當體溫低於 35°C 時，可能出現失溫症狀，這是一種需要立即處置的緊急情況，嚴重時可能致命。失溫的早期跡象包括輕微的發抖（當體溫在 32.3~35°C 之間）；若是嚴重失溫（體溫低於 32°C），患者將停止發抖，肌肉變得僵硬，動作協調能力下降，且可能出現混亂行為。對於失溫患者的急救，首要原則是將患者移至溫暖且有遮蔽的場所，脫下濕衣，並用乾燥暖和的衣物或毯子將患者包裹起來，防止進一步失溫。如果患者意識清楚，可以給予流質食物，如溫暖的牛奶或糖果來攝取熱量幫助體溫恢復。絕對避免給予酒精飲料或對患者的四肢進行按摩，以免加速熱量散失。對於意識不清的患者，應使其躺平，並在腋下或鼠蹊處放置溫水袋，這樣可以通過大血管快速將熱量轉移至體內，避免體溫進一步下降。若患者出現呼吸或心跳停止，應立即進行心肺復蘇並撥打急救電話(119)，儘快將患者送往醫院。

二、認識凍傷及處置

　　人體最外層保護屏障是皮膚，一但皮膚受損，可能會造成全身性的感染，而引發敗血症。所謂凍傷(frostbite)，是人體某個部位因溫度過低，而傷害了周遭組織和血管。受到凍傷的組織顏色會呈蒼白(pale)或深黑(gangrene)，也可能出現水泡，很脆弱似燒傷後的皮膚。凍傷的嚴重等級區分如下：

1. 第一級：皮膚周圍有紅斑，會腫脹、如上蠟般蒼白、麻木感及刺痛。

2. 第二級：皮膚顏色呈淡紅至藍灰色，會腫脹及起清澈水泡。

3. 第三級：皮膚壞死呈現藍或紅色，凍傷部位僵硬，在解凍後將有刺痛或燒灼痛。

4. 第四級：皮膚呈堅硬乾縮狀，骨骼肌肉壞死或壞疽。凍傷的處理需先提升體中心的溫度，協助傷患用 37.0~42.0°C 的溫水泡 20 分鐘，讓組織回溫，可提高患促進組織液回流，以減少水腫，並撥打 119，盡快送醫。

三、認識燙傷及處置

　　燒燙傷發生的原因可能為熱液、火焰、接觸、化學灼傷及電傷害，依其對皮膚傷害深淺可分為三大類。

1. 第一度：傷及表皮層造成傷口紅腫，劇痛。

2. 第二度：傷及真皮層傷口會產水泡。

3. 第三度：傷及皮下組織、肌肉、血管、神經、骨骼等，呈焦黑狀傷口。

　　當燒燙傷發生時，首要任務是迅速移除導致傷害的來源。隨後，應遵循燒燙傷的緊急處理五步驟「沖洗、脫除、浸泡、覆蓋、送醫」進行處置。要特別注意避免損壞傷口上的水泡，以減少感染的風險；並且應立即脫去戒指、手鍊、手錶或皮帶等緊身物品，以防因肢體腫脹而影響血液循環。嚴禁在傷口上塗抹任何外用藥物、牙膏或醬油等偏方，因這些行為會增加後續醫療處理的難度並提高感染的機率。

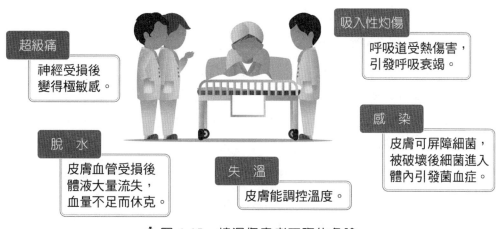

燒燙傷患者面臨的危險

超級痛
神經受損後變得極敏感。

吸入性灼傷
呼吸道受熱傷害，引發呼吸衰竭。

脫水
皮膚血管受損後體液大量流失，血量不足而休克。

失溫
皮膚能調控溫度。

感染
皮膚可屏障細菌，被破壞後細菌進入體內引發菌血症。

🕐 圖 6-15　燒燙傷患者面臨的危險

 表 6-1　燒燙傷的緊急處理步驟

1. 沖	採流動的自來水輕輕沖洗，或將受傷部位浸泡於自來水中至少 10~20 分鐘，可有效降低皮膚表面熱度
2. 脫	於水中脫去衣物；需要時可利用剪刀剪開衣物，避免弄破傷口之水泡，且不可剝除緊黏燒傷傷口的衣物
3. 泡	將受傷部位浸泡在自來水中約 30 分鐘，可減輕疼痛。若燙傷面積過大，或年齡較小者，不可浸泡過久，以免失溫
4. 蓋	採乾淨毛巾覆蓋傷口，切勿塗抹外用藥膏或民間偏方
5. 送	最好送到設置有燙傷中心的醫院治療

第五節

常見急症處置

Health
And Life

一、認識熱衰竭及處置

　　台灣位於亞熱帶，具有島嶼型氣候特徵，夏季時節常見濕濃與高溫天氣，這種環境條件下，活動時很容易發生熱衰竭，尤其是在高溫和濕度條件下更為常見。熱衰竭主要是因為汗液迅速蒸發帶走大量體液，若未能及時補充水分，便可能出現。面對熱衰竭，首要處置措施包括立即將患者轉移到通風且涼爽的地方，解除其身上過多的衣物，增加水分補充，並利用冷水進行身體冷敷，以避免狀況惡化至中暑。

二、認識中暑及處置

　　由於高溫環境與身體運動，身體熱能增加使體溫上升，中暑是指身體體溫大於 40°C，此時除藉由流汗散熱外，下視丘體溫調節中樞，會使身體表面微血管擴張，增加血液循環來散熱，有時會合併中樞神經功能障礙與多重器官衰竭。

　　黃金搶救時間可降低中暑死亡率，建議 30 分鐘內降低傷患體溫，降溫方法包含使用濕冷毛巾或冰袋置於腋下或腹股溝等大動脈區域，亦可使用風扇或潑灑冷水與水霧，同時撥打 119，盡快送醫。預防中暑的方法，可在高溫及濕度環

境下工作需適度補充水分，運動時每 20 分鐘飲水 250 毫升，但不超過 1.5 升；避免喝酒或含咖啡因飲料等脫水飲料等。

三、認識氣喘及處置

氣喘是常見的慢性呼吸道疾病，症狀包括咳嗽、胸悶、呼吸困難、出現喘鳴音、發紺及心跳加快等，這些症狀常是突然反覆發作。

◎ 氣喘發作時緊急處置

1. 採舒服的坐姿且保持鎮定，利用緩慢放鬆的呼吸方式舒緩。

2. 確認是否隨身攜帶支氣管擴張劑，依醫生處方劑量使用，若效果不佳，間隔 5 分鐘後可再使用一次（最多噴三次），未好轉需盡速就醫。

(a) 感到胸悶或呼吸困難　　(b) 慢性咳嗽　　　　　　(c) 喘鳴
　　　　　　　　　　（常於激烈運動後或清晨發作）　　（高頻率的咻咻聲）

四、認識癲癇及處置

癲癇症主因為腦細胞不正常放電而導致身體突發性抽蓄，造成癲癇產生的原因如腦血管異常或腦瘤、腦外傷、遺傳等。誘發的因子含括：未經醫師指示而擅自停用或減量癲癇用藥；身體不適；長期酗酒後而突然戒酒；生活壓力過大或過度疲勞，造成睡眠不足；燈光不斷閃動的燈光刺激。在生理方面常因癲癇的發作造成身體的傷害，例如：創傷、燙傷、骨折、出血及溺水等，也增加了死亡率。但癲癇症可經由適當的藥物治療、特殊飲食控制、生活作息調整或外科手術方式，可以良好控制。癲癇之分類如下：

1. 小發作

　　症狀的表現視每位癲癇個案的不同而異，但大多數可以看到的現象是眨眼睛、翻白眼、嘴角抽動、身體輕微抽蓄，有些時候由於它持續的時間較短約5~10秒間，所以有時小發作並不會被別人發覺。

2. 大發作

　　患者可能因為腦部異常放電導致身體出現抽搐和痙攣現象，有時候可能會伴隨突然的叫聲後身體往後仰倒，雙手緊縮、拳頭緊握靠近胸前呈現僵硬狀態，或是雙腳僵直伴隨持續性抖動，甚至全身四肢同時抽搐。此時患者眼睛可能瞪大，眼神上翻，嘴唇泛青，口中可能出現泡沫狀白沫，發作時有時會咬傷舌頭或嘴唇，可能會導致暈厥，有時候還會出現尿失禁。

　　面對癲癇發作的個案，應採取的處理方式包括讓患者自然發作，發作期間切勿移動或搖晃患者，等待發作結束後，再詢問是否需要特別的協助。若遇到癲癇大發作情況，處理方法應該如下：：

1. 因個案隨時會有倒下的危險，所以將身邊可能會被碰觸到的危險物品移開，如：玻璃、尖銳物品、桌子、椅子等

2. 請勿在個案發作期間去搖動、固定或壓制個案的手腳，此種動作會對癲癇個案造成不必要的傷害。

3. 避免將硬物強塞入個案的口腔內，因容易造成癲癇個案牙齒斷裂而發生嗆到或窒息的危險。

4. 將病患的身體翻向一側，此姿勢可以防止癲癇個案因唾液後流而嗆傷。

5. 觀察個案發作當下意識狀況？肢體抽搐情形？正確記下開始到停止的時間。

6. 個案隔多久才恢復知覺，以上紀錄為就醫時，可做為醫師診視參考依據。

7. 個案發作完後會比較嗜睡，可協助將其移至合宜的場所，等個案甦醒。通常癲癇發作不會持續超過五分鐘，若個案意識未恢復又接連第二次抽搐，請撥打119，盡快送醫。

結 語

　　任何人都可能遇到緊急事故的情形，但並非每一種處理方式都是恰當的，因此掌握正確的急救知識變得極為關鍵。學習並運用正確的急救方法，可以避免因不當處理而導致傷害加重的風險。更重要的是，當緊急事故發生時，能夠保持冷靜，有效地照顧到受傷者，實垷急救的初衷，防止傷勢進一步惡化，從而加速患者的康復過程。

1. 成人施行心肺復甦術，則心臟按壓的位置在何處？(A)頸下胸骨處　(B)胸部中間微偏左　(C)兩乳頭中間的胸骨處　(D)胸部的右下方。

2. 為何心肺復甦術中的心臟按壓和人工呼吸可挽救患者之生命？(A)可降低冠狀動脈的需求　(B)可電擊心臟使心律不整變成正常心律　(C)可縮小瞳孔保存腦力　(D)可提供氧氣和血流至心臟和腦部。

3. 有關成人胸外按壓方式，何者有誤？(A)施救者雙手手肘打直　(B)於患者兩乳頭連線中央處按壓　(C)垂直下壓深度約 3 公分左右　(D)每一下壓胸後手要離開胸部，以使患者胸壁可以完全回彈。

4. 對成人急救時，正確的胸部按壓速率為每分鐘？(A) 72 次　(B) 80~90 次　(C) 100~120 次　(D) 130~150 次。

5. 一個 CPR 的循環週期是：(A)壓胸 30 次後實施 2 次人工呼吸　(B)壓胸 15 次後實施 1 次人工呼吸　(C)壓胸 2 分鐘後實施 3 次人工呼吸　(D)壓胸 30 次後實施 1 次電擊。

6. 當施行 AED 去顫後，評估患者已有脈搏、有呼吸，應做何種處置？(A)繼續人工呼吸　(B)採復甦姿勢　(C)繼續胸部按壓　(D)執行電擊。

7. (A)使用哈姆立克法對成人施救時，拳眼應對準患者的哪個部位？(A)劍突之上方　(B)胸鎖骨稍下方　(C)肚臍稍上方　(D)肚臍正中央。

8. 下列有關意外傷害後維持傷患正確體位的敘述，何者最適宜？(A)頭部外傷時，應將上半身抬高 45~60 度　(B)頭暈時，應將傷患頭部放低，腳抬高　(C)腳踝扭傷時，應將膝蓋抬高，腳放低　(D)意識不清、無明顯外傷之傷患，應仰臥平躺、臉部朝前。

9. 下列何者不是正確的外傷急救處理方式？(A)以乾淨敷料覆蓋傷口，施以壓力加以止血　(B)將插在傷口上的異物拔除　(C)如無骨折，抬高傷處　(D)清醒的患者可給予飲水。

10. 有關中暑的敘述,何者正確?(A)易發生在高溫、高濕度的環境中,未適時補充水分的狀況　(B)患者需立即移至通風陰涼處,脫去身上不必要衣物、鬆開束縛　(C)以濕冷毛巾置於腋下或腹股溝等大動脈處　(D)以上皆是。

解答　1.C　2.D　3.A　4.C　5.A　6.B　7.C　8.B　9.B　10.D

參考文獻 REFERENCES

王順正(2000)‧*運動與環境溫度*‧http://www.epsport.idv.tw/

行政院衛生福利部 (2006)‧*夏季熱炎炎小心中暑熱衰竭*‧http://www.epochtimes.com/b5/6/8/18/n1425161.htm

行政院教育部體育署 (2009)‧*體育教學區*‧http://www.ncpfs.gov.tw/library/library-1.aspx?No=99&MenuID=58&Parent_ID=28

行政院衛生福利部 (2017)‧*2015 民眾版心肺復甦術參考指引摘要表*‧https://www.mohw.gov.tw/cp-170-7692-1.html

衛生福利部（2024，6 月 25 日）‧*112 年死因結果分析*‧https://dep.mohw.gov.tw/DOS/lp-5069-113-xCat-y112.html

李宗琦 (2007)‧*認識熱傷害－勿將中暑當感冒*‧http://hospital.kingnet.com.tw/essay/essay.html?pid=16602&

林正常 (2000)‧夏天運動與熱傷害之防範‧*運動生理週訊，65*‧http://www.epsport.idv.tw/epsport/week/show.asp?repno=65&page=1

林正常(2006)‧*運動生理學*‧師大書苑。

林俊璋(2009)‧*夏季熱傷害-- 中暑、熱衰竭、熱痙攣*‧http://www.moj.gov.tw/ct.asp?xItem=72826&CtNode=17951&mp=001

姚鴻恩、鄭隆榆、黃叔懷(2005)‧*體育保健學：含運動保健與傷害的預防與處理*‧合記圖書。

洪淵庭、陳聲平(2004)‧中暑‧*基層醫學，19*(11)，274-277。

健談（2015，12 月 5 日）‧*癲癇的處理方法-認識疾病癲癇篇 3*‧http://havemary.com/article.php?id=3850

許文馨 (2008)‧*天氣炎熱話中暑*‧http://www.cthyh.org.tw/education/issue/volume/9707/9707-paper.htm

彭啟明 (2009)‧*熱浪預警週預防熱衰竭*‧http://www.epochtimes.com/b5/9/8/26/n2636358.htm

溫義嗣(2004)‧熱中暑與熱衰竭‧*臨床醫學月刊社，53*(3)，245-246。

古佳琦、戴智意、周惠珠、李秀芳(2020)‧提升護理人員熱傷害認知及處置完整性之改善專案‧*志為護理－慈濟護理雜誌*，19(6)，77-91.

American Heart Association. (2015). *Highlights of the 2015 American Heart Association Guidelines Update for CPR and ECC*. American Heart Association.

Jardine, D. S. (2007). Heat illness and heat stroke. *Pediatrics in Review, 28*(7), 249-258.

Siesjö, B.K. (1981). Cell damage in the brain: A speculative synthesis. *Journal of Cerebral Blood Flow & Metabolism, 1*(2), 155-185.

Stolz, U., Irisawa, T., Ryoo, H.W., Silver, A., McDannold, R., Jaber, J...et al. (2014). Time in CPR is significantly related to CPR quality and survival. *Circulation,130*, A295.

Takegawa, R., Shiozaki,T., Ohnishi, M., Tachino, J., Muroya, T., Sakai, T...et al. (2018).The triple CPR 16 study: Does rhythm truly needed to be checked every 2 minutes in cardiopulmonary arrest patients? *Circulation, 138*, A209.

Yannopoulos, D., Abella, B., Duval, S., & Aufderheide, T. (2014). The effect of CPR quality: A potential confounder of CPR clinical trials. *Circulation, 130*, A9.

Health And Life · MEMO

Health And Life

PART
___
03

飲食營養與健康

Health And Life · **MEMO**

作者｜蒙美津

CHAPTER 07

吃出營養與健康

學習目標

1. 了解健康與飲食的相關性。
2. 了解國人疾病型態。
3. 認識六大類營養素。
4. 認識六大類食物。
5. 認識國民飲食指標、每日飲食指南與我的餐盤。

Health And Life

前言

　　食物是人類的基本需求，除了要有足夠的食物來維持生命，也要有營養及安全的食物來促進生長發育與提升健康品質。俗諺所言的「民以食為天」或「吃飯皇帝大」，就很清晰地勾勒出飲食的重要性。隨著社會經濟的進步發展、現代科技的日新月異和保健知識的普及推廣，國人的平均壽命也隨之增長；根據內政部於 2022 年的統計資料顯示，國人平均壽命為 79.8 歲，其中男性為 76.6 歲、女性則為 83.3 歲，較 2012 年分別增加了 0.3 歲、0.2 歲及 0.5 歲。因此，國人在飲食內涵的要求上，早已由「吃得飽」升級至「吃得好」。又基於「享受健康」與「健康享壽」的期待與目標，對於飲食內涵的要求更晉升至「吃得巧」，也就是要「吃出營養與健康」。

　　綜觀衛生福利部（簡稱衛福部）歷年來所公布的臺灣地區十大死因統計資料（表 7-1），不難發現國人之當下與過往的疾病型態有著明顯的差異。在 1952 年間，排行榜上的疾病是以傳染性疾病為主，然而從 1982 年以降，卻轉變成慢性疾病當道。以惡性腫瘤（癌症）為例，自 1982 年起即成為國人健康的頭號殺手；腦血管疾病及心臟疾病原本從 1998 年及 2000 年後就分占第 2、3 名，但心臟疾病和肺炎後來分別在 2007 年及 2016 年超越了腦血管疾病；糖尿病從 1983 年進榜後，持續地向上爬升，曾經位居第 4 名，近期在 2014 年開始穩居第 5 名；高血壓性疾病在 1971 年進榜，又在 2008 年滑落榜外，但從 2010 年起又回到第 9 名，甚至在 2012 年又上升且保持在第 8 名；腎臟疾病由 1991 年起就不曾落榜過，甚至在 2015 年往前成為第 9 名；慢性肝病及肝硬化在 1971 年入榜後，幾乎都維持在前 8 名之列，目前則位居第 10 名。然而，2023 年嚴重特殊傳染性肺炎(COVID-19)成為第 6 名，肺炎、腦血管疾病、糖尿病則分別上升 1 位至第 3、4、5 位，其餘排名不變。而歷年來的「國民營養健康狀況變遷調查」結果亦顯示，國人在過重與肥胖、糖尿病、高三酸甘油酯症、痛風及代謝症候群的罹病人數上急遽增加。其實更令人擔憂及值得關注的是患者的年齡層逐年下降，有年輕化的趨勢。

　　由於個人的營養健康狀況深受飲食攝取的影響，而不當的營養素及食物成分的攝取，正是造成惡性腫瘤、腦心血管疾病、糖尿病與其他慢性疾病，甚至新冠肺炎之發生及進展的關鍵因素；唯有營養充足且均衡的飲食，才是奠定及維持健康的根基。本章將分為兩大部分，第一部分簡介營養的基礎觀念，來認識六大營養素及六大類食物；第二部分說明健康飲食的原則，並強調每日飲食指南、我的餐盤及國民飲食指標的運用，好讓大家能夠充分把握並力行「吃出營養與健康」的養生訴求！

表 7-1　臺灣地區歷年十大死因順位表

年份 順位	1952	1962	1972	1982	1992	2002	2012	2023
1	胃腸炎	肺炎	腦血管疾病	惡性腫瘤	惡性腫瘤	惡性腫瘤	惡性腫瘤	惡性腫瘤
2	肺炎	中樞神經系統之血管病變	惡性腫瘤	腦血管疾病	腦血管疾病	腦血管疾病	心臟疾病（高血壓疾病除外）	心臟疾病（高血壓疾病除外）
3	結核病	胃腸炎	傷害事故	意外傷害	意外事故	心臟疾病	腦血管疾病	肺炎
4	心臟疾病	心臟疾病	心臟疾病	心臟疾病	心臟疾病	糖尿病	肺炎	腦血管疾病
5	中樞神經系統之血管病變	惡性贅瘤	結核病	高血壓性疾病	糖尿病	事故傷害	糖尿病	糖尿病
6	周產期之死因	周產期之死因	肺炎	慢性肝病及肝硬化	慢性肝病及肝硬化	慢性肝病及肝硬化	事故傷害	嚴重特殊傳染性肺炎（新冠肺炎）
7	腎炎及腎水腫	結核病	支氣管炎、肺氣腫及氣喘	支氣管炎、肺氣腫及氣喘	腎炎、腎病症候群及腎病變	肺炎	慢性下呼吸道疾病	高血壓性疾病
8	惡性贅瘤	意外災害	肝硬化	結核病	肺炎	腎炎、腎病症候群及腎病變	高血壓性疾病	事故傷害
9	支氣管炎	自殺	高血壓性疾病	肺炎	高血壓性疾病	自殺	慢性肝病及肝硬化	慢性下呼吸道疾病
10	瘧疾	腎炎及腎水腫	腎炎及腎水腫	自殺	支氣管炎、肺氣腫及氣喘	高血壓性疾病	腎炎、腎病症候群及腎病變	腎炎、腎病症候群及腎病變

資料來源：衛生福利部統計處（無日期）．*歷年統計*．https://dep.mohw.gov.tw/DOS/lp-5069-113-xCat-y112.html

 第一節

基礎營養觀念

　　為了符合生長發育與維持生命的需求，每個人都必須藉由進食的方式來獲取營養素。營養素是食物中的化學物質或成分，其基本功能在於：

1. 供給熱量。

2. 協助身體組織的建造、修補與維持。

3. 維持與調整體內的新陳代謝作用。

　　營養素依照其化學組成，可以分為六大類，亦即醣類（碳水化合物）、脂質、蛋白質、維生素、礦物質及水。而根據這些營養素在人類飲食中所占的比例，又可區分為以克計量的「巨量營養素」（如醣類、脂肪、蛋白質）和以毫克或微克計量的「微量營養素」（如維生素及礦物質）。若是按照人體的需要性而來看，各類營養素則可區分成兩種：一種是必須由食物供應以避免發生缺乏症的「必需營養素」；而另一種則是人體可以自行合成的「非必需營養素」。

　　水無疑是維持身體正常代謝的必需營養素，需求量也不小，因此美國農業部(USDA)將之歸類為巨量營養素。然而，由於水沒有熱量，聯合國兒童基金會(UNICEF)就沒有將之列為巨量營養素。

🔋 表 7-2　國人膳食營養素參考攝取量(DRIs)名詞說明

項目	說明
平均需要量(EAR)	為滿足健康人群中半數人每天所需營養素的估計平均量值
建議攝取量(RDA)	可滿足健康人群中 97~98%每天所需營養素的量值
足夠攝取量(AI)	在資料不足而無法訂出 RDA 值時，以健康者實際攝取量數據所計算出的每天所需營養素量值
上限攝取量(UL)	不會引發幾乎所有人之健康危害風險的每天最高營養素量值
巨量營養素可接受範圍(AMDR)	可確保必需營養素攝取充足，並能維持健康及降低慢性疾病風險之醣類、脂質及蛋白質等熱量營養素的適宜攝取量範圍
慢性疾病風險降低攝取量(CDRR)	根據實證醫學中等強度以上的證據，為降低慢性疾病風險，所建議的必需營養素每日攝取量

資料來源：衛生福利部國民健康署（2022 年，8 月 5 日），*國人營養素參考攝取量第八版－背景說明及名詞對照*，https://www.hpa.gov.tw/Pages/Detail.aspx?nodeid=4248&pid=12285

為維護及促進國人的營養健康，提供飲食攝取及膳食計畫的參考，衛福部以健康者為對象，訂定了「國人膳食營養素參考攝取量(Dietary Reference Intakes, DRIs)」，現行版本為 2019 年所公布的第 8 版，其中包括有平均需要量(EAR)、建議攝取量(RDA)、足夠攝取量(AI)、上限攝取量(UL)、巨量營養素可接受範圍(AMDR)和慢性疾病風險降低攝取量(CDRR)（表 7-2）。

一、六大類營養素

依據六大營養素在化學組成上的分類，以下簡單說明其內涵、來源，主要功用及公告之參考攝取量：

（一）醣 類

醣類又稱為碳水化合物，普遍存在於全穀雜糧類、蔬菜類、水果類及奶類食物之中，可區分為：

1. 簡單的單醣類（如葡萄糖、果糖及半乳糖等）和雙醣類（如蔗糖、麥芽糖及乳糖等）。

2. 複合的寡醣類（如蜜三糖及酥四糖等）和多醣類（如肝醣、澱粉及水溶性、非水溶性膳食纖維等）。

醣類的主要功用在於產生熱量、節省蛋白質、促進脂肪代謝及調節生理機能等。每 1 克的醣類約可產生 4 大卡的熱量，是身體在能量使用上的主要來源。醣類熱量充足時，可避免蛋白質被利用做為熱量來源，有保護組織蛋白質不被分解消耗的功能。而在脂肪的代謝過程中，必須要有醣類的參與才能夠完全進行，而不會產生酮體大量積聚的酮酸血症。無法被人體消化吸收的水溶性（如果膠、樹膠、β-聚葡萄糖等）和非水溶性（如纖維質、木質素等）膳食纖維，亦有延緩胃排空時間、增加飽足感，減緩醣類消化吸收的速率、降低血糖上升的速度，吸附膽酸鹽、降低血中膽固醇濃度，以及促進排便、改變腸道微生物種類及數目、預防便秘及大腸癌的發生等保健功用。

醣類攝取過量所產生的熱量，會直接轉化成脂肪而儲存起來；醣類攝取過少，會讓身體無法獲得足夠的熱量而缺乏活力，並容易造成體內脂質及蛋白質的代謝異常。由於成人大腦每天平均需要 110~140 克的葡萄糖來維持正常機

能，因此設定 18 歲以上成人醣類的 EAR 為每天 100 克，RDA 為每天 130 克，以及 AMDR 為總熱量的 50~65%。此外，成年男、女性的膳食纖維 AI 分別為每天 23~38 克和 18~29 克。

（二）脂 質

脂質包括在室溫下呈現固態的脂肪（如豬油、奶油、人造奶油等）與呈現液態的油脂（如沙拉油、橄欖油、麻油等），通常可分為：

1. 簡單脂質（如中性脂肪的三酸甘油酯等）。

2. 複合脂質（如磷脂質及醣脂質等）。

3. 衍生脂質（如固醇類等）。

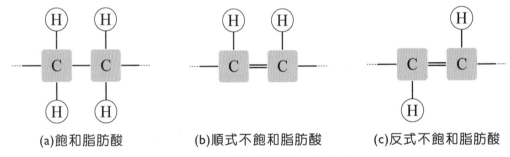

(a)飽和脂肪酸　　　　(b)順式不飽和脂肪酸　　　　(c)反式不飽和脂肪酸

⏱ 圖 7-1　脂肪酸碳原子鍵結圖

資料來源：維基百科（2020 年，3 月 29 日）。*脂肪酸*。https://zh-yue.wikipedia.org/wiki/%E5%8F%8D%E5%BC%8F%E8%84%82%E8%82%AA.

在人體及食物所含的脂質中，各有大約 90%及 95%以上的脂質是以三酸甘油酯的型式存在；三酸甘油酯由 1 分子的甘油及 3 分子的脂肪酸所組成。脂肪酸則是由碳原子長鏈與羧基所組成；若碳原子之間均以單鍵結合，稱為「飽和脂肪酸」；當碳原子之間有雙鍵結合，則稱為「不飽和脂肪酸」。不飽和脂肪酸依照雙鍵的數目，可再分為僅含有一個雙鍵的「單元不飽和脂肪酸」及含有兩個或以上雙鍵的「多元不飽和脂肪酸」。順式及反式脂肪酸皆屬於不飽和脂肪酸，其雙鍵碳原子所連結的兩個氫原子分別在雙鍵的同一側與不同側（圖 7-1）。

脂質的主要功用為供給能量、儲存能量、保持體溫、保護內臟、提供必需脂肪酸、運送脂溶性維生素（A、D、E、K）、增加飽足感及增添食物的美味

等。每 1 克的脂質約可產生 9 大卡的熱量，因此被視為濃縮的能量來源。脂質出現於皮下及體內，具有絕緣及襯墊保護的功能。人體無法自行製造亞麻油酸(linoleic acid)和α-次亞麻油酸(α-linolenic acid)，屬於必須由飲食攝取而來的「必需脂肪酸」，而脂溶性維生素也必須藉由脂質才能夠進入人體。含有脂質的食物在烹調過程中會產生特別的香味，而且吃起來讓口感滑潤不乾澀，也比較容易下嚥。

在 AMDR 的設定方面，18 歲以上成人的脂質為總熱量的 20~30%，飽和及反式脂肪酸分別為小於總熱量的 10%與 1%，以及 n-6（亞麻油酸）及 n-3（次亞麻油酸、EPA、DHA）多元不飽和脂肪酸分別為總熱量的 4~8%與 0.6~1.2%。脂質攝取過量，會轉化成身體的脂肪組織，導致體重過重及肥胖。而且在吃下過多的飽和脂肪或反式脂肪後，更會增加腦心血管疾病發生及惡化的危險；脂質攝取過少，則可能因為熱量攝取不足而導致生長遲緩、身材瘦小的現象，也可能由於缺乏必需脂肪酸而出現皮膚乾燥或角質化的症狀，或可能影響脂溶性維生素的吸收，特別是容易造成維生素 K 缺乏症。

（三）蛋白質

蛋白質是由胺基酸所組成的含氮化合物。在生物界常見的 20 多種胺基酸中，約有 9 種屬於成人體內無法自行製造，而必須由食物攝取的「必需胺基酸」。蛋白質可依照其生理價值而區分為：

1. **完全蛋白質**：含有符合人體需求量之全數必需胺基酸的食物，如肉、魚、蛋及乳品等。

2. **半完全蛋白質**：含有全數必需胺基酸但無法滿足需求量的食物，如米食、麵食、蔬菜及水果等。

3. **不完全蛋白質**：不含有或含有極少量必需胺基酸的食物，如動物膠等。

蛋白質的主要功用為建造、修補與維持組織（包含皮膚、頭髮、指甲、肌肉、內臟、血液成分、酵素、抗體及激素等），也是調節生理機能的重要物質，如催化各種代謝反應、負責營養素的運送、清除外來物質、幫助維持體液和體內酸鹼的平衡，以及形成通道及幫浦來協助許多物質出入細胞等。在熱量攝取不足的狀況下，蛋白質會被用來當作能量的來源；每 1 克的蛋白質約可產生 4 大卡的熱量。

蛋白質的 RDA 為 18 歲以上成年男性每天 70~75 克、成年女性每天 55~60 克。蛋白質攝取過多，容易加重腎臟的負擔，也會增加尿中鈣質的排出量，並可能增加心血管及癌症等慢性疾病的罹患率；蛋白質攝取不足，常會出現蛋白質熱量缺乏症，除了容易造成孩童的生長發育延緩外，還會降低體內抗體蛋白的生成，降低免疫反應，進而增加感染疾病的風險。

（四）維生素

維生素也是人體無法自行合成而必須由食物供應的一種必需營養素，依照其溶解特性，可分為脂溶性的 A、D、E 及 K 與水溶性的 C 及 B 群兩大類。維生素的需要量雖然不多卻不可或缺，在功用上並不能被用來產生熱量或建造、修補及維持組織，而是協助體內進行代謝作用或生理調節。一般而言，脂溶性維生素與身體結構較為相關；而水溶性維生素則較常做為細胞代謝的輔酶。

維生素廣泛存在於各種食物中，如穀類是維生素 B_1、B_2、菸鹼素、生物素及泛酸的良好食物來源；綠葉菜可提供多量的維生素 A、E、K 及葉酸；柑橘類水果的維生素 C 含量豐富；肉類和魚類供給大量的維生素 B 群；奶類富含維生素 B_2 與 D。

1. 脂溶性維生素

(1) 維生素 A：主要可維持眼睛在黑暗光線下的正常視力及上皮組織的完整性，並促進牙齒及骨骼的正常成長。18 歲以上成年男、女性的 RDA 分別為每天 600~700 及 500 微克視網醇當量(μg RE)，UL 為每天 2,800~3,000 微克視網醇當量。攝取過多易造成生育缺陷、皮膚變色及肝脾腫大；攝取不足則會出現夜盲症、乾眼症及角質化等症狀。食物來源包含肝、蛋黃、牛奶、乳酪、人造奶油與黃橙色及綠色蔬果等。

(2) 維生素 D：為骨骼製造及維持之營養素團隊中的主要成員，參與體內鈣、磷的代謝反應，是神經、肌肉正常生理的必需物質。18 歲以上成年男、女性的 AI 同為每天 10~15 微克，UL 為每天 50 微克。攝取過多會造成軟組織的鈣化；攝取不足則會導致佝僂症或軟骨症、肌肉強直、牙齒不健康及骨質疏鬆等狀況。食物來源有肝、蛋黃、魚類與添加維生素 D 的奶品等。每天照射大約 10~20 分鐘的日光（紫外光強度較弱時段），有助於獲取足夠的維生素 D。

(3) 維生素 E：為體內重要的脂溶性抗氧化劑，具有減少維生素 A 及多元不飽和脂肪酸的氧化，保持細胞膜的完整性及防止溶血性貧血的功能。18 歲以上成年男、女性的 AI 均為每天 12~13 毫克生育醇當量(mg α-TE)，UL 為每天 800~1,000 毫克生育醇當量。攝取過多可能會影響其他脂溶性維生素的利用；攝取不足卻較易引起早產兒的溶血性貧血及神經肌肉的功能不良。以植物油、小麥胚芽、深綠色蔬菜與堅果等為主要食物來源。

(4) 維生素 K：可由人體腸道細菌合成，是構成凝血酶原的必需物質之一，具有促進血液凝結及維持骨骼健康的生理功能。18 歲成年男、女性的 AI 同為每天 75 微克，但 19 歲以上則各為每天 120 及 90 微克；未設定 UL。然而攝取過多人工合成的維生素 K_3，尤其是嬰兒，可能會造成溶血性貧血；成人若有維生素 K 攝取不足的情形，則會延長血液凝結的時間，造成出血的現象，並容易在皮膚上出現紫斑。最佳食物來源為綠葉蔬菜，少量存在肝及蛋黃中。

2. 水溶性維生素

(1) 維生素 B_1：參與熱量、醣類及支鏈胺基酸的代謝，協助神經傳導物質的合成以維持神經功能的正常，可增加食慾及促進胃腸蠕動和消化液分泌。18 歲成年男、女性的 RDA 各為每天 1.4 及 1.1 毫克，19 歲以上則為男性每天 1.2 毫克、女性每天 0.9 毫克；未設定 UL。缺乏時易發生腳氣病及末梢多發性神經炎；腳氣病患者因心肌失去彈性而使心臟擴大且血液循環緩慢，從而出現腳部水腫，嚴重時甚至有腹腔及胸腔積水。主要食物來源有瘦肉、全穀類、莢豆類與綠葉菜等。

(2) 維生素 B_2：參與醣類及脂肪的代謝、電子傳遞與氧化還原反應，並維持皮膚及口腔的健康。其 RDA 為 18 歲成年男性每天 1.6 毫克、女性每天 1.2 毫克，19 歲以上則為男性每天 1.3 毫克、女性每天 1.0 毫克；未設定 UL。缺乏時會發生口角炎、舌炎及脂溢性皮膚炎等症狀。維生素 B_2 含量豐富的食物有肝、綠葉菜、奶品、瘦肉、蛋與糙米等。

(3) 維生素 B_6：參與胺基酸、肝醣及脂肪酸的代謝，並和血球細胞的合成有關。18 歲以上成年男性的 RDA 為每天 1.5~1.6 毫克、女性為每天 1.3~1.6 毫克，UL 為每天 80 毫克。攝取過多會出現四肢麻木、疼痛及無法走路等中毒症狀；缺乏時則會發生紅血球小且顏色較淡的小球性貧血與沮喪、

頭痛及抽筋等神經性症狀。主要儲存於肉類及全穀類中，其他食物來源包括小麥胚芽、牛奶、酵母、莢豆類與糙米等。

(4) 維生素 B_{12}：促進核酸的合成，協助血液生成，維持神經組織及髓鞘的功能，並協助同半胱胺酸(homocysteine)的代謝。18 歲以上成年男、女性的 RDA 同為每天 2.4 微克；未設定 UL。缺乏時會出現紅血球較正常為大且不成熟的巨球性貧血（又稱為惡性貧血），還有頭痛、腸胃道障礙及下肢遲鈍等症狀。食物來源為肝、海產類、禽畜肉類、奶類及蛋類等。

(5) 菸鹼素：主要參與能量生成、醣類脫氫反應與脂肪酸、膽固醇的合成。18 歲成年男、女性的 RDA 各為每天 18 及 15 毫克菸鹼素當量(mg NE)，19 歲以上則各為每天 16 及 14 毫克菸鹼素當量，UL 為每天 30~35 毫克菸鹼素當量。過量攝取會有血管擴張、皮膚發紅、消化道嚴重不適、頭暈及嘔吐等症狀；缺乏時會導致癩皮症的發生，出現皮膚炎、腹瀉、痴呆，甚至死亡的情形。食物含量以豆魚肉蛋類、堅果類及奶類等為多。

(6) 生物素：主要協助精胺酸的合成，參與嘌呤的合成，促進脂肪酸的合成及參與脫胺反應。18 歲成年男、女性的 AI 皆為每天 27 微克，19 歲以上則皆為每天 30 微克；未設定 UL。生蛋白中含有抗生物素，會在腸道中與生物素結合，抑制生物素的吸收。人體並不易出現生物素缺乏症，但缺乏時會有頭髮無色澤且易脫落、皮膚起紅疹或有鱗狀脫皮、沮喪、昏睡及四肢有刺痛感等症狀。生物素廣泛存在於各類食物中，蛋黃即富含生物素。所以吃蛋時，可適量攝取蛋黃，並將蛋白煮熟，使抗生物素失去活性。

(7) 葉酸：可協助胺基酸、嘧啶及膽鹼的合成及正常紅血球的形成，並可防止同半胱胺酸的堆積，而有保護心血管健康的好處。18 歲以上成年男、女性的 RDA 都是每天 400 微克，UL 為每天 900~1,000 微克。高量攝取容易遮蔽維生素 B_{12} 缺乏的症狀；缺乏時也會造成巨球性貧血，還有食慾不振、口腔潰爛、腹瀉、神經發育及功能受損等症狀。食物來源主要為新鮮綠色蔬菜、水果、肝、腎及瘦肉等。

(8) 泛酸：為輔酶 A 的重要結構成分，主要參與脂肪酸及能量的代謝與神經傳導物質的合成。18 歲以上成年男、女性的 AI 同為每天 4.5 毫克，19 歲以上則同為每天 5 毫克；未設定 UL。因其廣泛存在於豆魚肉蛋類、全穀類及堅果類等食物中，故缺乏症極為少見。若缺乏時，會出現腹痛、腹瀉、疲倦、頭痛、失眠及手腳麻痺等症狀。

(9) 膽素：是一種類維生素，常被歸類在維生素 B 群。其為磷脂質（如卵磷脂）的組成分，也是神經傳導物質乙醯膽鹼的前驅物質，因此是構成細胞膜的要素，亦為早期生命階段在記憶、專注過程的正常發展所必需，並在脂肪及膽固醇的運輸及代謝上扮演必要的角色。18 歲以上成年人的 AI 為男性每天 500 毫克、女性每天 370 毫克，19 歲以上則分別為 450 毫克、女性每天 390 毫克，UL 為每天 3,000~3,500 毫克。攝取過多時，會引發低血壓、出汗、腹瀉、肝損傷、散發魚腥的體味；缺乏時，則會導致脂肪肝、不孕及高血壓。動物性食物是主要的食物來源，如牛肉、豬肉、魚類、蛋和奶品，植物性食物則以乾豆類的含量較高。而加工食品中常添加的卵磷脂，也是膽素的一種飲食來源。

(10) 維生素 C：是體內重要的水溶性抗氧化劑，可保護維生素 E 及 A，並促進腸內鐵質的吸收和參與膠原蛋白的生成與維護、神經傳導物質及腎上腺激素的合成，以維護血管的完整性、幫助骨骼進行正常的礦物質化與促進傷口的癒合。18 歲以上成年男、女性的 RDA 均為每天 100 毫克，UL 為每天 1,800~2,000 毫克。長期每天食用 2,000 毫克以上的劑量時，雖不致喪命，但會出現噁心、腹瀉、流鼻血及腹痛等副作用。缺乏時會出現壞血病的症狀，包括牙齦發炎及出血、牙齒脫落、傷口癒合慢及骨骼和關節疼痛等。此外，還會造成皮下點狀出血及貧血等問題。芭樂、紅椒、青椒、青花菜、草莓、奇異果及柑橘類等新鮮蔬果皆為良好的食物來源。

（五）礦物質

礦物質是單一的無機原子或離子，出現在動、植物經過燃燒後的灰分之中。礦物質與維生素一樣同屬必需的微量營養素，是構成人體組織及維持生理代謝作用的重要物質。依照礦物質在體內的需求量，可區分為巨量及微量礦物質。人體的巨量礦物質（如鈣、磷、鉀、鈉、氯、鎂及硫等）的需要量為每天大於 100 毫克；微量礦物質（如鐵、鋅、碘、氟、銅、鉻、硒、錳、鈷及鉬等）的需要量則為每天低於 100 毫克。

1. 巨量礦物質

(1) 鈣：為體內含量最多的礦物質，是構成骨骼及牙齒的主要成分，可協助血液凝結、維護心臟的正常收縮、控制神經感應及肌肉收縮，並影響細胞的

分泌作用及能量代謝等生理機能。18 歲成年男、女性的 AI 均為每天 1,200 毫克，19 歲以上則均為每天 1,000 毫克，UL 為每天 2,500 毫克。缺乏時，易罹患軟骨病而導致骨質疏鬆，使患者容易出現骨折或變矮的問題；然而長期攝取過量的鈣，則會增加形成腎結石的風險。乳品類及魚貝類（連骨進食）是鈣的最佳食物來源，豆類、堅果類、紅綠色蔬菜類及蛋黃含鈣量也豐富。在蔬菜中，青花菜、芥藍菜、油菜及高麗菜的鈣吸收率良好。

(2) 磷：存在於每一個細胞之中，是構成骨骼、牙齒、DNA、RNA、ATP 及細胞膜的組成分，參與能量代謝、磷酸化作用及輔酶的形成，並協助脂質的運送及調節體內的酸鹼平衡。18 歲以上成年男、女性的 AI 同為每天 1,000 毫克，19 歲以上則同為每天 800 毫克，UL 為每天 3,000~4,000 毫克。各種食物的含磷量豐富，特別是蛋白質含量高的豆魚肉蛋類食物，常用於碳酸飲料及各種加工食品的食品添物頗多為含磷化合物，估計可提供每日總攝取量的 30%。磷缺乏症極為罕見，但缺乏時會導致 ATP 的合成減少，進而引起神經、腎臟及血液的功能失調。高磷血症通常是腎臟或副甲狀腺疾病的續發性症狀，或是過度補充維生素 D、過度使用含磷瀉劑所致，會造成腎臟等非骨骼組織的鈣化。

(3) 鉀：為細胞內液含量最多的陽離子，與鈉一起維持體液及酸鹼平衡、調節肌肉收縮，並協助蛋白質的合成及肝醣的形成。18 歲以上成年男性的 AI 為每天 2,800 毫克、女性為每天 2,500 毫克，未設定 UL。缺乏時會出現疲倦、肌肉無力、抽筋、心律不整、腹脹、便秘、腹痛等症狀，甚至可能因呼吸麻痺而致命。此外，輕微缺鉀即會使血壓上升、鹽敏感度升高，並增加腎結石、骨質疏鬆、中風及心血管疾病的風險。腎臟疾病或藥物所致的高鉀血症也會引起心律不整，心跳甚至因而停止。番茄汁、柳橙汁、乳品、肉類、根莖類及豆類的含鉀量皆相當豐富。此外，代鹽含鉀量高，腎病患者應小心使用。

(4) 鈉：為細胞外液的主要陽離子，協同鉀、氯一起維持體液及酸鹼平衡，可調節細胞膜的穿透性及促進葡萄糖的吸收，並控制肌肉的收縮。18 歲以上成年男、女性的 CDRR 設定為每天 2,300 毫克，未設定 UL。鈉的缺乏或過量通常為腎臟或心臟等疾病所致，缺乏時會出現低血壓、頭痛、意識不清、抽筋，甚至昏迷；過量時則會使血壓上升、口渴、煩躁、倦怠、皮

膚發熱、舌頭及黏膜乾燥僵硬等，甚而會抽筋及喪命。加工或調理食品含鈉量較高，天然食物相對含鈉量較低。

(5) 氯：為細胞外液中含量最多的陰離子、胃酸的主要成分，也可與鈉共同維持體液及酸鹼平衡，或協同鈉、鉀輔助產生神經衝動。臺灣目前還沒有訂定氯的參考攝取量。氯的缺乏或過量通常是生理機能失常所引起，長期或嚴重的嘔吐，或是常使用利尿劑，會大量流失氯，從而發生食慾不振、肌肉無力、昏睡及代謝性鹼中毒。氯的主要食物來源與鈉相同。

(6) 鎂：為細胞內液含量次多陽離子，亦為骨骼牙齒的構成要素，是 ATP 與 ADP 互相轉換的催化劑，可促進蛋白質合成及維護神經、肌肉的功能。18 歲成年男、女性的 RDA 各為每天 390 及 330 毫克，19 歲以上則各為每天 350~380 及 300~320 毫克，UL 為每天 350 毫克。鎂缺乏通常是從消化道或尿液大量流失所造成，可能伴隨有低血鉀及低血鈣、顫抖、肌肉痙攣、意識不清、無方向感、沮喪、無食慾、麻痺、心跳異常、甚至昏迷等症狀；鎂過量則會有噁心、腹瀉、肌肉無力、呼吸困難、心跳不整及血壓下降等症狀。

(7) 硫：普遍存在於細胞及組織中，為甲硫胺酸、半胱胺酸、胱胺酸、硫胺素、生物素、泛酸、麩胱苷肽酶及肝素的組成分。臺灣目前尚無硫的參考攝取量，文獻上也沒有已知或明確的缺乏相關症狀。硫主要是以甲硫胺酸及半胱胺酸等含硫胺基酸型式提供，豆魚肉蛋類及硬殼果類為其主要食物來源。

2. 微量礦物質

(1) 鐵：為協助運送氧氣及二氧化碳的血紅素和肌紅素之構成要素，也是某些氧化酵素的成分。18 歲以上成年男、女性的 RDA 同為每天 15 毫克，但 19 歲以上則各為每天 10 及 10~15 毫克，UL 為每天 40 毫克。缺乏時會產生低色素小球性貧血，出現疲倦、怕冷及抵抗力差等現象，也可能會出現湯匙型的凹陷狀指甲。飲食性鐵過量很少見，但鐵過量會傷害組織，造成發炎及纖維化。鐵含量在紅肉、肝、血、貝類、黃豆、綠葉菜、紫菜、豆類及堅果類中，皆相當豐富。

(2) 鋅：為 70 種以上金屬酵素的成分及活化劑，參與核酸及蛋白質的合成，協助生殖腺的發育，並與嗅覺及味覺的靈敏度、免疫力及傷口癒合有關。18 歲以上成年男、女性的 AI 各為每天 15 及 12 毫克，UL 為每天 35 毫

克。缺乏時會出現生長發育遲緩、生殖腺發育不良、傷口癒合慢、貧血、嗅覺及味覺不靈敏、食慾不振及免疫力下降等症狀；過量時也會降低免疫力及干擾銅的吸收。富含蛋白質的食物通常也富含鋅，如堅果類、貝類、肝、肉類、蛋類及奶類。

(3) 碘：為甲狀腺素的主要組成分，可調節基礎能量代謝及生長發育。18 歲以上成年男、女性的 RDA 同為每天 150 微克，UL 為每天 1,000 微克。缺乏時會造成區域性甲狀腺腫，胎兒則會發生呆小症，出現肌肉無力、骨骼發育遲滯及智力遲鈍等症狀；過量時則會傷害甲狀腺，出現與缺相同的症狀，也會發生甲狀腺炎、甲狀腺腫、機能亢進或不足、甲狀腺乳頭癌及過敏等。碘的主要食物來源為海產類的動植物性食物。

(4) 氟：亦為構成骨骼及牙齒所不可或缺的要素，可預防蛀牙。18 歲以上成年男、女性的 AI 均為每天 3.0 毫克，UL 為每天 10 毫克。1 ppm 有效氟濃度的飲水可有預防蛀牙的效益，若超過 2 ppm 就會導致氟中毒。長期氟過量會造成牙齒表面粗糙、變形且有牙斑，也可能會出現腸胃不適、骨骼疼痛及抽筋等症狀。氟的主要食物來源包含海產類、骨質食物及菠菜。

(5) 銅：為多種酵素的輔因子，參與鐵質、能量、正腎上腺素及血清素的代謝，並為膠原蛋白形成所必需。臺灣還沒有訂定銅的參考攝取量。缺乏時也會出現低血色素小球性貧血，並有骨骼去礦物質化及髮膚脫色等症狀。飲食含銅量不多，較不會造成攝取過量的問題。含銅量豐富的食物主要有內臟類、海產貝類、堅果類及黃豆等。

(6) 鉻：三價鉻為葡萄糖耐受因子的組成分，與血糖的調控有關，亦參與脂質及核酸的代謝反應。臺灣尚未訂定鉻的參考攝取量。缺乏時會發生葡萄糖耐量降低、血糖升高及血脂異常等類似糖尿病的症狀，也會出現生長不良及周邊神經炎的情形。全穀類、堅果種子類及肝為三價鉻含量豐富的食物。

(7) 硒：為麩胱苷肽過氧化酶的輔因子，可輔助維生素 E 進行抗氧化作用。18 歲以上成年男、女性的 RDA 同為每天 55 微克，UL 為每天 400 微克。缺乏時主要會出現導致心肌病變的克山症；過量時則會造成毒性。慢性硒中毒的症狀包括毛髮及指甲易斷裂脫落、腸胃不適、皮膚紅疹、肝損傷、四肢無力、倦怠及煩躁等。富含蛋白質的動物性食物通常含硒量高，植物性食物的含硒量則會受到土壤含硒量的影響而不穩定。

(8) 鈷：為維生素 B_{12} 的組成分，可幫助紅血球的維護及神經系統的傳導。臺灣尚未訂定鈷的參考攝取量。缺乏時會使得胃無法正常分泌內因子，而造成惡性貧血。食物來源主要為動物性的肝、腎、肉類、奶類及貝類。紫菜及海帶是含鈷量較多的植物性食物。

(9) 錳：富含於粒線體中，為醣類、脂質及蛋白質代謝所需酵素的成分。臺灣尚未訂定錳的參考攝取量。飲食缺錳的問題很少見，但曾有個案報告指出錳缺乏會出現噁心及嘔吐、骨骼肌異常與凝血困難等症狀。植物性的全穀類、蔬菜類、水果類、堅果類為錳的最佳食物來源。

(10) 鉬：也是酵素的輔因子，主要參與半胱胺酸的代謝及尿酸的形成等反應。臺灣還沒有訂定鉬的參考攝取量。缺乏時會有半胱胺酸代謝異常的症狀，如神經功能失調及智力退化等；過量時則會干擾銅的利用，銅不足也會加重鉬的毒性。鉬的主要食物來源包括乾豆類、全穀類、葉菜類、堅果類及肝等。

（六）水

可算是最重要的營養素，約占人體體重的 50~65%，與維持生命的所有功能及代謝過程皆有所關聯。水是構成細胞、細胞間液、分泌液及排出液的主要成分，參與營養素的消化、吸收及運送，促進正常的排泄作用，可調節體溫及體內酸鹼值，具有潤滑的作用，並維持適當的體內滲透壓。

水分的需要量會受到個體、飲食及環境等因素的影響，體重 50~70 公斤之健康成年人的一般水分需要量約為 1,500~2,000 c.c.。假若經常出汗或是長時間待在冷氣房中，對於水分的需要量相對較多。水分攝取不足，會產生脫水的症狀，包括皮膚乾燥、皮膚剝落、尿液濃、尿量少、眼睛凹陷、口鼻黏膜乾燥及心悸等。事實上，當人體喪失 10%的水分即會造成嚴重的身體機能失調，而當人體喪失 20%的水分就可能會導致死亡；一般估計，成人超過 10 天沒有攝取水分就可能會喪命，而未攝取水分的兒童則僅有 5 天可存活。水分攝取過多，可能會造成低血鈉症，因為細胞內液增加，將使得腦細胞肥大，可能伴有頭痛、噁心及嘔吐、肌肉抽搐、抽筋等症狀、甚至死亡的發生。

食物的含水量變化大，如核桃、烘烤花生仁、瓜子、芝麻、蘇打餅乾、早餐穀片及花生醬約僅有 1~9%；天然或人造奶油及葡萄乾約有 10~19%；蛋糕及

麵包類分別約有 20~29%及 30~39%；麵條、豆類、冰淇淋、鮭魚及畜肉類約有 60~69%；香蕉、酪梨、烤洋芋、煮玉米、雞蛋、雞胸肉、蝦子及魚類約有 70~79%；果汁、優酪、芭樂、蘋果、葡萄、柑橘類、梨子、鳳梨及西瓜約有 80~95%；洋蔥、胡蘿蔔、白蘿蔔、小黃瓜、豆芽、青花菜及葉菜類約有 87~96%；乳類則約有 84~91%。

二、六大類食物

縱使我們每天所面對的食物是琳瑯滿目到眼花撩亂的地步，然而還是可以依照每種食物中之六種營養素含量的多寡，將營養成分類似的食物歸納為全穀雜糧類、蔬菜類、水果類、豆魚蛋肉類、乳品類及油脂與堅果種子類等共六大類食物。以下簡單說明六大類食物的特色、功能及代換份量：

（一）全穀雜糧類

全穀雜糧類除了各種穀類之外，還有富含澱粉的根莖類、雜糧類、高蛋白乾豆類及其他澱粉製品，食物範例如表 7-3 所示。

全穀雜糧類食物主要可提供醣類、少量的蛋白質、維生素及礦物質等營養素，並為膳食纖維的重要來源之一，首要功能在於提供能量及建構組織。

表 7-3　全穀雜糧類食物範例

全穀雜糧類	食物範例
米類	各式米飯、稠粥、白年糕、蘿蔔糕、芋頭糕、豬血糕、小湯圓等
麥類	小麥、大麥、蕎麥、燕麥、麵粉、麵條、餃子皮、餛飩皮、春捲皮、饅頭、土司、麵包、蘇打餅乾、燒餅、油條、甜不辣等
根莖類	馬鈴薯、番薯、山藥、芋頭、荸薺、蓮藕等
雜糧類	玉米／玉米粒、爆米花、薏仁、蓮子、栗子、菱角、南瓜、豌豆仁、皇帝豆等
高蛋白乾豆類	紅豆、綠豆、花豆、蠶豆、鷹嘴豆等
其他澱粉製品	米粉、冬粉、藕粉、米苔目、河粉、蛋餅皮、蔥油餅皮、越南春捲皮、粉圓、芋圓、地瓜圓等

資料來源：衛生福利部國民健康署（2019 年，5 月）．*食物代換表*．
https://www.hpa.gov.tw/Pages/ashx/File.ashx?FilePath=~/File/Attach/8380/File_8031.pdf

在食物代換份量上,大家平常吃的 1 碗熟飯在扣除碗重後,應該有 160 克的可食重量。如果想換掉米飯的話,可以用 2 碗稠粥(500 克)、4 塊蘿蔔糕(200 克)、2 碗熟麵條(240 克)、2 碗油麵(180 克)、1 又 1/3 個中型饅頭(120 克)、1 又 1/3~2 片薄片土司(120 克)、4 個小餐包(120 克)、12 片蘇打餅干(80 克)、2 個小番薯(220 克)、2 又 2/3 根玉米(340 克)、4 湯匙生紅豆或綠豆(100 克)或 2 把生冬粉(60 克)來替代,簡易以手來比對,大約是一個拳頭的大小。要留意的是,燒餅、油條、菠蘿麵包及奶酥麵包等食物的油脂含量較高,每 1 代換份量需要分別再加入 1/2、3、1、1 茶匙的油。

(二)蔬菜類

葉菜類、花菜類、根菜類、果菜類、豆菜類、菇類及海菜類等各種蔬菜含有少許的蛋白質及醣類,主要可提供維生素及礦物質等營養素,還可供給膳食纖維及植化素。植化素是植物製造且存在植物組織中之非營養素的化學成分,在攝入人體後可產生不同的抗氧化、抗發炎、抗菌、抗癌及增強免疫力等作用,如類黃酮、薑黃素及蒜科有基硫化物等,達到預防慢性疾病及特定癌症的健康效益。儘管如此,植化素還是無法取代營養素的。而無論是深綠色或深紅黃色的蔬菜在維生素及礦物質含量上,都會比淺色蔬菜來得多。調節生理機能及建構組織是蔬菜類的首要功能。

在蔬菜的食物代換份量上,1 份等於 1 碟,是以約 3 兩重為標準,大致是等於 100 克。若以直徑為 15 公分的碟子盛裝,約有 2/3 滿;以一般飯碗盛裝時,則生鮮的蔬菜約有 1 碗、煮熟的蔬菜約有半碗。簡單以手來估算,生鮮蔬菜大約是兩個向上的手掌合併後所可盛裝到滿滿的份量;花菜、青花菜及胡蘿蔔等則大約是一個拳頭大小。

(三)水果類

芭樂、柑橘、香蕉、蘋果、鳳梨、葡萄、西瓜、木瓜及小番茄等各種水果可提供豐富的醣類、維生素 A 及 C、礦物質等營養素,也可提供膳食纖維及植化素,具有調節生理機能的首要功能。

水果的可食重量估計約等於 100 克,範圍介於 80~120 克。以常吃的水果為例,1 個代換份量的水果可以是 1 顆中型柳丁(130 克)或中型椪柑(150 克)、1 顆小型五爪蘋果(125 克)或小型富士蘋果(130 克)、1 顆小型水蜜桃(145

克）、2 顆蓮霧（165 克）、1 片紅西瓜（180 克）或 1/3 個黃西瓜（195 克）、9 顆荔枝（100 克）（160 克）、9 顆櫻桃（80 克）、13 顆葡萄（85 克）、16 顆小草莓（160 克）、23 顆聖女小番茄（220 克）、1/2 根大型香蕉（70 克）、1/3 顆泰國芭樂（160 克）、3/4 個水梨（145 克）及 1/10 片鳳梨（110 克）等。1 份水果約為 1 個拳頭大小；以一般飯碗盛裝時，生鮮水果可食部分切塊或切片後，約有大半碗至一碗。果乾類的椰棗、葡萄乾、蔓越莓乾、芒果乾、芭樂乾、鳳梨乾及無花果乾，1 個代換份量的可食重量均為 20 克。

（四）乳品類

市面常見的乳品類有牛乳製品及羊乳製品，包括鮮乳、發酵乳、乳酪及冰淇淋等，皆含有豐富的蛋白質及醣類，更是鈣質及維生素 B_2 的良好來源，但其脂肪的含量會因食品加工製程而有所差異。首要功能為建構組織。

乳品的 1 份代換份量為 1 杯 240 c.c.的各種鮮奶或無糖發酵乳，約等於 3/4 杯無糖優格（210 克）、2 片乳酪片（45 克），以及 35 克乳酪絲。在奶粉的使用上，則是以 4 湯匙全脂奶粉（30 克）、3 湯匙低脂奶粉（25 克）或 2.5 湯匙脫脂奶粉（20 克）加水沖泡至 240 c.c.為標準的 1 杯份量。

（五）豆魚蛋肉類

黃豆及其製品、魚及水產類、蛋類、禽肉、畜肉等食物富含蛋白質，也提供不同含量的脂肪，是維生素 B 群、鐵、鋅及銅的良好來源。首要功能為建構組織及調節生理機能。

魚肉、禽肉或畜肉的 1 個代換份量平均為 35 克的可食生重，大約是一般女生的 2~3 指寬或半個手掌心的大小。1 個代換份量的豆類包括 20 克的黃豆、50 克的毛豆或 25 克的黑豆、3 格傳統豆腐（80 克）或半盒嫩豆腐（140 克）、2 塊小型三角油豆腐（55 克）、4/5 片五香豆干（35 克）、1 又 1/4 片小方豆干（40 克）或 1 杯無糖豆漿(190 c.c.)。要注意黃豆、毛豆及黑豆富含醣類，每 1 代換份量需要分別再加入 5 克、5 克、10 克的醣類。1 份蛋類就是 1 顆雞蛋（55 克）或 1 顆皮蛋（約 60 克）。

（六）油脂與堅果種子類

烹調用的動物油或植物油、動物皮、肥肉、堅果類及種子類，皆可提供脂肪。主要可提供必需脂肪酸及維生素 E，具有供應能量及調節生理機能的重要功能。

油脂的 1 個代換份量為 1 茶匙（5 克）的動物油或植物油，可以用 1 茶匙蛋黃醬（8 克）、1 茶匙花生醬（9 克）、2 茶匙奶油乳酪（12 克）、1 湯匙鮮奶油（13 克）或 1 片培根（15 克）來替換。而在堅果及種子類的代換份量上，2 粒核桃仁（7 克）、4 茶匙黑（白）芝麻（10 克）、5 粒腰果（10 克）或杏仁果（7 克）、10 粒花生仁或 2 湯匙花生粉（13 克）、15 粒開心果（10 克）、30 粒南瓜子或葵瓜子（10 克）或 50 粒瓜子（15 克）就等同於 1 茶匙的油脂。

第二節

健康飲食的原則

Health
And Life

要吃得營養又健康，首先要記住健康飲食的基本原則，亦即「營養充足」、「適量」、「多樣」與「均衡」。「營養充足」是指提供充足的營養素及熱量，以保持健康及理想體重。「適量」是在強調不多也不少，也就是不過量及不偏頗攝取任何食物。「多樣」意味許多種類的食物，因此在同一大類的食物中，應盡量挑選不同種類的食物來進食。而究竟該吃多少樣食物才算是符合多樣的原則呢？日本的飲食指標建議每天至少要吃 30 種不同的食物，可以當作多樣選擇的參考。「均衡」代表平衡的攝取，是在適量與多樣的基礎下，平均分配六大類食物於三餐之中進食。因為並沒有任何一種食物含有所有的營養素，而每種營養素在不同食物中的含量也不盡相同，所以遵循健康飲食的四大原則，飲食內容就會多采多姿，加上不偏食、不暴飲暴食，就可以確保我們足量攝取身體所需要的營養素，避免發生任何單一營養素的缺乏或過量。

為讓國人建立正確的健康飲食觀念，每天可以由日常飲食中吃到營養素充足且熱量不過剩的均衡飲食，行政院衛福部於其前身之衛生署時期，即相繼訂定及公布符合一般人飲食需求的「國民飲食指標」與「每日飲食指南」。爾後隨著年代的推進，除了依據國人營養健康的變遷狀況之外，並參照當代國際飲食指標趨勢、考量最新的流行病學研究成果，同時配合國人的飲食習慣及文化、凝聚各界的共識後，陸續檢討並修正舊有的版本。

由 2013~2016 國民營養健康狀況變遷調查結果得知，我國 19~64 歲成人每天的平均乳品攝取量不足 1.5 杯的比率高達 99.8%，堅果種子攝取量不足 1 份的比率也有 91%，蔬菜攝取量不足 3 份及水果攝取量不足 2 份均有 86%。相對地，若以每天 2,000 大卡所需的六大類飲食建議量來估算，則 19~64 歲成人每天的平均豆魚蛋肉攝取量超過 6 份建議攝取量的有 53%，全穀雜糧類超過 3 碗建議攝取量的有 49%，而油脂類超過 5 茶匙建議攝取量的則有 39%，顯見有高比例國人的飲食型態並不均衡（行政院國民健康署，2018a）。因此，現行之 2018 年版「每日飲食指南」與「國民飲食指標」更加強調「均衡飲食」的意義，且運用實證營養學的原則，修訂出期能預防營養素缺乏，還可降低心血管、代謝疾病及癌症風險的健康飲食原則。此外，也參考了世界各國的餐盤計畫，將每日飲食指南圖像化，變身為臺灣版的「我的餐盤」，好讓國人更加了解食物及其富含的營養素，在每一餐都能輕鬆吃出健康飲食。

一、每日飲食指南

　　現行的「每日飲食指南」沿用 2011 年的扇形圖（圖 7-2），由 6 個顏色及面積大小不同的食物區塊所組成，來顯示每天所攝取之六大類食物在份量上的相對多寡，但不代表絕對的比率。扇形底部中心位置上仍可見騎單車人像及前輪中的「水」字，持續提醒「要吃也要動，多喝白開水」之健康生活習慣養成的重要性。現行版本的修訂特色說明如下：

🚲 圖 7-2　現行每日飲食指南（成人均衡飲食建議量）

資料來源：衛生福利部國民健康署（2018b，10 月）．*每日飲食指南手冊*．日 https://www.hpa.gov.tw/Pages/EBook.aspx?nodeid=1208

（一）「全穀根莖類」修正為「全穀雜糧類」

以「雜糧」來取代原先的「根莖」，在於促進國人對於全穀雜糧的廣泛認知，了解除了一般所熟悉的穀類之外，尚有澱粉含量豐富的根莖類、乾豆類、果實類食物及其他澱粉製品等（表 7-3）。

（二）「豆魚肉蛋類」的順序修正為「豆魚蛋肉類」

在富含蛋白質食物類的選擇上，為避免同時攝入有害健康的脂肪，特別是飽和脂肪，要注意選擇的優先順序。由近年的研究結果可知，蛋的攝取量與血膽固醇濃度及心血管疾病罹患風險較無相關性，而且蛋是營養豐富的食物，所以將蛋調整放在肉類之前。仍然鼓勵優先選擇豆類等植物性蛋白質，然後依序為魚類與海鮮、蛋類、禽肉及畜肉。

（三）將「低脂乳品類」修改為「乳品類」

近年來有許多研究結果發現，攝取全脂乳品並不會提升慢性疾病風險，或是導致體重增加，因此全脂及低脂乳品對身體具有相同的好處。每天建議飲用 1.5~2 杯（1 杯 240 c.c.）的乳品，藉以提升鈣質的攝取，維持骨骼的健康。

二、我的餐盤

在 2018 年 5 月首度推出的「我的餐盤」（圖 7-3），即是將「每日飲食指南」的六大類食物建議攝取份數轉化為比例圖像，所以只要選對食物種類及吃對比例，就能簡單地掌握餐餐均衡飲食的原則。為幫助國人記憶各類食物的攝取量，同時提出 6 句口訣如下（衛生福利部國民健康署，2018c）：

（一）每天早晚一杯奶

建議每天早晚各飲用一杯 240 c.c.的乳品，從而增加國人一向攝取不足的鈣質攝取量。建議以鮮乳、保久乳等原味乳品為主，以減少因飲用調味乳而可能攝入較多的糖及添加物。選擇優酪乳及優格時，為避免攝入過多的添加糖，也要儘量選擇低糖或無糖製品。若有乳糖耐受不良的問題，可由少量開始，逐漸增加乳品攝取量讓腸道適應，或可用乳糖含量較低的優酪乳、乳酪、羊乳來取代牛奶。素食者或對乳品過敏者，建議可多從其他高鈣食物，如傳統豆腐、豆干、小魚乾、黑芝麻或深綠色蔬菜、來獲得足量的鈣質。

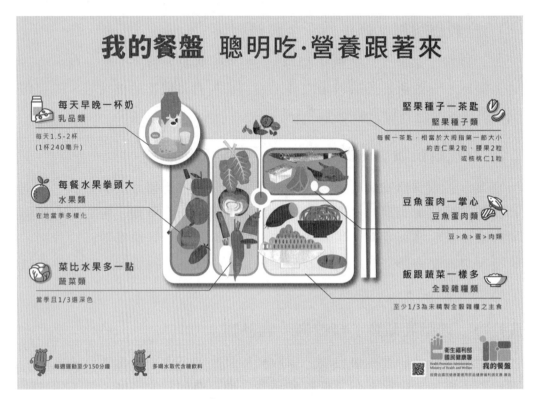

圖 7-3　我的餐盤

資料來源：衛生福利部國民健康署健康九九＋網站（2022 年，9 月 29 日）．*我的餐盤（餐墊）*．https://health99.hpa.gov.tw/material/7490

（二）每餐水果拳頭大

1 份水果約有 1 個拳頭大，在切塊或切片後則約有一般飯碗的大半碗~1 碗量。建議三餐都要各吃一個拳頭大的新鮮水果，或是每天至少攝取 2 份水果。在水果的選擇上，當以在地、當季、多樣化為原則。果皮含有豐富的膳食纖維及植化素，故可連皮吃的水果要盡量洗淨，連果皮一起吃下。因為果乾及果汁中的含糖量高且易攝取過量，因此以攝取新鮮水果為佳。此外，水果中的膳食纖維在果汁產品中被大量去除，所以切勿以果汁取代水果。

（三）菜比水果多一點

蔬菜要比水果多一些，建議每餐大約攝取 1.5 個拳頭大的蔬菜。通常早餐可能較難攝食到足量的蔬菜，就要在當天的午餐及晚餐時多吃點。在蔬菜的選擇上，也要以在地、當季、多樣化為主，特別是深色蔬菜應達到 1/3 以上。醃漬醬菜類的含鈉量較高，添加物也較多，應盡量以新鮮或冷凍蔬菜為首選。

（四）飯跟蔬菜一樣多

全穀雜糧類是大家所認知的主食，建議每餐大約攝入和蔬菜一樣的份量。然而若是攝取太多過度精製化的主食，會相對減少膳食纖維、維生素(如 B 群、E)及礦物質(如鉀、鎂等)的攝取量，且可能因油、糖、鹽含量較高而多了熱量、少了健康。因此主食來源應以維持原態為首選，或是至少要有 1/3 為未精製的全穀雜糧類，以增加攝取較多的營養素的機會。此外，當主食量減少時，蔬菜還是維持每餐大約 1.5 個拳頭大的攝取量；而當蔬菜量增加時，主食量則仍然維持在原來的建議份量，不需要增加。

（五）豆魚蛋肉一掌心

建議每餐吃下約為一個掌心大小及手掌厚度的豆魚蛋肉類（約可提供 1.5~2 份），並依序選擇豆製品、魚類海鮮、蛋、禽肉及畜肉，以減少攝取飽和脂肪。在禽肉及畜肉的攝取上，優先選擇白肉，且適量攝取紅肉。另要注意減少高脂部位和製品，如帶皮的、有油花的、動物內臟、油炸和加工的肉品，以避免攝取過量的油脂、鈉和添加物。

（六）堅果種子一茶匙

由於油脂類已在烹調時融入菜色中（每天烹調用油約 4~5 茶匙，並以植物油為主），所以就不放在餐盤上，而僅呈現堅果種子類。建議每天攝取 1 湯匙，或是分配在每餐攝取 1 茶匙（相當於大拇指第一指節大小）的堅果種子，可補充不飽和脂肪酸、維生素 E 及 B_1、鉀、鎂、磷、鐵等營養素的攝取。為能吃到有助健康的堅果種子，應特別注意挑選及保存原則，盡量達到無調味、無油耗味、無發霉、包裝不過大及標示完整，並要密封存放和留意保存期限。

三、國民飲食指標

現行的 12 項「國民飲食指標」簡述如下（衛生福利部國民健康署，2018d）：

1. **飲食應依「每日飲食指南」的食物分類與建議份量，適當選擇搭配。特別注意應吃到足量的蔬菜、水果、全穀、豆類、堅果種子及乳製品**

　　每天應依照「每日飲食指南」的建議，適量選擇及搭配飲食。特別要注意足量攝取絕大多數國人攝取不足的蔬菜類、水果類、乳品類及堅果種子類，並適量攝取全穀雜糧類及豆類，以落實均衡的飲食型態。

2. **了解自己的健康體重和熱量需求，適量飲食，以維持體重在正常範圍內**

　　確認個人之健康體重及熱量需求，適量飲食，以維持體重在正常範圍內，也就是身體質量指數(BMI)應介於 18.5~23.9 之間。個人的健康體重目標值，可利用[身高（公分）/100]×[身高（公分）/100]×22 的計算式求得。當熱量的攝取大於消耗時，會導致體內囤積過多的脂肪，進而增加慢性疾病的風險。

3. **維持多活動的生活習慣，每週累積至少 150 分鐘中等費力身體活動，或是 75 分鐘的費力身體活動**

　　維持健康必須要有充足的身體活動，藉以達成熱量平衡及良好的體重管理。可運用分段累積的方式，從每次 10 分鐘開始，達成每天 30 分鐘的身體活動量，或是每週至少 150 分鐘的中等費力身體活動（持續從事 10 分鐘以上尚可輕鬆對話，但無法唱歌的身體活動，如快走等）。

4. **以母乳哺餵嬰兒至少 6 個月，其後並給予充分的副食品**

　　母乳為嬰兒成長發育階段中所不可取代的必需食品，哺餵母乳可減少嬰兒的感染機會，並降低其日後罹患過敏性疾病、肥胖及癌症等慢性病的風險。建議完全以母乳哺餵嬰兒至少 6 個月，而在嬰兒 4 個月大時即可適時添加副食品，以補充營養需求（如鐵質），同時開始咀嚼、吞嚥、接受多樣性食物的訓練，並養成口味清淡的飲食習慣。此外，母乳的哺餵可鼓勵持續至母親和小孩所希望的時間。

5. **三餐主食應以全穀雜糧為主食**

　　三餐主食應多選擇全穀類，或是至少有 1/3 或一餐主食為糙米、胚芽米、全麥、全蕎麥製品或雜糧等。全穀類可提供豐富的維生素、礦物質、膳食纖維及各種對人體健康具有保護作用的植化素成分。

6. 多蔬食少紅肉、多粗食少精製

　　飲食以未精製之原態植物性食物為優先選擇，以充分攝取對於健康較為有利的微量營養素、膳食纖維及植化素，除了可避免攝食到以大量糖、油、澱粉加工製成的空熱量食品，且可符合節能減碳的環保原則，為改善全球暖化、減緩氣候變遷及維護地球環境永續發展盡心力。

7. 飲食多樣化，選擇當季在地食材

　　當季食材是在最適合的天候下生產出來，其營養價值高，價格便宜品質佳，也較為新鮮。此外，可減少長途運輸的能源消耗，也可符合節能減碳的原則。每種食物的成分均不相同，增加食物多樣性，可增加獲得各種不同種類營養素及植化素的機會，相對減少不利於健康之食物成分的攝取量。

8. 購買食物或點餐時注意份量，避免吃太多或浪費食物

　　當個人飲食任意加大份量時，容易造成熱量攝取過多或食物丟棄浪費的情形。故購買及製備餐食時，須注意份量應適中。

9. 盡量少吃油炸和其他高脂高糖食物，避免含糖飲料

　　高熱量密度的油炸、甜食、糕餅及含糖飲料等食物，會讓人在攝取相同份量時，卻吃下過多的熱量，將不利於熱量平衡及理想體重的管理和控制。多採取低油之蒸、煮、烤、微波等烹調方式，以減少外加油脂的機會。選擇不添加糖的飲料，好讓每天飲食中的「添加糖」攝取量不超過總攝取熱量的 10%。「添加糖」係指在製造或烹調食物時所加入的糖或糖漿，並不包括牛奶和水果等食物中原本所存在的糖類。

10. 口味清淡、不吃太鹹、少吃醃漬品、沾醬酌量

　　飲食重口味、過鹹、過度使用醬料及其他含鈉調味料、鹽漬食物，均會輕易使得鈉攝取量超標，從而導致高血壓，也易造成鈣質流失。每天鈉的攝取量應限制在 2,400 毫克以下，應選用加碘鹽，並特別留意加工食品所標示中的鈉含量。

11. 若飲酒,男性不宜超過 2 杯／日(每杯酒精 10 公克),女性不宜超過 1 杯／日。但孕期絕不可飲酒

　　酒為高熱能的食物,每 1 克的酒精可產生 7 大卡的熱量。長期飲酒過量,除了會干擾各種營養素的吸收及利用之外,也容易造成營養不良及肝臟疾病,甚至致癌,另會影響思考判斷力而引起意外事件。酒類每杯的份量約為啤酒 250 毫升、紅或白葡萄酒 100 毫升、烈酒(威士忌、白蘭地或高粱酒)30 毫升。懷孕婦女若喝酒,易使嬰兒出現畸形及體重不足的情形。

12. 選擇來源標示清楚,且衛生與安全的食物

　　食物一定要注意其清潔衛生,並加以適當的儲存與製備,以避免吃進發霉、腐敗、變質與汙染的食物。購買食物時,則應留意食物來源、食品標示及有效期限。

三、素食飲食指標及指南

　　由國民營養調查的結果可知,我國素食人口已達總人口的 10%(衛福部國民健康署,2018c)。為使素食者也能吃得均衡與健康,衛生福利部於 2013 年首次公布了「素食飲食指標」的 8 項飲食原則,並於 2018 年修改,供素食者參考(衛生福利部國民健康署,2018e)。

1. 依據指南擇素食,食物種類多樣化

　　素食可分為純素、蛋素、奶素、奶蛋素及植物五辛素五大類。素食者可依自己的素食種類及熱量需求,秉持營養充足、適量、多樣及均衡的健康飲食原則,來攝取所建議的六大類食物份數(表 7-4)。一般而言,純素及蛋素者會以豆類、蛋類(建議每日至多 1 份)取代豆魚蛋肉類,而奶素及奶蛋素者則建議增加乳品類的攝取。

2. 全穀雜糧為主食,豆類搭配食更佳

　　豆類食物和全穀雜糧類的蛋白質組成不同,兩者一起食用可達到「互補作用」,因此建議每天要有全穀雜糧類食物和豆類食品的搭配組合,且建議多選擇未精製全穀雜糧類,且應至少占每日全穀雜糧類攝取總量的 1/3 以上。假若素食者的熱量攝取在 1,200 大卡以下,由於易有營養素缺乏的問題,則其未精製全穀雜糧類的比例,最好能提升至每日全穀雜糧類總量的 2/3 以上。

表 7-4 素食飲食指南（各類素食及不同熱量需求之六大類食物建議份數）

純素或全素							
熱量需求（大卡） 食物類別	1,200	1,500	1,800	2,000	2,200	2,500	2,700
全穀雜糧類（碗）	1.5	2.5	3	3	3.5	4	4
未精製（碗）	1	1	1	1	1.5	1.5	1.5
其他（碗）	0.5	1.5	2	2	2	2.5	2.5
豆類（份）	4.5	5.5	6.5	7.5	7.5	8.5	10
蔬菜類（份）	3	3	3	4	4	5	5
水果類（份）	2	2	2	3	3.5	4	4
油脂與堅果種子類（份）	4	4	5	6	6	7	8
油脂類（茶匙）	3	3	4	5	5	6	7
堅果種子類（份）	1	1	1	1	1	1	1
蛋　素							
熱量需求（大卡） 食物類別	1,200	1,500	1,800	2,000	2,200	2,500	2,700
全穀雜糧類（碗）	1.5	2.5	3	3	3.5	4	4
未精製（碗）	1	1	1	1	1.5	1.5	1.5
其他（碗）	0.5	1.5	2	2	2	2.5	2.5
豆類（份）	3.5	4.5	5.5	6.5	6.5	7.5	9
蛋類（份）	1	1	1	1	1	1	1
蔬菜類（份）	3	3	3	4	4	5	5
水果類（份）	2	2	2	3	3.5	4	4
油脂與堅果種子類（份）	4	4	5	6	6	7	8
油脂類（茶匙）	3	3	4	5	5	6	7
堅果種子類（份）	1	1	1	1	1	1	1

表 7-4 素食飲食指南（各類素食及不同熱量需求之六大類食物建議份數）（續）

奶 素							
熱量需求（大卡） 食物類別	1,200	1,500	1,800	2,000	2,200	2,500	2,700
全穀雜糧類（碗）	1.5	2.5	3	3	3.5	4	4
未精製（碗）	1	1	1	1	1.5	1.5	1.5
其他（碗）	0.5	1.5	2	2	2	2.5	2.5
豆類（份）	3	4	5	6	6	7	8
乳品類（杯）	1.5	1.5	1.5	1.5	1.5	1.5	2
蔬菜類（份）	3	3	3	4	4	5	5
水果類（份）	2	2	2	3	3.5	4	4
油脂與堅果種子類（份）	4	4	5	6	6	7	8
油脂類（茶匙）	3	3	4	5	5	6	7
堅果種子類（份）	1	1	1	1	1	1	1
奶蛋素							
熱量需求（大卡） 食物類別	1,200	1,500	1,800	2,000	2,200	2,500	2,700
全穀雜糧類（碗）	1.5	2.5	3	3	3.5	4	4
未精製（碗）	1	1	1	1	1.5	1.5	1.5
其他（碗）	0.5	1.5	2	2	2	2.5	2.5
豆類（份）	2	3	4	5	5	6	7
蛋類（份）	1	1	1	1	1	1	1
乳品類（杯）	1.5	1.5	1.5	1.5	1.5	1.5	2
蔬菜類（份）	3	3	3	4	4	5	5
水果類（份）	2	2	2	3	3.5	4	4
油脂與堅果種子類（份）	4	4	5	6	6	7	8
油脂類（茶匙）	3	3	4	5	5	6	7
堅果種子類（份）	1	1	1	1	1	1	1

資料來源：衛生福利部國民健康署（2018f，10月）．素食飲食指南手冊．https://www.hpa.gov.tw/Pages/EBook.aspx?nodeid=1211

3. 烹調用油常變化,堅果種子不可少

　　在留意飲食中油脂的攝取量之外,也應注重使用油脂的品質;減少富含飽和脂肪酸之椰子油和棕櫚油的攝取,增加富含單元不飽和脂肪酸之橄欖油、芥花油及苦茶油等的攝取,並適量攝取富含多元不飽和脂肪酸之葵花油及大豆沙拉油等。建議要隨著烹調方法,經常變換烹調用油。每天應攝取 1 份黑芝麻、白芝麻、杏仁果、核桃、腰果、開心果、花生、松子仁、夏威夷豆及各類瓜子等堅果種子類食物,同時建議多樣化選擇,以均衡營養攝取。

4. 深色蔬菜營養高,菇藻紫菜應俱全

　　深色蔬菜(如地瓜葉、菠菜、芥藍菜、油菜及川七等)營養價值高,富含多種維生素、礦物質,而蔬菜中的菇類(如香菇、杏鮑菇及珊瑚菇等)、藻類(如海帶、裙帶菜及紫菜等)可提供維生素 B_{12},其中又以紫菜的維生素 B_{12} 含量較多,故建議素食飲食中蔬菜類攝取應包含至少一份深色蔬菜、菇類或藻類食物。

5. 水果正餐同食用,當季在地份量足

　　新鮮蔬果為醣類、膳食纖維、維生素 C、礦物質及植化素之主要食物來源,而維生素 C 與鐵質的吸收率呈現正相關性。建議每天至少攝取 2 份當季在地盛產的水果,並在三餐用餐時同時攝食,無論是餐前、餐中或餐後,均可改善鐵質之吸收率。

6. 口味清淡保健康,飲食減少油鹽糖

　　日常烹調飲食時應少用調味品,並多用蒸、煮、烤或微波來替代油炸,以減少烹調用油量。平時也要少吃醃漬食物、調味濃重、精製加工、高糖、高油高熱量的食品,以確實減少油、鹽及糖的攝取,並養成少油、少鹽(每日鹽分總攝取量限制在 6 克以下)、少糖(每日添加糖攝取量不宜超過總熱量的 10%)的飲食習慣。

7. 粗食原味少精製,加工食品慎選食

　　食物經過加工及精製的過程後,易造成營養成分的流失。而素食加工食品,多以大豆分離蛋白、麵筋、蒟蒻或香菇梗等原料,經過加工製程做成類似肉類造型或口感的仿肉食品,製作過程常會使用食品添加物,以增加其風味或

口感，故建議素食飲食應多選擇新鮮食材，少吃過度加工的食品。粗食是原型、原味、沒有化學添加物及加工層次最少的自然食物，應為日常飲食中的首選。

8. 健康運動 30 分，適度日曬 20 分

藉由適當的熱量攝取，配合體能運動以增加新陳代謝速率，是健康的體重管理方法，建議持續健康多活動，每日至少 30 分鐘。臺灣地區全年陽光充足，每天日曬 20 分鐘就足以在體內產生充足之活化型態維生素 D 來幫助鈣質的吸收及骨鈣的沉積，所以建議素食者應適度進行戶外體能活動，除消耗熱量外，亦可避免維生素 D 缺乏問題的發生。但若因自體免疫失調引起紅斑性狼瘡或有白化症等對光照敏感者，則要注意避免過度日曬以防病況惡化。

總之，要吃出營養與健康，就應充分了解健康與飲食的相關性，認識六大類營養素及六大類食物，然後確實掌握握「營養充足」、「適量」、「多樣」、「均衡」的健康飲食原則，並將適合葷食或素食型態的「國民飲食指標」及「每日飲食指南」，融入日常的飲食生活當中，就不難達到身心靈健康的養生目標！

 學後評量 EXERCISE

1. 阿海在準備升學考試，感到壓力很大，可以建議他多補充下列哪些維生素？
(A)維生素 A、維生素 B 群　(B)維生素 B 群、維生素 C　(C)維生素 C、維生素 D　(D)維生素 D、維生素 E。

2. 年輕人喜歡喝的可樂、汽水等碳酸飲料，這類食品含有較高的何種礦物質，攝取過多會影響鈣的吸收？(A)鈉　(B)鉀　(C)鈣　(D)磷。

3. 有關每日飲食指南涵蓋的食物類別，下列何者錯誤？(A)豆魚蛋肉類　(B)低脂乳品類　(C)全穀雜糧類　(D)蔬菜類。

4. 以下哪一項不是脂質的功能？(A)提供熱量效率最高　(B)包覆並保護重要器官　(C)建構與修復組織　(D)提供必需脂肪酸和脂溶性維生素。

5. 下列何者不屬於膳食纖維？(A)果膠　(B)洋菜膠　(C)明膠　(D)阿拉伯膠。

6. 食物與微量元素的關係，以下何者正確？(A)高麗菜妨礙碘的利用　(B)紅蘿蔔妨礙碘的利用　(C)牛奶幫助鐵的吸收　(D)牛奶幫助飲食中鋅的吸收。

7. 小 6 學生，因血脂偏高問題轉診營養師，經評估發現其鈣、鐵、鉀及纖維素攝取不足，鹽分及油脂攝取過多，午餐他想吃麵，以下何種麵食組合型態最適合？(A)紅燒牛肉麵＋油豆腐、滷海帶拼盤　(B)肉燥麵＋滷蛋、大腸拼盤　(C)豬肝麵＋涼拌小黃瓜＋皮蛋豆腐　(D)榨菜肉絲麵＋花生小魚乾。

8. 有關「我的餐盤」口訣，何者敘述錯誤？(A)每天早晚一杯奶　(B)每餐水果拳頭大　(C)豆魚蛋肉半掌心　(D)菜比水果多一點。

9. 下列菜單，何者符合均衡飲食？　(A)草莓醬厚片吐司一片、蘋果一顆、奶茶一杯　(B)乾飯一碗、清蒸魚、炒菠菜、起司豆腐、橘子一個　(C)培根青醬麵一盤、玉米濃湯一碗　(D)稀飯一碗、炒高麗菜、涼拌小黃瓜、香蕉一根。

10. 為了素食飲食達到充足蛋白質的攝取，則下列敘述何者正確？(A)建議選擇蛋奶素　(B)堅果種子類食材提供蛋白質　(C)菇藻紫菜可以提供蛋白質來源　(D)全穀根莖類食物搭配豆類食物。

解答　1.B　2.D　3.B　4.C　5.C　6.A　7.C　8.C　9.B　10.D

健康與生活 — 開創樂活幸福人生

參 考 文 獻　　　　　　　　　　　　　　　　　　　　REFERENCES

康健整合傳播部(2020)．*行政院國民健康署我的餐盤這樣吃-聰明挑食更健康*．
　　https://topic.commonhealth.com.tw/myhealthplate2019/
郭常勝、涂美瑜、邱敏甄、王柏勝、林芸甄(2018)．*食物代換速查輕圖典（增修版）*．
　　三采。
維 基 百 科 （ 2020 ， 3 月 ）．*脂 肪 酸*．https://zh-yue.wikipedia.org/
　　wiki/%E5%8F%8D%E5%BC%8F%E8%84%82%E8%82%AA
衛生福利部國民健康署（2018a，3 月）．*國健署公布 107 年最新版每日飲食指南 提倡
　　均衡飲食更健康*．https://www.hpa.gov.tw/Pages/Detail.aspx?nodeid=1405&pid=8388
衛 生 福 利 部 國 民 健 康 署 （ 2018b ， 10 月 ）．*每 日 飲 食 指 南 手 冊*．
　　https://www.hpa.gov.tw/Pages/EBook.aspx?nodeid=1208
衛 生 福 利 部 國 民 健 康 署 （ 2018c ， 12 月 ）．*我 的 餐 盤 手 冊*．
　　https://www.hpa.gov.tw/Pages/EBook.aspx?nodeid=3821
衛 生 福 利 部 國 民 健 康 署 （ 2018d ， 10 月 ）．*國 民 飲 食 指 標 手 冊*．
　　https://www.hpa.gov.tw/Pages/EBook.aspx?nodeid=1217
衛 生 福 利 部 國 民 健 康 署 （ 2018e ， 10 月 ）．*素 食 飲 食 指 標 手 冊*．
　　https://www.hpa.gov.tw/Pages/EBook.aspx?nodeid=1214
衛 生 福 利 部 國 民 健 康 署 （ 2018f ， 10 月 ）．*素 食 飲 食 指 南 手 冊*．
　　https://www.hpa.gov.tw/Pages/EBook.aspx?nodeid=1211
衛生福利部國民健康署（2019，5 月）．*食物代換表*．
　　https://www.hpa.gov.tw/Pages/ashx/File.ashx?FilePath=~/File/Attach/8380/File_8031.p
　　df
衛生福利部國民健康署（2022，8 月 5 日）．*國人營養素參考攝取量第八版-背景說明及
　　名詞對照*．https://www.hpa.gov.tw/Pages/Detail.aspx?nodeid=4248&pid=12285
衛生福利部國民健康署健康九九+網站（2022，9 月 29 日）．*我的餐盤（餐墊）*．
　　https://health99.hpa.gov.tw/material/7490
衛生福利部統計處（無日期）．*歷年統計*．https://dep.mohw.gov.tw/DOS/lp-5069-113-
　　xCat-y112.html
蕭寧馨(2018)．*食品營養概論（四版）*．時新。
Byrd-bredbenner, C., Berning, J., Kelly, D. & Abbot, J. (2021). *Wardlaw'd perspectives in
　　nutrition (12th ed.)*. McGraw-Hill Education.
Raymond, J. L. & Morrow, K. (2020). *Krause and Mahan's food & the nutrition care process
　　(15th ed.)*. Saunders.

作者｜蒙美津

CHAPTER
08 | 享瘦飲食大公開

學習目標

1. 了解體重對於健康的影響。

2. 了解國人飲食型態及肥胖狀況。

3. 了解我國的成人肥胖定義。

4. 了解「享瘦」的健康飲食原則。

Health And Life

=== 前言 ===

近年來，減肥似乎已經變成了全民運動！2017~2020 國民營養健康狀況變遷調查結果指出在 13~15 歲、16~18 歲、19~44 歲和 45~64 歲的年齡層中，男性近 6 個月嘗試減重的比例分別為 27.2%、25.7%、38.8%及 21.1%，而女性則分別為 41.1%、51.3%、50.3%和 35.6%。由此顯見，女性在減重上的努力明顯高於男性，日復一日又週而復始地努力嘗試各種聽聞有效的減肥方法，只求能夠再瘦一點、多瘦一點！即使大家都卯足了勁來減肥，卻不是個個都能達成減肥的目標，甚至有人還會越減越肥！

第 7 章中所提及之現行「國民飲食指標」，持續提醒大家要確保健康體重。而從研究體重與健康的相關文獻報告結果得知，體重超過理想體重範圍者之平均壽命較體重理想者為短。肥胖更被視為「萬病之源」或「健康殺手」，因為過重或肥胖會引發高血壓、高血糖、高血脂及高尿酸等代謝失調的狀況，並易促使心血管疾病、腦血管病變（中風）、糖尿病、痛風、膽囊疾病、膽結石及骨質疏鬆等疾病的發生及惡化，甚至還與特定癌症（如大腸直腸癌、乳癌、子宮癌及前列腺癌等）發生與進展密切相關。

相對地，體重低於理想體重範圍也會造成健康問題，如精神不好、昏昏欲睡、排便不順、情緒失控、營養不良、免疫功能降低、生病不易康復或可能會引起多重器官衰竭。對女性而言，體重無論是過重或過輕，除了會造成月經失調，導致慢性不排卵及不孕症、甚至停經的狀況之外，還容易造成身體各器官組織的病變。本章將就肥胖的主題，依序介紹臺灣地區成人飲食及肥胖之現況、成人肥胖定義及「享瘦」飲食，希望讓大家都能夠順心如意地完成維持理想體重的健康目標。

 第一節
臺灣地區成人飲食型態及肥胖狀況

 Health And Life

2013~2016 年國民營養健康狀況變遷調查的結果發現，19 歲以上國人的飲食型態並不均衡，尤其以蔬菜類、水果類、乳品類及堅果種子類最為偏離「每日飲食指南」的建議攝取份數。蔬菜類食物的建議攝取份數為每日 3 份，僅有 45 歲以上女性接近或符合建議量。水果類食物的建議攝取份數為每日 2 份，也只有 45~64 歲女性符合建議攝取量。乳品類食物的實際攝取份數，則是所有成年男、

女性均未能達到建議攝取的 1.5 份。堅果種子類食物的建議攝取份數為每日 1 份，然而除了 45 歲以上男性及 65~74 歲女性的平均攝取量達到 0.6~0.8 份之外，其他性別年齡分層的每日攝取量都沒有超過 0.5 份。在豆魚蛋肉類食物的攝取份數部分，19~44 歲及 45~65 歲男性則超過建議攝取量。油脂類的攝取份數方面，19~44 歲男、女性的攝取量較建議攝取量分別多了 0.8 份及 0.7 份，但 75 歲以上男、女性的攝取量則較建議攝取量分別少了 0.5 份及 0.7 份。而在熱量的攝取上，男性在 19~44 歲為最高（2,420 大卡），其後則隨年齡增加而下降；女性的熱量攝取在 19~64 歲維持平穩（1,676~1,703 大卡），但在 65 歲後也隨年齡增加而下降。在三大熱量營養素占總熱量比例方面，蛋白質為 16.4~17.0%、脂肪為 24.7~33.1%、醣類為 50.0~58.9%，其中脂肪攝取量隨年齡上升而逐漸減少，但醣類攝取量反而隨年齡上升而稍微增加。後續在 2017~2020 年的調查結果分析得知，國人在六大類食物的攝取狀況上，仍以蔬菜類、水果類、乳品和堅果種子類，最為偏離飲食指南的建議，亦即實際攝取份數都低於建議攝取份數。

2013~2016 年國民營養健康狀況變遷調查的結果也指出，19 歲以上成人的平均身體質量指數(body mass index, BMI)值為 24.2，其中男性為 24.7、女性為 23.6。在過重及肥胖（BMI ≥ 27）的盛行率方面，45~64 歲、65~74 歲和 75 歲以上的三個年齡層皆有一半以上的人口有過重或肥胖的問題，而且男性的過重及肥胖盛行率又比女性為高。成年男性的過重及肥胖盛行率為 53.4%（26.8%過重及 25.3%肥胖），亦即每兩位男性中即有一位過重或肥胖者；而成年女性的過重肥胖盛行率為 38.3%（18.0%過重及 19.4%肥胖），也就是約每三位女性中有一位過重或肥胖者。19 歲以上男性腰圍平均值為 87.4 公分，女性為 80.2 公分，男、女性的腰圍過大比例（男性腰圍 ≥ 90 公分、女性腰圍 ≥ 80 公分）分別為 38.0%及 46.6%，除了均有隨年齡增加而大幅超標的情形，且女性的腹部肥胖問題較男性為嚴重。與肥胖相關的代謝異常疾病，如高血壓、糖尿病及血脂異常的盛行率也仍然呈現上升的趨勢。而 2017~2020 年的調查結果得知，19 歲以上成人的平均 BMI 值為 24.5，男性為 25.3、女性為 23.8。同時，45 歲以上的三個年齡層依然存在有過半人口出現過重及肥胖的問題。在腰圍的測量方面，19 歲以上男性的平均值為 89.8 公分，女性則為 81.9 公分。男、女性腰圍過大比例分別為 47.2%及 52.9%，超標的現象隨著年齡增長而加劇，且女性較男性更為嚴重。血脂異常（高膽固醇、高低密度脂蛋白膽固醇及高三酸甘油酯）與代謝症候群的盛行率均有升高的趨勢。

上述的調查結果再次提醒大家，要加強關注飲食營養的攝取狀況，以確保健康體重的達到與維持，並有效預防代謝疾病的發生及惡化。

 **第二節 成人肥胖定義**

Health
And Life

究竟是誰真的需要減肥？要解答這個問題，就要先知道自己的體位、腰圍及體脂肪率。目前國際通用之衡量體重及身高是否處於「健康範圍」內的方式為 BMI 計算法；BMI 的計算公式如下：

$$BMI＝體重（公斤）÷身高^2（公尺^2）$$

行政院衛生福利部（簡稱衛福部）依據國人歷年來的營養健康調查資料，訂定適合國人使用的成人 BMI 判定值表；當 BMI 等於 18.5~23.9，即是在健康體位的範圍內。不過，要注意這份成人 BMI 數值表並不適用於未滿 18 歲的青少年、孕婦及哺乳婦、體弱或須久坐的老年人和競賽運動員。

舉例來說，某人的身高為 160 公分，體重為 55 公斤，則某人的 BMI＝$55/(1.6)^2＝21.5$（公斤／公尺^2），所以其體重在正常範圍之內。假如要以 BMI 的公式來推算出健康體重，則將身高^2（公尺^2）乘以最健康的 BMI 值 22（公斤／公尺^2）。而要推算出正常體重範圍，就將身高^2（公尺^2）乘以 BMI 值 18.5 及 23.9（公斤／公尺^2）。假若某人身高為 160 公分，則某人的健康體重為 $22×(1.6)^2$＝56.3 公斤，所以其正常體重範圍介於 $47.4[18.5×(1.6)^2]$ 及 $61.2[23.9×(1.6)^2]$公斤之間。

腰圍是可用來判斷肥胖的簡易型重要指標，腰圍肥胖代表內臟脂肪過多，正是導致高血壓、高血糖及高血脂等疾病的危險因子。所以即使 BMI 值並沒有超標，但男性的腰圍超過 90 公分（約 35 吋），女性的腰圍超過 80 公分（約 31 吋），還是會被歸類為「肥胖」；要記得「腰圍八九十、健康常維持」！BMI 及腰圍數值與成人健康狀況的關係如表 8-1 所示。

此外，可利用生物電阻阻抗分析儀（體脂計）來測量體脂肪。其乃藉由無感無害的微弱電流經由手部及腳部通過身體，使不導電的脂肪組織產生阻抗，從而換算出脂肪組織量及百分比。由於先天生理結構上的不同，女性的脂肪含

量一般較男性為高；年紀也是體脂肪差異的考量因素。因此，理想體脂率依性別及年紀而有所差異。不過，只要男性體脂率為 25%及以上，女性體脂率為 30%及以上，就屬於體脂肪過量。體脂率的判別標準如表 8-2 所示。

表 8-1　成人肥胖定義

	BMI（公斤／公尺²）	腰圍（公分）
體重過輕	BMI<18.5	
正常範圍	18.5≤BMI<24	—
異常範圍	・過重：24≤BMI<27 ・輕度肥胖：27≤BMI<30 ・中度肥胖：30≤BMI<35 ・重度肥胖：BMI≥35	・男性：≥90 公分 ・女性：≥80 公分

資料來源：衛生福利部國民健康署健康九九＋網頁（無日期）・*身體質量指數 BMI*・https://health99.hpa.gov.tw/onlineQuiz/bmi

表 8-2　體脂肪率判定標準

性　別	理想體脂率		肥胖體脂率
	<30 歲	>30 歲	
男　性	14~20%	17~23%	≥25%
女　性	17~24%	20~27%	≥30%

資料來源：財團法人臺灣癌症基金會（無日期）・*肥胖的定義*・https://www.canceraway.org.tw/page.asp?IDno=3674

第三節　享瘦飲食

一、熱量需求及六大類飲食建議份數

　　要維持健康的體重，首先必須了解自己的熱量需求。每個人的熱量及所需飲食份量會隨著年齡、身高、體重、活動及身體狀況而有所不同。根據現行「每日飲食指南手冊」的資料，個人可藉由「健康體重與範圍」的對照表（表 8-3）來找到自己的健康體重及正常體重範圍，再看看自己每天的生活活動強度（表 8-4），查出自己的每日熱量需求（表 8-5），然後依照熱量需求，查出自己的六大類食物建議份數（表 8-6）。

以第二節所舉例的某人來說，若其為 20 歲的大學女生，沒有運動習慣。在對照表 8-3、8-4 及 8-5 後，可知其體重在「正常體重範圍」之內，生活活動強度為「低」，熱量需求為「1,450 大卡」，所以可參照表 8-6 中每天 1,500 大卡來查出其六大類食物建議份數，也就是全穀雜糧類 2.5 碗（其中未精製部分要有 1 碗）、豆魚蛋肉類 4 份、乳品類 1.5 杯、蔬菜類 3 份、水果類 2 份及油脂與堅果種子類 4 份（3 份烹調用油及 1 份堅果）。

表 8-3　身高體重對照表

身高（公分）	健康體重（公斤）	正常體重範圍（公斤）	身高（公分）	健康體重（公斤）	正常體重範圍（公斤）
145	46.3	38.9~50.4	168	62.1	52.2~67.6
146	46.9	39.4~51.1	169	62.8	52.8~68.4
147	47.5	40.4~51.8	170	63.6	53.5~69.3
148	48.2	40.5~52.5	171	64.3	54.1~70.1
149	48.8	41.1~53.2	172	65.1	54.7~70.9
150	49.5	41.6~53.9	173	65.8	55.4~71.7
151	50.2	42.2~54.6	174	66.6	56.0~72.6
152	50.8	42.7~55.3	175	67.4	56.7~73.4
153	51.5	43.3~56.1	176	68.1	57.3~74.2
154	52.2	43.9~56.8	177	68.9	58.0~75.1
155	52.9	44.4~57.6	178	69.7	58.6~75.9
156	53.5	45.0~58.3	179	70.5	59.3~76.8
157	54.2	45.6~59.1	180	71.3	59.9~77.7
158	54.9	46.2~59.8	181	72.1	60.6~78.5
159	55.6	46.8~60.6	182	72.9	61.3~79.4
160	56.3	47.4~61.3	183	73.7	62.0~80.3
161	57.0	48.0~62.1	184	74.5	62.6~81.2
162	57.7	48.6~62.9	185	75.3	63.3~82.0
163	58.5	49.2~63.7	186	76.1	64.0~82.9
164	59.2	49.8~64.5	187	76.9	64.7~83.3
165	59.9	50.4~65.2	188	77.8	65.4~84.7
166	60.6	51.0~66.0	189	78.6	66.1~85.8
167	61.4	51.6~66.8	190	79.4	66.8~86.5

資料來源：衛生福利部國民健康署（2018 年，10 月）·每日飲食指南手冊·
https://www.hpa.gov.tw/Pages/EBook.aspx?nodeid=1208

🔋表 8-4　生活活動強度表

低		
生活動作	時間（小時）	日常生活的內容
安　靜	12	靜態活動，睡覺、靜臥或悠閒的坐著（例如坐著看書、看電視等）
站　立	11	
步　行	1	
快　走	0	
肌肉運動	0	
稍　低		
生活動作	時間（小時）	日常生活的內容
安　靜	10	站立活動，身體活動程度較低、熱量較少（例如站著說話、烹飪、開車、打電腦等）
站　立	9	
步　行	5	
快　走	0	
肌肉運動	0	
適　度		
生活動作	時間（小時）	日常生活的內容
安　靜	9	身體活動程度為正常速度、熱量消耗較少（例如在公車或捷運上站著、用洗衣機洗衣服、用吸塵器打掃、散步、購物等）
站　立	8	
步　行	6	
快　走	1	
肌肉運動	0	
高		
生活動作	時間（小時）	日常生活的內容
安　靜	9	身體活動程度較正常速度快或激烈、熱量消耗較多（例如上下樓梯、打球、騎腳踏車、有氧運動、游泳、登山、打網球、運動訓練等）
站　立	8	
步　行	5	
快　走	1	
肌肉運動	1	

資料來源：衛生福利部國民健康署（2018 年，10 月）・*每日飲食指南手冊*・
https://www.hpa.gov.tw/Pages/EBook.aspx?nodeid=1208

表 8-5　熱量需求表

性　別	年　齡	熱量需求（大卡）				身　高註（公分）	體　重註（公斤）
		生活活動強度					
		低	稍　低	適　度	高		
男	19~30	1,850	2,150	2,400	2,700	171	64
	31~50	1,800	2,100	2,400	2,650	170	64
	51~70	1,700	1,950	2,250	2,500	165	60
	≧71	1,650	1,900	2,150	—	163	58
女	19~30	1,450	1,650	1,900	2,100	159	52
	31~50	1,450	1,650	1,900	2,100	157	54
	51~70	1,400	1,600	1,800	2,000	153	52
	≧71	1,300	1,500	1,700	—	150	50

註：以 94~97 年國民營養健康狀況變遷調查之體位資料，利用 50 百分位身高分別計算身體質量指數
　　(BMI)=22 時的體重，再依照不同活動強度計算熱量需求。

資料來源：衛生福利部國民健康署（2018 年，10 月）. *每日飲食指南手冊*.
　　　　　https://www.hpa.gov.tw/Pages/EBook.aspx?nodeid=1208

表 8-6　不同熱量需求之六大類食物建議份數

食物類別 ＼ 熱量需求（大卡）	1,200	1,500	1,800	2,000	2,200	2,500	2,700
全穀雜糧類（碗）	1.5	2.5	3	3	3.5	4	4
全穀雜糧類（未精製）（碗）	1	1	1	1	1.5	1.5	1.5
全穀雜糧類（其他）（碗）	0.5	1.5	2	2	2	2.5	2.5
豆魚蛋肉類（份）	3	4	5	6	6	7	8
乳品類（杯）	1.5	1.5	1.5	1.5	1.5	1.5	2
蔬菜類（份）	3	3	3	4	4	5	5
水果類（份）	2	2	2	3	3.5	4	4
油脂與堅果種子類（份）	4	4	5	6	6	7	8
油脂類（茶匙）	3	3	4	5	5	6	7
堅果種子類（份）	1	1	1	1	1	1	1

資料來源：衛生福利部國民健康署（2018 年，10 月）. *每日飲食指南手冊*.
　　　　　https://www.hpa.gov.tw/Pages/EBook.aspx?nodeid=1208

二、常見飲食控制減重法

努力尋求快速有效的減肥法，是全世界肥胖者的目標與需求。只要有人說有效，無論減肥的方法再奇怪、再辛苦、甚至再危險，都有人樂意去嘗試。萬一失敗了，總是有嶄新又吸引人的減肥方法可以繼續挑戰。許多花俏的減肥方法因而陸續推出，且能風行一時。然而以醫療營養的觀點看來，有的減肥方法確實會對身體造成傷害，可能花了錢又賠了健康。以下就一些常見的飲食控制減重法，簡單說明其方法原則、特點及不良影響。

（一）單一食物減肥法

這種方法通常是在數日至 1 個月內的固定期限中，只吃一種食物或少數幾種低熱量的食物，不吃或少吃其他的食物；也就是將食物單純化而達到降低熱量攝取的目的，執行起來並不困難。受到青睞的食物包括蘋果、番茄、香蕉、蜂蜜及優酪乳等。以蘋果為例，1 顆拳頭大的蘋果約有 60 大卡的熱量，一天吃10 個也只有 600 大卡的熱量，等於極低熱量的飲食型態，體重自然容易下降。由於單一食物都不會是含有完整營養素的食物，因此容易發生蛋白質不足、營養失調的現象。而且單一食物因為單調而不易持久，所減下來的體重主要是水分及肌肉組織，在回復正常飲食後，復胖機率高，而且會堆積更多的體脂肪。

（二）消脂茶

消脂茶是利用中藥材的屬性來混合搭配，最常用的有陳皮、甘草、山楂及決明子等。山楂可降低膽固醇，但具有開胃的功能，可能反倒會促進食慾。決明子有緩瀉作用，體質較弱者就不適合服用。而山楂及決明子的酸性都較強，胃功能不佳者易發生胃酸過多的問題。有些消脂茶會添加瀉下（如番瀉葉）及利尿（如澤瀉）的成分來達到減重的效果。番瀉葉藥性較強，服用過多會產生噁心、嘔吐及腹痛等症狀，故被規範為醫師處方用藥。澤瀉屬性甘寒，體虛或怕冷、臉色發白者應注意其寒性。

其實，消脂茶的主要功效在於降低血中的膽固醇及三酸甘油酯，減輕體重只是附帶的效用，減肥者真的不能期待只靠喝茶、不節制飲食，就有神奇的減肥效果。而且長期的腹瀉及利尿，可能會造成食物吸收不良、脂溶性維生素缺乏及電解質不平衡等現象。

（三）吃肉減肥法

吃肉減肥法是僅食用含有高蛋白及高脂肪的肉類，配合極少量的醣類攝取，以使體內產生酮體做為熱量來源的減肥方法。在開始進行的前兩週之內，每日醣類攝取限制在 20 公克或以下，接著可每週增加 5 公克醣類直到與目標體重差距在 4.5 公斤之內，其後可每週增加 10 公克醣類直到不會增加體重的最大攝取量。由於讓身體處在沒有足夠醣類熱量的狀況下，轉而燃燒脂肪並產生大量脂肪氧化不完全的代謝產物酮體，來當作替代性的熱量來源，這和極低醣類高脂肪的生酮飲食型態頗為類似。

由於飲食豐富、心理獲得較高的滿足感，初期因酮體排出體外所致的脫水而促使體重快速下降，或可讓減肥者在短期內就看到明顯的減重效果。然而卻容易造成細胞脫水，併發尿路結石及高尿鈣等病症，也易引起酮酸中毒及痛風等問題。飲食上的不均衡，也會引起便秘及微量營養素不足，並可能導致腎臟及中樞神經受損。

（四）生酮飲食

在均衡飲食中，醣類所提供的熱量約占總攝取熱量的 50~60%，蛋白質及脂肪則分別各占 10~20% 及 20~30%。生酮飲食則大幅調降醣類的總熱量占比至 5~10%（每日醣類攝取總量約 20~50 公克），維持蛋白質的總熱量占比 20%，並大幅增加脂肪的總熱量占比至 70~75%；亦即運用極低醣類、適量蛋白質及高脂肪的極端飲食模式，強迫人體燃燒脂肪以產生酮體來當作替代性能量來源。號稱喝咖啡減肥的防彈咖啡，就可將之視為生酮飲食的衍生品。

生酮飲食原本在臨床上用於治療癲癇，以達到抗痙攣及緩和發作的效用。現有減重臨床研究指出，生酮飲食於短期內的減重效果較低脂飲食為明顯，但減重差距在一年的飲食介入後和停止飲食介入且連續追蹤兩年之後已不顯著。長期採用生酮飲食，由於飲食營養不均衡，可能會引起腸胃不適的症狀，也會增加酮酸症、低血糖、脫水、血脂異常及心血管疾病等風險。

（五）低升糖指數飲食／低胰島素飲食

升糖指數(glycemic index)簡稱 GI，是指食物攝取後讓血糖上升多少幅度的參考數值。血糖升高的程度與胰島素的分泌直接相關；血糖一升高，胰臟便釋放胰島素，血中葡萄糖就會進入肌肉或肝臟儲存，促進脂肪的合成。因而低胰島素飲食的原理在於選用低升糖指數食物，來減少脂肪的合成及積存。

高纖低醣的食物通常是低升糖指數的食物,如豆類及蔬菜。同樣屬於低升糖指數的奶類、肉類,卻含有較高的脂肪及熱量。因此若不控制熱量,減肥效果就會緩慢或是不明顯。而肉類若攝食過量,還是會增加高血脂、高尿酸及心血管疾病的風險。

(六)斷食法

斷食雖有不同的型態,包含全斷食、間歇性斷食的 168(1 天禁食 16 小時)、1212(1 天禁食 12 小時)、52(1 週 5 天正常飲食,2 天輕度斷食)、隔日斷食(每隔 1 天禁食 1 次)等,或是水斷食等,但實際上就是利用「禁食」的方式達到減少熱量攝取,利用及消耗身體所儲存之脂肪的目的。減重的效果快速,然而減去體脂肪的同時,也會流失大量的瘦體組織,降低免疫力、增加感染的風險,使得基礎代謝率下降,增加後續減重的困難度。此外,也容易形成膽結石、引發痛風、缺乏微量營養素、造成便秘及腸胃不舒服等狀況。

三、享瘦均衡飲食

針對熱量攝取過多所形成的肥胖,通常會建議採取「低油、低鹽、低糖、高纖、低熱量的均衡飲食」對策來因應。在此要特別強調均衡飲食的重要性,否則身體長期缺乏某種營養素,會造成肌肉組織耗損、體液成分改變等的生理性傷害。

理想的減重是在 6~12 個月減去 5~10% 的體重,因為人體脂肪組織中的脂肪約占有 80%,所以要減輕 1 公斤體重,需要少攝取或多消耗 7,700 大卡的熱量。若能每天減少 500~1,000 大卡,一個星期下來就可以減輕 0.5~0.9 公斤的體重;雖然成效緩慢,卻是最符合健康原則,並能持之以恆的減肥方式。一般減重應注意每天的熱量攝取為男性不低於 1,500 大卡、女性不低於 1,200 大卡,否則容易產生各種營養素缺乏症。

(一)低油的飲食對策

油脂是主要熱量來源之一,攝取過量即會增加肥胖的危險。要降低油脂的攝取,應先了解脂肪存在於食物中的型態,可分為「顯性可見」與「隱性不可見」兩大類。

1. **顯性可見的脂肪**：指肉眼可見之脂肪部分，包括肉類的肥肉、培根、雞鴨皮、豬皮及魚皮等與脂肪類的奶油、牛油、豬油、沙拉油、麻油、瑪琪琳及烤酥油（圖 8-1(a)）。

2. **隱性不可見的脂肪**：指肉眼看不見但均勻分布於食物中之脂肪部分，主要包含在酥皮點心、糕點、全脂乳製品、香腸、火腿、熱狗、蛋黃、禽肉、畜肉、肉酥、魚卵、麵筋泡、油豆腐、豆腐泡、酪梨、橄欖、椰子肉、蛋黃醬、奶精、花生醬、芝麻醬、沙茶醬、各種堅果與油炸食品中（圖 8-1(b)）。

由此可知，降低脂肪攝取的飲食對策包括：以低脂的全穀雜糧類為主食，多吃新鮮蔬果，選用低脂或脫脂乳品，選用含脂量較少的肉類，盡量不吃顯性可見的脂肪，不額外添加油脂，不吃油汁拌飯，少用市售半成品，節制食用糕餅點心，先吃菜再吃肉，撈除湯汁浮油，少用調理油包，盡量採用低油烹調法（如蒸、煮、烤、滷、凍、拌、燙、燉、涮及燒等），以清湯取代濃湯，以原味取代調味，選用水分含量多的食物，選用帶骨帶刺較多的肉類、魚類，還有選用不易消化吸收的食物（如洋菜凍及蒟蒻產品等）。

肉類：肥肉、培根、雞鴨皮、豬皮、魚皮

脂肪類：奶油、牛油、豬油、沙拉油、麻油、瑪琪琳、烤酥油

(a)顯性可見的脂肪

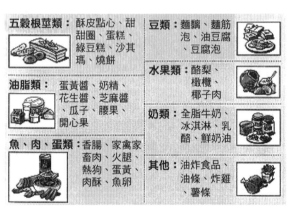

五穀根莖類：	酥皮點心、甜甜圈、蛋糕、綠豆糕、沙其瑪、燒餅	豆類：	麵腸、麵筋泡、油豆腐、豆腐泡
油脂類：	蛋黃醬、奶精、花生醬、芝麻醬、瓜子、腰果、開心果	水果類：	酪梨、橄欖、椰子肉
		奶類：	全脂牛奶、冰淇淋、乳酪、鮮奶油
魚、肉、蛋類：	香腸、家禽家畜肉、火腿、熱狗、蛋黃、肉酥、魚卵	其他：	油炸食品、油條、炸雞、薯條

(b)隱性不可見的脂肪

⏱ **圖 8-1　食物中的脂肪型態**

資料來源：開南大學學生事務處（無日期）．*降低脂肪吃出健康 2*．https://sa.knu.edu.tw/p/405-1005-19533,c2826.php?Lang=zh-tw

在食用油的選擇上，基本上要挑選脂肪酸含量較低的植物油，盡量不要使用飽和度高的動物油。不過，動物性油脂中的魚油，特別是深海魚油（如鮭魚、鯡魚及鯖魚等），富含 EPA 及 DHA 這類ω-3 系列的多元不飽和脂肪酸，具

有降低血脂及延緩血液凝結等效用，有助於心血管疾病的預防與治療。而椰子油與棕櫚油雖然屬於植物油，卻是飽和脂肪酸的主要食物來源，同樣容易堆積在血管壁上，引起血管粥狀硬化，增加日後血管栓塞的危險率。更要注意的是，植物油在經過氧化作用的加工過程後，會形成含有「反式脂肪酸」較多的固態油（如人造奶油、起酥油及植物酥油等）。由於反式脂肪酸的結構與飽和脂肪酸類似，因此其亦具有提高血脂濃度、不利血管健康的危險性，甚至比飽和脂肪酸所致的傷害更為嚴重，應盡量減少食用。不飽和脂肪酸雖然比較不會堆積於血管壁上，但由於其具有高度的不安定性，高溫長時間加熱或放置過久，都會進行自由基連鎖反應，使得油脂成為致癌、患病及加快老化的健康殺手。所以，較為安心的油脂使用方法在於降低總油脂量，減少飽和、反式脂肪酸與膽固醇的攝取，選用「單元不飽和脂肪酸」含量較「多元不飽和脂肪酸」為多的油脂（1.5~2 倍最理想），盡量減少高溫油炸的烹調方式、避免使用回鍋油、少吃油炸食品。若一定要煎炸，則要選用飽和度較高的油脂，並將油脂存放在低溫、無光照的地方，且在有效期限內使用完。

（二）低鹽的飲食對策

因熱量過剩所導致的肥胖，就會造成血壓上升的現象，常使得收縮壓超過 120 毫米汞柱(mmHg)，舒張壓超過 80 毫米汞柱，而達到高血壓前期的標準。食鹽中的鈉與其他離子相互配合，會影響體內水分的保存量與血壓，是讓體重延緩下降及血壓上升主要食物成分之一，也和心臟疾病及中風有著密切關係。

天然食物的鈉含量並不高，一般所攝取的鈉主要是由加工食品而來。大家都知道食鹽和醬油的含鈉量高，而容易忽略其他調味品，如烏醋、番茄醬、蠔油、豆瓣醬、沙茶醬、味噌等醬料，還有麵線、醃漬的醬菜類、燻製的肉類、罐製的食品、甜鹹蜜餞等隱性高鹽加工食品。更不易察覺的是味精、發粉及許多食品添加物，雖然屬於鈉鹽類，卻沒有食鹽的鹹味，所以吃起來不鹹的食物並不表示就可以放心食用。每克食鹽中約含有 400 毫克的鈉，1 茶匙（6 克）的食鹽中就含有 2,400 毫克的鈉，相當於 2 又 2/5 湯匙醬油、6 茶匙味精、6 茶匙烏醋及 15 茶匙番茄醬的鈉含量。

減少飲食中鈉攝取的技巧有：盡量選擇新鮮食材、自製餐點，避開加工或速食品，減少外食次數，逐漸降低含鈉調味料的添加次數與使用量，或利用食

物本身的鮮味來減少調味品的使用（如柳橙、檸檬、蘋果、鳳梨、芒果、番茄、甜椒、香菜、菇蕈、海帶、蔥、薑、蒜、九層塔及香草類等食材）。另外，桌上不放調味品，成品不加調味品。有人會考慮使用代鹽或低鈉醬油來達成減鹽的目標，但因這類食品的含鉀量高，不適合腎功能異常及高血鉀症者食用。

（三）低糖的飲食對策

每克糖大約可供應 4 大卡的熱量，而且除了熱量之外，幾乎不提供其他的營養素。若攝取過量，會促進體內脂肪組織的囤積。大部分的市售中西式甜點，不僅多糖且高油，熱量的攝取更是加倍地送進體內，最好要節制食用。要當心的是，有一些標榜低脂低熱量的含糖飲料，雖然減了脂肪，卻以高糖來強化風味，所攝取的熱量還是頗為可觀。有人認為少糖可以預防糖尿病，但其實真正的重點在於預防肥胖；減糖是減少熱量來源的一種方法，還必須加上總熱量攝取的控管，才能夠遠離肥胖，減少罹患糖尿病的風險。

（四）高纖的飲食對策

膳食纖維可增加食物的體積、刺激飽足感、延緩飢餓感，有助於肥胖的控制。而膳食纖維尚有清潔腸道，預防與改善便秘、預防大腸癌、控制血脂、血壓、血糖的實證效果，曾有營養學者譽之為「第七大營養素」。不過每人每天的膳食纖維攝取量以 25~35 克為宜，攝食太多可能會引發腸胃不適，干擾熱量及營養素的吸收與利用，反而會造成營養不足的問題。富含膳食纖維的食物來源有：蔬果類、豆類、全麥製品及全穀雜糧類（如糙米、燕麥、薏仁及多穀米等）。

增加膳食纖維的策略包括：以糙米或全穀雜糧飯取代白米，以新鮮蔬果取代糕餅甜點，每天至少吃 3 份新鮮蔬菜類且一起吃下菜葉及菜梗，每天至少吃 2 份新鮮水果類且不以果汁替代，以黃豆類取代肉類，還有多選用膳食纖維含量高的食物（如木耳、洋菜及海帶等）。

此外，每人每天還應喝夠足量的白開水，來維持正常的循環與排泄、生化反應、電解質的平衡，調整體溫，潤滑組織及預防便秘等生理功能。

二、享瘦外食的基本飲食原則

董氏基金會所發布的資料指出，13~64 歲國人三餐都外食的比例即有 68%。而平日早餐外食的比例有 64.8%，超過 1,100 萬人；午餐外食比例的更高達 79%，超過 1,370 萬人（董氏基金會，2016）。2017~2020 國民營養健康狀況變遷調查結果顯示，國人因就學及工作的緣故，7~64 歲族群的外食比例高，且每週在早餐、午餐及晚餐的外食頻率上，都達到 5 天以上。其中，7 歲以上的外食以午餐為最高、早餐居次，19 歲以上則以早餐及午餐為主。此外，男性在各年齡層的外食比例都較女性為高。三餐老是在外的「老外」一族，最常面臨餐食過度調味、肉多、蔬菜少、高油、低纖等營養失衡的問題，加上活動量不足，就容易造成體重過重或肥胖。因此，老外們最好要確實遵守四少一多的基本外食原則：

1. 少肥肉
(1) 選購油脂含量較少的部位，如豬里肌肉、後腿瘦肉及雞胸肉等。
(2) 不吃看得見的肥肉及外皮，烹調前應先去皮及油。
(3) 少吃絞肉類的成品，可特別選購脂肪含量較低的絞肉或脂肪含量較少的肉類來製成絞肉。

2. 少油炸
(1) 以蒸、煮、滷及烘烤等方式來取代油炸。
(2) 減少攝取油炸類食物。
(3) 減少採用「過油」的烹調方式。
(4) 了解食物的製作烹調方式，以防攝食過多油脂。

3. 少醬料：少用油脂含量高之醬料，如蘑菇醬、豆瓣醬、辣椒醬、麻婆醬、義大利肉醬、洋蔥麵包醬、肉燥、沙茶醬、素沙茶醬及沙拉醬等。

4. 少油湯
(1) 湯類在冷藏後，應去除上層已凝固之油脂。
(2) 喝湯之前先撈出或吹開浮油。

5. 多蔬果：每天至少攝取 3 份蔬菜和 2 份水果。

三、享瘦的三餐外食小竅門

　　將前述四少一多基本外食原則應用於日常三餐之中的享瘦外食小訣竅說明如下：

（一）早餐及午餐

1. 漢堡／三明治

(1) 可請店家多放幾片生菜（或小黃瓜絲及番茄片等），以增加份量的飽足感，卻不會增加熱量的負擔。

(2) 選用全麥或不切去邊條的麵包，以增加纖維及飽足感。

(3) 減少動、植物性奶油與蛋黃醬或美乃滋的用量，而且可用胡椒鹽、檸檬汁及優酪來取代蛋黃醬或美乃滋，才不會攝取過多的糖與脂肪。

2. 自助餐

(1) 取菜時盡量用夾子來取代杓子，以防止攝取菜汁中過多的鹽及油脂等成分。

(2) 減少或避免夾取炸物和燴羹類食物，以防止攝取過多的油脂及澱粉類。

(3) 選用清蒸的及滷製的菜品，如燒冬瓜、清蒸魚及滷海帶等。

(4) 準備一碗清湯，將菜餚先過一下清湯，藉以減少芡汁或油脂後再食用。

3. 麵 食

(1) 盡量減少點用燴類及羹類的麵食品。

(2) 不要喝光麵湯的湯頭，以免吃進其中可能含有的高量鹽和油脂。

（二）晚 餐

1. 自助餐

(1) 可要求店家把菜餚與飯分開放，以防止菜汁混入白飯之中。

(2) 可利用筷子和湯匙將菜餚稍加擠壓，以去除過多的菜汁含量。

(3) 附贈的飲料可能含糖量高，應酌量飲用。

2. 速 食

(1) 盡量去除炸雞塊外層油炸酥脆的雞皮和麵衣，藉以避開過多油脂及熱量。

(2) 可使用餐巾紙（或廚房用吸油紙）輕輕包覆薯條，以去除過多油脂。

(3) 可使用適量的調味鹽、胡椒粉，減少或免除任何沾醬的使用量，才不會攝取過多的糖分。

(4) 選用熱量較低的和風醬來搭配生菜沙拉，而且醬汁的用量最好減半。

(5) 可使用新鮮擠壓的檸檬汁或百香果汁等，來增添風味。

3. 飲 料

(1) 咖 啡

◎ 應盡量選用黑咖啡，少用或捨去花式調味咖啡。

◎ 可適量添加鮮奶（以低脂或脫脂類為宜），以取代奶精及砂糖。

(2) 奶 茶

◎ 可添加大顆的珍珠來增加咀嚼的時間，才不會在短時間之內即快速喝完。不過，1 杯 700 c.c.的珍珠奶茶即有約 550 大卡的熱量，體重 60 公斤的人估計以時速 4 公里的速度，必須健走近 3 小時，才能消耗掉這些熱量，還是少喝為妙！

◎ 可請店家至少減少原來糖分用量的 1/2 至 2/3。

(3) 罐裝飲料：除了注意包裝瓶上的賞味期限之外，可比較同類商品的熱量值，以選購熱量較低的飲品。

四、享瘦的宴席外食小竅門

需要參加有飯局的社交活動或是應酬時，可應用以下所列舉的享瘦外食技巧：

（一）中式宴席

1. 可在出門之前先吃些纖維含量高的蔬菜類食物，以增加飽足感。

2. 宴席中的飲料最好是沒有加糖的茶或白開水，盡量不喝果汁及汽水等含糖飲料；酒的熱量可觀，更要有所節制。

3. 勾芡的湯汁因含有大量的太白粉及油，所以熱量頗高，可先用水或茶沖去食物上的芡汁後再吃。

4. 以糖醋、茄汁、蜜汁及醋溜等加糖烹調的食物，可先用茶或白開水沖一下再吃。

5. 少吃或避免碎肉丸、獅子頭、蝦丸及中式火腿等動物性脂肪含量高的食品。

6. 最好不要吃甜湯與油炸食品、油酥類的點心，如蘿蔔絲餅及棗泥酥餅等。

（二）西 餐

1. 少喝熱量高的濃湯，因其中含有大量的麵粉、牛油或鮮奶油，最好用清湯取代。

2. 減少或不要食用大蒜麵包，因其含有多量的油脂，最好能以小餐包取代。

3. 少選用已調好味的沙拉，可多吃生菜沙拉，但注意少用或避開由糖、蛋、油等所製成的高熱量沙拉醬，可用醋或檸檬汁來取代。

4. 選擇烤馬鈴薯或米飯及通心麵來取代炸薯條。不過，在吃烤馬鈴薯時，應盡量少添加奶油或酸奶油，來避開過多的油脂及熱量。

5. 在主菜的選擇上，可選用海鮮或雞肉類來取代份量大且多油的牛排；烹調方式則以烤較為理想，最好不要點油炸的食物。此外，應盡量減少攝取主菜的醬汁，可將之減半或是以適量胡椒鹽取代之。

6. 餐後甜點盡可能選用新鮮水果或無糖茶凍。

7. 在喝茶或咖啡時，最好不要添加糖（或可改用代糖）及奶精等。

（三）宴席減脂技巧

1. 中式餐會

(1) 多吃蔬菜：出門前先吃些纖維含量高的蔬菜來增加飽足感，以減少宴會中的飲食量。用餐時多吃每道菜餚中的蔬菜，如青江菜、油菜及生菜等；若蔬菜有勾芡湯汁，應先將湯汁滴乾，以減少脂肪及熱量的攝取。

(2) 少吃勾芡食物：勾芡的食物，如魚翅羹及鮑魚羹等，含有大量的太白粉及油，應盡量少吃，否則應先將湯汁瀝乾後再食用。切勿將湯汁泡飯，因湯汁中多含有大量脂肪。

(3) 少吃高油烹調或脂肪含量高的菜餚：佛跳牆及五更腸旺等屬於高油烹調的菜餚，而碎肉丸、獅子頭、蝦丸及中式火腿等食品含有高量的動物性脂肪，都應當少吃。可多選擇蒸魚、冷盤或清燉的菜餚食用。若是湯或菜餚

中含有大量浮油，應先將浮油撈掉再食用。中式餐會中多供應油炸食品或油酥類點心，也盡量別吃。

(4) 不必吃到每道肉類菜餚：可在每兩道菜之中選吃一種比較愛吃的肉類菜餚就好，因為每道菜都吃的話，肉類攝取量一定會超過上限。而雞肉及鴨肉可選擇骨頭較多的部分來食用，因剝去骨頭後實際可食的份量並不多，如此會有較多的滿足感。

2. 西式宴會

(1) 主食類：可把小餐包或法國麵包當成主食的來源，但盡量不塗抹奶油。也盡可能少食用大蒜麵包，因其含有較高的油脂。

(2) 主菜類：海鮮和雞肉為較理想的肉類選擇，因其含油量較少，供應份量也較小。牛排的脂肪含量較海鮮或雞肉為多，供應份量也較大，因此每週的食用次數以不超過一次為原則。肉類的烹調方式，應以烤的為主，不要選擇油炸或焗的。亦可選擇有豆類、米、雞或魚為主材料的主菜（沒有添加乳酪），如雞肉墨西哥烤餅、西班牙海鮮飯、烤魚及檸檬汁煮魚等。此外，亦可從菜名來判斷烹調的材料或方式，如：「白汁」代表奶油汁，「焗」為加入奶油或乳酪一起烹調，「派」則多為酥皮；因此，當主菜中有乳酪、奶油等材料或以焗的方式烹調之菜餚，其脂肪含量較高，如法式乳酪蒸旗魚、維也納風味奶油鮭魚片、法式乳酪洋蔥湯、雞肉奶油青花菜、蝦仁燴奶油炒飯、焗雞派及奶油什錦海鮮焗通心粉等，皆盡量少食用。

(3) 湯汁類：西餐的湯大致可分為濃湯和清湯兩大類，濃湯的製備必須加入大量的麵粉、牛油或奶油及鮮奶油，故脂肪含量極高，因此可盡量選擇清湯，才較為符合減脂的要求。若無法避開濃湯，那麼只要喝下 1~2 口即可；酥皮湯上所覆蓋的酥皮也含有高量油脂，最好別食用。

(4) 沙拉類：生菜可多吃，但應減少或免用沙拉醬，最好少選已調好味的生菜沙拉。沙拉醬可用醋、檸檬汁或水果（如橘子汁及百香果汁）調製的醬汁來取代，或選用少許以少量油、醋、鹽及胡椒所調製而成的義大利式油醋沙拉醬。也可要求店家供餐者少放沙拉醬，或將沙拉醬放置於菜旁，或另外盛裝而不要直接淋在沙拉上。

(5) 飲料類：不要點用已加入奶精或鮮奶油的飲料，如冰咖啡、卡布奇諾咖啡或美式咖啡。自己在喝茶或咖啡時，也盡量別使用奶精或鮮奶油，可改用低脂或脫脂鮮奶來取代。

3. 其 他

(1) 日本料理

◎ 生鮮類：通常生魚片、手卷及壽司的製備已不需要再多添加油脂，但是要注意其中可能使用高脂肪的食材，如鮭魚、鯖魚及鮪魚等。此外，蝦卵及魚卵的膽固醇含量高，應盡量少食用。

◎ 燒物（燒烤食物）：燒物的製備通常也不需要另外添加油脂，有時反而可逼出食物中的油脂。秋刀魚及鰻魚等是日本料理中常用來烤的魚類，其脂肪含量較高，應該少選用。並要注意不要烤焦，以避開烤焦食物所暗藏的致癌性。另可善用燜烤及減少烈烤，亦即在烤網上鋪層鋁箔紙，或將菇類、絲瓜等蔬菜包起來加熱，較為健康。

◎ 揚物（油炸食物）：日本料理中的揚物通常是裹粉後再油炸，如炸明蝦、炸茄子及炸豬排等，所含脂肪量也很高，亦應盡量少食用，或先剝了裹粉衣再吃。同樣的食材可選擇使用涼拌、烤或燙等方式來烹調的菜餚，如海鮮沙拉、大和沙拉及豬肉串燒等。

◎ 蒸物（碗蒸食物）：茶碗蒸的主要材料為雞蛋，吃下一碗茶碗蒸就等於吃下一個雞蛋的份量，因此應多加留意不過量。

◎ 拉麵（麵類）：日本料理的拉麵大半以涼拌或水煮方式居多，然而仍有少數是以炒的形式供應，如大和炒麵及炒烏龍麵等。有些日本料理店為適合本地消費者的口味，會加入多量的油來炒拉麵，因此要注意是否會太油，食用時也需先將湯汁瀝乾後再食用。

◎ 湯：傳統的日本湯類大多清淡無油，是不錯的選擇，但是味噌等調味料的含鈉量較高，要多加留心鈉的攝取不要過量。

(2) 火 鍋

◎ 湯底：在熱量由高到低的比較上，依序為麻辣、牛奶、泡菜、酸菜白肉及昆布。盡可能不喝湯，若要飲用火鍋湯時，應先撈掉上頭的浮油後再喝。

◎ 火鍋料：多選擇魚、雞肉或海鮮等脂肪含量較低的肉類，或芋頭、玉米及冬粉等全穀雜糧類為主材料，而豬肉、牛肉及羊肉等紅肉類食物只要淺嚐即可，海鮮類食物也不要過量食用。

◎ 加工火鍋料：加工的火鍋料製品，如魚餃、蛋餃及貢丸等，通常含有較多的脂肪與鈉，故煮火鍋時應盡量選擇天然的食物為佳；食用火鍋時蔬菜要多於肉類，在避免攝食過多的肉類之外，還可增加纖維攝取量。

◎ 沾醬：沾食用的沙茶醬、花生醬及芝麻醬等醬料含有較多脂肪，可先將上層油脂倒掉再食用，並盡量不要再加入蛋黃；或可減少沙茶醬的用量，再加入如蘿蔔泥、青蔥、洋蔥、紅蔥頭、薑、大蒜、香菜、九層塔、百里香、迷迭香、檸檬皮及橙皮等具有特殊香味的蔬果，或是醋與新鮮果汁來增加風味。

結 語

遠離肥胖、維持理想體重其實是知易行也易的健康大事！要追求健康體位，就讓我們從享瘦飲食開始著手，然後達成「享瘦飲食多一口，人人都過九十九」的健康願景！

學後評量 EXERCISE

1. BMI 值如何計算？(A)體重×身高／2　(B)體重×身高²　(C)體重／腰圍　(D)體重／2。

2. 下列何者屬於肥胖狀態？(A) BMI 值為 30　(B) BMI 值為 25　(C)男性腰圍 85 公分　(D)女性腰圍 75 公分。

3. 一名 35 歲女性的體脂率何者為佳？(A) 10%　(B) 15%　(C) 25%　(D) 35%。

4. 以下何項無法檢測體位？(A)測最大心跳率　(B)計算 BMI 值　(C)量腰圍 (D)使用生物電阻阻抗分析儀。

5. 有關選擇食用油的敘述，下列何者不正確？(A)深海魚油富含多元不飽和脂肪酸　(B)屬於植物油的棕櫚油是飽和脂肪酸的主要食物來源　(C)植物油在過氧化氫的加工過程會形成反式脂肪酸　(D)高溫油炸烹調要使用飽和脂肪酸的油脂。

6. 所謂生酮飲食(ketogenic diet)是下列何者？(A)低蛋白、高脂、高醣飲食　(B)高蛋白、高脂、低醣飲食　(C)高蛋白、低脂、低醣飲食　(D)低蛋白、低脂、高醣飲食。

7. 在控制飲食的小美準備去吃喜酒，要如何達到享瘦的效果？(A)多喝果汁以增加飽足感　(B)勾芡的菜色是湯類可以多喝　(C)雞皮、油炸麵衣剝除不要吃 (D)選擇碎肉丸、中式火腿。

8. 沙拉的何種吃法對減脂無益？(A)減少沙拉醬用量　(B)將沙拉醬直接淋在生菜上　(C)選擇醋、果汁調製的醬汁　(D)選擇油、醋、鹽及胡椒調製的義大利式油醋醬。

9. 正確的健康享瘦飲食觀念是：(A)長期飲用消脂茶　(B)生酮飲食　(C)斷食法 (D)低油、低油、低糖、低熱量、高纖的「均衡」飲食。

10. 理想減重的體重變化應控制在每週減少(A)0.5~0.9 公斤　(B)1.5 公斤　(C)2 公斤　(D)2.5 公斤　內，以避免體重變化過大造成身體不適。

解答　1.B　2.A　3.C　4.A　5.D　6.B　7.C　8.B　9.D　10.A

參考文獻 REFERENCES

呂紹俊(2018)・*減重?調節血糖?生酮飲食法並非人人都適合!*・健康世界，498，16-20.

財團法人臺灣癌症基金會（無日期）・*肥胖的定義*・https://www.canceraway.org.tw/page.asp?IDno=3674

高美丁（總校閱）(2022)・*膳食療養學（六版修訂版）*・華格那。

高雄市立中醫醫院（無日期）・*藥物類別*・https://kmcmh.kcg.gov.tw/cp.aspx?n=74FABF3E85ED980B

開南大學學生事務處（無日期）・*降低脂肪吃出健康 2*・https://sa.knu.edu.tw/p/405-1005-19533,c2826.php?Lang=zh-tw

章樂綺（總校閱）(2023)・*實用膳食療養學（五版）*・華杏。

陳淑娟、尹彙文(2018)・*臨床營養學—膳食療養（五版）*・時新。

董氏基金會（無日期）・*體重控制*・https://www.nutri.jtf.org.tw/Article/Lists/23

臺灣營養學會臨床委員會(2006)・*臨床營養工作手冊*・行政院衛生福利部。

葉松鈴（總校閱）(2022)・*膳食療養學*・新文京。

潘文涵（2019，7月12日）・*國民營養健康狀況變遷調查 2013-2016 年成果報告*・https://www.hpa.gov.tw/Pages/Detail.aspx?nodeid=3999&pid=11145

潘文涵（2022，5月9日）・*國民營養健康狀況變遷調查成果報告 2017-2020 年*・https://www.hpa.gov.tw/Pages/Detail.aspx?nodeid=3999&pid=11145

衛生福利部國民健康署（2018，10月）・*每日飲食指南手冊*・https://www.hpa.gov.tw/Pages/EBook.aspx?nodeid=1208

衛生福利部國民健康署（2018，1月）・*判斷自己是否屬於健康體重*・https://www.hpa.gov.tw/Pages/Detail.aspx?nodeid=542&pid=705

衛生福利部國民健康署健康九九＋網頁（無日期）・*身體質量指數 BMI*・https://health99.hpa.gov.tw/onlineQuiz/bmi

謝明哲、葉松鈴、蔡雅惠、邱琬淳(2017)・*膳食療養學實驗*・臺北醫學大學保健營養學系。

Raymond, J. L. & Morrow, K. (2020). *Krause and Mahan's food & the nutrition care process (15th ed.).* Saunders.

UDN 元氣網（2016，4月18日）・*超商覓食族，這樣吃營養才均衡*・https://health.udn.com/health/story/6037/1637031

Health And Life ・MEMO

作者｜邱駿紘、蒙美津

CHAPTER
09

快樂食安守護者

學習目標

1. 認識食品業者與黑心食品的定義。
2. 了解臺灣近年重大食品安全事件。
3. 明白食品安全把關原則。
4. 熟悉食品標示與營養標示。

Health And Life

══════════ 前言 ══════════

我們每天吃進嘴巴裡的東西，來源各有不同，從原料的種植或養殖、收成，產品的製造加工、儲存、運輸流通、銷售，餐食的製備直到在餐桌上享用所經過的各個階段，都可能因為在過程中所出現的汙染、不法的添加物或不當的儲存方式等，使得食品變成危害人體健康的禍源。

近數十年來，不時發生令人難過及失望的「食安事件」，諸如早餐或自助餐販售之美味餐點，竟是由回收過期下架的生鮮食品，經清洗包裝後、非法轉賣的食材製作而成；烘焙坊、餐飲店常使用的液蛋產品，竟為由逾期、變質、腐敗、長蛆的雞蛋加工製成；生鮮蛋竟被驗出含有芬普尼、乃卡巴精等禁藥；大家常吃的菜脯、麵條、湯圓及豆製品等食物，居然添加了超標的苯甲酸防腐劑；夜市攤商、自助餐店所使用的醬油，竟被驗出含有過量的甲基咪唑及單氯丙二醇兩種致癌物質；豆干竟以工業用染劑「二甲基黃」或「皂黃」來上色；非食用目的之三聚氰胺、塑化劑及順丁烯二酸酐，還有工業用的吊白塊、碳酸氫銨、硫酸鋁銨、碳酸鎂、蘇丹紅等化學物質，又接連地浮出檯面。弄得大家對於「吃」這件事還真的是人心惶惶、寢食難安，總是在感嘆不知道還能吃什麼！更害怕臺灣會從「美食之島」淪為傷身又傷心的「食在不安島」。

究竟消費者應該怎麼吃及怎麼做才能遠離食安風暴呢？本章將由認識食品業者與黑心食品開始，並回顧臺灣近年來的重大食安事件，再從源頭管理、聰明選擇及管理監測三個層面，來告訴大家如何吃得安全，做個「食在安心」的快樂食安守護者！

 **第一節**

認識食品業者與黑心食品

Health
And Life

依據食品安全衛生管理法（簡稱食安法）的定義，食品業者包括從事食品或食品添加物之製造、加工、調配、包裝、運送、貯存、販賣、輸入、輸出或從事食品器具、食品容器或包裝、食品用洗潔劑之製造、加工、輸入、輸出或販賣之業者。因此，黑心食品業者即為違法製造及販售食品、食品添加物、食品容器具或食品用洗潔劑的無良食品業者。

　　而黑心食品雖然不是一個法定名詞，但知其為違反食安法規定的食品，如**不該給人吃的卻拿來給人吃的食品，或是對消費者的健康及權益有重大危害的食品**。舉例來說，病死禽、畜肉屬於應當進行回收或銷毀的廢棄物，不可再供食用；倘若將其當作食物原料，遑論其是否有害人體健康，絕對是黑心食品。還有食物中存在禁用的添加物、蔬果噴灑禁用的殺蟲劑、養雞鴨餵食禁用的抗生素；甚至添加合法但過量的防腐劑、或是使用「合法」的抗生素，卻沒有適當的停藥時間等，也都算是黑心食品。至於與期待不符的產品，通常只能說是「等級較差的食品」；但假如產品本身標示不實的話，應該歸類為黑心食品。此外，遭「千面人」下毒或放入異物的糖果、嬰兒食品、泡麵或飲料等食品，則屬於觸犯公共危險罪中「流通食品下毒之罪及結果加重犯」的犯罪證據。

　　或許有人存有是否所有黑心食品都對人體健康有害的疑問？以飼料奶粉為例來說明，廠商若在開始進口通關時申報為飼料奶粉，卻在通關之後私自將其更改包裝及標示，變成賣給人吃的奶粉；如此把原來要給動物吃的拿來賣給人吃的食品，即是黑心食品。由於飼料奶粉其實是供人食用的奶粉在降級後所製成的，所以人吃了飼料奶粉之後不見得會對健康有害，然而在標示為飼料後，其定位已從食品級降為飼料級而離開了食品管道，絕對不該再從「飼料」更改標示變成「食品」。

第二節　臺灣近年重大食安事件

Health
And Life

　　1979 年的米糠油多氯聯苯中毒（油症）事件，無疑是臺灣首次發生的重大食安事件。當時因為吃下受到多氯聯苯汙染的米糠油，導致受害者的皮膚發黑、臉上出現惡臭的黑瘡，甚至免疫系統失調。更可怕的是，多氯聯苯並無法排出體外，終生存在體內，更會遺傳到下一代。此後，早已豐衣足食的臺灣社會卻依然不時籠罩在食安風暴之中。面對層出不窮的食安事件，無論是故技重施或是推陳出新，大抵可分為添加違法毒物、工業化合物，農藥、動物用藥殘留，攙偽、混充、假冒，過期改標、再製及不當再販售，以及環境汙染這幾大類。臺灣近年曾經發生過的重大食安事件，簡要整理於表 9-1。

🍼 表 9-1　臺灣近年重大食安事件簡表

年　份	食安事件	簡要說明
1984	飼料用奶粉製成嬰幼兒奶粉	嬰幼兒專用之金牛牌 S95 高單位營養奶粉遭衛生署（現衛生福利部）檢驗出為美國進口家畜用飼料奶粉
1985	餿水油	北臺灣業者利用養豬餿水提煉成食用油，全數流入各地餐飲業和食品業
1998~2002	假米酒	業者以工業用甲醇為酒精原料，私釀米酒賣給餐飲業，造成多人雙目失明及數十起死亡案例
2004	素食含有動物成分	業者在素食食品中摻入動物性成分，如素貢丸中含有魚、豬、雞等成分；素牛排中含有牛、雞蛋等成分
2005	病死豬肉粽	病死豬肉製成肉粽
2005	清潔劑梅酒	進口清潔劑提煉酒精釀造梅子酒
2005	無冬瓜原料冬瓜茶	以細砂糖、糖蜜素（俗稱糖精）、己二烯酸鉀（防腐劑）、自來水及冬瓜香料為原料，製造沒有天然冬瓜原料的冬瓜茶
2008	三聚氰胺毒奶粉	大陸業者為通過奶粉中蛋白質含量測試、衝高奶粉品級，在生產的奶粉中加入不可用於食品加工或食品添加物的三聚氰胺毒性物質。有大陸奶粉產品銷往臺灣做為食品加工原料，對於烘焙產品及咖啡飲品造成負面影響
2009	福馬林菜脯	菜脯（蘿蔔乾）被驗出添加禁用的工業用防腐劑甲醛「福馬林」，且至少已違法添加達 3 年以上
2011	遭塑化劑汙染之起雲劑	衛生署（現衛福部）查獲全球首見的食品違法添加有毒塑化劑 DEHP（鄰苯二甲酸二辛酯）事件。臺灣最大的起雲劑供應商昱伸香料公司為降低生產成本，持續 30 年來一直使用被列為第四類有毒物質的工業塑化劑代替棕櫚油生產起雲劑，供應給至少 45 家飲料、乳品製造商，還包括生產健康食品的生物食品科技公司及藥廠。總計有上萬噸的違法起雲劑製成果汁、果漿、濃縮果糖、水果粉及優酪粉等 50 多種食物
2011	過期烘焙原料重新貼標	烘焙原料商力暐貿易公司竄改西點原料有效期限將商品重新銷售，部分產品甚至過期 9 年以上
2013	毒澱粉	添加未核准使用的工業用黏著劑「順丁烯二酸酐」於食用化製澱粉，來製作粄條、肉圓、黑輪、粉圓、豆花、粉粿、芋圓及地瓜圓等八大類含澱粉原料產品。新加坡查獲臺灣進口食品含有順丁烯二酸，將其下架

📛表 9-1　臺灣近年重大食安事件簡表（續）

年　份	食安事件	簡要說明
2013（續）	竄改有效期限過期粽	臺南市禹昌食品委託無照嘉品地下工廠製造肉粽，並涉嫌竄改有效日期，將過期 1 年的肉粽銷往九大賣場和超市
	毒布丁	臺南市「立光農工」公司涉嫌自 2008 年起，即以工業用防腐劑「EDTA-2Na（乙烯二胺醋酸二鈉）」取代食用級防腐劑，調配成洋菜粉、愛玉粉等原料，並供應過期食品添加物「己二烯酸鉀」等給下游廠商
	過期原料製作小泡芙	義美食品龍潭廠品管人員使用已過期 2 年的大豆分離蛋白（植物性蛋白），製作出 12 萬箱（約 144 萬包小包裝）的小泡芙，且可能已全數販售給消費者
	毒醬油	人氣夜市及部分自助餐廳使用的新北市一江食品公司產製的「雙鶴醬油」及一品醬園公司產製的「鮮味香醬油」，被驗出含有超量的致癌物質「單氯丙二醇(3-monochloro-1,2-propanediol, 3-MCPD)」
	香精麵包	胖達人連鎖麵包店標榜「天然酵母，無添加人工香料」的手感烘焙麵包製品被稽查發現摻有 9 項人工香料，並外購含乳化劑的酵母，與先前聲明不符，廣告不實
	劣質米充優質米	泉順食品公司標榜臺灣產的山水佳長米，完全不含一粒臺灣米，標示屬國家標準三等米，其實為最劣等的「等外米」等級
	攙偽、混充食用油	1. 大統長基食品廠以低成本葵花油與棉籽油混充高價油，並以銅葉綠素調色，欺騙消費者 2. 富味鄉公司油品標示不清 3. 頂新集團採購大統混雜油品再包裝出售，且頂新高層知情未報
2014	問題麻辣鍋湯頭	鼎王麻辣鍋湯頭以味精、大骨粉等 10 餘種粉末調製而成，並被驗出重金屬成分。事後鼎王承認使用雞湯塊，但也有加入蔬果熬煮，並聲明從未標榜天然的湯頭
	保水劑增重肉品	高雄湖內區農正鮮公司在牛、羊肉中填充大量保水劑加水按摩後冷凍販賣，使牲畜肉重量增加至少一倍，再販售給國軍部隊、自助餐與國小營養午餐，從中牟取暴利
	工業漂白劑漂白豆芽	臺南市仁德區與苗栗市的工廠分別被查出以俗稱「保險粉」的工業用連二亞硫酸鈉和漂白劑次氯酸鈉浸泡豆芽漂白、保鮮；苗栗廠的黑心漂白豆芽已販售長達 30 年之久

表 9-1　臺灣近年重大食安事件簡表（續）

年 份	食安事件	簡要說明
2014（續）	殘留防腐劑、漂白劑豆干	臺北市政府衛生局針對市售 101 件豆製品進行抽驗，結果在 23 件豆乾產品中，有 6 件檢出過氧化氫殘留、2 件苯甲酸超量，不合格率達 34.8%
	餿水油、回鍋油、飼料油混充食用油	1. 屏東的郭烈成等 6 人經營地下油廠，專向廢油回收業者和自助餐廳收購餿水外，再自行熬煉成餿水油；還收購動物屍油、皮革油出售 2. 屏東強冠企業股份有限公司購買黑心油，製成全統香豬油（33%劣質油+67%香港進口工業豬油）後販賣到市面；頂新集團味全公司所製肉醬、肉酥等 12 款加工製品均使用全統香豬油製成；強冠公司另替工研整合行銷公司代工製造合將香豬油餿水油品 3. 頂新味全集團旗下正義公司前處長，鑫好公司負責人吳容合將飼料油謊稱食用豬油賣給正義公司，正義公司旗下油品維力清香油、維力香豬油、正義香豬油等油品皆混充飼料油 4. 頂新製油實業股份有限公司在 2013/6/21~2014/7/4 共向越南大幸福公司進口 18 批牛油，製成 8 項疑似問題牛油產品品項 5. 北海油脂與協慶公司以飼料油混充食用油案
	洗腎藥桶裝仙草	北市盧佳食品有限公司（盧家仙草）從 2013 年起，向三重宏仁醫院購入腎臟病患用的血液透析液空桶盛裝仙草茶，以節省每個 10 元的成本價差
2015	飼料雞血混充鴨血	新北市雙鵬公司的臺中烏日區轉運站，製售黑心鴨血（鴨血混飼料用雞血）、豬血糕等相關產品，流入火鍋店、夜市，供貨量占全國七成
	潤餅皮添加吊白塊	新北市衛生局抽驗市售潤餅皮、餅皮，發現 67 件中有 3 件違法添加俗稱吊白塊的工業用漂白劑；追查上游 2 家供應商，其中位於中和的春源商號坦承已使用吊白塊長達 20 年
	工業用化工原料浸泡海帶	屏東縣達鑫化工混合販售食用及不可食用的化工原料，且有食品業者購買非食品級添加物小蘇打（碳酸氫鈉）及碳酸氫銨，後循線查獲高雄潘姓業者 10 年來以工業用碳酸氫銨、硫酸鋁銨（明礬）浸泡海帶；臺中昇樺商行使用工業用碳酸氫銨泡製海帶已有 3 年

📌 表 9-1　臺灣近年重大食安事件簡表（續）

年　份	食安事件	簡要說明
2015（續）	工業用碳酸鎂混入調味粉、色素及藥品	1. 彰化進興製粉有限公司為節省成本，向臺中誼興貿易公司購入工業級碳酸鎂，混入胡椒粉、胡椒鹽、咖哩粉等調味粉及食用色素中 2. 誼興貿易公司將工業碳酸鎂、碳酸鈣賣給藥廠以製作藥品賦形劑、胃散 3. 臺灣第一家（鹽酥雞）公司查獲三重純佳化工所賣出工業用碳酸鎂。鹽酥雞業者自 2009 年起即將之加入調製用的椒鹽粉等調味料中，再出貨賣給全國超過三千家的加盟商
	茶葉殘留農藥芬普尼	1. 玫瑰夫人薰衣草茶、清心福全高山綠茶驗出殘留超標 8~9 倍的農藥芬普尼 2. 英國藍的玫瑰花茶、伯爵紅茶、錫蘭紅茶、大吉嶺紅茶、烏龍茶、阿薩姆紅茶及翡翠綠茶，以及 50 嵐的四季紅茶被驗出農藥芬普尼超標
	回收過期生鮮食品再販售	屏東畜牧業者以回收廚餘餵養豬隻為理由，向賣場等收購腐爛及過期的肉品、海鮮、蔬果，在清洗後又轉賣給早餐店、便當店及小吃攤等下游業者
2016	過期食品	1. 臺南市鮮洋食品公司使用過期的梅花豬肉及鱈魚卵原料加工製成臘肉及魚子醬，出貨給同為精彩集團的精采火鍋、大大茶樓、上閤屋、威靈頓茶餐廳等業者 2. 屏東縣典味公司與高雄市福宥冷凍食品公司出售過期的冷凍雞腿、太空鴨給小吃店和餐廳，流向基隆、新竹、嘉義縣市、雲林、臺南、高雄、屏東及臺東等地區 3. 屏東國興畜產公司旗下國興鮮公司被查獲竄改標籤、販售過期冷凍雞隻，流向為嘉義以南連鎖餐廳及傳統市場
	販賣機奶茶生菌數超標	高雄福知茶飲公司在販售機所賣的奶茶飲品製程衛生欠佳，且濃茶拿鐵驗出生菌數超標 1,000 倍，招牌拿鐵超標 1.6 倍
	湯圓添加工業用染料	中市豐南街地下工廠業者以食用色素混合工業用紅色素製作湯圓已有 10 年，每日製作 100~200 臺斤，已流入各傳統場及店家

🔖表 9-1　臺灣近年重大食安事件簡表（續）

年　份	食安事件	簡要說明
2017	機械潤滑油塗抹包子等麵製品	新北市珍典食品公司使用食品機械軌道潤滑油塗抹在包子、小籠包、豆沙包、刈包等表皮上以防止沾黏，成品已流入大臺北知名早餐店、豆漿店及幼稚園
	過期乳瑪琳重製	遠東油脂公司回收過期乳瑪琳重製，並使用過期無水奶油原料，製成乳瑪琳、酥油、瑪雅琳等 19 項商品
	雞蛋檢出戴奧辛超量	彰化地區蛋雞場的雞蛋驗出過量戴奧辛，並銷售至苗栗縣、新北市、桃園市等地
	塗改過期糕餅有效日期	知名餅店維格餅家為節省成本，塗改鳳梨酥等商品的有效期限，販售給不知情的大眾食用
	使用過期原料製造蝦味先	裕榮食品公司大寮廠使用過期原料生產四款蝦味先產品及一款紅麴發芽大豆養生粉
	雞蛋芬普尼超標	彰化縣三家蛋雞場的雞蛋驗出芬普尼殘留量超標，有驗出普芬尼高達 153 ppb，成年人若 1 天吃 1.5 顆即會超量；受汙染雞蛋遍及中南部蛋雞場，並流向全臺 13 縣市
	地下水清洗發霉豆棗重新包裝	中市地下工廠源隆農產食品行以未經殺菌及過濾的地下水，沖洗發霉的豆棗類製品後加以滷製，再重新包裝販售至全臺市場及雜貨店
	鹹鴨蛋驗出蘇丹紅	中市知名網購店家采棠餻鮮餅舖被驗出蛋黃酥內鴨蛋黃含工業染劑蘇丹紅，源頭為雲林縣蛋鴨場，鴨蛋及鴨脂肪均驗出蘇丹色素四號
	回收過期和破殼蛋重新販售	全臺次大蛋商葉記泰安蛋品公司自 2011 年起回收逾期蛋，並混入新鮮蛋重新包裝販售，破殼蛋則製成蛋液產品
2018	瀝青脫毛豬頭皮	新北市八里區地下豬頭皮工廠使用瀝青將豬頭皮脫毛，當場封存 800 公斤豬頭皮原料及製品，另在北市環南市場封存委託代工食品安全把關原則的 463.8 公斤豬頭皮
	洗選蛋偽造製造日期	全聯在北臺灣門市販售的香草園洗選蛋製造日期被發現標示不實，為未來蛋
	手搖飲店廣告不實	老虎堂手搖飲店標榜之獨家手炒黑糖，其實是使用桶裝濃縮黑糖漿，且成分含有焦糖色素
	回收不良蛋重製販售	元山蛋品有限公司收購變質、腐敗、長蛆的雞蛋，將其加工製成液蛋產品，販售至桃竹苗等三縣市的餐飲業及烘焙坊

表 9-1　臺灣近年重大食安事件簡表（續）

年　份	食安事件	簡要說明
2019	雞蛋檢出芬普尼	彰化縣順弘牧場驗出芬普尼蛋，有超過 46 萬顆流入北市及新北市。由於蛋品採樣至確認超標並正式發文，延宕近 20 天，多數違規蛋品已吃下肚，故農委會要求中央畜產會在未來收到樣品後的 48 小時內須完成檢驗
2023	雞蛋檢出乃卡巴精	在 2022 年 1 月至 2023 年 3 月進行雞蛋動物用藥稽查中，彰化縣坤展畜牧場的啟信洗選新鮮蛋及屏東縣永隆牧場的雞蛋分別被檢出 0.03 ppm 及 0.05 ppm 之「不得檢出」的乃卡巴精
2024	辣椒粉檢出致癌物蘇丹紅	保欣、津棧、佳廣等公司輸入的辣椒粉原料檢出致癌物蘇丹紅，受牽連的下游業者及相關產品廣泛，已下架及回收的總量已達近 43 公斤

資料來源：食力 FoodNEXT（2023 年，4 月 22 日）・*又驗出兩件雞蛋含禁藥！乃卡巴精是什麼*・https://www.foodnext.net/science/knowledge/paper/5739811253

維基百科（2024 年，3 月 11 日）・*臺灣食品安全事件列表*・https://zh.wikipedia.org/zh-tw/%E5%8F%B0%E7%81%A3%E9%A3%9F%E5%93%81%E5%AE%89%E5%85%A8%E4%BA%8B%E4%BB%B6%E5%88%97%E8%A1%A8

第三節　食品安全把關原則

Health And Life

　　營養問題之起因與食物的品質及安全息息相關；世界衛生組織(World Health Organization, WHO)於 1996 年所提出的強化國家食品安全計畫準則(Guidelines for stengtheing a National Food Safety Programme)中，強調消費者保護及預防食源性疾病(foodborne disease)為食品安全計畫的兩大必要元素，且要讓人人享有安全的食物(Safe food for all)，是政府、食品業者及消費者需要共同分擔的責任(shared ressponsibilility)。WHO 在 2015 年，也以食品安全做為該年世界健康日的主題，宣傳從「農場到餐盤，讓食物安全」(From farm to plate, make food safe)的訴求和做法。為強調「食品安全是每個人的事情」(Food safety, everyone's business)，聯合國(United Nations, UN)從 2019 年起，特地將每年的 6 月 7 日訂為世界食品安全日(World food safety day)，希望提升全球食品安全的意識與行動。以下將食品安全的把關原則分別從源頭管理、聰明選擇及管理監測三個層面來做說明。

一、源頭管理

　　無論是「從農場到餐盤」或是「從農場到餐桌」(From farm to table)，皆是食品安全衛生管理上之「源頭管理」的基本精神；將食品從原料的種植或養殖、收成、產品的製造加工、包裝、貯藏、運輸流通、銷售，直到在餐桌上享用之過程中的每一個階段，都將之視為下一個階段的「源頭」，就可讓食品安全衛生管理工作達到事半功倍的效果。雖然政府對於市售食品有其檢測管理的機制運作，如對於賣場產品的標示進行抽查、抽驗和生產源頭的管理，但是這些機制屬於產品上市後的管理，故有可能化驗結果是合格的，但並沒有辦法確認生產時的衛生條件；也有可能等到不合格的檢驗報告出來時，消費者早已把產品吃進肚子裡。如果缺乏源頭管理，同一食品業者在今天所製造之檢驗合格的產品，明天可能就會不合格，因為今天和明天的產品是分兩批次製作出來的。政府不可能每天都能把所有市售食品檢驗一遍，這也是國際組織及先進國家一再強調不可行的食品安全衛生管控措施！

　　針對食品的管理，可比照藥品的管理方法，採取從產品之源頭管制、自主管理及產品責任的管理模式。依據「藥事法」，藥品的生產必須遵守「良好作業規範」或「優良製造標準(good manufacturing practice, GMP)」，特別注重製造過程的管控與要求。藥廠從生產源頭開始，就會要求所有進入工廠的原料都要加以記錄，加工過程也必須經過相關管理機構的認可且詳加記錄，而政府會不定期地派出相關人員去查廠，若是嚴重違反 GMP 的藥廠，甚至會遭受到停業的處分。食品若能如同藥品一樣地去推行 GMP，從源頭做好管理，就不需要一直在市面上進行抽驗的動作。因此，消費者最好要選擇 GMP 產品，讓有良心的優質業者獲得肯定，而更加願意主動實施 GMP。然而，由經濟部工業局所推行之食品製造廠商自願性參加的驗證制度–「食品 GMP」微笑標章方案，由於獲得 GMP 產品認證的廠商自 2011 年起屢屢涉入食安風暴，使其公信力遭受強烈質疑，已於 2015 年 6 月正式廢止而完全走入歷史。後續重新轉型為臺灣優良食品(Taiwan Quality Food, TQF)，由臺灣優良食品發展協會主管，其會員同時納入食品製造廠商、原物料業者、通路業者及消費者團體，驗證基準由個別產品之生產線更改為同一廠全數之同類產品生產線，並增加追蹤追溯、加強稽核、以取得全球食品安全倡議(GFSI)國際組織認同為目標等項目。但有鑑於 GMP 為國際貿易共通的規章，衛生福利部食品藥物管理署於 2019 年 9 月預告「保健營養食

品業者優良製造作業(Good Manufacturing Practice, GMP)指引」（草案），以協助本土業者跨足國際，並讓產業升級。

「食安法」則規範食品業者在製造、加工、調配、包裝、運送、儲存、販賣、輸出、輸入等過程中，皆應依循「食品良好衛生規範(good hygienic practice, GHP)準則」，來符合最基本之軟、硬體要求，確保食品衛生安全及品質。GHP準則主要包含四個方向：食品業者之從業人員、作業場所、設施衛生管理及其品保制度，除訂定一般性準則外，又針對食品製造業、食品工廠、食品物流業、食品販賣業、餐飲業、食品添加物業、罐頭食品製造業、真空包裝即食食品製造業與塑膠類食品器具容器或包裝製造業，分別制定相關規範。另規範食安風險較高之業別（如水產食品業、肉品加工食品業、餐盒食品工廠業及乳品加工業），遵循「食品安全管制系統準則」，應用危害分析重要管制點(Hazard Analysis Critical Control Point System, HACCP)的原則，來管理原料、材料之驗收、加工、製造、儲存及運送全程的系統制度，以提升食品衛生管理層次及確保食品安全。

二、聰明選擇

（一）避開食不安心食品的簡單原則

消費者假如想要減少或避免吃到不安全的食品，可參考以下幾項簡單的原則：

1. 消費時要避免貪便宜或購買價格過低的食品。

2. 選購印製有食品標章的食品，如 CAS 優良農產品標章、有機農產品標章、健康食品標章、TQF 臺灣優良食品標章、TAP 產銷履歷農產品標章等。食品標章代表產品是經由優化的在地生產管理過程，並通過相關單位的認證，讓大家可以安心選購；常見食品標章整理於表 9-2。

3. 別買來路不明的食品，選購時一定要注意販售者能否負責任。

4. 食品應有完整的包裝與食品標示；若是產品已經拆封或有破損，最好不要購買食用。

5. 注意食品的色澤與有效保存期限，亦即將選購食品與一般同類食品相比較時，注意其是否有產品顏色過於鮮豔（可能非法使用色素）、產品顏色過白（可能非法使用漂白劑或螢光劑）、產品彈性過佳（可能非法使用硼砂等添加物）或產品保存期限過長（可能使用過量防腐劑）的各種情形。

6. 食品開封時，倘若發現有異味或腐敗的狀況，應立即停止使用。

表 9-2　常見食品標章

標章種類	標章圖形
CAS 優良農產品標章 1. 主管機關：財團法人臺灣優良農產品發展協會 2. 標章說明：本標章證明國產農產品及其加工品之安全性及優質、安全及精緻性，為最高品質代表標章。CAS 臺灣優良農產品具有原料以國產品為主、衛生安全符合要求、品質規格符合標準及包裝、標示符合規定等特點	
有機農產品標章 1. 主管機關：行政院農業委員會 2. 標章說明：依農產品生產及驗證管理法第五條第二項所定辦法規定驗證合格之國產有機農產品，需依規定使用有機農產品標章。此驗證可確保有機農產品在生產環境、品種與種子、雜草控制、病蟲害管理、不得使用化學肥料及農藥等物質、收穫及儲存過程有效區隔、技術與資材的有機完整性	
健康食品標章 1. 主管機關：行政院衛生福利部 2. 標章說明：依健康食品管理法相關規定申請許可，經審核通過後始得作衛生福利部公告認定之保健功效的標示或廣告。標章如圖，核准通過之「健康食品」須於產品包裝上標示健康食品、核准之證號（健食字或健食規字）、標章及保健功效等相關規定項目	

🍶 表 9-2　常見食品標章（續）

標章種類	標章圖形
臺灣優良食品（104 年 6 月起使用，原食品良好作業規範） 1. 主管機關：臺灣優良食品發展協會 2. 標章說明：為強化食品業者自主管理體制，確保加工食品品質、安全與衛生，保障消費者及製造者之共同權益，促使食品工業整體健全發展。原食品良好作業規範標章從經濟部工業局移轉至臺灣優良食品(TQF)發展協會，並更名為臺灣優良食品標章，加強產品品質、衛生、安全、信賴與國際化	
產銷履歷農產品標章 1. 主管機關：行政院農業委員會 2. 標章說明：代表該農產品具安全性、可追溯性、符合農業生產永續性及產銷資訊透明化。農委會按風險管理架構訂定產銷作業基準（在生產階段為臺灣良好農業規範 TGAP），輔導農民據以實施，並做成相關記錄及上傳履歷資料，再由經認證符合國際規範之驗證機構，透過文件審查、現場稽核及產品抽驗等方法，持續嚴格把關	
屠宰衛生檢查合格標誌 1. 主管機關：行政院農業委員會 2 標章說明：凡經屠宰衛生檢查合格的畜禽屠體及其產品，分別於表皮兩側或產品包裝上標示檢查合格標誌	
鮮乳標章 1. 主管機關：行政院農業委員會 2. 標章說明：是政府為保護消費者權益所實施的行政管理措施，促使廠商誠實以國產生乳製造鮮乳。政府依據乳品工廠每月向酪農收購之合格生乳量及其所實際產製的鮮乳量核發鮮乳標章	
GGM 羊乳標章 1. 主管機關：財團法人中華民國養羊協會 2. 標章說明：代表國產在地最新鮮、最純正的鮮羊乳。「GGM」是由優良羊乳(good goat's milk)三個英文字的字首而來，也代表國產羊乳純、真、新鮮無汙染的品質	

🍶表 9-2　常見食品標章（續）

標章種類	標章圖形
水產品精品標章 1. 主管機關：行政院農業委員會 2. 標章說明：以國產水產原料或為重要特色原料並取得驗證之食用產品（獲 HACCP、CAS、TAP、GMP、ISO22000 等其中之一項驗證通過者）或美容化妝品類（獲 GMP 驗證通過者）	
國產蜂產品證明標章 1. 主管機關：行政院農業委員會 2. 標章說明：行政院農業部輔導臺灣養蜂協會，訂定「國產蜂產品驗證標章管理辦法」，讓會員申請國產蜂產品證明標章，以驗證國產蜂產品之安全性及符合國家標準品質。「H100000000」為管理驗證蜂產品標章印製核發使用之流水序號，具有追溯核發對象及蜂產品貼用標章數量管制的安全保障	
餐飲衛生管理分級評核標章 1. 主管機關：衛生福利部食品藥物管理署 2. 標章說明：為鼓勵符合「食品良好衛生規範準則 (GHP)」的優良餐飲業，持續維持 GHP 及做好衛生自我管理，以提升餐飲衛生安全，並提供消費者選擇參考。自 2010 年起實施餐飲衛生管理分級評核制度，針對餐飲業者之從業人員、作業場所、設施及品保制度之管理進行評核，分為「優」及「良」兩級。除公布通過此評核之商家名稱，並授予評核之等級標章，供消費者做為選擇用餐之參考	
正字標記 1. 主管機關：經濟部標準檢驗局 2. 標章說明：自 1951 年起實施之產品驗證制度。由「CNS」（中華民國國家標準）及「㊣」組成	 台正字第0001號

📖 表 9-2　常見食品標章（續）

標章種類	標章圖形
SNQ 國家品質標章 1. 主管機關：社團法人國家生技醫療產業策進會 2. 標章說明：SNQ 為國家品質標準(symbol of national quality)的縮寫，同時也代表了提供國人安全與品質(safety and quality)的生醫產品與服務之健康保障。審查的類別包括營養保健食品類等八大類。在營養保健食品類，凡以機能性素材製造之食品皆在驗證範圍內。所有送審之產品其所有標示皆需符合衛生福利部規範，其製造工廠皆需符合食品 GMP 規範，另於實用效益、產品特色、品質管制及安全與衛生四大部分皆需提出科學實驗數據，經三階段審核通過，方能確認產品之安全與品質	

資料來源：臺中市太平區衛生所（2018 年，8 月 13 日）.*認識食品標章*.https://www.suminphc.taichung.gov.tw/1044575/post

（二）食品標示

　　食品標示可說是選購食品時的重要指標!對業者而言，其將食品品質及內容以正確的標示方式顯現在包裝外觀上，不僅代表對其產品負責的態度，亦為呈現食品品質的方式。對消費者來說，正確的標示除了可提供適當的消費資訊外，還可讓有正確認知的人做出適當的選購，不啻為消費權益的另一層保障。

　　食安法明定有容器或包裝的食品即應依法令規範，清楚標示相關事項。所謂食品容器或包裝，在食安法中的界定為「與食品或食品添加物直接接觸之容器或包裹物」。所謂「有容器或包裝的食品」，一般是指有包裝的食品「經過開封（啟）後能與未經開封（啟）的原產品有所區別或能予以判定者」，亦即包裝食品型態符合此條件者，就應該要依法清楚標示相關事項。此規定之目的在於讓消費者可以經由標示，清楚的知道食品品質內容及負責廠商等相關訊息。食品標示包括下列 10 個基本項目（圖 9-1）：

1. 品名。應和食品本質相符。

2. 內容物名稱。其為 2 種以上混合物（即為複合原料）時，應依其含量多寡由高至低分別標示之（即為展開標示）。

3. 淨重、容量或數量。依個別產品特性，標示重量、容量或數量，以公制為單位。液汁與固形物混合者，分別標明內容量及固形量；若為均勻混合不易分離者，得僅標示內容物淨重。

4. 食品添加物名稱。食品中添加有甜味劑防腐劑或抗氧化劑者，應同時標示其功能性名稱及品名或通用名稱，如已二烯酸（防腐劑）、維生素 E（抗氧化劑）。以化製澱粉為例，產品中含氧化澱粉、醋酸澱粉或磷酸二澱粉者，應使用「食品添加物使用範圍及限量暨規格標準」所定的品名表示，不得以黏稠劑、化製澱粉或修飾澱粉等名稱概括標示。當混合 2 種以上食品添加物時，以功能性命名者，應依其含量多寡由高至低分別標明添加物名稱。

5. 製造廠商或國內負責廠商名稱、電話號碼及地址。國內通過農產品生產驗政者，應標示可追溯的來源；有中央農業主管機關公告之生產系統者，應標示生產系統；輸入者，應註明國內負責廠商名稱、電話號碼及地址。

6. 原產地（國）。混裝食品應依各食品混裝含量多寡，由高至低標示各別原產地（國）。

7. 有效日期。經中央主管機關公告指定須標示製造日期、保存期限或保存條件者，應一併標示之（如乳品），而且有效日期應該是以不褪色油墨打印，不能以標籤黏貼方式標示。

8. 營養標示。

9. 含基因改造食品原料。

10. 其他經中央主管機關公告指定之標示事項（如素食宣稱、咖啡因含量、過敏原、速食麵及調和油等標示）。

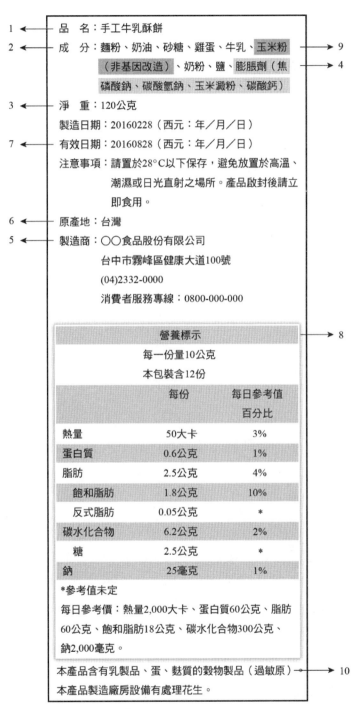

1 ← 品　名：手工牛乳酥餅

2 ← 成　分：麵粉、奶油、砂糖、雞蛋、牛乳、玉米粉 → 9
　　　　（非基因改造）、奶粉、鹽、膨脹劑（焦 → 4
　　　　磷酸鈉、碳酸氫鈉、玉米澱粉、碳酸鈣）

3 ← 淨　重：120公克

製造日期：20160228（西元：年／月／日）

7 ← 有效日期：20160828（西元：年／月／日）

注意事項：請置於28°C以下保存，避免放置於高溫、
　　　　潮濕或日光直射之場所。產品啟封後請立
　　　　即食用。

6 ← 原產地：台灣

5 ← 製造商：○○食品股份有限公司
　　　　台中市霧峰區健康大道100號
　　　　(04)2332-0000
　　　　消費者服務專線：0800-000-000

營養標示		→ 8
每一份量10公克		
本包裝含12份		
	每份	每日參考值百分比
熱量	50大卡	3%
蛋白質	0.6公克	1%
脂肪	2.5公克	4%
飽和脂肪	1.8公克	10%
反式脂肪	0.05公克	*
碳水化合物	6.2公克	2%
糖	2.5公克	*
鈉	25毫克	1%

*參考值未定
每日參考價：熱量2,000大卡、蛋白質60公克、脂肪
60公克、飽和脂肪18公克、碳水化合物300公克、
鈉2,000毫克。

本產品含有乳製品、蛋、麩質的穀物製品（過敏原） → 10
本產品製造廠房設備有處理花生。

🕐 圖 9-1　食品標示

為使食品資訊更加透明化，也讓消費者更能聰明選擇，食品標示新制持續推行中，如：

1. 連鎖飲料業／連鎖便利商店業／連鎖速食業之現場調製飲料標示（茶葉／咖啡原料原產地、混茶／混咖啡依含量由高至低標示、果蔬汁名稱依果蔬含量確認等）。

2. 直接供應飲食場所火鍋類湯底標示（湯底食材、風味調味料標示）。

3. 國內通過農產品生產驗證之散裝食品標示（應標示可追溯廠商名稱、地址及其電話號碼）。

4. 重組肉及注脂肉食品標示（重組肉食品是以禽肉、畜肉或水產品為原料，透過組合、黏合、壓製或其他方法製成的產品，其在外觀上易讓消費者誤認是單一塊／排／片的肉或水產品；注脂肉食品則是以畜肉為原料，經油脂或以油脂混加食品原料、食品添加物注入、調理過程製造之產品；應顯著標示重組、注脂，並加註僅供熟食等）。

5. 食品添加物應於產品之容器或外包裝明顯標示產品登錄號。

6. 黑巧克力／白巧克力／牛奶巧克力應有成分及內容物含量之品名標示。

7. 大麥食品並列實際所含原料之標示（如大麥洋薏仁或大麥珍珠薏仁等）。

8. 太白粉如實列出內容物之標示（如樹薯粉或馬鈴薯粉等）。

9. 特定魚種的如實標示（如圓鱈為鱸形目的智利海鱸、扁鱈為鰈形目的大比目魚）。

10. 食品容器具的完整標示。

11. 奶油／乳脂／人造奶油／脂肪抹醬之乳脂肪含量及品名標示。

12. 包裝奶精產品之品名標示（如乳含量 50%以上者以奶精為品名、乳含量未達 50%者應於品名後加註「非乳（奶）為主」、不含乳者應於品名後明顯加註「不含乳（奶）」）。

13. 自動販賣機販售食品之標示、包裝食用醋之標示（釀造、調理、合成）。

14. 包裝醬油之標示（釀造、水解、速成、混合／調合）。

15. 食品過敏原標示調整為 11 項（包括甲殼類、芒果、花生、牛奶／羊奶、蛋、堅果類、芝麻、含麩質之穀物、大豆、魚類及其製品，以及使用亞硫酸鹽類之製品）。

16. 液蛋產品之標示（包裝液蛋產品之保存條件及「殺菌」或「未殺菌」字樣、散裝液蛋產品應標示包裝液蛋產品之規定內容與原產地（國）和有效日期）。

17. 牛肉原料原產地標示（含牛肉及牛可食部位原料之食品，應標示所含牛肉及牛可食部位原料之原產地／國，並以其屠宰國為原料原產地／國；牛可食部位不含牛乳與牛脂）。

18. 豬肉及豬可食部位原料之原產地標示（含豬肉及豬可食部位原料之食品，應標示所含豬肉及豬可食部位原料之原產地／國，並以其屠宰國為原料原產地／國；豬肉及豬可食部位，不含以豬肉及豬可食部位為原料，經萃取、水解、純化等加工製程，且終產品並非真正豬肉及豬可食部位者，如豬肉萃取物、明膠、膠原蛋白及豬肉香料等；直接使用或現場烹調使用豬脂／油產品，需標示其來源產地國）。

19. 日本輸入食品之標示（以中文標示產地至都道府縣）。

20. 包裝蜂蜜及其糖漿類產品之標示（蜂蜜含量 100%，可標示蜂蜜、純蜂蜜及 100%蜂蜜；蜂蜜含量 ≥60%，添加糖漿者可標示加糖蜂蜜，添加糖漿以外原料者可標示調製蜂蜜或含 OO 蜂蜜；蜂蜜含量<60%，可標示蜂蜜口／風味；不含蜂蜜者，不得標示蜂蜜字樣；依蜂蜜含量多寡依序標示蜂蜜原料原產地）。

　　食品標示絕對不可有不實、誇張或易生誤解的情形；更重要的是，食品絕對不可有醫療效能的標示。這個規定主要是要保護消費者，因為食品絕對不等同於藥品，為了避免誤導真正有病卻不願正確就醫、反而寄望於一些誇大不實、號稱有神奇功效的食品來「治療」疾病，而終究造成危害健康的可怕後果。因此，對胡亂吹噓有神奇功效的不實食品標示，不僅是執法的衛生單位要來查驗與處理，消費者亦應責無旁貸的加以揭發與檢舉。

　　依據 2019 年 6 月所發布的「食品及相關產品標示宣傳廣告涉及不實誇張易生誤解或醫療效能認定準則」，有關不實、誇張或易生誤解的認定情形為：

1. 與事實不符。

2. 無證據或證據不足以佐證。

3. 涉及維持或改變人體器官、組織、生理或外觀之功能。如保護眼睛、強化細胞功能、清除自由基、增強記憶力、延遲衰老、美白、纖體（瘦身）等。

4. 引用機關公文字號或類似意義詞句。

至於有關涉及醫療效能的情形則有：

1. 涉及預防、改善、減輕、診斷或治療疾病、疾病症候群或症狀。如恢復視力、防止便秘、改善過敏體質、降血壓、調整內分泌、降肝火、解毒等。

2. 涉及減輕或降低導致疾病有關之體內成分。如解肝毒、降肝脂等。

3. 涉及中藥材效能。諸如補腎、固腎、健脾、養胃、清心火、清肺、潤肺、疏肝、養肝、潤腸、活血、化瘀等。

（三）營養標示

除了食品標示之外，行政院衛生福利部為提供消費者在選購包裝食品上的參考資訊，以做出正確的飲食選擇，於 2000 年 7 月開始實施「市售包裝食品營養標示原則」。現行的營養標示為依據 2018 年 3 月所公告修訂的「包裝食品營養標示應遵行事項」，包含下列項目：

1. 「營養標示」之標題。

2. 每一份量（或每一份、每份）的公克（或毫升）數、本包裝（含）的份數。

3. 「每份（或每一份量、每一份）」、「每 100 公克（或毫升）」或「每份（或每一份量、每一份）」、「每日參考值百分比」。

4. 熱量。

5. 蛋白質、脂肪（包括飽和脂肪或飽和脂肪酸、反式脂肪或反式脂肪酸）、碳水化合物（包括糖）、鈉的含量。

6. 出現於營養宣稱中的其他營養素含量。

7. 廠商自願標示的其他營養素含量。

第 6 項所提及的營養宣稱，是指任何用以說明、隱喻或暗示的方式，來表達該食品所具有之特定熱量或營養性質，如零熱量或是富含維生素 E、高鈣、高鐵、低鈉、無膽固醇或高膳食纖維等。凡是標有營養宣稱的市售包裝食品，就要提供該項物質的營養標示。不過，假如是對於食品原料成分的敘述（如該食品成分為大豆油、卵磷脂、碳酸鈣及維生素 D_3 等），就不屬於營養宣稱。

包裝食品的熱量及營養素含量標示可用「每一份量（或每一份、每份）」及其所提供的「每日參考值百分比」，並加註該產品每包裝所含之份數的格式來呈

現，如圖 9-2(a)；或是以「每份（或每一份量、每一份）」加上「每 100 公克（或毫升）」，並加註該產品每包裝所含之份數的格式來表達，如圖 9-2(b)。針對熱量及營養素含量標示的單位方面，食品中所含的熱量應以大卡表示；蛋白質、脂肪、飽和脂肪、反式脂肪、碳水化合物及糖需以公克表示；鈉應以毫克

營養標示		
每一份量	公克（或毫升）	
本包裝含	份	
	每份	每日參考值百分比
熱量	大卡	%
蛋白質	公克	%
脂肪	公克	%
飽和脂肪	公克	%
反式脂肪	公克	*
碳水化合物	公克	%
糖	公克	*
鈉	毫克	%
宣稱之營養素含量	公克、毫克或微克	%或 *
其他營養素含量	公克、毫克或微克	%或 *

*參考值未定
每日參考價：熱量2,000大卡、蛋白質60公克、脂肪60公克、飽和脂肪18公克、碳水化合物300公克、鈉2,000毫克。

(a) 以每一份量表示

營養標示		
每一份量	公克（或毫升）	
本包裝含	份	
	每份	每 100 克（或每 100 毫升）
熱量	大卡	大卡
蛋白質	公克	公克
脂肪	公克	公克
飽和脂肪	公克	公克
反式脂肪	公克	公克
碳水化合物	公克	公克
糖	公克	公克
鈉	毫克	毫克
宣稱之營養素含量	公克、毫克或微克	公克、毫克或微克
其他營養素含量		

(b) 以每 100 公克或毫升表示

🍀 圖 9-2　營養標示範例

資料來源： 衛生福利部食品藥物管理署（2018 年，3 月 31 日）。*包裝食品營養標示應遵行事項問答集 QA。* https://www.fda.gov.tw/TC/newsContent.aspx?cid=3&id=23901

表示；其他營養素以各自的通用單位表示。每日熱量及各項營養素攝取參考值為：熱量 2,000 大卡、蛋白質 60 公克、脂肪 60 公克、飽和脂肪 18 公克、碳水化合物 300 公克、鈉 2,000 毫克、膳食纖維 25 公克、膽固醇 300 毫克、維生素 C 100 毫克、鈣 1,200 毫克、鐵 15 毫克等。

當熱量、蛋白質、脂肪、碳水化合物、鈉、飽和脂肪、糖及反式脂肪等營養素符合下列條件（表 9-3），得以「0」標示；反式脂肪是指食用油經部分氫化過程所形成的非共軛反式脂肪酸。

表 9-3 營養素得以「0」標示的條件

營養素	得以「0」標示的條件
熱　量	該食品每 100 公克之固體（半固體）或每 100 毫升之液體所含該營養素量不超過 4 大卡
蛋白質	該食品每 100 公克之固體（半固體）或每 100 毫升之液體所含該營養素量不超過 0.5 公克
脂　肪	
碳水化合物	
飽和脂肪	該食品每 100 公克之固體（半固體）或每 100 毫升之液體所含該營養素量不超過 0.1 公克
反式脂肪	該食品每 100 公克之固體（半固體）或每 100 毫升之液體所含反式脂肪量不超過 0.3 公克（且飽和脂肪與反式脂肪合計須在 1.5 公克以下，飽和脂肪與反式脂肪之合計熱量須在該食品總熱量之 10%以下）
膽固醇	該食品每 100 公克之固體（半固體）或每 100 毫升之液體所含膽固醇量不超過 5 毫克（且飽和脂肪須在 1.5 公克以下，飽和脂肪之熱量須在該食品總熱量之 10%以下）
鈉	該食品每 100 公克之固體（半固體）或每 100 毫升之液體所含該營養素量不超過 5 毫克
糖（單醣與雙糖之總和）	該食品每 100 公克之固體（半固體）或每 100 毫升之液體所含該營養素量不超過 0.5 公克
乳糖	

資料來源： 衛生福利部食品藥物管理署（2024 年，2 月 19 日）．*修正「包裝食品營養標示應遵行事項」，並自即日生效*．https://www.fda.gov.tw/TC/newsContent.aspx?cid=3&id=30378

（四）添加過量或不合法之食品添加物的簡易檢測

市面上所販售的食物或製品中，常會添加過量或不合法的食品添加物，以達到延長保存期限及增加賣相等目的。為能幫助消費者選擇安全的食材，多處縣市政府的衛生單位會分發食品試劑，供民眾在家自行檢測。

干絲、豆干、豆腐等豆製品、火鍋料及丸類等食品，常有食品業者會在其中添加過氧化氫，做為漂白、殺菌之用。但食用 3%的過氧化氫，就會引發急性腸胃炎症狀，包括噁心、嘔吐、腹脹及腹瀉。將無色透明的雙氧試劑滴在待測食物樣品的表面或新的切面上，若呈現黃褐色，就代表食品呈陽性反應，有過氧化氫殘留。

廉價的工業用皂黃色素曾被違規添加在大黃豆干來上色；工業用皂黃色素依規定是不得做為食用色素，因人體吸收後會損傷肝臟細胞，導致肝癌發生。將無色透明的皂黃試劑滴在色澤較鮮黃的大黃豆干及鹹魚上，若食品呈現紫紅色，則代表陽性、有皂黃殘留。

亞硫酸鹽最常被用來添加在蝦仁、禽肉類、金針花或白木耳等食品中，以達到強力漂白或防止植物褐變的效果。過量攝取會刺激胃部，引起腹瀉，甚至胃部障礙。將紅色的亞硫試劑滴在蝦仁或禽肉類上，若紅色有褪色或變為無色，即代表陽性、可能添加二氧化硫，應做進一步的檢驗確認。

亞硝酸鹽可防止肉品酸敗、保持鮮紅色及抑制肉毒桿菌滋生，故常添加於魚肉、生鮮肉類及肉製品中。亞硝酸鹽會阻礙紅血球攜帶氧氣的功能，故人體過量攝取及吸收，就會感到疲累及體力下降。其還可能轉化成亞硝胺，是已被證實的致癌物質。將暗紅色的硝薔試劑滴在待測食物樣品上，若顏色變成藍紫色或褐色，代表陽性、有添加亞硝酸鹽。

工業漂白劑吊白塊曾被添加在麵條、金針菇及切片水果中，來達到漂白的目的。食用後會產生頭痛、頭暈、呼吸困難及嘔吐等症狀，也有致癌的危險。將淡黃色的藍吊試劑滴在待測食物樣品上，若顏色變成藍，代表陽性、有添加吊白塊。

甲醇則曾被用來浸泡生鮮魚蝦，使其不易腐敗，而具有較佳的賣相。甲醛其實即是俗稱的福馬林，主要用在製作標本或浸泡屍體，絕對不得添加在任何食物中，若被人體吸收，幾乎對所有器官都會造成傷害。淡紫色的紫醛試劑滴在待測食物樣品上，若顏色變成橘紅色，代表陽性、有添加甲醛。

白色粉末狀的去水醋酸鈉是一種沒有味道的防腐劑，其依據規定僅可使用於乾酪、乳酪、奶油及人造奶油中，且每公斤食物的用量為 0.5 克以下。但因其可使產品保存更久，質地變得更蓬鬆，卻不會影響食物本身的風味，故常被違法濫用於麵包、粉圓、麵條、饅頭、湯圓、芋圓、年糕、發糕及米苔目等不得添加的麵粉及澱粉類食品中。去水醋酸鈉的毒性較強，大劑量所引起的急性中毒會損傷腎功能、噁心、嘔吐、抽搐及無法行走等。小劑量造成的慢性中毒會降低體重及血色素、有肝病變及細胞染色體毒性致突變作用，長期使用可能會增加致癌風險。深藍色的試劑滴在待測食物樣品上，若顏色變成綠色，代表陽性、有添加去水醋酸鹽。

三、管理監測

　　食的安全攸關國民健康，亦為影響民生的重大議題，自然是政府需要全力以赴為民眾達成的使命和施政重點。為能充分提供民眾食品安全的資訊，在衛生福利部食品藥物管理署的網頁上有食品的「不合格產品專區」（https://www.fda.gov.tw/TC/ site.aspx?sid=3554），而在食品藥物消費者知識服務網上有「消費紅綠燈」（https://consumer.fda.gov.tw/Pages/List.aspx?nodeID=-1）。前者包括相關新聞、邊境查驗、市售調查及檢驗不合格產品的公告；後者則針對國際食品，來判斷其食品安全危險程度；食品消費紅綠燈認定機制與處置及建議如表 9-4 所示。

　　為了提升食品安全的管理，同時建立消費者的信心和信任，我國政府於 105 年 6 月開始推動「食安五環」政策（圖 9-3），並由行政院食品安全辦公室、農業委員會、環境保護署、衛生福利部、經濟部及教育部等部會，以跨部會跨領域的方式協力規劃與執行。「食安五環」的環環相扣，除了要把食品的生產、製造、流通、販售歷程緊密串連以構築安全、衛生、環保防線，更要強化政府、食品業者與民眾之間的合作關係，共同營造「吃得安心又安全」之飲食文化的環境。

⚐表 9-4　食品消費紅綠燈認定機制與處置及建議表

燈　號	意　義	處置及建議
紅燈 （嚴重）	1. 問題產品有輸入記錄且進入我國市場 2. 不論是否危害人體健康，不應供人食用 3. 對人體有立即或重大危害 4. 經風險評估，於國人攝食習慣下累積之暴露量，會明顯對人體健康造成重大危害	1. 立即進行邊境管控 2. 通知國內業者暫停販售，並將有疑慮產品下架 3. 發布新聞請消費者暫停使用問題產品 4. 成立電話諮詢服務專線供民眾詢問
黃燈 （有疑慮）	1. 問題產品有輸入並進入我國市場，惟未有危害發生 2. 對人體無立即危害，但有危害之疑慮，須進一步調查並進行改善者 3. 違反食品衛生標準，尚不致明顯危害人體健康安全，但影響層面大者 4. 違反食品安全衛生管理法第 15、16、17 和 18 條等規定	1. 通知國內業者確認是否輸入問題產品，如確輸入問題產品則應暫停販售，並將有疑慮產品下架 2. 發布消費紅綠燈週知消費者 3. 透由非登不可系統發布電郵週知相關輸入食品業者 4. 通知轄區衛生局及各區管理中心留意問題產品並依其權責進行處置
綠燈 （沒問題）	1. 問題產品未進入我國市場 2. 雖有危害之虞，惟危險因子已被控制且未流入消費市場 3. 標示不全 4. 經風險評估，可能危害人體健康之可能性極微	1. 發布消費紅綠燈請消費者及食品業者依消費紅綠燈建議處置，無需驚慌 2. 通知各區管理中心留意問題產品

資料來源： 衛生福利部食品藥物管理署（2021 年，9 月 2 日）· *食品消費紅綠燈 國際警訊看分明*·
　　　　　https://www.mohw.gov.tw/cp-5020-62998-1.html

⏱ 圖 9-3　食安五環

資料來源： 衛生福利部（2016 年，12 月）*．食安五環為民眾層層把 關．* http://www2.mohwpaper.tw/inside.php?type=history&cid=346&pos=c

　　「食安五環」的每一環的執行工作重點簡述如下：

1. 第一環「源頭管理」

　　成立專責管理機構，整合跨部會對於具有毒性及食安風險疑慮化學物質的管理及勾稽檢查，強化檢驗技術，調和可與世界接軌的法規標準，並運用雲端科技及應用大數據分析，有效阻絕非准用物質流入食品產銷體系。

2. 第二環「重建生產管理」

　　完善從農場到餐桌的生產鏈管理，積極導入全球化優良農業規範及在地化植物醫師制度；另推動食品業者建構食品防護體系，並落實一級品管之食品業者自主監測、二級品管之第三方驗證機構查核檢驗及掌握食品業者資訊之追蹤追溯等機制。

3. 第三環「加強查驗」

運用「分年分月、風險管控」原則,針對高違規、高風險、民眾高關注產品,提高查驗比率,並強化農漁畜產品用藥安全監測,以遏止不良產品上市。

4. 第四環「加重惡意黑心廠商責任」

滾動審視及修正食安法令,暢通與檢調、警察、政風等機關的聯繫合作管道,打擊黑心廠商,掌握不法事證,依法課以重罰、移送法辦及賠償責任,對重大違規不法之惡質廠商加重裁罰。

5. 第五環「全民監督食安」

建立全民監督防護網路,強化 1919 全國食安專線,提高檢舉獎金,鼓勵全民檢舉;推動校園食材登錄制度,提高食安通報效率,強化食農教育及食品相關資訊傳播正確性,以提升全民食安認知,達到全民監督食安之效。

結 語

其實,身為當代的消費者,能夠充分有效地掌握與了解重要資訊已是日常生活的趨勢與必需,而在食品的產製、流通、販售、消費的每一個環節,也都各有其應該具備的認知與觀念。整個食品供應的過程以維護消費者飲食安全的觀點來說,除了執法的食安管理主政單位及理應守法的食品業者之外,最大的約束力量其實來自消費大眾。為了自身、家人及親朋好友的健康和消費權益,每一個消費者都應成為盡心盡力盡責的食安守護者,如此才能在安心享受美食的同時,促進食品產業的品質和競爭力,讓整體食品安全管理和食品消費環境更趨於理想。

1. 黑心食品的定義是：(A)是一個法定名詞   (B)外觀黑色的食物   (C)一種宣傳促銷的名詞   (D)知其為違反食安法規定的食品。

2. 黑心食品含括的範圍有：(A)食品添加物   (B)食品容器具   (C)食品用洗潔劑 (D)以上皆是。

3. 食品的「源頭管理」是指：(A)用水管理   (B)食品工廠管理   (C)「農場到餐桌」過程的管理   (D)食品人員訓練。

4. 如何避免吃到不安全的食品？(A)過期食品如果沒變質就可以吃   (B)選購食品標章的食品   (C)來路不明的食品只要包裝完整就沒問題   (D)加工食品選擇色澤鮮豔的較好。

5. 以下何項不是食品標章？(A) CAS   (B) TQF   (C) GGM   (D) MIT   微笑標章。

6. 食品標示應包含：甲、淨重；乙、原產地；丙、營養標示；丁、含水量。(A)甲乙   (B)甲乙丙   (C)甲丙   (D)甲丁。

7. 有關食品添加物之規定，以下何者正確？(A)使用範圍及使用量均有限制 (B)使用範圍及使用量均無限制   (C)使用範圍無限制   (D)使用量無限制。

8. 食品內容物若為二種以上時，其內容物標示之順序為何？(A)按照內容物含量多寡，由高至低分別標示之   (B)根據產品訴求，以主要訴求原料優先標示之 (C)按照內容物形態，以固形物、液體與添加物等依序分別標示之   (D)按照內容物成分種類，以蛋白質、碳水化合物、脂質等依序分別標示之。

9. 下列何項不是「食安五環」政策之內容？(A)源頭管控   (B)三級品管   (C)加強查驗   (D)重建生產管理。

10. 食安五環的「全民監督食安」敘述，何者為非？(A)強化 1968 食安專線 (B)提高檢舉獎金   (C)推動校園食材登錄   (D)強化食農教育。

解答   1.D   2.D   3.C   4.B   5.D   6.B   7.A   8.A   9.B   10.A

📇 **參考文獻** REFERENCES

食力 FoodNEXT（2023，4 月 22 日）·又驗出兩件雞蛋含禁藥!乃卡巴精是什麼·
　　https://www.foodnext.net/science/knowledge/paper/5739811253

陳姿媛、鄭維智、許朝凱、潘志寬、林金富、吳秀梅（2017，9 月）·*食安五環新作為*·
　　https://www.scimonth.com.tw/tw/search/show.aspx?kw=%e9%a3%9f%e5%
　　93%81GMP&root=5

行政院（2019，10 月 7 日）·*落實「食安五環」確保國人健康*·
　　https://www.ey.gov.tw/Page/5A8A0CB5B41DA11E/9d6122bb-0690-4ed1-96a5-
　　8642912d4a65

臺中市太平區衛生所（2018，8 月 13 日）·*認識食品標章*·
　　https://www.suminphc.taichung.gov.tw/1044575/post

王服清、林承晏（2018，2 月 1 日）·*食品 GMP 的興衰*·
　　https://www.scimonth.com.tw/tw/search/show.aspx?kw=%e9%a3%9f%e5%93%81GMP
　　&root=5

維基百科（2024，3 月 11 日）·*臺灣食品安全事件列表*·https://zh.wikipedia.org/zh-
　　tw/%E5%8F%B0%E7%81%A3%E9%A3%9F%E5%93%81%
　　E5%AE%89%E5%85%A8%E4%BA%8B%E4%BB%B6%E5%88%97%E8%A1%A8

衛生福利部食品藥物管理署食品藥物消費者專區（2019，6 月 12 日）·*食品安全衛生管
　　理法*·https://consumer.fda.gov.tw/Law/Detail.aspx?nodeID=518&lawid=292

衛生福利部食品藥物管理署（2020，8 月 04 日）·*公告訂定「食品及相關產品標示宣傳
　　廣告涉及不實誇張易生誤解或醫療效能認定準則」*·
　　https://www.fda.gov.tw/TC/newsContent.aspx?cid=3&id=25314

衛生福利部食品藥物管理署（2021，3 月 15 日）·*保健營養食品 GMP 指引*·
　　https://www.fda.gov.tw/tc/siteContent.aspx?sid=11235

衛生福利部食品藥物管理署（2021，6 月 30 日）·*「包裝食品營養標示應遵行事項問答」
　　Q&A*·https://www.fda.gov.tw/tc/includes/GetFile.ashx?id=f637607461724067434

衛生福利部食品藥物管理署（2021，9 月 2 日）·*食品消費紅綠燈 國際警訊看分明*·
　　https://www.mohw.gov.tw/cp-5020-62998-1.html

衛生福利部食品藥物管理署（2024，2 月 19 日）·*修正「包裝食品營養標示應遵行事
　　項」，並自即日生效*·https://www.fda.gov.tw/TC/newsContent.aspx?cid=3&id=30378

衛生福利部食品藥物管理署（2024，2 月 23 日）·*食品標示法規指引手冊（第七版）*·
　　https://www.fda.gov.tw/TC/siteList.aspx?sid=12419

衛生福利部食品藥物管理署食品藥物消費者專區（2024，3 月 14 日）·辣椒粉檢出蘇丹
　　色素不合格專區·https://www.fda.gov.tw/TC/siteContent.aspx?sid=12886

World Health Organization (1996). *Guidelines for strengthening a National Food Safety Programme*. https://apps.who.int/iris/handle/10665/63592

World Health Organization (2015, April 2). *World Health Day 2015: From farm to plate, make food safe*. https://www.who.int/mediacentre/news/releases/2015/food-safety/en/

World Health Organization (2020, June 7). *World Food Safety Day 2020*. https://www.who.int/news-room/events/detail/2020/06/07/default-calendar/world-food-safety-day-2020

Health And Life

SIS
mmHg 118
DIA
mmHg 76
PUL
/min 70

PART

04

壓力管理與
心理健康

Health And Life · **MEMO**

作者｜蘇完女

CHAPTER
10

情緒知多少

學習目標

1. 認識情緒的內涵及其功能。
2. 了解情緒對身心健康的影響。
3. 學習辨識與表達情緒。
4. 培養健康的情緒調節方式。

Health And Life

前言

　　人生因為有喜、怒、哀、樂而讓生命充滿變化和色彩，就像天上絢麗的彩虹，有著紅、橙、黃、綠、藍、靛、紫一樣五彩繽紛。但是多數人都渴望天天擁有正向的情緒，而努力想要排除或壓抑負面的情緒。然而，要成為 EQ 高手，不是去對抗負向情緒，而是學會覺察自己的情緒、因時制宜的表達情緒，以及懂得用健康的方式調節自己的情緒。因此，本章的主要目的在幫助讀者了解情緒的內涵、情緒的功能，以及情緒對個人身心健康的影響；進而學習辨識和表達自己的情緒，以及如何健康的抒發情緒，讓自己成為情緒的主人。

第一節　情緒的內涵

　　所謂「情緒」係指「心靈、感覺或感情的激動或騷動」(Goleman, 1996)。根據舊金山加州大學艾克曼的一項研究發現，全世界任何一種文化的人都可辨識出四種基本的表情：恐懼、憤怒、悲傷和快樂（引自 Goleman，1996）；張怡筠(1996)和 Goleman(1996)則將情緒區分為下列八類：

1. **憤怒**：產生的原因可能來自我們覺得有些人的言行不適宜或不應該，或者我們感受到有些是不公平、不合理，包括生氣、微慍、憤恨、不平、煩躁、敵意等。例如：先生／太太對婚姻的不忠誠、小孩覺得父母偏心。

2. **悲傷**：當一個人原先擁有或預期會有，但最後卻沒有的心理反應，包括憂傷、抑鬱、憂鬱、自憐、寂寞、沮喪、絕望等。例如：親密關係的結束、親人死亡。

3. **恐懼**：當個體面對危險或未知的一種不安全感，包括焦慮、驚恐、緊張、憂心、警覺、疑慮等。例如：擔心明天上台報告的不好、人類面對輻射的恐懼。

4. **快樂**：指事情的發展如同我們所預期一樣有好的結果，包含如釋重負、滿足、幸福、愉悅、興奮、驕傲和感官的快樂等。例如：考上自己想要的科系、順利成功地辦完一項重要活動。

5. **愛**：指親人或朋友之間的一種情感連結，包括友善、信賴、和善、親密、寵愛等。例如：與自己心愛的人共處。

6. **驚訝**：指事情的發生並非自己所預期的，包含震驚、訝異、驚喜、嘆為觀止等。例如：收到一份意外驚喜的禮物、突然接獲親友發生意外。

7. **厭惡**：不喜歡某個人或物，或對其言行感到不以為然，包括輕蔑、輕視、譏諷、排拒等。例如：看到同學考試作弊、不喜歡某個人的行事風格。

8. **羞恥**：當自己的言行違反自己的道德標準或覺得對不起別人，包括愧疚、尷尬、懊悔、恥辱等。例如：自己劈腿、對另一半不忠誠。

第二節 情緒的功能

Health
And Life

　　Goleman(1996)認為任何一種情緒都是促使我們採取行動的驅力，隨著人類進化的歷程，情緒已成為人類在面臨危險、痛失親人、遭遇挫折、維繫關係或建立家庭等重要情境時的一種行為指引。例如：恐懼是人類進化過程中所遺留下來的原始情緒，幫助人類遠離危險；憤怒促使人們心跳加速，腎上腺素激增而產生強大的能量；驚訝時眉毛上揚以便擴大視覺範圍，讓更多光刺激到視網脈，藉以快速了解周遭情況，研擬最佳因應對策；而悲傷讓人們精力衰退，對娛樂不再感興趣，甚至減緩新陳代謝，使人們退以自省、悼念逝者、重新省思生命意義。

第三節 情緒與健康

Health
And Life

　　根據研究(Bradberry & Greaves, 2006)顯示，情緒和疾病有很大的關聯，壓力、焦慮和憂鬱都會抑制人的免疫系統，使人們容易罹患各種疾病，小自普通的感冒、大到致命的癌症。當人心理緊張或苦惱時，體內化學物質神經胜肽(neuropetides)會發出信號，通知身體降低對抗疾病的能力，而使個體更容易罹患疾患。

一般而言，情緒對身心健康的影響包括：

1. **循環系統方面**：緊張、焦慮、生氣、恐慌會使血壓上升、新陳代謝加速，如常產生這類情緒易得高血壓、心臟病、腦中風。

2. **肌肉骨骼系統方面**：緊張、焦慮、生氣會使免疫系統降低，身體容易發炎，像肌腱炎、關節炎。肌肉長期處在緊張狀態，乳酸堆積而使肌肉酸痛，睡眠品質不佳，肌肉過度緊張而產生抽筋，起床容易落枕、脖子僵硬，都是身體的警訊，提醒我們需要放鬆。

3. **消化系統方面**：焦慮、緊張時會促使交感神經反應，唾液分泌減少、腸胃蠕動減慢，使得口乾舌燥，食慾不佳，容易產生胃及十二指腸潰瘍。

此外，臨床醫學早已證實，負面情緒還會促使呼吸系統過敏反應，免疫能力失調，癌細胞不正常增生等。

 **情緒的表達**

一、覺察自己的情緒

張怡筠(1996)將一般人面對生氣、憤怒情緒的方式歸納為下列幾種類型，檢視一下你／妳屬於哪一種？

1. **遲鈍型**：此類型的人在事件發生當下無法察覺到自己的情緒，但事後想起這件事，心中可能產生忿忿不平或憤怒的情緒。

2. **暴躁型**：此類型的人在事件發生當下就有強烈的情緒反應，通常也會直接表達自己的情緒。

3. **遷怒型**：此類型的人雖然在事件發生當下能覺察自己的情緒，但理智上會告訴自己不宜直接向對方（如父母或上司）表達憤怒的情緒，因此會將這股情緒轉移到其他人（如罵／打小孩）或其他事物（如甩門、捶桌子或牆壁、摔東西等）。

4. **麻木型**：這類型的人天生對於外界人事物毫無情感反應。

5. **壓抑型**：這類型的人習慣將情緒放在內心深處，不輕易表達，一旦累積的負面能量越多，則可能以身心方面的症狀表現出來。例如：頭痛、心血管疾病或心理疾病。

　　針對上述不同類型的情緒表達，張怡筠也提供下列適合的情緒調節方式：

1. **暴躁型的人**：可以練習在發怒之前透過數數法（在心中從 1 數 10）來緩和自己的情緒，也可以運用腹式呼吸法調節自己的呼吸，緩和自己的情緒。或者暫時離開現場，上洗手間、喝杯水、洗把臉都有助於平息自己憤怒的情緒。

2. **遲鈍型或麻木型的人**：可以透過獨處時觀察自己的情緒，或利用情緒日誌記錄自己的情緒狀態，例如：反思自己今天為何情緒低落？是焦慮、沮喪或害怕？這些情緒從何而來？透過記錄與反思學習辨識自己的情緒經驗。

3. **習慣逃避或壓抑情緒的人**：通常不會將憤怒直接發洩，但肢體語言可能已經洩漏了自己的情緒狀態，透過生理的回饋機制（如心跳加快、肌肉僵硬、胃痛等）覺察自己此刻的情緒，並且練習將自己的感受表達出來。

4. **遷怒型的人**：雖然當下不敢直接表達自己的想法感受，但將情緒發洩在其他人或物身上，並無法解決原來的人際衝突，反而使其他親近的人變成代罪羔羊，破壞彼此的關係。此類型的人可以透過前面所談的方法讓自己情緒冷靜後，再理智的運用「我訊息」的方式與對方溝通，表達自己的想法和感受。例如：「當你……（描述剛才發生的具體事件），我覺得……（描述自己對這件事的感覺），我希望……（描述希望對方改變的具體作法）。」

二、表達自己的情緒的重要性（蔡秀玲、楊智馨，1999）

　　適切表達情緒的重要性包括：

1. 幫助別人可以更了解你。

2. 你可以更了解對方。

3. 真誠面對自己的感受，情緒可以獲得抒解，減少身心疾病。

4. 分享彼此的感受有助於拉近彼此的距離。

三、如何表達情緒

1. 運用「我訊息」直接向對方表達情緒。我訊息的表達係分享自己感受的方式，而不適指責、抱怨或批評對方。我訊息的表達可以簡單地以下列的公式來說明：「當……時候（陳述引發你情緒的事情或言行），我覺得……（陳述你感受），因為…（陳述你的理由）。例如：「當你這麼晚回來卻沒有一通電話時，我好擔心喔，因為我不知道你發生甚麼事。」；「你不能和我出國去玩，讓我好失望喔，因為我很想多一點時間跟你相處。」

2. 暫時忍耐壓抑。華人文化著重人際關係的和諧，為顧及往後彼此的相處，會選擇暫時冷卻當下的負面情緒，以避免正面衝突。事後在思考如何解決當時的問題，或等彼此情緒平靜後再溝通。

3. 宣洩哭泣。如果面對人生中一些無法挽回的失落，如親人過世、朋友背叛、期待落空等產生的悲傷、難過、沮喪情緒，不妨採取哭泣的方式讓自己充分宣洩心中的感受。

4. 找對的人訴說。無論正、負向情緒，透過訴說的過程可以抒發心中的感受，讓情緒有一個出口。當對方能夠同理我們的感受時，就會感覺到被支持、被理解，進而能夠肯定自己、接納自己。

　　人際關係中我們無法改變或控制對方，我們只能學習照顧自己，特別是我們內心的感受，情緒的表達乃為了讓自己內心的感受找到出口，也讓對方能夠多瞭解我們。

四、一般人對於情緒表達常有的迷思

1. 擔心表露情緒讓自己難堪。

2. 認為不說出自己的感受可維持和諧關係。

3. 相信時間可以讓一切不愉快的情緒過去。

4. 相信別人「應該」知道我的感受。

五、一般人表達情緒時易犯的錯誤

1. 弄不清楚自己的感覺，亂發脾氣。

2. 不敢直接表達，一言不發冷漠以對（表情冷漠的說我沒事）。

3. 一味指責對方（都是你……）。

4. 一味自我防衛（你還不是怎樣……）。

5. 誇大其詞（你每次都……）。

6. 拒人千里（跟你講，你也不會了解……）。

7. 討好對方，隱藏自己的感受（都是我不好、是我不對……）。

 第五節

情緒的調節

Health
And Life

　　心理分析學派的創始人 Freud 曾用水庫的概念比喻人類情緒的處理過程，他認為每個人的身體彷彿一座情緒水庫，當負面情緒出現時就會存放在情緒水庫中，如果情緒水位累積到了警戒線，個體就會開始出現脾氣暴躁，情緒失控等情形。如果個體任由自己的情緒水位越來越高，情緒水庫就會潰堤而影響個體的身心健康。因此，維持心理健康的重要方法，就是不要讓自己的情緒水庫累積太多的水量，要想辦法在日常生活中找到釋放情緒的方法，讓情緒水位有一個適當的出口。因此，正視情緒，選擇適合自己的情緒調節方法是現代人必備的功課，以下提供幾種較為健康的情緒調節方法(O'Hanlon, 2006)：

1. 轉移注意力：透過閱讀、看電視電影、拼圖、睡覺、聽音樂等，都有助於擺脫負面的情緒。

2. 運動：可以改變腦內化學傳導物質「腦內啡」，進而影響情緒，產生快樂感。

3. 善待自己：泡熱水澡、吃一頓美食、送禮物給自己、逛街採購等。

4. 改變看事情的角度：從正向角度重新解讀自己所失去的，或從失去中找到正向的學習或成長。例如：失去心愛的人而關注自己與家人的關係；失去健康而學會重新排列生命中的優先事務。

5. 透過靜坐、冥想、深呼吸等沉澱自己的情緒。

6. 培養個人的宗教信仰。

7. 養成樂觀的態度：樂觀的人堅信事情必會好轉，失敗是可以改變的；悲觀的人則將失敗歸因於個人無法改變的特質。

8. 自由書寫：寫下內心深處對於當下處境和過往經歷的感覺和想法，可提供情緒宣洩，傾聽內在聲音，增進對自我的了解。

結 語

　　情緒是一種能量，需要隨時釋放，才可避免因小事而導致情緒爆發；就如同板塊移動可以釋放能量，以避免突然大地震一樣。所以，請隨時找一個適合自己且健康的方式調節自己的情緒，讓自己可以維持一個穩定的情緒狀態，避免讓情緒綁架自己。

學後評量

1. 當一個人原先擁有或預期會有，但最後卻沒有的心理反應是何種情緒？(A)恐懼　(B)悲傷　(C)憤怒　(D)驚訝。

2. 有關情緒的敘述，何者正確？(A)情緒與行為沒有關係　(B)不同的人遭遇相同狀況的事件，情緒反應都一樣　(C)情緒是內心想法的表現，想要怎麼做都可以　(D)適當的情緒表達、反應，有助身心健康。

3. 情緒有什麼功能？(A)恐懼會降低新陳代謝、讓人省思　(B)憤怒會降低血壓、讓人精力衰退　(C)驚訝會眉毛上揚擴大視野，讓人了解周遭情況　(D)悲傷會腎上腺激素大增，讓人遠離危險。

4. 以下情緒與健康的關係何者為非？(A)情緒只會影響心理健康　(B)過度負面情緒問題會抑制免疫系統　(C)長期處在緊張狀態易肌肉酸痛僵硬　(D)焦慮時會唾液分泌減少、口乾舌燥。

5. 下列何者不是表達情緒的目的與重要性？(A)真誠面對自己感受　(B)逃避壓力　(C)幫助別人了解你　(D)你可以了解對方。

6. 面對生氣、憤怒情緒時，將情緒放在心裡，是哪一種表達類型？(A)遲鈍型　(B)遷怒型　(C)麻木型　(D)壓抑型。

7. 對於情緒表達為暴躁型的人，可以如何調節情緒？(A)數數法與調節呼吸　(B)獨處　(C)寫日記　(D)生理回饋機制。

8. 如何表達情緒？(A)指責對方　(B)討好對方　(C)找對的人訴說　(D)冷漠以對。

9. 如何成為情緒的主人？(A)對抗負面情緒　(B)學習察覺自己情緒　(C)不需理會因時制宜表達情緒　(D)以上皆是。

10. 為什麼可藉由運動來調節負向情緒？(A)使精神緊繃　(B)促進過敏反應　(C)逃避感受　(D)放鬆肌肉。

解答　1.B　2.D　3.C　4.A　5.B　6.D　7.A　8.C　9.B　10.D

參考文獻　REFERENCES

江文慈(2012)・大學生人際互動情緒表達壓抑的探究・*教育心理學刊*，*43*(3)，647-680。

張怡筠(1996)・*EQ 其實很簡單*・希代。

張德聰(2013)・正視情緒，才能有效管理情緒・*張老師月刊*，425，6-9。

蔡秀玲、楊智馨(1999)・*情緒管理*・揚智。

Bradberry, T. & Greaves, J. (2006)・*EQ 關鍵報告*（楊淑智譯）・天下文化。

Goleman, D. (1996)・*EQ-Emotional Intelligence*（張美惠譯）・時報出版。

O'Hanlon, B. (2006)・*情緒，是一張藏寶圖*（林苑珊譯）・四方出版。

作者｜林秀珍

CHAPTER
11

壓力的呼喚：調適與健康行為

學習目標

1. 認知面：認識壓力與壓力對身心和認知的影響。

2. 情意面：促進自我覺察遭遇壓力時的身心狀態。

3. 技能面：運用健康的調適策略自我照護與抒壓。

Health And Life

═══ **前言** ═══

　　聽到「你累了嗎？」這句耳熟能詳的廣告詞，腦中浮現的畫面為何呢？本章將由認識壓力開始，介紹大學生常見壓力來源和壓力對身心健康、思考型態和行為模式的影響，辨識不良抒壓方法，學習合宜抒壓策略以促進心理健康。

第一節

壓力的呼喚

📝 案例　小花的壓力人生

　　小花（化名）是大一新鮮人，因為個性較活潑，一開始就被選為班代，常需幫學校或導師傳遞相關訊息給班上同學；此外，也被學長姐拉進系學會開會，準備培訓為活動企劃組幹部。開學後幾週，除了參加學校和系學會一連串的迎新活動，偶爾也參加同學夜唱和夜遊的活動。第一次離家和同學住，一開始女孩子們相處很愉快，後來因為某位室友夜貓子型的生活型態，讓向來早起早睡的小花常常被說話或音樂等聲響吵醒，心裡頭氣得要命卻又不好意思跟室友說，只好默默隱忍。常常睡眼惺忪去上課，根本無法集中注意力聽課，更遑論要適應大學的上課方式。眼看著再一週就要期中考試，小花感受到自己的焦慮和煩躁，也注意到自己最近常頭痛和拉肚子。

　　上述小花大學生活的描述，不僅跟「你累了嗎？」廣告系列主角遭遇的情境相仿，同時也是許多現代大學生的寫照。常常面臨多元角色和多方要求，又要能面面俱到，確實令人倍感壓力。

一、認識壓力

　　壓力可以是單一或是一系列導致個體緊張的事件，且後續往往會導致個體身體和心理方面的問題。例如：本章案例小花明顯遇到兩個事件：(1)適應和高中不同的上課方式；和(2)期中考試，而這些事件讓小花身體出現頭痛和腹瀉的警訊，情緒有焦躁不安的現象。這個狀況充分說明小花正處於壓力狀態。

　　心理學家認為個體通常由個人的內在參考架構解釋自身經驗，因此引發的生理與心理反應也會有個體差異。例如：另一名大學生小毛在努力適應不同教學方式的過程中，因為嘗試新的學習方式而感到興奮，對於即將來的考試雖然擔心，但也充滿期待，希望可以檢驗自己的學習成果。同樣的考試事件，對小花和小毛卻有不同的影響力。

　　一般而言，壓力是壓力事件和壓力反應的結合。壓力事件或稱為壓力源，泛指能激發個體生理或心理反應的事件。課業學習的要求和室友相處的緊張都是上述案例小花面臨的壓力事件；小花面對壓力時，衍生的心理反應有焦慮和煩躁，生理反應有頭痛和腹瀉。簡而言之，壓力可以用下列公式表示：

　　　　壓力(stress)＝刺激(stimulus)＋反應(response)
　　　　刺激＝壓力事件或稱為壓力源
　　　　反應＝生理反應＋心理反應

☺ 討論與分享　　　　　　　　　　　　　　　　　練習

1. 本章案例小花遇到的壓力事件有哪些呢？
   _____
   _____

2. 想想看，你的大學生活裡有哪些壓力源呢？壓力大的時候，身體會有哪些不舒服的症狀呢？情緒又是如何？
   _____
   _____

二、大學生的壓力源

大學生活常遭遇的壓力來源有六個，其中前三個都和人與人之間的關係有關；後三者與人生發展階段議題相呼應。分述如下：

1. **人際關係**：對大部分人而言，上大學意謂著要離鄉背井，開拓新的人際生活圈。同校的人際關係包括同班同學、室友樓友、同系或外系學長姐；如果有打工，還有職場的人際關係；當然還有高中階段友情的聯繫。如何結交志同道合的朋友，避免或化解人際衝突，也是大學生重要的人際課題。

2. **感情關係**：大學生的感情事件偶爾會登上社會新聞版面，往往都是分手事件。大學生多元性別的感情議題和如何談戀愛與理性分手等，都是當下大學生感情關係裡的壓力。

3. **家庭關係**：隨著家庭結構的多元化，大學生的親子關係與家人互動品質和家長期待也帶給大學生諸多壓力。

4. **自我探索**：面對新環境與人事物、想知道自己的能力與興趣、或是對挫折與失敗感到害怕或生氣，都可能促使大學生開展想知道自己是誰的探索旅程。

5. **課業學習**：適應新的上課與學習方式、小組或上台報告等新的課程要求和選課；因低學習興趣、低學習動機與低成就表現引發的挫折或無助感。

6. **生涯發展**：除了生涯探索之外，大學生也擔心所選科系是否讓自己具備職場競爭力與就業力。

三、壓力反應

（一）壓力適應階段

心理學家認為壓力同時可帶來正面和負面的效果。適度的壓力，可激發個體解決問題的動機，因而解除壓力。但是當壓力過大時，則不僅影響表現造成失常外，也可能讓個體主觀經驗產生無望與無助感，認為再如何努力可能都無效，而出現逃避或自暴自棄的行為；最嚴重的時候，可能出現自我傷害的想法或行動。

學者提出一般性適應症候群，將個體對於壓力的適應狀態分為三個階段：

1. **警覺階段**：最初發現壓力時的身體生理反應，例如：失眠。

2. **抗拒階段**：壓力狀態並未解除，出現更多的身體生理反應和情緒心理反應，個體會採取行動以對抗壓力的影響。例如：出現大腸急躁症，經常感到焦慮不安，失眠狀況加劇。個體可能尋求情緒支持或是問題解決的資源，也可能對壓力事件視而不見。

3. **耗竭階段**：壓力狀態仍未解除，個體長期處在壓力下而出現症狀甚至產生疾病。例如：高血壓等心血管疾病或是甲狀腺功能亢進、焦慮症等。

以本章個案為例，小花上大學後出現學習方式適應困難時，已開始進入警覺階段，偶爾會出現頭痛。當意識到另一個壓力事件期中考的接近，這時已進入抗拒階段。小花頭痛或肚子痛等狀況頻率愈來愈高，明顯感到焦慮、煩躁。若小花靜下心規劃讀書計畫，發現雖然時間很緊迫但似乎也可以在考前完成複習；加上與同學組讀書會一起複習，那麼考試結束後，小花的狀態就可以由抗拒階段回復到一般常態。反之，倘若小花在這個階段緊張、焦慮到無法靜下心來準備，那麼考完試可能面對成績不佳而被預警，考試壓力尚未解除，擔心被當和被父母責罵的新壓力又接踵而至，小花就可能產生憂鬱或人際退縮的現象，而進入耗竭階段。

（二）評估壓力反應的向度

個體如何察覺壓力的呼喚呢？心理學家建議可由以下四個向度了解與評估壓力的反應：

1. 情緒反應

情緒是一種強而有力主觀經驗的感覺，可以有正向或負向的情緒。案例的小花經驗的負向情緒經驗除了焦躁不安，可能也有無助或憤怒；但他人可能會期待用考試驗收學習成果，而感到開心。當負向情緒經驗偏多時，要注意可能會衍生憂鬱、沮喪情緒或焦慮症等心理疾患的可能。

2. 生理反應

身體的不適狀況包括身體部位的疼痛、腸胃不適、睡眠問題等，高血壓、心血管疾病、大腸急躁症等疾病。因壓力過大而猝死或過勞死的新聞，也偶爾出現在社會新聞版面。

3. 認知反應

因面臨壓力事件而出現的想法，當負向思考越多，越會降低個體的認知效能。當案例裡的小花出現災難性想法「剩一個禮拜而已，我再怎麼努力都不會及格的」，小花可能會因此失去讀書的動機、記憶力減退、專注力下降、易分心等，而又導致負向情緒。反之，當小花覺得「雖然時間很緊迫，我還是可以努力試看看」，小花可能因此而能善用有限時間做讀書規劃。

4. 行為反應

個體為處理、降低或忍受壓力所帶來的傷害而做的行為努力，這些行為包括備戰或逃跑的反應、尋求問題解決資源或是逃避等反應。逃避反應包括忽視或否認壓力事件的存在，轉向藉由沉迷、甚至成癮於藥物、酒精或網路世界。

☺ 討論與分享　　　　　　　　　　　　　　練習

1. 想想看，遇到壓力時，你的心中浮現哪些想法呢？

　　_____

　　_____

2. 面對壓力時，情緒很低潮時，你會怎麼辦？面對壓力事件，你通常又會做些什麼？

　　_____

　　_____

四、壓力的傷害性反應

處於壓力狀態下，個體也常出現下列三種具傷害效果的反應，簡述如下：

（一）防衛行為

個體可能用否認或扭曲事實的方式來隔絕外在壓力源，除了能自我防衛，也能維持原來的正向自我概念。例如：考試成績不佳，本章案例小花可能會說：「都是因為室友太吵，讓我無法專心準備，加上考試前一晚沒睡好而考試失常。我只是沒準備而已！我其實都理解內容！」用這樣的方法避免去面對因為自己無法調適大學學習方式而成績不佳的挫敗感。當長時間使用自我防衛而非試圖解決問題，而壓力事件仍未解除，個體終究會出現焦慮、憂鬱甚至無望等情緒。

（二）成癮行為

個體可能會自行開處方箋，服用成藥抒壓或提神、暴飲爛醉或在網路上尋求慰藉。藉由藥物、酒精或網路逃避壓力，可能造成濫用成癮問題，長久下來可能出現記憶喪失、行為衝動、受傷或健康問題、酒駕、不安全或非預期的性行為、缺曠課、學習表現不佳和人際關係緊張或衝突等情形。

（三）精疲力竭(Burnout)

可能出現身體體能、情緒、智力思考和精神消耗殆盡的情況，而有無助和絕望的感覺，也可能造成人際退縮或疏離。

 第二節

壓力調適與健康行為

Health
And Life

「調適」的概念通常是指壓力狀況出現時，個體採取任何形式的努力以減低壓力造成的影響；反之，「健康行為」指的是壓力尚未出現時，個體採取任何可促進心理健康的行動。前者，個體的角色為被動的因應者；後者，個體則是主動積極的行動者。

> ☺ **體驗活動－生命中不能承受的重**　　　練習
>
> 指導語：請自行選擇手邊的一件物品，任何可以被拿起的物品皆可，例如：筆或書。選好後，請單手將這個物品高高舉起，手臂必須懸空、不可以靠在桌子上或牆壁。看看你可以拿多久？

　　在上述的體驗活動中，其實選擇的物品為何並不重要；重要的是能拿多久？拿一分鐘，對大部分的人而言都輕而易舉、當然沒問題；拿一個小時，可能不喊手酸的人寥寥無幾。但若是拿一天，可能就得叫救護車了。其實物品本身的重量是不變的，但是你若拿越久，就會覺得越沉重。就像是我們承擔的壓力一樣，如果我們一直把壓力放在身上，不管時間長短，到最後我們就覺得壓力越來越沉重而無法承擔。我們必須要做的是：放下、休息一下後再拿起，如此我們才能夠拿得更久。

一、壓力調適

　　心理學處理壓力引發的不適症狀，通常採用漸進式肌肉放鬆法。先藉由腹式呼吸來關注和覺察自己的呼吸狀態；再利用緊繃與鬆弛不相容的原理，系統性地讓肌肉組群進入放鬆狀態。用最慢的速度做，細細體會肌肉從極緊到極鬆的感覺。藉由緩慢的動作當中，個體才有充足時間去感受肌肉，敏感於細微的變化，個體才能確實知道什麼是從鬆到緊，怎麼樣是從緊到鬆。而當個體全神貫注於注意這些肌肉感覺的變化時，整個人就很容易靜下來。思緒會從完全的外界，進到完全的內在。

　　漸進式肌肉放鬆法一次的練習大約需要 20 分鐘，可以每天練習 1~2 次。步驟如下述：

1. 先調整選擇舒服的坐姿。

2. 使用腹式呼吸，讓自己的思緒專注在呼吸上頭。

3. 兩手慢慢平伸，手握拳頭，慢慢用力，包括上臂、前臂、拳頭，慢慢用力，感覺肌肉的緊繃，達到自己可以承受的極致。然後慢慢放鬆，兩手慢慢放下。

4. 身體坐正，下巴往胸前壓，兩肩往後拉，然後往前壓，再放鬆，動作都要慢。

5. 眉毛上揚，用力往上揚，然後慢慢鬆開。

6. 鼻子、嘴巴、眼睛用力往臉中間擠，慢慢用力，然後慢慢放鬆。

7. 兩嘴緊密，咬緊牙齒，慢慢用力，然後慢慢放鬆。

8. 嘴巴張開，舌頭抵住下牙齦，用力張開並用力抵住，慢慢放鬆。

9. 身體坐直，身體慢慢用力往後仰，再慢慢回復原來位置，慢慢做兩個深呼吸，慢慢吸氣，慢慢吐氣。

10.身體坐直，兩腿伸直，腳板往下壓，用力往下壓，再慢慢放鬆。

　　當個體熟悉肌肉的感覺時，才可能進一步藉由放鬆肌肉來安定情緒；當心安時，自然就能有清晰的思緒去面對和思考問題解決之道。

二、心理健康促進行為

　　要能有效因應壓力，首先需正視造成問題的緣由。舉本章個案小花為例，是壓力事件真的太多，還是缺乏時間管理能力而造成小花的壓力？還是與室友的互動模式，造成小花的人際壓力？還是過高的自我要求而造成小花的壓力？藉由自我覺察與探索進而提升洞察力，避免事件成為壓力源或造成負向的壓力反應，這才是積極的心理健康促進行為。

（一）性格與壓力

　　急躁的人格特質（A 型性格）確實較易讓個體感受到壓力。請試著回想自己的狀況，在表 11-1 適當的方格內打 "✓"。

▌表 11-1　A 型性格量表評量表

A 型性格量表	很少／從未	偶　爾	總是／經常
1. 你發現自己說話速度很快，急著把話說完。			
2. 說話時，你常把關鍵字眼說得特別用力。			
3. 你會打斷別人的話或替他把後面的話說完，以促使對方快點把話說完。			
4. 你常臉部表情誇張或握拳拍打桌面，用以強調自己說的話。			
5. 你厭惡排隊等待。			
6. 你似乎總覺得時間太少，不夠用。			
7. 你的動作很快，例如吃飯、走路速度很快。			
8. 你開車時會超速或不耐煩別人開得太慢。			
9. 你會想在一個時間內，同時做兩件以上的事。			
10. 如果別人做事太慢，你會感到不耐煩。			
11. 你似乎沒有時間娛樂或享受悠閒時光。			
12. 你發現自己太過投入（工作或追求成就）。			
13. 當你和別人交談時，會想著其他的事。			
14. 你喜歡有競爭或挑戰性的工作。			
15. 在工作上或參加比賽、遊戲，你都很努力要贏。			
16. 你喜歡把行事曆排得愈滿愈好。			
17. 對於不照自己意思或期待的事，你會感到生氣。			
18. 你每天都感到時間匆匆，一下子就天黑了。			
19. 雖然經過某些地方，但你卻不知道沿途有什麼。			
20. 休息或放假幾天，你會有莫名的罪惡感。			

註：計分與解釋：很少或從未如此 1 分、偶爾發生 2 分、總是或經常如此 3 分。總分界在 20~34 分，為低度 A 型性格；總分界在 35~44，為中度 A 型性格；總分界在 45~60 分，為高度 A 型性格。

資料來源：1. Friedman, M., & Rosenman, R. F. (1974). *Type A behavior and your heart*. New York: Knopf.

2. Jenkens, C. D. (1976). Recent evidence supporting psychological and social risk factors for coronary disease. *New England Journal of Medicine, 294*, 987-1038.

　　A 型性格(type A personality)之行為模式包含過度好強、好鬥、缺乏耐心、對於時間的要求太過急切、合理化的敵意以及內心深處的不安全感等。依據研究發現，A 型行為模式的人罹患冠狀動脈心臟疾病是一般人的 3 倍。相反的，B

型性格(type B personality)之行為模式較輕鬆、與世無爭、處之泰然等傾向。而 C 型性格(type C personality)可預測個體未來是否罹患癌症的可能性，行為模式為自我犧牲、極端的親切、行事被動、不自我肯定、對權威者順從、以及不會表達負面的情緒，特別是憤怒和其他不愉快的情緒。典型的代表是「抓狂管訓班」這部電影的男主角。個體可以藉由自我監控與提醒，面對事件時，先深呼一口氣再做反應。

另外一個性格與壓力的關聯，可由個體如何解釋與看待個人可以控制生活事件的程度，即控制源(locus of control)。當個體認為事情的結果是個人無法控制的外在力量決定的，這種人格特質稱之為外控型，或是個體慣用外在歸因。例如：本章案例小花若認為大學教師都很機車、會刁難學生，自己再怎麼努力讀書都免不了面臨被當的事實。小花的人格特質就屬於外控型，忽略自己的努力對成績的影響；因此容易有「徒勞無功」的想法，行動上也會較少主動採取適當行動控制或改善自己的生活。相反的，若小花抱持「天下無難事，只怕有心人」的想法時，這就是內控型，或是對考試這件事採用內在歸因。個體相信自己可以控制事情的結果，通常在校成績較好，抗壓性也較高，也較常表現增進健康的行為。

心理學家提出 3C 人格來形容抗壓性格，即堅韌人格模式。堅韌特色有三：

1. **喜愛挑戰(Challenge)**：視生活中的變動是正常且可預期的，且可以引發個人成長，相信壓力可帶來正面的後果；比如「否極泰來」、「塞翁失馬，焉知非福」等成語，就是視挫敗為暫時性的狀況並能面對這個挑戰。

2. **做事情有投入感(Commitment)**：個體獻身事物、家庭和工作的傾向；具有「全力以赴」、「天將降大任於斯人也」的胸懷，因此較能化壓力為精神糧食與吃苦當吃補的精神。

3. **對自己的生活有控制感(Control)**：即內控性格，相信一切事務個人有控制權的傾向，因而可提升自尊與努力的動機。

（二）溝通類型與壓力

本章案例小花不滿室友的行為，選擇用逃避的方式面對，而不與室友直接溝通，表現順從、內心憤怒，睡眠狀況受到影響，久而久之，可能會覺得壓力大而出現暴怒的情形。事實上，溝通類型也會影響個體的壓力感受。簡述如下：

1. 非自我肯定者較缺乏自信，容易放棄自我權益。常常抱持的想法為忍耐，「犧牲小我，完成大我」、「否定自己，肯定別人」，也就是心理學所謂的「我不好，你好」。這種情況下小花會選擇繼續忍氣吞聲而可能加劇壓力感受。典型的代表人物為偶像劇「命中注定我愛你」女主角陳欣怡，又稱為便利貼女孩。

2. 直接攻擊者的心態為「我好，你不好」，常「肯定自己，否定別人」，常忽略他人感受甚至踩著他人的頭往上爬，可能面臨欠佳的人際關係而感受到壓力。這種情況下小花會指著室友的鼻子開罵，可能問題沒解決，還弄擰了兩人關係。典型的代表人物為紅極一時古裝劇「後宮甄嬛傳」裡的華妃。

3. 間接攻擊型者的心態為「我不好，你也好不到哪裡去」，為維持表面和諧而不敢當面告知對方，但背後可能與他人訴苦抱怨，因此常因表裡不一致而感受到曖昧不清的壓力。這種情況就是俗稱的耍陰招，小花會表面上繼續跟對方友好，暗地裡跟他人說室友的壞話，甚至可能在背後捅他一刀。

4. 自我肯定者常能適度表達並滿足自我的需求，心態為「我好，你也好」，抱持「尊重自己，尊重別人」和「肯定自己，肯定別人」的想法，試圖在雙方的需求上創造最佳利益，較少出現人際關係不和諧的壓力。這種情況下小花會婉轉的就事論事，跟室友討論出一個對雙方都好的方案。

　　個體可以藉由學習自我肯定的表達方式，減少壓力。言語的自我肯定有 DESC 四個步驟。分述如下：

1. D(describe)：描述，清楚且客觀的陳述對方的行為或自己面對的情境。例如：本章案例裡的小花可以跟室友說「晚上 12 點一直到凌晨 3 點，你常常邊聽音樂邊打字」。

2. E(express)：指適當地說出自己對前述行為或情境的感覺。例如：小花可以跟室友說「這些聲響讓我沒辦法睡覺，心情也很煩躁」。

3. S(specify)：即具體說出期待對方行為或情境的改變。例如：小花可以跟室友說「能不能請你過了 12 點之後，用耳機聽音樂；打鍵盤時也盡量小聲一點」。

4. C(choose)：就前述的期待徵詢對方的意見或商議更佳的作法。如果小花只顧提出自己需求但忽視對方的需求，這樣將淪為攻擊型的溝通模式。但是，如

果小花可以在提出自己的想法後，能邀請對方一起腦力激盪，如問對方「你覺得呢？」、「還是你有什麼想法呢？」這就是一種既能顧及自己又能尊重他人需求的自我肯定表達方式。

（三）時間管理與壓力

試著回想上一週的生活作息與時間安排，在表 11-2 中填入適當的時數。請將前 6 題每日活動的時數乘以 7 寫入最右邊的欄位，後面 3 題的時數填入最右邊的欄位，再計算總時數，此為大學生一週花在日常生活事件所需時間。接下來，請用一週 168 小時（24 小時乘以 7 天）扣去上述活動的總時數後，看看一週還剩多少時間能唸書？

表 11-2　大學生每週生活作息與時間分析表

大學生的生活事件	小時／每日	＊天數	小時／每週
1. 一天睡多少小時？包括午睡時間。		7	
2. 一天花多少小時梳妝打扮？		7	
3. 一天花多少小時用餐？		7	
4. 一天花多少小時往返學校與宿舍？		7	
5. 一天花多少小時處理雜務，如購物和洗衣？		7	
6. 一週花多少小時在課外活動，如社團、系學會、系隊？	—	—	
7. 一週花多少小時打工？	—	—	
8. 一週花多少小時上課？	—	—	
9. 一週花多少小時在人際社交，如聊天哈拉、逛街、夜唱、講電話、網路社群和通訊軟體？	—	—	
總　　　時　　　數			

修一學分的課，除了上課時間之外，每週還需要額外 2 小時的複習與閱讀時間。想一想對現今大學生而言，每學期平均至少修 20 學分的課，再加上愛情與社團學分，還有多少時間可以讀書呢？無怪乎本章案例小花的壓力會很大了。再加上很多人都有拖拖拉拉的惡習，往往到了最後一刻才開始動手趕報告或準備考試，難怪常感嘆時間不夠用。

針對克服拖拖拉拉的惡習，可以想一想：

1. 找出造成不想行動的問題根源。有些人可能深受完美主義干擾而自我打擊無法跨出第一步。

2. 確認目標並訂定逐步可達到的目標，製造成功經驗。

3. 自我提醒善用時間，將需完成工作依照重要性與急迫性進行排序。

4. 選擇零存整付、積少成多的方式分配讀書時間。

5. 學孟母三遷的精神，對任何干擾說不。

如何善用時間達到有效的時間管理，可以參考下列原則：

1. 善用授課老師課程大綱與教學進度表。

2. 規劃學期時程表時涵蓋課內與課外活動。

3. 評估與計畫每週的工作量與所需時間。

4. 調整每日的時程表，設定優先順序。

5. 評估時程表的執行成效並適時修改。

如何讓時程表確實可行，可以試試這麼做：

1. 找到自己最佳讀書時段。

2. 倒吃甘蔗、先苦後甘，由最難或最不感興趣的科目念起。

3. 規劃足夠的讀書時間，免得一直拖延進度。

4. 養成每日固定閱讀時間和地點。

5. 善加利用在校空堂時間或等待時段。

6. 計畫課後複習時間與每週固定複習時間。

7. 謹記最佳閱讀時間約可持續 15~90 分鐘。

8. 善加利用圖書館。

9. 大學生活有很多突發狀況，記得預留彈性時間。

10. 莫忽視大學潛課程如社交與戀愛的重要性，注意與學業找到黃金三角平衡。

美國管理學大師史蒂芬・柯維(Stephen Covey)建議可參考「重要性」和「急迫性」兩個向度，排出事件的優先順序，如表 11-3。其實就是常言道：事有輕重緩急。重要性指的是事件的輕重程度，對個人有重要的意義和影響力，還是如鴻毛般可有可無；急迫性指的是事件的緩急程度，是否該立即優先處理，還是可以暫時放一邊。

表 11-3 事件的四種類型：重要性與急迫性

事件類型		急迫性	
		急迫	不急迫
重要性	重要	第一類型 重要且急迫的事件 例：有期限的報告或考試、突發危機狀況	第二類型 重要但不急迫的事件 例：一週後要交的報告、建立人際關係、學業準備、生涯規畫、社團活動
	不重要	第三類型 不重要但卻急迫的事件 例：社群網站、通訊軟體、電視劇或動漫完結篇	第四類型 不重要也不急迫的事件 例：排隊追星、逛街購物、持續上網或網路遊戲

關鍵之道仍是專注於重要的事，避免老陷於應付重要且急迫的事（第一類型），就容易出現壓力相關反應。必要時要能捨棄不重要的事（第三和四類型），才能讓自己有較多的時間規劃與投入人生目標（第二類型）。

現今大學生對生活安排有更多元的選擇，然而，要能有效管理時間，可能根本之道是要先調正個人的心態為「我是全職大學生，我的本業是學習與充實知能」。

結 語

探討了壓力來源與對個體生活、情緒和身體狀況造成的影響，更重要的是學會面對壓力，找出可以改變的部分。在找尋問題解決策略的途中，記得暫時放下、輕鬆一下好抒解壓力，可能是修正追求完美的信念、相信苦盡甘來的正向思考或是找親朋好友溫暖的懷抱，都能讓自己在充電後更有力量處理壓力。

學後評量 EXERCISE

1. 下列哪一項關於壓力的描述錯誤？(A)壓力的反應和個人對壓力事件的解釋有關　(B)壓力是一種調適的過程　(C)壓力反應通常可以分為生理的、心理的和社會的向度來探討群體健康　(D)每個人對於壓力的反應相同，都會對身心健康產生不良影響。

2. 我們常說某事件讓身心感到壓力，請問「壓力」是什麼？(A)一個大氣壓(B)一種能量　(C)單一或一系列刺激個體讓身心緊張的狀態　(D)水中飄浮的力量。

3. 有關「壓力」這件事，下列何項心態不正確？(A)適度的壓力與良好的壓力管理，能讓我們更有活力與效率　(B)壓力過大過小都會對身心造成不良影響(C)壓力造成的失衡狀態，需要一段時間與適當方式來調適、舒緩　(D)壓力是一種病，一旦患上就不可能痊癒。

4. 當自己想要選讀的大學校系與家人期望有落差時，最恰當的做法為：(A)悶不吭聲，在網路社群平臺大吐苦水　(B)積極溝通，分析該校系優勢符合自己的未來生涯規劃，爭取家人認同　(C)情緒失控，頂撞家人從未尊重自己的意見(D)消極應對，自暴自棄，甚至以傷害自己換取家人妥協。

5. 下列哪些為青少年常見壓力源　a.人際關係　b.考試、升學　c.家庭關係　d.自我／生涯角色要求　e.戀愛、失戀　f.健康狀況　(A) abce　(B) bdef　(C) abcdef(D) acdef。

6. 壓力會造成生理、情緒、認知與行為反應，下列何者非「生理反應」？(A)頭痛　(B)焦躁不安　(C)心跳加速　(D)拉肚子。

7. 下列何者並非屬於 A 型人格(type A personality)的三大特徵之一？(A)競爭性成就感　(B)時間緊迫感　(C)攻擊性敵意　(D)完美主義者。

8. 斯利(H. Selye)提出的「一般適應症候群(General Adaptation Syndrome)」理論指出人面臨長期壓力的時候，會產生三階段壓力反應。下列何者非為斯利(H. Selye)的三階段壓力反應歷程？(A)消退期　(B)抗拒期　(C)警覺反應期　(D)耗竭期。

9. 小美面對老師交代的任務時，採取隨遇而安態度，是屬於哪一種人格特質?(A) A 型性格　(B) B 型性格　(C) C 型性格　(D) D 型性格。

10. 下列調適壓力的方法，何者不恰當？(A)把自己關在房間裡，不讓親友擔心 (B)放鬆身體與心情，穩定情緒　(C)做好時間管理，不要讓事情擠在一起 (D)戶外踏青、運動。

解答　1.D　2.C　3.D　4.B　5.C　6.B　7.D　8.A　9.B　10.A

參考文獻　　　　　　　　　　　　　　　　　　　　　　　REFERENCES

王以仁、林淑玲、駱芳美(2006)．*心理衛生與適應（第二版）*．心理。

黃政昌(2008)．*你快樂嗎？大學生的心理衛生*．心理。

黃惠惠(2002)．*情緒與壓力管理*．張老師文化。

藍采風(2001)．*壓力與適應*．幼獅。

Covey, S. (2014)．*與成功有約：高效能人士的七個習慣（25 周年增修版）*（顧淑馨譯）．天下文化。（原著出版於 2013 年）

Greenberg, J. (1995)．*壓力管理（第二版）*（潘正德譯）．心理。（原著出版於 1995 年）

Kleinke, C. L. (1998)．*健康心理管理——跨越生活危機*（曾華源、郭靜晃譯）．揚智。（原著出版於 2002 年）

Friedman, M., & Rosenman, R. F. (1974). *Type A behavior and your heart.* Knopf.

Jenkens, C. D. (1976). Recent evidence supporting psychological and social risk factors for coronary disease. *New England Journal of Medicine, 294,* 987-1038.

作者｜鄭秀敏

CHAPTER

12 | 心理疾患

學習目標

1. 認識常見的心理疾患。
2. 認識思覺失調症與治療方法。
3. 認識雙相情緒障礙症與治療方法。
4. 認識憂鬱症與治療方法。
5. 認識焦慮症與治療方法。
6. 認識強迫症與治療方法。
7. 認識創傷及壓力相關障礙症與治療方法。

Health And Life

<h2>前言</h2>

現代人面臨越來越多壓力，如：經濟壓力、課業壓力、感情壓力、人際關係處理、職場環境、工作壓力、父母管教、身體外表形象或生活瑣碎事務等。若個體有傾向得某種心理疾患的特質或因素，則特別容易受壓力影響，長久負面壓力累積下來，身體除了產生生理疾病終將對個人造成心理疾病。特質與因素包含有：人格特質、早年成長的不愉快經驗、家族遺傳、基因缺損、生理疾病影響或腦中神經傳導物質分泌失調等。當心理疾患產生時，通常會有一些特別的情感、想法或是行為改變，讓人摸不著頭緒、無法理解自身為何有此改變，往往這就是心理疾患的症狀之一。

目前心理疾患的分類診斷有兩大系統，一為美國精神醫學學會(American Psychiatric Association, APA)出版的《精神疾病診斷與統計手冊（第五版）(*The Diagnostic and Statistical Manual of Mental Disorders-5*, DSM-5)》，二為世界衛生組織(World Health Organization, WHO)所編著的《國際疾病分類系統（第十版）(*International Classification of Diseases*, ICD-10)》。兩者相較，ICD 系統較著重於疾病描述，而 DSM 系統則強調診斷準則，因此筆者針對本文心理疾患介紹採用 DSM-5 的診斷標準，目的為使讀者能清楚、快速地認識疾病的症狀。本章將針對一般常見之心理疾患：憂鬱症、躁鬱症（雙相情緒障礙症）、焦慮症、恐慌症、強迫症、創傷後壓力症及思覺失調症（Schizopherenia，DSM-IV 中文版譯名為精神分裂症）等常見之疾病進行介紹。

第一節 思覺失調症(Schizophrenia)

Health
And Life

一、疾病簡介

科學家發現抗精神病劑 Chlorpromazine(CPZ)能與突觸後神經細胞上多巴胺接受器(dopamine receptor)結合，防止多巴胺與其接受器結合，因此阻斷或降低多巴胺功能。至 1974 年學者提出思覺失調症的多巴胺假說(dopamine hypothesis of schizophrenia)。至今，此假說為了解思覺失調症，以及發展與製造抗精神病藥物的一項重要學術研究。長久以來一直將 "schizophrenia" 一詞譯為「精神分裂症」，為改變大眾對疾病誤解與去汙名化，於 2014 年 DSM-5 中文版將

schizophrenia 改譯更名為「思覺失調症」；另外 DSM-5 將思覺失調症歸類為思覺失調類群及其他精神病症(schizophrenia specturm and other psychotic disorders)。通常病患罹病時，因自身缺乏病識感，往往都是患者出現自傷或傷人等脫序行為時，親友才會意識到須尋求醫療協助；因此在急性發作期時，必須先投予藥物治療，之後再以心理治療為輔。

二、診斷標準

引自臺灣精神醫學會編譯《DSM-5 精神疾病診斷準則手冊》所提思覺失調症之部分診斷準則（臺灣精神醫學會，2015）：

1. 在一個月內出現以下 2 項（或更多）症狀，至少有一項必須為(1)、(2)或(3)。
   (1) 妄想。
   (2) 幻覺。
   (3) 胡言亂語。
   (4) 整體上混亂或僵直行為。
   (5) 負性症狀（如減少情感表達或動機降低）。

2. 此困擾發病以來的大部分時間，1 項（或更多）主要領域功能如工作、人際關係或自我照顧顯著比未發病前降低（或當在孩童或青少年發作時，無法達到預期的人際關係、學業或職業功能）。

3. 此困擾的徵兆至少持續出現 6 個月。此 6 個月期間一定要包括至少 1 個月符合準則 1。

4. 此困擾不是起因於一種物質使用（成癮藥物或醫藥）或另一身體病況的生理效應。

三、治療方式

（一）藥物治療

1. 以標的症狀(target symptoms)做為治療考量，通常以抗精神病劑為首要選擇，分為第一代與第二代抗精神病劑。

2. 第一代抗精神病劑：1952 年 CPZ 問世後，偶然情況下發現 CPZ 具有改善精神病症狀的效果。這類類似 CPZ 的抗精神病藥物，稱為第一代抗精神病劑

（或稱典型抗精神病劑）。這類藥物因阻斷腦中多巴胺作用，而產生錐體外（徑）症候群(extrapyramidal syndrome, EPS)、遲發性不自主運動及內分泌障礙等副作用，患者會出現眼睛上吊、脖子。後仰、靜坐不能、行動緩慢、手抖、身體僵硬、生殖內分泌異常與性功能障礙等，長期服藥則會出現不可逆的臉部、四肢與軀幹等不自主運動，因此病患服用藥物意願低。

3. 第二代抗精神病劑（表 12-1）：自 1980 年 Clozapine 問世後，其作用機轉不同於第一代抗精神病劑，因此將此類型藥物稱為第二代抗精神病劑（或稱非典型抗精神病劑）。其具有抗精神病的療效，但不會或較不易發生第一代抗精神病劑副作用，因此提高病人服藥接受度。第一代抗精神病劑正逐漸淘汰中，最近專家學者建議優先使用第二代抗精神病劑治療精神疾病。此外，第二代抗精神病劑也被應用於治療雙相情緒障礙症(bipolar disorders)。

🔋表 12-1　常見第二代抗精神病劑依作用機轉分類

分類	化學名	商品名
血清素及多巴胺阻斷劑 (serotonin-dopamine antagonist, SDA)	Risperidone, Ziprasidone	Risperdal®（理思必妥），Geodon®（哲思）
多種接受器阻斷劑 (multi-acting receptor target antagonist, MARTA)	Clozapine, Olanzapine, Quetiapine	Clozaril®（可致津錠），Zyprexa®（金普薩），Seroquel®（思樂康）
第二、三型多巴胺接受器阻斷劑 (specific D2/D3 antagonist)	Amisulpride	Solian®（首利安）
局部性多巴胺接受器促效劑 (D2 partial agonist, DPA)	Aripiprazole	Abilify®（安立復）

（二）其他治療方式

藥物治療是必須的，但患者往往在病情得到控制後會認為自己已經病好了或否認自己生病事實，而自行停用或拒絕服用藥物。因此，建議在病情得到控制後能搭配心理與社會支持等治療方式來協助患者持續接受治療。不論你是心理專業人員或是病患親友，建議可採用傾聽、同理心、找尋雙方共同點或相同目標及與患者結為夥伴一起合作這四項技巧（魏嘉瑩，2003），來幫助缺乏病識感病患持續接受治療；同時家人親友等社會性支持的力量也是這過程中極為重要且不可缺少的一項。

第二節

雙相情緒及其相關障礙症
(Bipolar and Related Disorders)

Health
And Life

一、疾病簡介

　　臺灣精神醫學會編譯《DSM-5 精神疾病診斷準則手冊》所提雙相情緒及相關障礙症，共分成 7 類：第一型雙相情緒障礙症(bipolar I disorder)、第二型雙相情緒障礙症(bipolar II disorder)、循環型情緒障礙症(cyclothymic disorder)、物質／醫藥引發的雙相情緒及其相關障礙症、另一身體病況引起的雙相情緒及其相關障礙症、其他特定的雙相情緒及其相關障礙症與非特定的雙相情緒及其相關障礙症（臺灣精神醫學會，2015），又以第一型雙相情緒障礙症症狀較為典型常見，故本節僅針對此症介紹。雙相情緒障礙症即俗稱躁鬱症(manic-depressive illness)，其三個臨床疾病過程為：躁症期(manic phase)、憂鬱期(depressive phase)及正常期(interval phase)（圖 12-1）。躁鬱症病程變化多端，一次躁期大約維持 3~6 個月，一次鬱期的出現由數週至 9 個月；每一次的再發作（包括躁期及鬱期），多半比前一次更為嚴重。

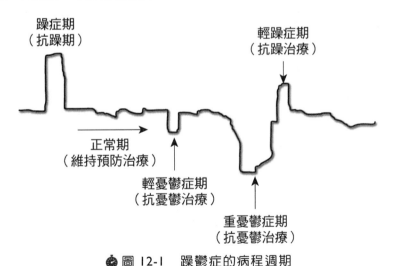

圖 12-1　躁鬱症的病程週期

二、發病原因

1. 遺傳體質：是造成躁鬱症之主因。躁鬱症病患親屬罹患率約為一般人的 10 倍，而躁鬱症遺傳率高於憂鬱症。與大腦情緒中樞的神經傳導物質失調有關。

2. 社會心理壓力：可以誘發躁鬱症的發病，但絕非躁鬱症發病的唯一因素。

3. 先天和後天交互作用：躁鬱症的產生，可能是先天易發病體質和後天環境因素交互作用所引起。

三、第一型雙相情緒障礙症(Bipolar I Disorder)診斷標準

引自臺灣精神醫學會編譯《DSM-5 精神疾病診斷準則手冊》所提第一型雙相情緒障礙症之部分診斷準則（臺灣精神醫學會，2015）：

（一）躁症發作(Manic Episode)

1. 有一段明顯的情緒困擾並持續情緒高昂、開闊(expansive)或易怒的時期，不斷進行目標導向活動，持續至少 1 週，將近一整天和幾乎每一天皆呈現此種狀態。

2. 在情緒困擾時期，出現以下 3 項（或更多）症狀（只是情緒易怒則需出現 4 項症狀），明顯改變平常行為：
   (1) 自尊膨脹或誇大。
   (2) 睡眠需求降低（如只睡 3 小時就覺得休息足夠）。
   (3) 比平常更多話或滔滔不絕無法停止。
   (4) 思緒飛躍或主觀感受想法洶湧不止。
   (5) 報告或觀察到分心(distractibility)。
   (6) 增加目標導向活動（如社交、職場、學校或性）或精神動作激動。
   (7) 過度參與可能有痛苦結果的活動（如不停採購或貿然投資）。

3. 此情緒障礙症已嚴重影響社交／工作或需要住院以預防傷害本身或他人，或是已有精神病症狀。

4. 此發作無法歸因某一物質（如濫用藥物、醫藥或其他治療）或另一醫藥狀況的生理效應。

（二）輕躁症發作(Hypomanic Episode)

1. 有一段情緒高昂、開闊(expansive)或易怒時期，異常持續增加活動或精力，至少連續 4 天，並且一整天，幾乎每一天都呈現此種狀態。

2. 在情緒困擾時期，持續出現以下 3 項（或更多）症狀（只是心情易怒則需 4 項），代表不同於平常行為的顯著改變及已明顯呈現：
   (1) 自尊膨脹或誇大。
   (2) 睡眠需求降低。
   (3) 比平常更多話或滔滔不絕講不停。
   (4) 思緒飛躍或主觀感受想法洶湧不止。
   (5) 報告或觀察到分心(distractibility)。
   (6) 增加目標導向活動或精神動作激動。
   (7) 過度參與可能有痛苦結果的活動。

3. 此發作引起明確的功能改變，與非發作時期明顯不同。

4. 情緒和功能的改變明顯可被旁人觀察。

5. 發作未嚴重到足以影響社交／工作或需要住院。若有精神病症狀，則為躁症。

6. 發作無法歸因於某一物質的生理效應。

（三）鬱症發作(Major Depressive Episode)

1. 以下 5 項（或更多）症狀在 2 週中同時出現，造成先前功能改變；並且至少包含(1)或(2)症狀之一。
   (1) 幾乎整天且每天憂鬱，可透過主觀說明（如感覺悲傷、空虛或無望）或是由他人觀察得知（如容易哭泣）。
   (2) 幾乎一整天且每一天都顯著地對所有活動失去興趣或愉悅感（主觀說明或他人觀察）。
   (3) 體重明顯減輕或增加（如一個月內體重改變超過 5%），或幾乎每天食慾減少或增加。
   (4) 幾乎每天失眠或嗜眠(hypersomnia)。
   (5) 幾乎每天精神動作激動或遲緩（主觀說明感受或他人觀察）。

(6) 幾乎每天疲倦或無精打采。

(7) 幾乎每天感覺到無價值感，或是有過度或不恰當的罪惡感（可能達到妄想程度）。

(8) 幾乎每天思考能力和專注力降低，或是猶豫不決（主觀說明或他人觀察）。

(9) 反覆想到死亡、反覆自殺意念但無具體計畫，或是自殺舉動或是有具體的自殺計畫。

2. 症狀造成臨床上顯著苦惱或於社交、職能或其他重要功能減損。

3. 症狀發作無法歸因於某一物質或另一身體病況的生理效應。

四、治療方法

（一）藥物治療（表 12-2）

　　治療躁鬱症的藥物，以鋰鹽為主，搭配抗憂鬱劑、抗癲癇藥物及抗精神病劑輔助治療。使用上述藥物應選擇具有以下功能：(1)起碼有抗躁、抗鬱或預防復發之一項療效；(2)不會使治療中症狀惡化；(3)治療中不會誘導產生另一相症狀。

1. 鋰　鹽

　　早期治療躁鬱症是項很艱難的工作，花費大量人力與金錢在開發研究治療躁鬱症，但遲遲未發現最佳的治療藥物。直至 18 世紀，鋰鹽(Lithium)已經廣泛應用在人類各種內科疾病。1949 年澳洲精神科醫師卡德(J. Cade)利用鋰鹽來建立躁症動物模式實驗時，意外發現鋰鹽有鎮靜的作用，進一步研究發現鋰鹽具有治療躁症效果。經實驗研究證實，鋰鹽不但具有抗躁療效，還能預防復發。至今，鋰鹽仍為治療躁鬱症首選且有效之用藥。

2. 其他藥物

(1) 抗憂鬱劑：用於治療鬱症發作。相關內容請參見本節「三、憂鬱症(depressive disorders)」。

(2) 抗癲癇劑：除了用來控制癲癇發作外，也用來作為治療躁鬱症之抗躁及預防復發。

🧪 表 12-2 常見治療躁鬱症用藥

藥名（化學名）	商品名	適應症或藥物類別	抗躁	預防再發	抗憂鬱
Lithium carbonate	Camcolit®（康可利）	痛風、神經與消化系統疾病	+	+	
Carbamazepine (CBZ)	Tegretol®（癲通）	抗癲癇	+		
Valproate (VPA)	Convulex®（康癲能）Depakene®（帝拔癲）	抗癲癇	+		
Lamotrigine (LTG)	Lamictal®（樂命達）	抗癲癇		+	
Olanzapine (OLZ)	Zyprexa®（金普薩）	MARTA	+	+	+
Quetiapine (QTP)	Seroquel®（思樂康）	MARTA	+	+	+
Aripiprazole (ARI)	Abilify®（安立復）	DPA	+	+	
Risperidone (RIS)	Risperdal®（理思必妥）	SDA	+	+	
Ziprasidone (ZIP)	Geodon®（哲思）	SDA	+	+	

(3) 抗精神病劑：臨床治療發現第一代抗精神病劑易誘發引起患者鬱症發作，第二代抗精神病劑作為治療躁鬱症藥物，不但效果相當可靠，且不會誘發鬱症。因此，臨床上已將第二代抗精神病劑作為治療躁鬱症優先考量用藥。

（二）其他治療方式

除了藥物治療，仍建議搭配心理與社會支持等治療方式為輔。透過心理治療，改善患者認知、情緒和行為上問題，幫助患者了解自己並學習如何面對處理心理問題；而透過社會支持性治療，讓病人獲得支持與建議的力量，以改善其心理困擾，使其恢復原有生活。

 **第三節**

憂鬱症(Depressive Disorders)

一、疾病簡介

依據臺灣精神醫學會編譯《DSM-5 精神疾病診斷準則手冊》所提憂鬱症，共分成 8 類：侵擾性情緒失調症(disruptive mood dysregulation disorder)、鬱症(major depressive disorder)、輕鬱症(dysthymia)、經期前情緒低落症(premenstrual dysphoric disorder)、物質／醫藥引發的憂鬱症、另一身體病況引起的憂鬱症、其他特定的憂鬱症及非特定的憂鬱症（臺灣精神醫學會，2015），本節僅針對最為常見之鬱症(major depressive disorder)來介紹。

二、發病原因

1. 發病原因可能為生物性、心理社會、基因遺傳及壓力等交互影響所導致，即先天易發病體質和後天環境因素交互作用引起的。美國林肯總統與英國首相邱吉爾就是憂鬱症患者的代表性人物。

2. 與情緒有關的大腦神經傳導物質，如血清素(serotonin, 5-HT)分泌不足。

3. 若處於長期壓力而無法調適情況下，人體會產生大量腎上腺皮質醇(cortisol)，其屬固醇類激素(steroid hormone)具有穿透細胞膜能力，進一步破壞細胞而導致細胞死亡。長期壓力，會活化下視丘－腦下垂體－腎上腺軸線，引起腎上腺分泌大量腎上腺皮質醇；腎上腺皮質醇進一步破壞神經細胞（血清素神經細胞為主），造成血清素分泌下降，最後導致憂鬱症。

三、鬱症(Major Depressive Disorder)診斷標準

引自臺灣精神醫學會編譯《DSM-5 精神疾病診斷準則手冊》所提鬱症之部分診斷準則（臺灣精神醫學會，2015）：

1. 以下 5 項（或更多）症狀在 2 週中同時出現，造成先前功能改變；至少包含(1)或(2)症狀之一。
   (1) 幾乎整天且每天憂鬱，可透過主觀說明或是由他人觀察得知。

(2) 幾乎一整天且每一天都顯著地對所有活動失去興趣或愉悅感（主觀說明或他人觀察）。

(3) 體重明顯減輕或增加（如一個月內體重改變超過 5%），或幾乎每天食慾減少或增加。

(4) 幾乎每天失眠或嗜眠(hypersomnia)。

(5) 幾乎每天精神動作激動或遲緩（主觀感受或他人觀察）。

(6) 幾乎每天疲倦或無精打采。

(7) 幾乎每天自我感到無價值感，或是有過度或不恰當的罪惡感（可能達到妄想程度）。

(8) 幾乎每天思考能力和專注力降低，或是猶豫不決（主觀說明或他人觀察）。

(9) 反覆想到死亡、反覆自殺意念但無具體計畫，或是自殺舉動或是有具體的自殺計畫。

2. 症狀造成臨床上顯著苦惱或於社交、職能或其他重要功能減損。

3. 症狀發作無法歸因於某一物質或另一身體病況的生理效應。

4. 從未有過躁症或輕躁症發作。

　　若經歷重大失落事件（如喪親、破產、天災或重病）的反應可能包含強烈的悲傷、反覆想著失落、失眠、胃口差和體重下降，有如準則 1，可能代表鬱症發作。雖然這些症狀是可以理解或是適當的，除了正常反應外，得小心考量是否鬱症發作。此診斷需根據個人病史和表達苦惱的文化常模進行臨床判定。

四、治療方法

　　目前治療憂鬱症的方法，分成藥物、心理治療與社會性支持等三種方式。臨床上，並非所有憂鬱症患者都需要接受藥物治療，經過精神科醫生診斷與治療評估後，若病情已影響患者生活、社交或職能等功能，才會施以藥物先進行症狀治療，再搭配心理治療與社會性支持為輔。藥物治療在短時間內就能見效（若該藥物適合患者，則約 2~3 週）；而社會性支持與心理治療需要較長且固定的時間（通常需要 1~2 個月），才能有其一定的療效。利用抗憂鬱劑來修正腦中神經傳導物質（血清素、正腎上腺素等）短時間內能緩解憂鬱症狀。另外一方面，藉由心理治療，使病患能了解自己並學習如何有效處理心理困擾；同時透

過社會支持性治療，讓病人獲得支持與建議，以改善心理困擾，使其恢復生活動力。

（一）藥物治療

1. 抗憂鬱劑(antidepressants)
   (1) 作用機轉：提高血清素在神經細胞突觸間隙中的可用率，調整、修正腦部神經細胞突觸間隙的血清素傳遞，而達改善憂鬱症狀。
   (2) 三環抗憂鬱劑(tricyclic antidepressant, TCA)：為最早用於治療憂鬱症之藥物，主要作用機轉為血清素及正腎上腺素回收抑制(serotonin norepinephrine reuptake)。目前已逐漸被其他新型抗憂鬱劑取代，主要原因為具有抗膽鹼、抗組織胺、抗腎上腺素及抗多巴胺等副作用，病患服藥後容易出現口乾、便秘、嗜睡、體重增加、視力模糊、頭暈與低血壓等副作用，因此三環抗憂鬱劑已非臨床治療主流。
   (3) 選擇性血清素回收抑制劑(selective serotonin reuptake inhibitor, SSRI)：其專一性高，沒有三環抗憂鬱劑所引起的抗膽鹼作用、抗組織胺作用及抗腎上腺素作用，用藥安全性較高。臨床上，已廣泛使用此類藥物（如百憂解），同時也用於治療強迫症與創傷及壓力相關障礙症（表 12-3）。

表 12-3 選擇性血清素回收抑制劑之適應症

化學名	Fluoxetine	Paroxetine	Sertraline	Citalopram	Escitalopram
商品名	Prozac®（百憂解）	seroxat®（克憂果）	Zoloft®（樂復得）	Cipram®（舒憂）	Lexapro®（立普能）
憂鬱症	+	+	+	+	+
恐慌症	+	+	+	+	
強迫症	+	+	+	+	
創傷後壓力症		+	+		
社交焦慮症		+	+		+
廣泛性焦慮症		+			+

資料來源：沈武典(2011)．21 世紀臨床精神藥物學（第三版）．新北市：合記圖書。

（二）心理治療

主要是透過心理師與個案建立關係後，運用心理學的原理和方法，協助患者了解自己，幫助患者改善認知、情緒和行為問題，同時增進患者自我成長並減少疾病症狀。常見方法有：行為治療（社交技巧訓練、自我肯定）、人際治療（培養人際關係互動與解決衝突的能力）、認知治療（發掘自我不當的想法信念並做矯正，使其恢復合理思考）與支持性治療（鼓勵患者以不傷害自我或他人的適宜方式宣洩情緒，及表達自我情緒和想法）等。

（三）社會支持

包含家庭支持系統、社會福利機構或團體、社區系統及宗教等介入，增進患者改善問題的積極度與動力。

（四）其他

另外，有種「伴隨季節性特徵的憂鬱症」主要是因為光照不足的季節，造成憂鬱症復發。針對此類型患者，建議可多曬曬太陽或接受光照療法，亦有一定療效。

（五）如何自助或幫助憂鬱症患者

1. 憂鬱症患者自助方法（自助）

患者盡可能維持每天規律的重心生活、轉移注意力、讓家人朋友幫助他的人能了解其需要、給自己設定一點小活動或目標強迫讓自己動起來、運用放鬆技巧（如聽音樂、運動、親近大自然美景、閱讀或觀看有趣的書籍電影等），以上都是很好且有效的方法。當憂慮、失落、沮喪的感覺到來，的確會讓人失去「動」的意願與能量，但倘若患者能強迫自己開始「動」，這是自助的第一步，是好的開始，如此才能打破惡性循環，擺脫憂鬱的一天。

2. 幫助憂鬱症患者方法（助人）

身為朋友或是家人的你（妳）能為憂鬱症患者做什麼呢？可以是靜靜的陪伴、一起出遊踏青、一同運動、傾聽對方說話、發揮同理心、表達明白患者的感受、鼓勵並引導患者說出自己的感覺和想法，這些精神上或實質上的支持與鼓勵，對患者而言都是帶領他們脫離黑暗憂谷的一盞明燈。

焦慮症(Anxiety Disorders)

Health
And Life

一、疾病簡介

偶爾短暫的焦慮是正常的情緒，適度的焦慮可以提高個人表現，但焦慮出現頻率過高且時間過長，恐將影響個人生理與心理。出現症狀有：呼吸困難、出汗、發抖、頭暈、緊張、恐懼、痛苦感、腦中一片空白、失去現實感與急躁等。若焦慮情況已經影響到個人的工作、學習、人際關係和社交等功能時，就需要尋求專業醫療人員的協助。依據臺灣精神醫學會編譯《DSM-5 精神疾病診斷準則手冊》所提焦慮症，共分成 12 類：分離焦慮症(separation anxiety disorder)、選擇性不語症(selective mutism)、特定畏懼症(specific phobia)、社交焦慮症(social anxiety disorder)、恐慌症(panic disorder)、恐慌症發作特別註記(panic attack specifier)、特定場所畏懼症(agoraphobia)、廣泛性焦慮症(generalized anxiety disorder)、物質／醫藥引發的焦慮症、另一身體病況引起的焦慮症、其他特定的焦慮症及非特定的焦慮症（臺灣精神醫學會，2015），本節僅針對較為常見之分離焦慮症、社交焦慮症、廣泛性焦慮症、恐慌症、特定畏懼症與特定場所畏懼症來介紹。

二、分離焦慮症(Separation Anxiety Disorder)診斷標準

引自臺灣精神醫學會編譯《DSM-5 精神疾病診斷準則手冊》所提分離焦慮症之部分診斷準則（臺灣精神醫學會，2015）：

1. 當涉及與所依附的人分離時，表現出與成長階段不符合的過度恐懼或焦慮，至少有下列 3 種情況。

   (1) 當預期或正經歷離開家庭或主要依附者的時候，會一再地感受到過度的苦惱。

   (2) 持續且過度地擔心失去主要依附者或擔心他們可能會受到傷害（如生病、受傷或死亡）。

   (3) 持續且過度地擔心會遭遇不測（如迷路、發生意外或被綁架）而造成與主要依附者分離。

(4) 因為害怕分離而持續不願意或拒絕外出、離開家、上學、工作或去其他地方。

(5) 持續且過度地害怕或不願意獨自一人或沒有主要依附者陪伴下待在家或其他地方。

(6) 持續不願意或拒絕離家過夜或沒有主要依附者在身旁下去睡覺。

(7) 重複做有關離別主題的惡夢。

(8) 當和主要依附者分離或預期將會分離時，不斷抱怨一些身體症狀（如頭痛、噁心或嘔吐）。

2. 此害怕、焦慮或逃避時間，在兒童及青少年個體上持續至少 4 週，在成人一般至少持續 6 個月或更久。

3. 此困擾引起臨床上顯著苦惱或在社交、學業、職業或其他重要領域功能減損。

三、社交焦慮症(Social Anxiety Disorder)診斷標準

引自臺灣精神醫學會編譯《DSM-5 精神疾病診斷準則手冊》所提社交焦慮症之部分診斷準則（臺灣精神醫學會，2015）：

1. 個案對於暴露在一種或多種可能被別人檢視的社交情境，會感到顯著的恐懼或焦慮，如社交互動、被觀察或在別人面前表現。

2. 個案害怕其將要表現的行為或顯示出的焦慮症狀會受到負面評價。

3. 這些社交情境幾乎總是引發恐懼或焦慮。

4. 會逃避或帶著強烈的恐懼或焦慮，忍受著社交情境。

5. 此恐懼或焦慮與社交情境所造成的實際威脅及由社會文化背景層面來看，是不成比例的。

6. 此恐懼、焦慮或逃避是持續的，通常持續 6 個月或更久。

7. 此恐懼、焦慮或逃避引起臨床上顯著苦惱或社交、職業或其他重要領域功能減損。

8. 此恐懼、焦慮或逃避不是因為某物質（如濫用藥物）或另一身體病況所產生的生理效應。

四、廣泛性焦慮症(Generalized Anxiety Disorder)診斷標準

引自臺灣精神醫學會編譯《DSM-5 精神疾病診斷準則手冊》所提廣泛性焦慮症之部分診斷準則（臺灣精神醫學會，2015）：

1. 對許多事件或活動有過度的焦慮和擔憂，至少 6 個月的期間內，有此症狀的日子比沒有的日子多。

2. 個案認為難以控制此擔憂。

3. 此焦慮和擔憂合併以下 6 項症狀中的 3 項（或更多）。
   (1) 坐立不安、感覺緊張或心情不定。
   (2) 容易疲勞。
   (3) 注意力不集中，腦筋一片空白。
   (4) 易怒。
   (5) 肌肉緊繃。
   (6) 睡眠困擾（如難以入睡或睡不滿意）。

4. 此焦慮、擔憂或身體不適症狀引起臨床上顯著苦惱或社交、職業或其他重要領域功能減損。

5. 此困擾無法歸因於某物質或另一身體病況的生理效應。

五、恐慌症(Panic Disorder)診斷標準

引自臺灣精神醫學會編譯《DSM-5 精神疾病診斷準則手冊》所提恐慌症之部分診斷準則（臺灣精神醫學會，2015）：

1. 反覆的非預期性恐慌發作。恐慌發作是突然一股強烈的恐懼或不適，在幾分鐘之內達到高峰，並在這段時間內出現以下 4 項（或更多）症狀。
   (1) 心悸、心臟砰砰直跳或心跳加快。
   (2) 流汗。
   (3) 發抖或顫慄(shaking)。
   (4) 呼吸短促或透不過氣的感覺。
   (5) 梗塞感。
   (6) 胸部疼痛或不適。
   (7) 噁心或腹部不適。

(8) 感覺頭暈、步伐不穩、頭昏或快要暈倒。

(9) 冷顫或發熱的感覺。

(10) 感覺異常（如麻木或刺痛的感覺）。

(11) 失現實感（derealization，不真實的感覺）或失自我感（depersonalization，自己心智和身體脫離的感覺）。

(12) 害怕失去控制或快要瘋了。

(13) 害怕即將死亡。

2. 至少其中一次發作有下列其中一或二項症狀，為期 1 個月（或更久）。

(1) 持續關注或擔心恐慌再發作或發作的後果（如心臟病發作或快要瘋了）。

(2) 出現與發作相關、明顯適應不良的行為。

3. 此困擾無法歸因於某物質（如濫用藥物）或另一身體病況的生理效應。

六、特定畏懼症(Specific Phobia)診斷標準

引自臺灣精神醫學會編譯《DSM-5 精神疾病診斷準則手冊》所提特定畏懼症之部分診斷準則（臺灣精神醫學會，2015）：

1. 對一個特定的對象或情境（如飛行、高度、接受注射或看到血）感到顯著的恐懼或焦慮。

2. 恐懼的對象或情境幾乎都會引起立即的恐懼或焦慮。

3. 會積極地避開恐懼的對象或情境，或忍受著強烈的恐懼或焦慮。

4. 此恐懼或焦慮與由特定的對象或情境所造成的實際危險及由社會文化背景層面來看，是不成比例的。

5. 此恐懼或焦慮是持續的，一般持續 6 個月或更久。

6. 此恐懼、焦慮或逃避引起臨床上顯著苦惱或社交、職業或其他重要領域功能減損。

七、特定場所畏懼症(Agoraphobia)診斷標準

引自臺灣精神醫學會編譯《DSM-5 精神疾病診斷準則手冊》所提特定場所畏懼症之部分診斷準則（臺灣精神醫學會，2015）：

1. 對於以下五種場合中的 2 項（或更多），具有顯著的恐懼或焦慮。
    (1) 搭乘公共交通工具。
    (2) 在開放空間。
    (3) 在封閉場所。
    (4) 排隊或在人群中。
    (5) 獨自在家以外的地方。

2. 個案會恐懼或迴避這些場所，因為會聯想到萬一產生類似恐慌症狀時或其他令人失常或尷尬的症狀時，難以逃脫或無法獲得協助。

3. 特定場所畏懼症的場合幾乎總是會引起恐懼或焦慮。

4. 積極迴避特定場所畏懼症場合、需有同伴陪同或忍受著強烈恐懼或焦慮。

5. 此恐懼或焦慮與特定場所畏懼症的場合所造成的實際威脅及由社會文化背景層面來看，是不成比例的。

6. 此恐懼、焦慮或逃避是持續的，通常持續 6 個月或更久。

7. 此恐懼、焦慮或逃避引起臨床上顯著苦惱或社交；職業或其他重要領域功能減損。

八、治療方法

　　臨床上，治療焦慮症的第一選擇為使用抗憂鬱劑，抗憂鬱劑不僅用於治療憂鬱症，亦為焦慮症之首選用藥。抗憂鬱劑以選擇性血清素回收抑制劑(SSRI)為主，相關內容請參見本章「第三節」所述。除了藥物，仍建議搭配心理治療為輔，此需要持續進行一段相當長的時間，才能有療效。藉由心理治療，如認知治療、放鬆訓練（詳細內容請參閱「第 11 章／第二節：壓力調適與健康行為」）、自我控制或系統減敏感法等方法運用，幫助患者放鬆情緒、矯正澄清錯誤思維並且勇敢面對克服恐懼與焦慮。

強迫症及相關障礙症(Obsessive-Compulsive and Related Disorder)

Health
And Life

一、疾病簡介

依據臺灣精神醫學會編譯《DSM-5 精神疾病診斷準則手冊》所提強迫症及相關障礙症，共分成 9 類：強迫症(obsessive-compulsive disorder)、身體臆形症(body dysmorphic disorder)、儲物症(hoarding disorder)、拔毛症(trichotillomania)、摳皮症(excoriation)、物質／醫藥引發的強迫症及相關障礙症、另一身體病況引起的強迫症及相關障礙症、其他特定的強迫症及相關障礙症及非特定的強迫症及相關障礙症（臺灣精神醫學會，2015），本節僅針對較為常見之強迫症來介紹。

二、強迫症(Obsessive-compulsive Disorder)診斷標準

引自臺灣精神醫學會編譯《DSM-5 精神疾病診斷準則手冊》所提強迫症之部分診斷準則（臺灣精神醫學會，2015）：

1. 出現強迫思考(1)(2)、強迫行為(3)(4)或二者兼具。
   (1) 持續且反覆出現一些想法、衝動或影像，在困擾的症狀干擾時，有時候個案的感受是侵入的、不想要的；這會對大部分的個案造成明顯的焦慮或痛苦。
   (2) 個案企圖忽略或壓抑這樣的想法、衝動或影響，或試圖以一些其他想法或行動來抵銷它們（如做出強迫行為）。
   (3) 重複的行為（如洗手、檢查或排序）或心智活動（如計數、默念或祈禱），個案必須回應強迫思考或根據某些必須嚴格遵守的規則來被迫地做出這些動作。
   (4) 這些行為或心智活動的目的是為防止或減少焦慮或痛苦，或預防發生一些可怕事件或情況；但是，這些行為或心智活動與其期望去抵銷或預防的現實狀況是不符合的，或顯然是過度的。

2. 強迫思考或行為是費時的（如每天花超過 1 小時），或引起臨床上顯著苦惱或社交、職業或其他重要領域功能減損。

3. 強迫症狀無法歸因於某物質或另一身體病況所產生的生理效應。

三、治療方法

臨床上，治療強迫症以藥物與心理治療為主，藥物以抗憂鬱劑－選擇性血清素回收抑制劑(SSRI)為主，相關內容請參見本章「第三節」所述。心理治療則以行為治療為主，利用系統減敏感法、洪水法或中斷思考法等，教導患者如何中斷強迫性思想或行為。心理治療的好處是，即使停止服用藥物後，患者可以維持較長時間不會復發。

第六節 創傷及壓力相關障礙症(Trauma- and Stress-Related Disorders)

Health
And Life

一、疾病簡介

依據臺灣精神醫學會編譯《DSM-5 精神疾病診斷準則手冊》所提創傷及壓力相關障礙症，共分成 7 類：反應性依附障礙症(reactive attachment disorder)、失抑制社會交往症(disinhibited social engagement disorder)、創傷後壓力症(posttraumatic stress disorder)、急性壓力症(acute stress disorder)、適應障礙症(adjustment disorder)、其他特定的創傷及壓力相關障礙症及非特定的創傷及壓力相關障礙症（臺灣精神醫學會，2015），本節僅針對較為常見之創傷後壓力症與急性壓力症來介紹。

二、創傷後壓力症(Posttraumatic Stress Disorder)診斷標準

引自臺灣精神醫學會編譯《DSM-5 精神疾病診斷準則手冊》所提創傷後壓力症之診斷準則（臺灣精神醫學會，2015）：

1. 暴露於真正的或具威脅性的死亡、重傷或性暴力，以下 1 項（或更多）。
   (1) 直接經歷這些創傷事件。
   (2) 親身目擊這些事件發生在別人身上。
   (3) 知道這些事件發生在一位親密的親戚或朋友身上；如果是真正的或具威脅性的死亡，這些事件必須是暴力或意外。
   (4) 一再經歷或大量暴露在令人反感的創傷事件細節中。

2. 出現下列 1 項（或更多）與創傷事件有關的侵入性症狀。

   (1) 不斷發生、不由自主和侵入性地被創傷事件的痛苦回憶苦惱著。

   (2) 不斷出現惱人的夢，夢內容和／或情緒與創傷事件相關。

   (3) 出現解離反應，個案感到或表現出好像創傷事件重演。

   (4) 當接觸到內在或外在象徵或與創傷事件相似的暗示時，產生強烈或延長的心理苦惱。

   (5) 對於內在或外在象徵或與創傷事件相似的暗示時，會產生明顯生理反應。

3. 持續逃避創傷事件相關的刺激，顯示出下列 1 項以上的逃避行為。

   (1) 避開或努力逃避與創傷事件相關的痛苦記憶、思緒或感覺。

   (2) 避開或努力逃避引發與創傷事件相關的痛苦記憶、思緒或感覺的外在提醒物（如地方、對話、活動、物件或場合）。

4. 與創傷事件相關的認知上和情緒上的負面改變，始於或惡化於創傷事件之後，顯示出下列 2 項（或更多）的特徵。

   (1) 無法記得創傷事件的一個重要情節。

   (2) 對於自己、他人或世界持續且誇大的負面信念或期許。

   (3) 對於創傷事件的起因和結果，有持續扭曲的認知，導致責怪自己或他人。

   (4) 持續的負面情緒狀態（如恐懼、憤怒或罪惡感）。

   (5) 對於參與重要活動的興趣或參與明顯降低。

   (6) 感覺到與他人疏離、疏遠。

   (7) 持續地無法感受到正面情緒（如無法感受到幸福、滿足或鍾愛的感覺）。

5. 與創傷事件相關警覺性與反應性的顯著改變，始於或惡化於創傷事件後，顯示出下列 2 項（或更多）的特徵。

   (1) 易怒行為和無預兆發怒，典型出現對人或物品的口語或肢體攻擊行為。

   (2) 不顧後果或自殘行為。

   (3) 過度警覺。

   (4) 過度驚嚇反應。

   (5) 專注力問題。

   (6) 睡眠困擾。

6. 症狀（準則 2、3、4 和 5）持續超過 1 個月。

7. 此困擾引起臨床上顯著苦惱或社交、職業或其他重要領域功能減損。

8. 此困擾無法歸因於某物質（如藥物或酒精）的生理效應。

三、急性壓力症(Acute Stress Disorder)診斷標準

引自臺灣精神醫學會編譯《DSM-5 精神疾病診斷準則手冊》所提急性壓力症之診斷準則（臺灣精神醫學會，2015）：

1. 暴露於真正的或具威脅性的死亡、重傷或性暴力，以下 1 種（或更多）形式。

   (1) 直接經歷這些創傷事件。

   (2) 親身目擊這些事件發生在別人身上，特別是主要照顧者身上。

   (3) 知道這些事件發生在一位親密親人或朋友身上。

   (4) 一再經歷或大量暴露在令人反感的創傷事件細節中。

2. 在創傷事件後開始出現侵入性(intrusion)(1)-(4)、負面情緒(5)、解離(6)(7)、逃避(8)(9)或警醒(arousal)(10)-(14)等五個類別症狀中 9 項（或更多）。

   (1) 不斷發生、不由自主和侵入性地被創傷事件的痛苦回憶苦惱著。

   (2) 不斷出現惱人的夢，夢內容和／或情緒與創傷事件相關。

   (3) 出現解離反應，個案感到或表現出好現創傷事件重演。

   (4) 當接觸到內在或外在象徵或創傷事件相似的暗示時，會產生強烈或延長的心理苦惱或顯著的生理反應。

   (5) 持續地無法感受到正面情緒。

   (6) 對於周遭環境或自我真實感改變。

   (7) 無法記得創傷事件中的一個重大情節。

   (8) 努力避免與創傷事件相關的苦惱記憶、思緒或感覺。

   (9) 努力避免與創傷事件相關的苦惱記憶、思緒或感覺的外在提醒物（如人物、地方、對話、物件）。

   (10) 睡眠困擾。

   (11) 易怒行為和無預兆發怒行為。

   (12) 過度警覺。

   (13) 專注力問題。

   (14) 過度驚嚇反應。

3. 準則 2 困擾在創傷事件後持續期間從 3 天到 1 個月。

4. 此困擾引起臨床上顯著苦惱或社交、職業或其他重要領域功能減損。

5. 此困擾無法歸因於某物質的生理效應或另一身體病況所致，而且無法以短暫精神病症做更好的解釋。

四、治療方法

　　臨床上，治療創傷後壓力症以藥物與心理治療為主，藥物以抗憂鬱劑－選擇性血清素回收抑制劑(SSRI)為主，相關內容請參見本章「第三節」所述。心理治療如認知治療、放鬆訓練（詳細內容請參閱「第 11 章／第二節 壓力調適與健康行為」）、回想法等方法運用，教導患者調適壓力技巧藉此放鬆情緒、改變患者灰色想法或不必要的焦慮、並且利用回想法讓患者再次體驗這些創傷事件所造成的痛苦感覺，同時引導患者利用所學之壓力調適處理技巧來克服。

結 語

　　本章帶領大家走進心理疾患世界，了解疾病本身與治療方法，學習如何法因應面對並協助患者。當你、我或是周遭親朋好友罹病時，我們能給予更多的支持關懷與照顧，讓病患能盡早擁有正常的生活，甚至比一般人能有更精采的人生。

學後評量　　　　　　　　　　　　　　　　　　　　　　　　　　　EXERCISE

1. 下列有關思覺失調症的敘述，何者為非？(A)常見症狀有妄想、幻聽、胡言亂語、負向症狀等　(B)急性發作期先投予藥物　(C)大部分患者有病識感　(D)可使永第二代抗病毒藥物治療。

2. 有關思覺失調症病人之負性精神症狀，下列何者最適切？(A)幻覺　(B)動作遲緩　(C)妄想　(D)怪異行為。

3. 雙向情緒障礙症又稱為：(A)強迫症　(B)躁鬱症　(C)創傷後壓力症候群　(D)亞斯伯格症。

4. 雙相情緒障礙症精神病人處於躁期，最不可能出現下列那個症狀？(A)睡眠需求減少　(B)對事情有想法，並能計劃完成　(C)無法克制的說個不停　(D)膨脹的自尊心

5. 下列哪一種藥物可治療躁鬱症(manic-depressive disorder)？(A)Haloperidol (B)Lithium Carbonate　(C)Trazodone　(D)Diazepam。

6. 憂鬱症發病原因之一，為何項內激素降低所致？(A)血清素　(B)胰島素　(C)腎上腺素　(D)副甲狀腺素。

7. 林小姐，30 歲，因工作受挫，最近 1 個月以來出現心情低落，常哭泣，睡不著，吃不下，1 個月內體重減少 5 公斤，每天無精打采，對所有事情提不起勁，不想動整天躺床，覺得人生無趣，活著沒意思。請問林小姐的診斷最可能為：(A)焦慮症　(B)適應障礙症　(C)鬱症　(D)身體症狀障礙。

8. 黃先生在公眾場合說話或用餐會感到窘迫不安，覺得大家都在嘲笑他，因而常常退縮在家，逃避參加公眾活動，黃先生最有可能的診斷為何？(A)恐慌症(panic disorder)　(B)社交畏懼症(social phobia)　(C)廣泛性焦慮症(generalized anxiety disorder)　(D)強迫症(obsessive compulsive disorder)。

9. 陳太太在一次大地震中，親眼目睹自己的家園及女兒被海嘯吞噬，而自己也因躲避海嘯而身體多處受傷。事發後，陳太太出現反覆夢見自己被海嘯吞噬的惡夢，不想參加任何活動，對未來抱持悲觀的心態，且不願談論與海嘯有關話題，出現失眠、易怒等症狀，症狀持續一個月仍未改善，請問陳太太最

可能的診斷為何？(A)創傷後壓力症(post-traumatic stress disorder)　(B)恐慌症(panic disorder)　(C)急性壓力症(acute stress disorder)　(D)解離症(dissociative disorder)。

10. 有關急性壓力症(acute stress disorder)，下列敘述何者錯誤？(A)病人會出現易怒行為和無預警發怒　(B)診斷的對象限於直接經歷創傷事件者　(C)症狀困擾至少須持續 3 天以上　(D)病人會避免接觸與創傷事件有關的物件或場合。

解答　1.C　2.B　3.B　4.B　5.B　6.A　7.C　8.B　9.A　10.B

參考文獻 REFERENCES

沈武典(2011)・*21 世紀臨床精神藥物學（第三版）*・合記圖書。

黃政昌等(2008)・*你快樂嗎？大學生的心理衛生*・心理。

Amador, X., & Johanson, A-L. (2003)・*他不知道他病了：協助精神障礙者接受治療*（魏嘉瑩譯）・心靈工坊。（原著出版於 2000）

American Psychiatric Association (2014)・*DSM-5 精神疾病診斷準則手冊*（臺灣精神醫學會譯）・合記圖書。（原著出版於 2013）

Kleinke, C. L. (1998)・*健康心理管理－跨越生活危機*（曾華源、郭靜晃譯）・揚智。（原著出版於 1991）

Minneman, K. P., Wecke, L., Larner, J., & Brody, T. M. (2008)・*最新人體藥理學（第四版）*（廖志飛譯）・合記圖書。（原著出版於 2005）

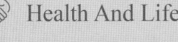
Health And Life

PART

———

05

運動、體適能
與健康

Health And Life · MEMO

作者｜陳怡如

CHAPTER 13

運動與增進健康體適能前的準備

學習目標

1. 了解運動與健康體適能對現代人的重要性。
2. 運動在預防現代文明病所扮演的角色。
3. 了解健康體適能的定義。
4. 了解正確及有效的運動原則。

Health And Life

=== 前言 ===

　　由於科技的發達,生活或工作上大部分可運用自動化的設備協助,現代人的生活型態由原來必須的基本身體活動,逐漸被長時間的坐式生活取代,大量減少了身體活動量。另,為了因應緊張忙碌的生活節奏,沒有時間而缺乏運動,為了節省時間而營養攝取不當,已成為現代人最常見的生活型態,也因此為現代文明病發生的重要關鍵。常見的現代文明病有肥胖、高血壓、心臟病、糖尿病、癌症及骨質疏鬆症等,若罹患這些慢性疾病無法像流行性感冒吃藥就可以康復,無法被治癒,僅能控制,其會影響我們身體的正常功能,進而影響生活品質。因此,現代的我們為了能促進健康,以擁有良好的生活品質,怎麼動才健康,成為現代人最重要的課題之一。

第一節 運動與健康體適能對現代人的重要性

Health And Life

　　根據教育部體育署 2023 年「運動現況調查案」顯示,國人規律運動習慣的人口比率約有 35%,人們缺乏運動占了大部分的比率。許多研究顯示:運動在維持或促進身心健康上扮演著重要的角色。美國運動醫學會證實缺少運動或身體不活動的坐式生活型態,其嚴重性如同吸菸、高血脂、高血壓對心臟疾病的影響;且一項新的研究指出,身體活動量不足對健康造成的風險與吸菸一樣(Wen & Wu, 2012)。從事規律適度的運動不但能減少部分疾病的罹患率,更是維持健康狀態、增進身體活動能力及提升生活品質的必要條件(Blair, Cheng, & Scott, 2001)。以下是一些規律運動的重要性:

(一)降低罹患冠狀動脈心臟病的危險

　　運動可以促進心臟血管的健康,增加最大耗氧量和心輸出量,以減低休息時的心跳和減少心臟的壓力負荷而降低血壓。

（二）改善身體組成，預防肥胖

運動可以減少身體內大量的脂肪，並增加身體的肌肉量，維持良好的體重控制，以保持良好的體態，並提升身體動作效率；亦可預防因肥胖而引起的糖尿病、高血壓和心臟病。

（三）預防及減緩下背痛

下背痛係因腰部肌肉長期缺乏運動而導致肌肉僵硬和肌肉力量不足，所以藉由下背部、下腹部肌肉運動，強化其肌肉力量及改善柔軟度，可增加下背部對抗外來壓力，減少下背部疼痛的發生。

（四）減低壓力和穩定情緒

運動可以使生理功能延續，穩定情緒與壓力。運動時身體除可釋出葡萄糖、血脂、腎上腺皮質醇以調整生理狀況，亦能促使腦細胞釋出可以讓人體有放鬆作用的腦內啡(beta endorphin)，可以平衡及穩定壓力與情緒，並能消除緊張、減低焦慮和沮喪的情緒、改善自我信念及遠離壓力。

（五）增強自我信念、提升社會層面的健康

運動可以讓我們擁有良好的身材及體態，對自己的生活更有自信，增加與家人、朋友一起活動的機會，同時又可以增進人際關係、結交新朋友，擴展生活的領域。

有些研究指出，即使是每天快走 15~20 分鐘，便能開始降低罹患中風、心臟相關疾病、糖尿病或早死的機率。因此，如果我們目前沒有從事規律的運動，而且每天的生活屬於坐式生活型態，只要稍微增加身體活動或運動，對我們都是有好處的。

第二節

運動相關的名詞定義

Health
And Life

（一）身體活動(Physical Activity)

　　泛指運用身體肌肉所產生之有能量消耗的身體活動，包括從起床到一天中的各種活動，例如到便利商店買東西、洗車、整理花園、遛狗及休閒時所從事的活動。

（二）運動(Exercise)

　　具有計畫性、結構性且重複性的身體活動，可以維持或促進一項以上的健康體適能要素。

（三）健康體適能(Health-related Fitness)

　　健康體適能為身體適應生活的能力，亦即是心臟、血管、肺臟、肌肉效率運作的能力，其能讓我們完成每天的活動而不致過度疲勞，且尚有足夠體能應付緊急狀況的能力。其包含的四個要素如下：

1. **柔軟度**：身體各部分關節在正常範圍下的最大活動程度。

2. **心肺適能**：心臟收縮打出血液的能力、血液循環的能力，以及肺臟進行氣體交換的能力。

3. **肌肉適能**：包含肌力和肌耐力。肌力為肌肉對抗某種阻力時所發出力量，通常是指肌肉在一次收縮時所能產生的最大力量；而肌耐力則為肌肉維持使用某種肌力時，能持續用力的時間或反覆次數。

4. **身體組成**：係指身體脂肪占身體重量的百分比。人體的重量通常可分為淨體重與脂肪體重。除了身體的脂肪重量，其餘的肌肉、皮膚、骨骼、器官、體液及其他非脂肪組織的重量則為淨體重。

第三節

從事運動的注意事項及原則

Health
And Life

一、在開始運動前可先檢查自己的健康狀態

　　適度運動對於大部分的人來說並不具危險性，但如果有心血管或骨骼肌肉系統疾病或不適症狀的人，從事運動前應先與醫師討論自己的問題。另美國心臟協會建議在參與運動之前，如果個人有下列的問題，應先找醫生作檢查及徵詢其意見。

1. 有心臟方面的問題。

2. 有使用心臟病或血壓相關的藥物。

3. 在運動時有胸口、左頸、左肩或左手疼痛的情形。

4. 曾有胸口疼痛持續約一個月的情形。

5. 曾有頭暈、失去意識與跌倒的現象。

6. 輕微的用力就會令自己呼吸困難。

7. 有骨頭或關節的問題，而且有醫師告知運動會使病情惡化。

8. 有體重過重或肥胖的問題。

9. 在運動時須特別照料的內科疾病，如糖尿病。

10. 40 歲以上的男性及 50 歲以上的女性。

二、運動進行時的步驟

　　在進行運動前，務必作好運動前的熱身運動、伸展運動，以及運動後的緩和運動，以避免運動傷害和肌肉酸痛。

（一）熱身運動(Warm-up)

　　在伸展肌肉前，先進行 5~10 分鐘的低強度活動（如走路），以逐漸增加身體與肌肉溫度，促進新陳代謝的反應，增加血流和氧的吸收，以及刺激心肺系統，讓心臟有時間適應增強的負荷。

（二）伸展運動(Stretching)

建議做身體增加柔軟度的伸展動作，可配合運動時主要會使用到的肌群或關節進行伸展運動，以增加肌肉的氧氣供應量及血流量，並送至活動的肌群中、保護肌腱及延展緊繃的肌肉，使身體達到將開始激烈運動的準備狀態。

（三）緩和運動(Cool-down)

利用 5~10 分鐘以較低的速度結束運動，使身體緩慢地從劇烈運動中進入到無運動狀態，接著將運動時所使用的肌群進行伸展及放鬆。藉此有助於避免血液滯留於肌群中及乳酸的排除，以減少肌肉酸痛、抽筋或僵硬。

三、達到有效運動的要素

想要讓運動達到自己設定的運動目標及良好的成效，可考量下列運動的四個要素：

（一）運動類型

不同的運動種類達到的運動效果不同，例如：想要增強心肺耐力絕對不可能由肌肉訓練的運動達成，因此每個人可針對自己的運動目的及想要改變的體能要素，來選擇適當的運動類型，以達到符合自己的運動成效。

（二）運動強度

係指運動的激烈程度。設定運動強度時，為了安全起見，應依據個人的體能狀況、健康狀況、年齡、性別……等因素來進行。運動強度通常用心跳率、耗氧量、能量消耗、自覺費力狀態等方式來評估，凡是運動時心跳較快、耗氧量較多、能量消耗較大、運動較吃力，即表示運動較激烈，運動強度較高。例如：從事有氧運動結束後，可立即測量自己的心跳以判斷運動強度；進行肌肉力量運動訓練，一般常以負荷的重量或自覺費力的程度來判斷運動強度。

（三）運動頻率

係指每週運動次數，因為我們的體能約 48 小時沒有活動，效果就開始衰減。因此依據美國運動醫學會(American College of Sports Medicine, ACSM)的建議，每週至少要運動 3~5 次，每週只運動 1~2 次者，其健康效益遠低於 3~5 次

者；但天天運動者與每週 5 次者，其健康效益差異不大。而通常剛接觸運動或因健康狀況無法負荷較大強度的運動者，建議可以用累積運動時間的方式，即每次運動持續時間較少但一天內運動多次，或是運動強度較弱但總累積的運動持續時間較長，如此亦可達到適當的運動效果，不要因為可持續運動的時間較短，而放棄運動。

（四）運動持續時間

係指完成一項運動所需花費的時間。依據美國運動醫學會(ACSM)的建議，每次運動持續時間最好能達到 20~60 分鐘，至少要 20~30 分鐘，如此對心臟血管功能的促進效果較好。運動持續的時間不應包括運動前的熱身運動、伸展運動及運動後的緩和運動時間。

結 語

隨著物質生活條件的改善，運動已不再只是在乎運動技術的好壞，而是促進現代人健康及健康體能的重要貢獻者。藉由規律及適度的運動，可以遠離疾病、強健體魄、釋放壓力及增進自信心，邁向健康的生活。只要願意穿上運動鞋、走進運動場，每個人都可以享受運動的樂趣及追求良好的生活品質。接下來的第 14~17 章中將介紹健康體適能的四個基本要素（柔軟度、心肺適能、肌肉適能、身體組成）及增進或改善各要素的正確運動方式。

1. 規律運動對現代人的重要性，何者為非？(A)減少部分疾病的罹患率　(B)增進身體活動能力　(C)增加壓力　(D)提升生活品質。

2. 體適能要素包含下列何項？(1)柔軟度　(2)心肺適能　(3)肌肉適能　(4)身體組成：(A) (1)(2)　(B) (1)(3)　(C) (1)(2)(3)　(D) (1)(2)(3)(4)。

3. 肌肉適能是指：(A)肌力　(B)肌耐力　(C)以上皆是　(D)以上皆非。

4. 身體組成係指身體脂肪的：(A)結構　(B)百分比　(C)成長　(D)含氧量。

5. 有關熱身和緩和運動的敘述，下列何者有誤？(A)運動前熱身可以增加身體的肌肉溫度　(B)運動前熱身可以完全預防運動傷害　(C)緩和運動應漸進式的緩和運動強度，使身體內各個機能慢慢適應　(D)緩和運動有助於避免血液滯留於肌群中及乳酸的排除。

6. 有關健康體適能敘述，何者為非？(A)著重測驗成績　(B)是身體適應生活的能力　(C)要培養與維持日常運動習慣　(D)心肺適能是健康體適能要素之一。

7. 體適能常模對照之目的為：(A)為統計數據之用　(B)與他人比較　(C)了解己身體能狀況　(D)以上皆非。

8. 熱身運動最大的功用是：(A)增加柔軟度，避免運動傷害　(B)增加爆發力　(C)增加肌肉量　(D)促進心肺功能。

9. 下列何者不是用來評估運動強度？(A)心跳率　(B)運動工具　(C)耗氧量　(D)能量消耗。

10. 有關運動頻率、持續時間，以每周：(A)一次，每次 60 分鐘　(B)二次，每次 30 分鐘　(C)三次，每次 30 分鐘　(D)每天一次，每次 15 分鐘　為宜。

解答　　1.C　2.D　3.C　4.B　5.B　6.A　7.C　8.A　9.B　10.C

 **參考文獻**

臺灣 i 運動資訊平台（無日期）‧*中華民國 112 年運動現況調查*‧https://isports.sa.gov.tw/apps/Download.aspx?SYS=TIS&MENU_CD=M07&ITEM_CD=T01&MENU_PRG_CD=4&ITEM_PRG_CD=2

卓俊辰總校閱(2023)‧*健康體適能理論與實務（第四版）*‧華格那。

林正常總校閱(2002)‧*運動生理學*‧藝軒。

林貴福、盧淑雲(2011)‧*運動保健與體適能（第二版）*‧冠學。

黃月桂總校閱(2012)‧*個人體能訓練：理論與實踐*‧易利。

Hoeger, W. W. K., Hoeger, S. A. (2012)‧*體適能與全人健康的理論與實務（第二版）*（李水碧編譯）‧藝軒。（原著出版於 2009 年）

Kamen, G. (2007)‧*基礎運動科學*（謝伸裕總編譯）‧易利。（原著出版於 2001 年）

American College of Sport Medicine (2013). *ACSM's resource manual for guidelines for exercise testing and prescription (7th ed.).* Lippincott Williams & Wilkins.

Blair, S. N., Cheng, Y., & Scott, H. J. (2001). Is physical activity or physical fitness more important in defining health benefits? *Medicine & Science in Sports & Exercise, 33*(6), S379-S399.

Wen, C. P., & Wu, X. (2012). Stressing harms of physical inactivity to promote exercise. *Lancet, 380*(9838), 192-193.

Health And Life · **MEMO**

作者｜陳怡如

CHAPTER
14

柔軟度

學習目標

1. 認識柔軟度及其對身體健康的重要性。

2. 了解增進柔軟度的運動方式。

3. 了解伸展運動使用的時機。

4. 了解常用的靜態伸展運動的操作動作。

Health And Life

柔軟度是健康體適能的重要項目之一，可用來評估身體關節活動度的指標。一個人有合理及適宜的關節活動度，可促進個人日常生活活動、身體的靈活性及運動時的動作範圍，例如：平日生活事件中會運用柔軟度的動作有轉身或高舉手取物、彎腰綁鞋帶或取物、穿衣服時背後拉拉鍊或扣鈕釦、換穿衣物……等。反之，若一個人柔軟度不好，關節彎曲及伸展的範圍很小，活動會受到限制，關節及關節附近的肌肉則會產生緊繃、僵硬或攣縮的現象。

第一節　認識柔軟度

Health
And Life

一、何謂柔軟度

依據美國運動醫學會(ACSM)的定義，柔軟度係指在關節完整的動作範圍下，可活動的能力。而關節可動能力和關節周圍所包覆的軟組織（如肌腱、肌肉、韌帶等）的延展性有關，所以除了骨骼關節本身的結構會影響柔軟度之外，韌帶、肌肉、肌腱、軟骨組織亦是影響柔軟度之重要因素。因此，維持或增進所有關節的柔軟度則可以幫助身體的活動表現，降低肌肉緊繃現象，減少肌肉及肌腱的受傷率，減輕肌肉的酸痛程度。

二、身體具有良好柔軟度的益處

1. 促進日常生活事件中身體動作能力的表現，減少傷害的發生

日常生活的各項活動中，每個人的身體需經常做各種彎、蹲、伸、推、拉等動作，若身體具有良好的柔軟度，可以保持肌肉、肌腱的延展性及彈性，維持肌肉、關節必要的活動範圍，使身體具有較佳的靈活性，做這些平日生活中的動作時才會有較大的動作範圍及較好的動作流暢性；亦可預防肌肉與關節在突然需要進行快速動作時，發生扭傷或拉傷等意外急性的傷害。

2. 維持良好身體姿勢，預防下背痛發生

下背痛為現代人常見的腰酸背痛現象，主要的原因為長期的坐式生活及姿勢不良。任何不良姿勢一旦維持一段時間，即可能對肌肉和韌帶造成異常的壓

力負荷。下背痛則是長期的腰部肌肉和腿後肌短縮所造成的。所以,身體若有較佳的柔軟度,則身體的肌肉能呈現放鬆的狀態,保有良好的彈性,較不易產生僵硬感或慢性疲勞。

3. 維持關節活動能力及關節保健

關節是身體活動的重要樞紐,常常規律活動關節可促進關節分泌滋潤物質,並提供軟骨養分,維持關節活動力與周圍組織的再造功能及延展性與韌性。

4. 改善身體外觀及增進良好身心狀態

藉由靜態伸展運動能增進身體柔軟度,亦即增加肌肉韌性與強度,牽引肌纖維順著延伸的方向拉長,有助於型塑肌群,達到改善身體外觀的功能。另配合呼吸韻律實施靜態伸展運動,有助於抒發心理壓力及調節情緒。對於長期處於緊張生活的現代人,有良好調節心理狀態的效果。

5. 訓練柔軟度可以幫助脊椎活動,增進老年人的活力

柔軟度會因年紀增長而老化,但坐式生活是主要的原因,不過可藉由柔軟度的訓練而有所改善。老年人從事柔軟度訓練,可增進關節活動度,而脊椎活動能力的改善不但對行動是重要的,對日常生活的動作(如綁鞋帶、伸手拿東西等)有幫助。柔軟度可以作為人體老化程度的一種指標,柔軟度愈好,代表身體狀況愈好;反之,柔軟度愈差,代表身體狀況愈差。

第二節 柔軟度評估方法

Health
And Life

評估柔軟度的程度是針對特定的關節和周圍的肌肉,所以並沒有評估身體總柔軟度的檢測方法。目前最廣為使用的柔軟度評估方法為坐姿體前彎(sit and reach)檢測,此種利用軀幹彎曲檢測的方式主要是測量腿後肌群和下背肌群的柔軟度。這些肌肉群的柔軟度對於健康的下背部功能是很重要的,因為緊繃的腿後肌群及下背肌群都是導致下背疼痛的可能原因。檢測的方法步驟如下:

1. 受測者先進行熱身運動及腿後肌群、下背部和小腿肌群的伸展。

2. 受測者脫鞋並坐於地板或墊子上,將膝蓋伸直、腳尖朝上,雙腿分開與肩同寬(約 30 公分)。

3. 布尺零點端朝向受測者，受測者雙腿跟底部與布尺之 25 公分記號平齊。

4. 受測者雙手交疊（兩中指互疊），自然緩慢且盡可能向前伸展（不可急速來回彈動），並使中指觸及布尺後，暫停兩秒，即為成績登錄點。

5. 測驗兩次，取一次測試中最佳成績，記錄單位為公分。

　　另外其他關節部位可動範圍的簡易檢測方法，分述如下：

1. **肩部的柔軟度**：有以下兩種檢測方式。

　(1) 受測者站直，舉起左手臂高過於頭，並使左手肘彎曲讓左手可以向下指著脊椎上部；同時將右臂放到背後，並使右手肘彎曲讓手指可以向上指著脊椎。如果雙手指尖距離越近或可以碰觸在一起，表示右肩有較佳的柔軟度；左、右手上下交換位置可檢測左肩的柔軟度。

　(2) 讓受測者仰臥屈膝，腳平放於地板上，並維持脊椎中立，將雙手高舉過頭頂。若雙手手臂可以高舉過頭頂平放在地板上或越靠近地板，則表示柔軟度較好。

2. **股四頭肌（大腿前側肌肉）的柔軟度**

　　讓受測者俯臥，雙膝合併在一起。右腳慢慢勾起，並用右手拉著右腳踝，緩慢向右臀部中央拉近。若腳跟可以舒適地接觸到臀部，則表示柔軟度佳；左腳作相同動作亦可測量左腳股四頭肌之柔軟度。

3. **腿後肌群的柔軟度**

　　讓受測者平躺，並且將右腿高舉，左腿則平放於地面，右腿可高舉至越接近與地面成垂直的位置，表示右腿的腿後肌群的柔軟度越好；左腿作相同動作亦可測量左腿腿後肌群之柔軟度。

4. **髖屈肌群柔軟度**

　　讓受測者仰躺，用雙手扣緊右膝膝蓋窩，並且盡可能將右腳拉到胸口，保持下背部平貼於地板上，延伸左腿並試著將左膝下方壓向地板。若膝蓋背面及下背部皆可以同時平貼於地面，就表示右腿髖屈肌群有足夠之柔軟度；左腿作相同動作亦可測量左腿髖屈肌群之柔軟度。

5. 小腿肌群柔軟度

受測者站直，使其腳跟、臀部及背部都貼緊於牆壁，試著將右腳尖及前腳舉起，腳跟不離地，並保持兩膝平直。若右前腳可提舉至少 1 英吋（約 2.54 公分），即表示右側小腿肌群有足夠之柔軟度；左前腳作相同動作亦可測量左腿小腿肌群之柔軟度。

 **第三節** 增進柔軟的運動方式
Health
And Life

改善柔軟度最佳的運動方式為伸展運動，因為從事伸展運動最主要的目的為改變關節周圍的肌肉放鬆時的長度，所以避免過多的肌肉張力是很重要的。藉由伸展運動改變肌肉的長度及放鬆肌肉的張力，效果皆只是短暫的，因此，有效幫助柔軟度提升的作法則是養成每天持續伸展運動的習慣。伸展運動的動作型態包括以下四種：

一、靜態伸展(Static Stretching)

靜態的伸展運動係以低強度、長時間的肌肉伸展運動方式使肌纖維放鬆，其可以減緩延遲性肌肉酸痛造成的不適感，並且不容易造成肌肉拉傷。靜態伸展運動為最常被使用的方法，亦因為安全、有效果，所以也適用於各種個案。美國運動醫學會(ACSM)於 2006 年針對靜態伸展運動提出的建議，其認為每個動作應停留的時間至少為 15 秒，並且可逐漸延長至 30 秒或更久。

靜態伸展是採用溫和緩慢的方式來伸展自己的關節，進行時需注意的原則及事項如下：

1. 做伸展運動之前，應先做 3~5 分鐘之熱身運動，以增加肌肉溫度，使伸展更有效率。熱身運動可採取低強度的走路或慢跑方式進行。

2. 進行伸展時，在個人關節的最大活動範圍內伸展，緩慢將肌肉伸展到有點緊繃的感覺即可，不可有疼痛的感覺發生。

3. 每個伸展動作需停留 15~30 秒，且每個動作需反覆 2~4 次。伸展運動的頻率為每週至少 2~3 天，較理想的狀態為每週 5~7 天。

4. 進行伸展運動時，應保持緩慢、順暢的呼吸，千萬不可以閉氣。可以採用深呼吸為主，且可加強呼氣動作延伸，此亦促使身心結合，增進身心放鬆。

5. 進行伸展運動時，應採用循序漸進的方式，以免力道過大造成傷害。

6. 伸展運動進行時可考量個人實際需要，針對柔軟度較不好的關節提供較多的伸展機會；而運動前的暖身運動，則可配合運動使用到的較多肌群進行主要的伸展。

二、動態伸展

動態伸展是以震動、快速且不受控制的運動型態，使肌肉及關節達到最大的活動範圍，此種伸展方式速度較快，肌肉與關節會承受較大的張力，執行時不慎較易引起運動傷害，所以較不推薦不常運動的人或老年人使用。

三、主動及被動式伸展運動

若將伸展運動區分為是否有外力協助，則可分為主動式伸展及被動式伸展，所以靜態或動態伸展運動皆可再分為主動或被動式伸展。主動式伸展動作是將欲伸展的肌群，在其對側拮抗肌群作一向心性收縮；而被動式伸展運動則是藉由他人及外力作用，達到伸展的效果，此種方式因為是藉他人外力進行，較容易受傷，因此建議由有經驗的物理治療師、運動傷害防護員執行較佳。

四、本體感覺神經肌肉促進術

本體感覺神經肌肉促進術(proprioceptive neuromuscular facilitation, PNF)是藉由刺激本體感受器，以增加神經肌肉的反應。此種技術可以幫助被伸展的肌群達到放鬆的效果，而使肌肉可以被拉得較長。此種伸展的方式為將欲伸展的部位慢慢地往伸展的方向施力至可伸展的範圍時，繼續施力但維持在固定的角度，此時該部位用力抵抗該施力約 5~10 秒鐘放鬆，即發現此部位伸展的角度增加，然後繼續在新增的角度做靜態伸展，則可達到伸展的效果。這種伸展方式比一般伸展運動有效，但在施作時必須小心，包括在等長性收縮用力時容易憋氣，而且容易在單一肌肉用力時造成傷害。

進行以上各種伸展運動時須注意的事項如下：

1. 不要在疼痛點加壓。

2. 老年人或骨質疏鬆症、關節炎的病患需要特別注意。

3. 身體很久未活動時，不要過度伸展。

4. 避免伸展疲勞的肌肉。

5. 避免伸展腫脹的關節。

6. 初學者最好採取靜態伸展及本體感覺神經肌肉促進術，較動態伸展為佳。

7. 有高血壓的人要避免使用本體感覺神經肌肉促進術，因為等長收縮會造成血壓明顯上升。

第四節　伸展運動的使用時機及扮演角色

Health
And Life

一、運動前

運動前進行的伸展運動，可以刺激關節分泌滑液，減低運動時對關節的摩擦；且肌肉若於激烈運動前就有良好的延展性，則可以預防因快速的肌肉收縮及大範圍的動作所造成肌肉的傷害。因此，運動前作伸展運動的主要目的有：

1. 關節活動的準備。

2. 增加肌肉的延展性。

3. 幫助預防傷害的產生。

二、運動後

運動時血液會往肌肉匯集，運動後肌肉會有充血膨脹，變大縮短的現象，如果運動後沒有適當的伸展肌肉，囤積於肌肉的一些代謝廢物無法排除體外及血液無法回到人體的主要維生器官，將導致隔日的肌肉酸痛及疲勞倦怠的情況。運動後的肌肉伸展除了可以降低肌肉張力外，還可以增加運動後的舒暢感，達到生理與心理都放鬆的效果。因此，運動後執行伸展運動的主要目的有：

1. 減少運動對肌肉產生的壓力。

2. 促使生理及心理放鬆。

3. 減少肌肉的酸痛。

三、容易緊繃的肌群

　　由於日常生活的活動特性及生活習慣，容易導致某些肌群緊繃或縮短的現象，例如：位於身體前面的肌群，包括胸大肌、髂腰肌、股直肌、大腿內收肌等，及位於身體後面的肌群，包括上斜方肌、提肩胛肌、背部肌群、腿後肌群及小腿後肌（腓腸肌、比目魚肌）等，這些肌群必須特別伸展，以減少因緊繃所導致的疼痛及柔軟度的降低。

1. **胸大肌緊繃或短縮**：主要是由於坐於書桌或辦公桌前看書或打電腦長期姿勢不良所導致，或於運動後未做伸展運動，而造成胸大肌縮短及圓肩的現象，容易導致肩頸疼痛的現象。

2. **髂腰肌緊繃或縮短**：髂腰肌主要是協助髖關節屈曲的動作，若長時間實施抬膝的動作、不常進行髖關節伸展運動、腰椎前凸等，皆可能導致髂腰肌緊繃或縮短。

3. **股直肌緊繃或縮短**：股直肌除了可協助膝關節伸展動作外，亦是協助髖關節屈曲動作的輔助肌群，若長時間實施抬膝的動作，易導致股直肌緊繃或縮短，進而導致骨盆的前傾，造成腰椎前凸、背部肌群縮短，容易引起下背痛。

4. **大腿內收肌緊繃或縮短**：由於長時間缺乏活動易導致大腿內側肌群的肌力不足且柔軟度下降，大腿內收肌緊繃或縮短容易增加快速跑步時肌肉拉傷的機會。

5. **上斜方肌緊繃或縮短**：由於腹肌無力造成腹部下垂、腰椎前凸現象，相對地也易引起頸椎前凸的現象，或是姿勢不良引起聳肩的動作，皆易造成上斜方肌長時間收縮的緊繃現象，此肌群與肩頸疼痛有關。

6. **提肩胛肌緊繃或縮短**：長時間聳肩及頭部前傾的動作易造成提肩胛肌緊繃或縮短現象，此肌群與常肩頸疼痛有關。

7. **背部伸肌緊繃或縮短**：下背部肌群肌力不平衡、長時間坐姿或站姿、長時間軀幹前彎動作，皆易致背部伸肌緊繃或短縮，此肌群亦與下背疼痛有關。

8. **腿後肌群緊繃或縮短**：由於長時間缺乏活動或於運動後未伸展腿後肌群，則容易造成腿後肌群緊繃或縮短，而會導致骨盆後傾的現象，此與下背痛、姿勢不良及運動傷害有關。

9. **小腿後肌（腓腸肌、比目魚肌）緊繃或縮短**：由於長時間踮腳尖及於運動後未伸展小腿後肌，則易造成小腿後肌緊繃或縮短，小腿後肌縮短容易導致踝關節背屈活動度受限，在運動時易增加小腿肌肉拉傷及踝關節扭傷機率。

第五節　常見的靜態伸展運動

Health
And Life

一、頸部伸展動作

伸展動作	頸部側屈伸展	
動作說明	1. 站姿（坐姿亦可） 2. 利用右手輕放於頭的左上方，緩慢的將頭部往右邊移動 3. 感覺伸展到頸部左側肌肉 4. 步驟 2 動作反之則為伸展頸部右側肌肉 5. 每次停留 15~30 秒	

伸展動作	頸部斜前屈伸展	
動作說明	1. 站姿（坐姿亦可） 2. 利用右手輕放於頭左上後方，緩慢的將頭部往右下方移動 3. 感覺伸展到頸部左後側肌肉（左側之上斜方肌） 4. 動作反之則為伸展頸部右後側肌肉（右側之上斜方肌） 5. 每次停留 15~30 秒	

二、胸部伸展動作

伸展動作	手臂向兩側及後側伸展胸部及上臂肌肉	
動作說明	1. 站姿（坐姿亦可） 2. 雙手手臂分別向兩側及向後伸展，並使手肘伸直 3. 感覺伸展到胸部肌肉（胸大肌）及上臂肌肉（肱二頭肌） 4. 每次停留 15~30 秒	

伸展動作	手臂向後側伸展胸部、上臂及肩部肌肉	
動作說明	1. 站姿（坐姿亦可） 2. 雙手手臂分別向兩側及向後伸展，並使手肘伸直 3. 感覺伸展到胸部肌肉（胸大肌）及上臂肌肉（肱二頭肌）及肩膀肌肉（三角肌） 4. 每次停留 15~30 秒	

三、背部伸展動作

伸展動作	上背伸展	
動作說明	1. 站姿（坐姿亦可） 2. 雙手互握後向前推及伸直，同時背部向後推 3. 感覺伸展到上背部及肩部肌肉 4. 每次停留 15~30 秒	

伸展動作	跪姿貓式伸展
動作說明	1. 跪在地板上 2. 膝蓋打開約與臀部同寬 3. 身體往前傾，雙手慢慢往前伸直，直到兩側手臂完全拉展開來 4. 感覺伸展到肩膀及上背部肌肉 5. 每次停留 15~30 秒

伸展動作	站姿上背部伸展
動作說明	1. 站　姿 2. 雙手伸直互握於柱子，同時背部向後推 3. 感覺伸展到上背部及肩部肌肉 4. 每次停留 15~30 秒

伸展動作	站姿拱背伸展
動作說明	1. 站　姿 2. 膝部微彎，雙手撐腿 3. 頭朝下，使頭、頸與脊椎呈一直線，腹部收縮使脊椎屈曲 4. 感覺伸展到背部肌群（豎脊肌群） 5. 每次停留 15~30 秒

伸展動作	跪姿上背部伸展
動作說明	1. 雙手和雙膝著地的跪姿 2. 將頭朝下使眼睛能看到肚臍，同時腹部收縮使脊椎屈曲，作拱背姿勢 3. 感覺伸展到背部肌肉（豎直肌群） 4. 每次停留 15~30 秒

伸展動作	仰臥背部肌肉伸展
動作說明	1. 仰　臥 2. 雙手抱膝後將雙膝抬至胸口，使下背部屈曲 3. 感覺伸展到背部肌肉（豎直肌群），同時也可伸展到臀大肌 4. 每次停留 15~30 秒

伸展動作	坐姿拱背伸展
動作說明	1. 坐於地板上 2. 雙腳的腳底互相碰觸，雙手抓住雙腳，頭部和胸部緩慢向前傾 3. 感覺伸展到背部肌肉 4. 每次停留 15~30 秒

四、肱二頭肌

伸展動作	站姿手臂伸展
動 作 說 明	1. 站　姿 2. 手臂向後扶著牆壁 3. 感覺伸展到手臂肌肉（肱二頭肌） 4. 每次停留 15~30 秒

五、肱三頭肌

伸展動作	手臂過頭頂伸展手臂肌肉
動 作 說 明	1. 站姿（坐姿亦可） 2. 將左手高舉過頭，手肘彎曲放在頸部後面，手指盡量向下觸碰到脊椎，右手置於左手肘關節處往下方施力 3. 感覺伸展到左手手臂肌肉（肱三頭肌） 4. 步驟 2 動作反之則為伸展右手手臂肌肉 5. 每次停留 15~30 秒

六、腕關節

伸展動作	腕關節伸展
動作說明	1. 站姿或坐姿 2. 一手臂向前伸直，利用另一手緩慢的將腕關節屈曲 3. 感覺伸展到腕關節肌肉 4. 每次停留 15~30 秒

七、腹部肌肉與臀部肌肉

伸展動作	臥姿單腿屈膝伸展腹部肌肉
動作說明	1. 仰　臥 2. 一側膝關節屈曲後，利用手將腿緩慢轉向另一側，另一側膝蓋盡量貼地 3. 感覺伸展到腹斜肌群 4. 每次停留 15~30 秒

伸展動作	仰臥雙腿屈膝伸展腹部肌肉
動作說明	1. 仰　臥 2. 膝關節屈曲後，緩慢將雙膝轉向一側地面，對側肩膀盡量向下壓 3. 感覺伸展到腹斜肌群 4. 每次停留 15~30 秒

伸展動作	站姿腹斜肌群伸展
動作說明	1. 站　姿 2. 將欲伸展側的手放至對側腰部，並將頭及身體往對側方向旋轉 3. 感覺伸展到腹斜肌群 4. 每次停留 15~30 秒

伸展動作	坐姿單腳屈膝扭轉
動作說明	1. 坐在地板上 2. 一側的膝關節屈曲往胸部方向施力，此時脊椎挺直並將身體往膝屈曲側旋轉，眼睛盡量看至同側的肩關節後方 3. 感覺伸展到腹部肌肉（腹斜肌群）、臀部肌肉 4. 每次停留 15~30 秒

八、腿後肌群

伸展動作	站姿側弓箭步伸展
動作說明	1. 站　姿 2. 雙腳打開，屈曲一側膝關節，形成側弓箭步 3. 可用一手扶於屈曲之膝關節處，以保持穩定。柔軟度良好者，可將雙手置於地面 4. 每次停留 15~30 秒

伸展動作	站姿腿後肌群伸展
動作說明	1. 站姿，支撐腳微彎，欲伸展側腳往前伸直，軀幹向前傾，但必須保持頸部與脊椎在一直線上 2. 支撐腳的膝蓋頭不能超過該腳的腳趾尖 3. 感覺伸展到腿後肌群 4. 每次停留 15~30 秒

伸展動作	坐姿單腿腿後肌群伸展
動作說明	1. 坐姿，一腳向前伸直，另一腳腳底面向對側大腿使膝關節屈曲 2. 將軀幹往伸直腳前傾，須保持脊椎直立。同時雙手可盡量往前伸直，柔軟度較好者，雙手可握住伸展側的腳趾處 3. 感覺伸展到腿後肌群 4. 每次停留 15~30 秒

九、大腿前側肌

伸展動作	站姿股四頭肌伸展
動作說明	1. 站姿，兩腿打開與肩同寬 2. 欲伸展的腿向後彎曲，同時以伸展側的手握住腳踝，將彎曲的腳往後上拉 3. 感覺伸展到大腿前側肌肉（股四頭肌） 4. 若無法平衡，可利用手扶牆壁或椅子 5. 每次停留 15~30 秒

伸展動作	側臥股四頭肌伸展
動作說明	1. 側臥，利用上臂支撐頭部 2. 下方腳伸直，以上方手抓住上方腳的腳踝，慢慢向臀部方向拉近 3. 感覺伸展到大腿前側肌肉（股四頭肌） 4. 每次停留 15~30 秒

十、小腿肌群

伸展動作	站姿小腿伸展
動作說明	1. 雙腳張開與肩同寬，以弓箭步站立 2. 雙腳前後打開約一步距離，前腳膝關節微彎，膝蓋頭不超過腳趾尖；後腳膝關節伸直，腳跟需貼地 3. 手可扶於大腿處或是牆壁，以保持穩定 4. 感覺伸展到小腿肌群 5. 每次停留 15~30 秒

結 語

　　維持關節良好的活動範圍及改善關節附近的肌肉和結締組織之彈性，可以提升肌肉和關節的正常功能及讓我們做動作時運用自如，而減少肌肉受到傷害的機會。因此，缺乏運動和長期靜態生活的人，可藉由規律地從事伸展運動，減少肌肉受傷與疼痛發生的機會、預防下背痛、改善與維持良好體態、提升身體動作的流暢性，亦可舒緩心理壓力及降低焦慮感，以擁有良好生活品質。

學後評量   EXERCISE

1. 維持良好柔軟度的益處不包括：(A)促進肌肉生長　(B)有較佳靈活性　(C)維持關節活動能力　(D)幫助脊柱活動。

2. 伸展運動主要可以增加：(A)肌耐力　(B)代謝率　(C)柔軟度　(D)爆發力。

3. 最廣為用來評估柔軟度的方法為何？(A)立定跳遠　(B)屈膝仰臥起坐　(C)坐姿體前彎　(D)登階測驗。

4. 有關坐姿體前彎檢測的敘述，何者為非？(A)主要是測量腿後肌群和下背肌群的柔軟度　(B)坐於地板上，膝蓋伸直、腳尖朝上，雙腿分開與肩同寬　(C)雙手交疊向前伸展，中指觸及布尺暫停 2 秒　(D)測驗 3 次，取平均值為記錄。

5. 為有效增進關節柔軟度，靜態伸展每個動作維持幾秒為佳？(A) 1~5 秒　(B) 15~30 秒　(C) 1~3 分鐘　(D) 5 分鐘。

6. 靜態伸展的伸展程度是使肌肉伸展至：(A)輕鬆無感覺　(B)有點緊繃的感覺，但不疼痛　(C)緊繃的相當疼痛　(D)以上皆可。

7. 靜態伸展每個動作需反覆幾次，才可獲得較好的效果？(A) 2~4 次　(B) 5 次　(C) 8 次　(D) 10 次。

8. 下列何者為正確靜態伸展方式：(A)應閉氣用力　(B)應動作快速　(C)應用力彈振　(D)應溫和緩慢。

9. 哪一項運動可有效改善身體柔軟性？(A)重量訓練　(C)伸展操　(B)跑步　(D)打拳擊。

10. 伸展運動可在什麼時機使用？(A)運動前　(B)運動後　(C)出現容易緊張的肌群　(D)以上皆是。

解答　1.A　2.C　3.C　4.D　5.B　6.B　7.A　8.D　9.B　10.D

參考文獻   REFERENCES

方進隆總編輯(1997)・*教師體適能指導手冊*・教育部。

卓俊辰總校閱(2023)・*健康體適能理論與實務（第四版）*・華格那。

林正常總校閱(2002)・*運動生理學：體適能與運動表現的理論與應用*・藝軒。

黃月桂總校閱(2012)・*個人體能訓練：理論與實踐*・易利。

Hoeger, W. W. K., Hoeger, S. A. (2012)・*體適能與全人健康的理論與實務（第二版）*（李水碧編譯）・藝軒。（原著出版於 2009 年）

Roitman, J. L. (2006)・*ACSM 健康與體適能證照檢定要點回顧*（林嘉志編譯）・品度。（原著出版於 2001 年）

American College of Sport Medicine (2013). *ACSM's resource manual for guidelines for exercise testing and prescription (7th ed.).* Lippincott Williams & Wilkins.

Gregory, B. D., Shala, E. D. (2008). *Health-related physical fitness assessment manual.* Lippincott Williams & Wilkins.

Health And Life ·MEMO

作者｜汪在莒、林承鋒

CHAPTER

15

心肺適能

學習目標

1. 認識心肺適能及其對身體健康的重要性。
2. 認識心肺適能的評估方法。
3. 認識增進心肺適能的運動方式。

Health And Life

現代人因身體活動量少，食物營養能量攝取增加，常導致體能衰退與體重過重。相關研究指出心血管疾病危險因子與身體活動量少、體重過重有很大關係。良好的心肺適能可以避免各種心血管疾病，心肺適能更是心臟、肺臟、血管、與組織細胞有氧能力健康程度優劣的重大指標之一，提升心肺適能相形重要。透過規律且適當強度的有氧運動，可以促進心肺適能，並可有效管理體重問題。

第一節 心肺適能概論

Health And Life

一、何謂心肺適能

心肺適能為健康體適能之基本要素，意即為心臟收縮打出血液之能力、肺活量與肺泡進行氣體交換能力及血管血液循環的能力。簡單來說，心肺適能即是藉由心臟收縮，將氧氣及營養物質運送至全身組織的能力。因此，提升心肺適能對於日常生活的精神、活動能力與心血管疾病的預防都有相當的助益。

在運動的過程中，肌肉的血管擴張且血液流量增加，因此能量與氧氣的供給來源便增加。肌肉所使用的能量為 ATP-PC，會因運動強度不同時，提供能量的方式也會不同，當肌肉在中低負荷下活動時，會使用脂肪當原料，以有氧代謝方式來轉換成 ATP-PC，其轉換能量的時間較長，但可長時間不停的提供肌肉能量，此類形活動強度低，速度慢，可進行長時間的活動，例如：走路、慢跑等；而當肌肉耗力較大，進行高強度負荷時，有氧代謝就趕不上其消耗利用的腳步，便會使用肌肉本身儲存的 ATP-PC，或由葡萄糖經無氧代謝方式轉換成 ATP-PC，其能快速提供能量，但會在短時間使用完畢。此類活動形態皆為強度高，速度快，時間短，例如：100 公尺快跑，趕公車或躲雨的短距離衝刺。故心肺適能可分為無氧心肺能力與有氧心肺能力。

提升心肺適能即是提高身體的無氧閾值，可用無氧心肺訓練或有氧運動訓練方式來達成。無氧心肺訓練以短時間或短距離進行最大努力的訓練，以超過無氧閾值強度刺激，讓身體藉由適應能力，使無氧閾值提升。但無氧心肺訓練強度高，對老年人、有心血管疾病患者或無長時間運動習慣者有較高的風險，故要進行無氧心肺訓練前，須進行一段時間的有氧運動訓練。有氧運動一般為

大肌肉群長時間節律性之活動，因而稱為「有氧」運動；意指能量系統需要大量氧氣參與之運動總稱。所以，有氧訓練便是提升氧氣被運送到工作肌群以提高活動時間與能力為目標。

二、提升心肺適能的益處

（一）增強心肌能力

心肌經由運動的刺激，可使心肌體積與力量變大，能降低安靜心跳率、增加心臟容積（單位：mL）、增加每搏輸出量（stroke volume，單位：L/min）與心輸出量（cardiac output，單位：L/min），以增加身體能量供應能力與降低心臟負荷。

（二）增強呼吸功能

經由運動刺激，能增加最大攝氧量（maximal oxygen consumption，單位：mL/kg/min）、換氣量（ventilation，單位：L/min）與動靜脈含氧差（arteriovenous oxygen difference, a-v O_2 diff，單位：mL/100mL）。改善肺臟血流與氧交換能力，供給身體細胞更多的氧氣使用，延緩疲勞的發生。

（三）改善血管及血液

規律的有氧運動可減少血管壁內的沉積物，保持血管彈性、增加紅血球數量，提高血液攜帶氧氣能力以及增加微血管數量，提高氣體交換，以延緩疲勞及加速代謝廢物的排除。

（四）降低心血管疾病發生率

規律的有氧運動可以降低血壓與三酸甘油酯、增加高密度脂蛋白(HDL)以移除低密度脂蛋白(LDL)、提高脂肪使用率和基礎代謝率，以及對胰島素的敏感性；因此，對於高血壓、冠狀動脈心臟病、中風及糖尿病等心血管疾病，可降低其發生率。

（五）提升健康與身體活動能力

從事心肺耐力運動，可以提高心肌力量(myocardial contractility)、無氧閾值(anaerobic threshold)、最大耗氧量(maximal oxygen consumption, VO_2max)與增加

粒線體數量和大小。因此，在相同身體活動負荷下，與沒有運動的人比較，其心跳率較低、身體活動效益較高、恢復時間較快，並可改善溫度調節、增進免疫能力、促進睡眠、降低焦慮及沮喪感，進而提升健康與生活品質。

 第二節
心肺適能評估與強度監控方式

Health
And Life

在進行心肺耐力訓練前，要先評估心肺適能的水準，才能針對個人狀況與目標，訂定個人的運動計畫，以及評估與檢視訓練後心肺適能的改變情形。

一、最大耗氧量的測驗方法

心肺適能的能力主要是指身體活動時，身體組織每分鐘能使用的最大氧氣量(VO₂max)，即為最大耗氧量（或稱最大攝氧量）。一般使用的單位是，每分鐘每公斤體重多少毫升(mL/kg/min)，其數值越高表示心肺適能越佳。而最大耗氧量最準確的測驗方式，是在實驗室中，分析所吐出氣體的成分來評估，並隨時監控受測者血壓與心跳等生理變化。但此種測驗的設備昂貴且極為不便，因此大部分會採用心肺運動能力來評估最大耗氧量(VO₂max)，其方法說明如下：

（一）1.5 英里跑步測驗(1.5-Mile Run Test)

1.5 英里跑步測驗是一種簡易的測驗方法，因此常被用來預測心肺適能的方法，它是依照一個人跑或走完 1.5 英里所花的時間來評估其最大耗氣量（表 15-1）。但要特別注意的是，這個測驗是以最快的時間跑完全程（1.5 英里），所以應算是一種最大運動測驗(maximal exercise test)，因此對於有心臟病徵兆、心血管疾病或有心血管疾病危險因子的人，不適合此項測驗，對於超過 40 歲的男性與超過 50 歲的女性，如很少運動且沒有醫療證明的人，也最好不要進行此種測驗；但很少運動的人若想從事這種測驗，至少需先進行 6 週以上的有氧運動。

在測驗前做些暖身活動，如走路、慢跑與伸展。測驗中，盡可能以最快的時間跑完全程（走路或慢跑），測驗中如發現有任何身體不適現象時，馬上停止測驗，至少需再經過 6 週的有氧訓練後，才能重新測驗。測驗結束後，繼續用走的或輕鬆慢跑 3~5 分鐘，做為緩和運動，不要馬上坐下來或躺下來。再依所花費的時間，對照表 15-1 來了解最大耗氣量(VO₂max)。

表 15-1 以 1.5 英里跑步測驗來評估最大耗氧量(VO₂max)

時間 （分：秒）	最大耗氧量 (mL/kg/min)	時間 （分：秒）	最大耗氧量 (ML/kg/min)	時間 （分：秒）	最大耗氧量 (mL/kg/min)
6：10	80.0	10：30	48.6	14：50	34.0
6：20	79.0	10：40	48.0	15：00	33.6
6：30	77.9	10：50	47.4	15：10	33.1
6：40	76.7	11：00	46.6	15：20	32.7
6：50	75.5	11：10	45.8	15：30	32.2
7：00	74.0	11：20	45.1	15：40	31.8
7：10	72.6	11：30	44.4	15：50	31.4
7：20	71.3	11：40	43.7	16：00	30.9
7：30	69.9	11：50	43.2	16：10	30.5
7：40	68.3	12：00	42.3	16：20	30.2
7：50	66.8	12：10	41.7	16：30	29.8
8：00	65.2	12：20	41.0	16：40	29.5
8：10	63.9	12：30	40.4	16：50	29.1
8：20	62.5	12：40	39.8	17：00	28.9
8：30	61.2	12：50	39.2	17：10	28.5
8：40	60.2	13：00	38.6	17：20	28.3
8：50	59.1	13：10	38.1	17：30	28.0
9：00	58.1	13：20	37.8	17：40	27.7
9：10	56.9	13：30	37.2	17：50	27.4
9：20	55.9	13：40	36.8	18：00	27.1
9：30	54.7	13：50	36.3	18：10	26.8
9：40	53.5	14：00	35.9	18：20	26.6
9：50	52.3	14：10	35.5	18：30	26.3
10：00	51.1	14：20	35.1	18：40	26.0
10：10	50.4	14：30	34.7	18：50	25.7
10：20	49.5	14：40	34.3	19：00	25.4

資料來源：

1. Hoeger, W. W. K., Hoeger, S. A. (2012)．*體適能與全人健康的理論與實務（第二版）*（李水碧編譯）．藝軒。（原著出版於 2009 年）

2. Cooper, K. H. (1968). A means of assessing maximal oxgen intake. *Journal of the American Medical Association,* 203, 201-204.

3. Pollock, M. L., Wilmore, J. H., & Fax III, S. M. (1978). *Health and fitness through physical activity (American College of Sports Medicine series).* John Wiley & Sons.

4. Wilmore, J. H., & Costill, D. L. (1988). *Training for sport and activity.* Dubuque, IA: Wm. C. Brown Publishers.

範例：一位 20 歲的女性以 12 分 40 秒(12：40)跑完 1.5 英里，對照表 15-1，那麼她的最大耗氣量便是 39.8 mL/kg/min。再根據表 15-3，她的心肺適能是屬於「很好(good)」的等級。

（二）1 英里走路測驗(1.0-Mile Walk Test)

對於體適能較差或受傷而無法跑步者，則適合 1 英里走路測驗。

此測驗需快走一英里，測驗結束時運動中的心跳數至少要達到每分鐘 120 次以上。測量心跳數時，將中指與食指輕按在手腕的橈動脈（靠近手腕拇指那一側），或按在下顎下方、聲帶旁邊的頸動脈。

當心跳很快時，不要用拇指來測量心跳數。在測量頸動脈時，不能壓太大力，這樣會因反射動作而使心跳減慢。

運動專家們建議測量頸動脈的心跳數時，手部應輕按在頸部的同側（左手按左側的頸動脈），即可測出。亦可使用心跳測量儀(heart rate monitor)，增加評估心跳數的準確度。

其最大耗氣量的評估是依據預測公式(prediction equation)$VO_2max = 88.768 - (0.0957 \times W) + (8.892 \times G) - (1.4537 \times T) - (0.1194 \times HR)$而來的；W 指體重（以磅為單位），G 指性別（女性用 0，男性用 1），T 指 1 英里走路的總時間（以分鐘為單位），HR：指 1 英里走路測驗結束時每分鐘的運動心跳率。

範例：一位 19 歲的女生，體重 140 磅，以 14 分 39 秒（14.65 分）走完 1.0 英里，運動心跳數為每分鐘 148 次，其最大耗氧量(VO_2max)為 $88.768-(0.0957 \times 140) + (8.892 \times 0) - (1.4537 \times 14.65) - (0.1194 \times 148) = 148$ mL/lbs./min。

（三）登階測驗(Step Test)

這是一種以非最大負荷(submaximal workload)來評估最大耗氧量的測驗，幾乎適用於每一個人，並且不需很多的時間和設備；但有病徵或心臟疾病者不適合，或者明顯體重過重者以及有下肢關節問題者，在實施這項測驗時可能會有困難。

使用 16 又 1/4 英吋高的板凳或體育館的露天座位（階梯）實施測驗。測驗前可先練習 5~10 秒鐘，以熟悉節拍。每一次登階是 4 個節拍（上上下下）。男性測驗時每分鐘上下階梯 24 次，節拍器調在每分鐘 96 拍；女性測驗時每分鐘上下階梯 22 次，節拍器調在每分鐘 88 拍。

　　實際測驗時間需 3 分鐘，在測驗結束的第 5 秒～第 20 秒的時間測量 15 秒鐘的恢復心跳數，然後將恢復期心跳數乘 4（以分鐘為單位），其最大耗氧量男性的公式為 111.33 －（0.42×恢復期每分鐘心跳數）；女性的公式為 65.81 －（0.1847×恢復期每分鐘心跳數）。

　　範例：某 ·男性在 3 分鐘登階測驗之後，恢復期 15 秒鐘的心跳數是 39 次（156 次／分鐘），其最大耗氧量(VO₂max)為 111.33 －（0.42×156）＝45.81 mL/kg/min。也可根據恢復心跳數，直接對照表 15-2 即可得到最大耗氧量。

表 15-2　以登階測驗(step test)來預測最大耗氧量(VO₂max)

15 秒鐘心跳數	心跳數（次／分鐘）	最大耗氧量 男　性	最大耗氧量 女　性
30	120	60.9	43.6
31	124	59.3	42.9
32	128	57.6	42.2
33	132	55.9	41.4
34	136	54.2	40.7
35	140	52.5	40.0
36	144	50.9	39.2
37	148	49.2	38.5
38	152	47.5	37.7
39	154	45.8	37.0
40	160	44.1	36.3
41	164	42.5	35.5
42	168	40.8	34.8
43	172	39.1	34.0
44	176	37.4	33.3
45	180	35.7	32.6
46	184	34.1	31.8
47	188	32.4	31.1
48	192	30.7	30.3
49	196	29.0	29.6
50	200	27.3	28.9

資料來源： 1. Hoeger, W. W. K., Hoeger, S. A. (2012)・*體適能與全人健康的理論與實務（第二版）*（李水碧編譯）・藝軒。（原著出版於 2009 年）

　　　　　 2. McArdle, W. D., et al. (2014). *Exercise physiology: Energy, nutrition, and human performanc.* (8th ed.). Lea & Febiger.

由上述方式測得之最大耗氧量(VO₂max)，對照表 15-3 來評估目前心肺適能的等級，藉此來安排開始訓練的強度；並在訓練一段時間後，重新測量一次，以了解進步狀況來調整訓練計畫。

表 15-3　依據最大耗氧量(VO₂max)來分類心肺適能的等級

性 別	年 齡	適能等級（以 mL/kg/min 為單位）				
		非常不好	不 好	普 通	很 好	非常好
男 性	＜ 29	＜24.9	25~33.9	34 -43.9	44~52.9	＞53
	30~39	＜22.9	23~30.9	31 -41.9	42~49.9	＞50
	40~49	＜19.9	20~26.9	27 -38.9	39~44.9	＞45
	50~59	＜17.9	18~24.9	25 -37.9	38~42.9	＞43
	60~69	＜15.9	16~22.9	23 -35.9	36~40.9	＞41
	≧70	≦12.9	13~20.9	21 -32.9	33~37.9	≧38
女 性	＜ 29	＜23.9	24~30.9	31 -38.9	39~48.9	＞49
	30~39	＜19.9	20~27.9	28 -36.9	37~44.9	＞45
	40~49	＜16.9	17~24.9	25 -34.9	35~41.9	＞42
	50~59	＜14.9	15~21.9	22 -33.9	34~39.9	＞40
	60~69	＜12.9	13~20.9	21 -32.9	33~36.9	＞37
	≧70	≦11.9	12~19.9	20 -30.9	31~34.9	≧35

資料來源：　Hoeger, W. W. K., Hoeger, S. A. (2012)．*體適能與全人健康的理論與實務（第二版）*（李水碧編譯）．藝軒。（原著出版於 2009 年）

二、運動強度監控方式

在整個運動計畫中，訓練強度的調整是計畫成功與否的重要關鍵。如果訓練強度太低，無法達到超負荷(overload)，而降低生理適應；反之，若訓練強度太高，達到過度訓練(overtraining)，造成慢性疲勞或受傷等，都會使生理機能下降，而無法達成訓練目標。監控運動強度最精準的方法，是監控運動中耗氧量(VO₂)的變化，但這並無法在多數的訓練場地使用，因此，心跳率與自覺運動強度量表，便是最常用來監控運動強度的方式。

心跳率

　　心跳率與耗氧量(VO_2)有密切的關係，因此大部分的訓練計畫都採用心跳率來表示有氧運動強度。運動心跳率的量測方法通常會採用心跳錶或運動脈搏量測方式。

　　心跳錶是藉由心跳感應帶，將即時的心跳率顯示在手錶上，使測量者方便監控心跳率。優點在於可隨時在運動過程中了解目前運動心跳率，以了解目前運動強度，且心跳錶通常都有設定運動區間提醒功能，讓受測者易於維持在所需要之運動強度區間，在運動後可顯示運動時的最高與平均心跳率，以記錄心肺運動訓練狀況；但缺點是世面上某些品牌的心跳錶受到干擾機率較多或準確度不足，而大品牌的心跳錶雖較無這些問題，可是價格昂貴，因此並不普及。

　　運動脈搏量測方式是在完成心肺運動訓練後，立即量測頸側頸動脈或腕部橈動脈，以量測 10 秒或 15 秒之數值乘於 6 或 4，為運動心跳率。優點為只需有秒為單位之計時器，即可測量；缺點為無法監控運動中心跳率的變化，運動後需立即測量，否則會影響其準確度，且依測得數值乘 6 或 4，表示測量的一下誤差即為 6 或 4 個心博數。一般最大心跳率推估與強度計算方式如下所示：

1. **最大心跳率百分比法**(maximal heart rate, MHR)

　　年齡預估最大心跳率＝220－年齡

　　目標心跳率＝（預估最大心跳率×運動強度％）

　　例如：某 20 歲學生，設定運動強度為 70~85％MHR

　　　　　　年齡預估最大心跳率＝220－20＝200 次／分

　　　　　　最低目標心跳率＝200×0.70＝140 次／分

　　　　　　最高目標心跳率＝200×0.85＝170 次／分

　　　　　　其目標心跳區間即為 140~170 次／分

2. **最大心跳保留率**（heart rate reserve, HRR，**又稱卡佛南式** (Karvonen method)）

　　年齡預估最大心跳率＝220－年齡

　　儲備心跳率＝預估最大心跳率－安靜心跳率

　　目標心跳率＝（儲備心跳率×運動強度％）＋安靜心跳率

例如：某 30 歲有運動習慣之上班族，安靜心跳率 60 次／分，設定運動強度
為 60~80％HRR

年齡預估最大心跳率＝220－30＝190 次／分

儲備心跳率＝190－60＝130 次／分

最低目標心跳率：(130×0.60)＋60＝78＋60＝138 次／分

最高目標心跳率：(130×0.80)＋60＝104＋60＝164 次／分

其目標心跳區間即為 138~164 次／分

上述兩種方式為最常使用心跳強度評估方式，但目前也有學者提出新的最
大心跳率推估公式，在此提出提供參考。

Tanaka、Monahan 和 Seals 於 2001 年提出三種最大心跳率推估公式，介紹
如下：

3. 一般最大心跳率推估方式

年齡預估最大心跳率＝208－（0.7×年齡）

目標心跳率＝（預估最大心跳率×運動強度％）

例如：某 20 歲學生，設定運動強度為 70~85％MHR

年齡預估最大心跳率＝208－(0.7×20)＝204 次／分

最低目標心跳率＝194×0.70＝136 次／分

最高目標心跳率＝194×0.85＝165 次／分

其目標心跳區間即為 136~165 次／分

4. 男性最大心跳率推估方式

男性年齡預估最大心跳率＝209－（0.7×年齡）

目標心跳率＝（預估最大心跳率×運動強度％）

例如：某 50 歲男性上班族，設定運動強度為 70~85％MHR

年齡預估最大心跳率＝209－(0.7×50)＝174 次／分

最低目標心跳率＝174×0.70＝122 次／分

最高目標心跳率＝174×0.85＝148 次／分

其目標心跳區間即為 122~148 次／分

5. 女性最大心跳率推估方式

女性年齡預估最大心跳率＝207－（0.7×年齡）

目標心跳率＝（預估最大心跳率×運動強度％）

例如：某 50 歲女性家庭主婦，設定運動強度為 70~85％MHR

　　　　年齡預估最大心跳率＝207－(0.7×50)＝172 次／分

　　　　最低目標心跳率＝172×0.70＝120 次／分

　　　　最高目標心跳率＝172×0.85＝146 次／分

　　　　其目標心跳區間即為 120~146 次／分

Dagny 在 2006 年於跑者世界(*Runner's World*)提出評量跑者最大心跳率的標準公式：

6. 跑者最大心跳率推估方式

跑者年齡預估最大心跳率＝205－（0.5×年齡）

目標心跳率＝（預估最大心跳率×運動強度％）

例如：某 60 歲長期跑者，設定運動強度為 70~85％MHR

　　　　年齡預估最大心跳率＝205－(0.5×60)＝175 次／分

　　　　最低目標心跳率＝175×0.70＝123 次／分

　　　　最高目標心跳率＝175×0.85＝149 次／分

　　　　其目標心跳區間即為 123~149 次／分

7. 無氧閾值心跳率測試

　　由於 MHR 與 HRR 的心跳皆為預估值，隨著運動時間長，運動能力變好，且預估心跳本身就有高估與低估的可能性，如要使心肺能力更精進，則必須對心跳的區間控制更精準，因此可利用無氧閾值心跳率測試測出較為準確的心跳區間，幫助更有效的規劃運動課程。唯此測試須在運動中監控心跳率，故必須使用心跳錶來做檢測。

　　此測試為閾值能力測試，故須先進行 3 個月以上的有氧訓練，對身體強度感受有一定敏銳度，再進行此測試才能較安全且準確測出其閾值心跳。進行此測試前最好休息 3 天，測試前一天要睡滿 6~8 小時，有補充水分，不要喝酒及咖啡，須於 20~25 分內測完，最多不超過 30 分鐘。

先以 MHR 計算出 65、75、85、90%之心跳率為基準，可選擇室內腳踏車或跑步機等方便控制強度之心肺器材，先暖身 5 分鐘讓心跳升到 65%，維持在此心跳率 5 分鐘（±5 bpm 內）後增加至 75%，一樣維持 5 分鐘，再增加至 85%，因 85%為預估閾值心跳率，所以如果無法維持 5 分鐘，可依能維持的時間長短來預估在此心跳區間內的心跳率為無氧閾值。但如果能維持 5 分鐘，可把心跳率再增加至 90%，如無維持 5 分鐘，則預估閾值心跳方式和 85%一樣，但此預估心跳率即為最大心跳的 85%，而 65、75 與 95%之心跳間隔數與之前計算之間隔數相同；如在 90%還是能維持超過 5 分鐘，即可停止此測試，並依受測者之感受把 90%之心跳率定在其感受心跳率（可參考自覺量表(RPE)，表 15-4），最快休息 3 天後再測試。

表 15-4　無氧閾值心跳率測試表（以 30 歲為例）

加到 90%，才有 85%的感覺

	心跳（次／分鐘）	強度(%)	間隔時間（分鐘）
135	125	65	5
155	145	75	5
170	160	85	5
	170	90	5

三、自覺運動量表

　　一般人在運動中並不會配戴心跳錶，因此要監控在運動中的強度，有一種方式稱為自覺運動量表(rate of perceived exertion scale, RPE)，利用在運動中自身感覺疲勞的程度，以數字量表方式，來表示運動中的強度。相關強度量表如表 15-5 所示。

⚡表 15-5　心肺訓練強度對照表

強　度	最大儲備心跳率百分比 (% of HRR or VO₂R)	最大心跳率百分比 (% of HRmax %)	自覺運動量表 (RPE)	自覺運動 10 級量表
非常輕鬆	＜20	＜35	＜10	＜2
輕　鬆	20~39	35~54	10~11	2~2.5
中　度	40~59	55~69	12~13	3~4
累	60~84	70~89	14~16	5~7
非常累	＞85	＞90	17~19	8~10
最大強度	100	100	20	11

註：1.　HRR= heart rate reserve，儲備心跳率。

　　2.　VO₂R = oxygen uptake reserve，儲備耗氧率。

　　3.　HRmax = maximum heart rate，最大心跳率。

　　4.　RPF = rating of perceived exertion，自覺運動量表。

資料來源：1. American College of Sport Medicine (2013). *ACSM's resource manual for guidelines for exercise testing and prescription (7th ed.)*. Lippincott Williams & Wilkins.

　　　　　2. Borg, G. (1998). *Borg's perceived exertion and pain scales.* Human Kinetics.

第三節　**心肺適能之運動處方**

Health
And Life

　　為了讓身體適能進步與提升，以下兩個原則非常重要：

1. **超負荷原則(overload)**：以超出身體平時習慣的訓練量加以訓練，讓身體在休息恢復時達到超補償的生理適應；但如果訓練強度過高或不足以及休息時間過長及太短，也會無法達到預期的效果。

2. **運動特殊性(specificity)**：每個人的生理狀況不同，目標不同，所從事的訓練型態、內容也會不同，如一位退休的老先生與籃球選手和好動的青少年，他們的訓練目標與型態就會有明顯的不同。

　　因此，運動處方的設計需包含這兩個原則，來調整不同個體在不同階段的訓練方式，才能有效的提升體適能。

一般訓練計畫大多採用 "FITT" 方式來設計，將訓練計畫依運動頻率(Frequency)、運動強度(Intensity)、持續時間(Time)與運動型態(Type)來規劃。下列就「FITT」規劃方式做說明。

一、運動頻率(Frequency)

運動頻率是指每週的訓練天數，ACSM 建議每週 3~5 天，如果超過 5 天心肺進步的幅度並不大，而且受傷的機率明顯增加，尤其是高衝擊運動與體適能不佳的參與者。但針對減重為目標的參與者，則建議每週 5~6 天，每天以中低強度運動 45~60 分鐘。一般促進或維持良好的心肺適能，是以較高的運動強度每週至少 3 天的運動。

訓練要進步，在訓練後的恢復(recovery)非常重要，尤其高強度運動後，要得到充分的休息，並且補充足夠的水分與能量，身體才能進步。

二、運動強度(Intensity)

要達到提升心肺適能的效果，心跳必須維持在 40~85%的儲備心跳率之間(HRR)。如要提升最大耗氧量，則以接近 85%儲備心跳率(HRR)的效果最好；但對體適能不佳的參與者，高強度的運動可能會引起心血管系統的併發症、肌肉與骨骼的傷害，造成無法持續運動的原因；因此，一般成人是以較長時間，在40~60%儲備心跳率(HRR)的訓練較被接受。

三、持續時間(Time)

運動持續時間一般是建議 20~60 分鐘，會有 40 分鐘的差距，主要是因為促進心肺適能的重要因子是總作功量，因此運動強度在 85%時，持續運動時間 20分鐘即可；但運動強度只有 50%時，運動時間就需要 30 分鐘以上。

每次從事有氧運動的時間，一般建議至少持續 20~30 分鐘，但對工作忙碌或體適能不佳的參與者，每天分 3 次，一次 10 分鐘（至少間隔 4 小時）中等強度的有氧運動，對能量的消耗與最大耗氧量的增加，雖沒有連續 30 分鐘好，但還是有提升心肺適能的效果。

四、運動型態(Type)

心肺訓練的型態種類繁多，可依不同的環境與器材做不同的選擇，在此依不同運動場地區分運動型態及說明：

（一）室外運動

1. 快 走

除了訓練心肺耐力之外還有不錯的減肥效果，且腳與地面碰撞的力量極小，造成傷害的機會也最少。準備一雙合適、柔軟且富有彈性的鞋子，便可輕鬆達到運動的效果。

2. 慢 跑

就像步行一樣，只是運動強度較強，適合體能基礎較佳或有規律身體活動者，可以有效改善心肺適能。由於慢跑時腳與地面的撞擊力量較明顯，一定要選擇有彈性良好的海綿層結構、具有良好的吸震效果的鞋子，才不致造成下肢或下背的傷害。此外，膝蓋或腳踝受傷者應特別謹慎，而肥胖者或有下肢關節問題者最好也避免慢跑。

3. 健 走

近年來成為各國健康促進運動中最受歡迎的項目。可在任何地方進行，且不需特殊裝備，屬於全身大肌肉可以參與的運動，對於關節的衝擊也較低，適合於個人或團體以協調、舒適的步速來進行。需注意的是，正確的姿勢是舒適地行走之關鍵步驟，呼吸配合步伐速度，保持有節奏性的換氣，下巴微抬、挺胸、肩膀放鬆微微後拉、曲肘成 90 度、收腹、助體上提、膝蓋伸直、以腳跟著地，步伐伸展前跨重心迅速移動到前腳，雙腳交互前進。常見的錯誤是骨盆前傾，這會導致背痛。適當的足部穿著對健走或跑步而言非常重要，鞋子需提供足夠的保護與支持。

4. 騎自行車

屬於低衝擊的有氧運動。以能量消耗而言，在一般的環境下以每小時 10~15 公里的速度騎行，每分鐘大約消耗 2.5 大卡的熱量，運動量相當於以時速 4 公里的速度快走的熱量消耗（熊谷秋三，1993）。騎自行車對於膝關節不良或體重過重者而言，更是適合做為增進心肺適能的運動方法。

運動當中可藉由變速或不同坡度的選擇，變化運動負荷及強度，同時手臂、軀幹及大腿等肌群也可獲得肌力增進的效果(Feingold, 2005)。

初學者須具備騎車的基本能力才可上路。首先，調座椅高度，使膝關節在下踩時仍保持微彎的狀態；騎乘時軀幹前傾、肩膀放鬆維持在手腕正上方，雙手微彎穩定控制把手與煞車。最重要的是，需配戴安全帽、穿著具排汗及防曬的衣物，並記得隨時補充水分。路況的選擇以車流少、空氣狀況良好的道路，初學者以坡度較低的平路為佳。

（二）室內運動

1. 跳 繩

是屬於慢跑型態的運動，其最大的優點就是可以在原地實施，跳繩時應以腳尖著地，以減緩身體在原地由上而下的明顯衝撞，不過，需要有適當跳繩技巧配合，否則易有運動強度過高而時間無法持續夠久的限制。並且，跳繩也是一項最便宜的運動，僅需準備跳繩一條和彈性良好的慢跑鞋，然後維持穩定有效的運動脈搏數即可。

2. 騎固定式腳踏車

騎者的體重都由椅墊支撐，是下肢或下背等有特殊症狀不適合慢跑、跳繩者的好選擇。

固定式腳踏車具調整阻力的裝置，可以調整適合自己的運動強度，作長時間的踩踏。此外，此運動需注意坐墊高度、坐墊位置及把手高度。椅墊高度以腳踩踏到最低時，膝蓋能保持在 25~35°的彎曲角度，若坐墊位置太低，易造成前側膝蓋疼痛；坐墊位置可略為前後移動，理想位置為當腳踏板水平時，膝蓋前端的垂直線恰落在腳的正上方，此時小腿與地面垂直；把手高度主要以舒適為原則，以上身能適當前傾，雙手肩膀、手肘能放鬆並穩定於把手上即可。踩踏時，以腳掌的前半部接觸踏板。

近年來熱門的飛輪運動亦是由此種運動的基本模式演變而來的，融合間歇訓練與循環訓練之優點，增加變化使課程更有趣，也提升訓練效果。

3. 有氧舞蹈

在改善心肺適能上有顯著效果，其內容主要以運動一些大肌肉的韻律、舞蹈、徒手體操、跑、跳，配合編排的音樂，以適當的節奏持續跳上一段夠長的時間。

由於有氧舞蹈屬不定方向的扭轉而又有很多跑跳機會的運動，因此，穿著兼具穩定與彈性的有氧舞蹈鞋，且選擇彈性較好的韻律房場地，對下肢的傷害也較為減少。

4. 電動跑步機

適合室內跑步或步行的器材，不受天候影響，對於不適合跑步或不想跑步的參與者，可藉由坡度的調整來增加運動強度，且好一點的跑步機有避震的設計，可減少跑步時的衝擊。但缺點是價格貴、占空間；另外，也可能會有噪音的問題。

5. 划船器

類似西式划船運動效果的器材，主要包含一個可以前後滑動的椅面，和一根可以配合椅面向後拉的握把。而握把的阻力可以調整，以配合划動者的力量與耐力。划船器對手臂、背部、腹部與腿部的肌肉都有相當的活動量，此種可以運動到全身多數肌群、具持續性和節奏性的活動，可刺激心肺循環，消耗大量的能量，增加心肺耐力、肌肉耐力及力量。

6. 登山健步器(Stepper)

經由預定的程式調控踏階的阻力負荷，體驗不同坡度的實境，動作型態類似登山或爬樓梯，是一項有效的有氧運動。不過需要注得的是，此項器材強度的調整方式是，強度越高，踏板踩踏的感覺越輕，因此，主要的運動模式是盡快把腳往上抬，而非用力往下踩。

7. 滑步機

是雙腳前後交替以橢圓形的擺盪，動作平順，且雙腳不用離開踏板，因此對下肢與膝關節的衝擊較小，有較高的安全性。此器材以模擬跑步方式設計，對於膝蓋受傷而想跑步的參與者，是不錯的選擇；但由於跑步的腳步軌跡是接近水滴狀，而非橢圓形，因此在抬腿時有時會有上推的感受。

（三）水中運動

1. 游 泳

需具備基本游泳技巧，注意全身動作的協調性，對於均勻強化全身肌群有顯著的效果。且水的浮力及阻力可減少支撐體重的負荷，尤其適合體重過重或下肢關節不適者，可以減低膝關節的衝擊，並且達到放鬆肌肉的效果。此外，也可感受水流的變化按摩帶來的舒適感。

2. 水中健走

對於不會游泳、換氣技巧不熟練及有下肢關節傷害者而言，可以有效提升心肺適能。行走時最好穿著水中健走專用鞋，雙手前後擺動，可使用划手板及蛙掌增加訓練量，或是穿戴浮力腰帶減少腳步衝擊。

3. 水中有氧

配合音樂節奏，以有氧舞蹈基礎動作及有氧訓練原則，強調運動不同的動作與方向變化的組合，來增加水的阻力，以提高運動心跳數(Matt Roberts, 2002)。

五、心肺適能訓練方法

心肺訓練的方法很多，各有不同的頻率、時間與強度，可由這些不同的方法，依參與者的特殊性，編排進運動計劃中，藉由多種方式訓練，避免參與者覺得無趣，並能改變不同刺激方式，達到提升心肺能力的目的。

（一）長距離慢速訓練法(Long, Slow, Distance Training, LSD)

以長時間（30~120 分鐘）無休息在中低強度間的運動方式作為訓練。運動強度以參與者可在呼吸順暢，且邊做邊聊天的強度下進行，因此強度不超過70%的最大耗氧量(VO₂max)，或 80%的最大心跳率(MHR)。此種訓練方式安全且容易達成，適合初學者從事，但因時間長且重複性高，容易厭倦。

（二）穩定持續訓練法

在設定之運動強度區間，持續至少 20~30 分鐘之訓練。一般強度設定在接近或略高過無氧／乳酸閾值，目的在改善有氧、無氧代謝能量的產生與運動經濟性，並提高無氧／乳酸閾值。

（三）間歇訓練法(Interval Training)

以高強度與低強度交替訓練，高強度訓練每回合可短約 30 秒、長至 3~5 分鐘，休息時間應與訓練時間相同。高強度可依參與者的能力提高，最高可高到最大耗氧量(VO₂max)。如體適能不佳的參與者在暖身後可先在 50% HRR 維持兩分鐘，再提高到 70%HRR 維持兩分鐘，之後再回到 50% HRR；如果重複進行訓練，體適能佳的參與者可在 65% HRR 與 85% HRR 間重複進行訓練，甚至調整高強度與低強度比，從(2：2)→(3：2)→(3：1)，以增加訓練強度。此訓練的總作功能大於連續訓練，容易漸進增加負荷，也較不無聊，並可提高最大耗氧量(VO₂max)與無氧代謝。

（四）法特雷克訓練法(Fartlek Training)

此訓練法可將前述與許多訓練法做組合，又稱為速度遊戲訓練，可隨時在衝刺與輕鬆跑間做轉換，訓練方式較不單調無聊，可提高乳酸閾值、改善能量利用。

表 15-6　心肺適能訓練方法表

訓練方法	每週次數	時　間	強　度
長距離慢速	1~2	30~120 分	~70％VO₂max
穩定持續	1~2	20~30 分	接近乳酸閾值
間　歇	1~2	3~5 次 （訓練－休息比）1－1	接近 VO₂max
法特雷克	1	20~60 分	強度依組合之訓練法變化

資料來源：Baechle, T. R., & Earle, R. W. (2000). *Essentials of strength training and conditioning* (2nd ed.). Human Kinetics.

六、運動處方注意事項

無論選擇何種類型的心肺有氧運動，皆需注意下列事項：

（一）訓練開始階段

無論是安排何種訓練器材及方法，一定要先清楚知道參與者目前的能力，該從何種強度開始訓練，才不致造成受傷或無法達到效果。

表 15-7　心肺訓練強度階段表

強度%	參與者描述	運動計畫目標
60~70％MHR 40~60％HRR	坐式生活型態、過胖、老年人有症狀者、體適能狀況不佳者	促進生活活動能力的體適能進步
65~85％MHR 55~75％HRR	健康、有活動、平均體適能狀態者	強化心肌、降低心血管疾病等有氧訓練效果
85~95％MHR 75~95％HRR	有活動且體適能狀態高於平均程度	提高 VO$_2$max 等有氧運動表現

資料來源：FISAF Taiwan (2006)．*體適能／健身房指導員培訓課程「研讀手冊」*．飛薩國際運動健康顧問有限公司。

（二）訓練進步階段

身體從事訓練，對體適能進步及改變訓練階段可分為以下三期（表 15-8），說明如下：

1. **適應期**：主要目的是讓身體適應運動模式、強度，加強基本適能、減少傷害發生與肌肉酸痛等現象，一般以隔天運動方式進行，如週一、三、五或二、四、六的方式進行運動。

2. **成長期**：此階段參與者會快速進步，可逐漸增加運動強度、時間與消耗熱量。

3. **成熟期**：又稱為「維持期」，參與者達成體適能目標，需以不同變化之課程去維持體適能狀態與運動習慣。

表 15-8　有氧訓練進步階段表

階段	持續時間	運動時間	目標強度	頻率（週）
適應期	4~6 週	15~20 分	60~70％MHR	2~3 次
成長期	7~20 週	20~30 分	60~80％MHR	3~5 次
成熟（維持）期	開始運動 6 個月後	30 分↑	70~95％MHR	3~7 次

資料來源：FISAF Taiwan (2006)．*體適能／健身房指導員培訓課程「研讀手冊」*．飛薩國際運動健康顧問有限公司。

（三）場地與器材的安全性

運動場地與器材，與運動安全息息相關，如室內場地是否有空調、照明是否充足、通風是否良好、地板是否不平整、是否為合格的游泳池及器材是否堪用等都需要注意，以免發生傷害。

（四）適當的衣著及配備

選擇適合參與之運動項目之服裝及配備，對運動的舒適度與安全也很重要，如球鞋、跑鞋、排汗佳之衣物、泳衣帽與腳踏車安全帽等。

（五）運動前的暖身

在從事所有運動前都要進行暖身運動(warm-up)，讓身體增加體溫、心跳率與肌肉之氧氣、血液及能量，以進入後續的訓練狀態。暖身需針對稍後運動之肌群與全身的大肌肉，進行和緩的運動，其時間約為訓練總時間的 10~20%。其後再對肌肉施以靜態伸展（每個動作約 10 秒）。

（六）隨時注意運動中的身體狀況與動作正確性

由於每天生理狀況都有可能不同，因此在訓練中須注意身體生理變化，雖須挑戰但不宜過度勉強，尤其是頭昏、心臟不舒服或呼吸不順暢等更要注意，必要時應即刻停止訓練。在運動中有可能因疲勞而使得運動姿勢改變，應隨時注意並調整，不然可能會影響訓練效果或受傷，如真是疲勞，可調整訓練強度，或停止訓練。

（七）運動後的緩和與伸展

在運動訓練後進行緩和運動(cool-down)，主要是幫助血液回流、消除乳酸等代謝產物、降低心跳與放鬆肌肉。時間要比暖身稍久一些，包含後面的靜態伸展時間也比暖身長（每個動作 15 秒以上），以減少肌肉緊繃、延遲性肌肉酸痛，增加柔軟度、關節活動度與運動傷害的發生。

1. 相較於坐式生活者或久站者，增加身體活動及心肺適能的人，其死亡率：(A)較低　(B)較高　(C)一樣　(D)互不相關。

2. 心肺適能狀況可藉由心跳指數的數質來判定，若所得指數愈大，則代表心肺適能愈？(A)差　(B)佳　(C)不一定　(D)難以判斷。

3. 有關登階測驗之敘述，下列何者為非？(A)登階測驗是測量心肺耐力的方法之一　(B)有心臟病、高血壓、糖尿病、骨骼關節疾病者，不宜參加登階測驗，以免發生危險　(C)實施登階測驗時，上下階梯應維持固定的頻率，不可忽快忽慢　(D)實施登階測驗後，心跳恢復愈快者表示心肺耐力愈差。

4. 下列何者可以當作運動強度的指標？(A)心跳率　(B)運動的時間長短　(C)運動的類型　(D)運動的次數。

5. 下列關於最大耗氧量(VO$_2$ max)的敘述何者為非？(A)是心肺適能的標準測量指標　(B)數值越低表示心肺適能越佳　(C)騎自行車可提高最大耗氧量　(D)常用的測驗方式包含跑步測驗與登階測驗等

6. 進行三分鐘登階測驗，以下何者為評估其心肺耐力的最佳指標？(A)上下臺階次數較多者　(B)臺階高度較高者　(C)脈搏數較高者　(D)恢復期較短者。

7. 運動頻率原則上應？(A)每週二次　(B)每週一次　(C)每週三次　(D)每月一次。

8. 張生之心肺適能計畫為每週二、四、六上午 5 點，慢跑 20~30 分鐘，試問缺乏何項要素？(A)運動方式　(B)運動強度　(C)運動頻率　(D)持續時間。

9. 有關運動流程，下列敘述何者為是？(A)運動前應先做伸展運動，再做暖身運動　(B)暖身運動的強度越激烈越好　(C)為了維持體力，運動後不一定要做緩和運動　(D)運動後的伸展與緩和運動，可以減輕延遲性肌肉酸痛，增加柔軟度。

10. 心肺訓練的型態種類繁多，下列哪一項不屬於心肺訓練的運動型態？(A)騎自行車　(B)打棒球　(C)跳繩　(D)游泳。

解答　1.A　2.B　3.D　4.A　5.C　6.D　7.C　8.B　9.D　10.B

參考文獻

中華民國有氧體能運動協會(2005)・應用運動基礎科學・陳思遠、相子元、吳慧君、黃彬彬、季力康，*健康體適能指導手冊*（四版，47-127 頁）・易利。

中華民國有氧體能運動協會(2005)・體適能與運動處方・卓俊辰、林晉利，*健康體適能指導手冊*（四版，129-159 頁）・易利。

王順正(2008)・「220－年齡」可以有效推估最大心跳率嗎？・林必寧，*心肺適能訓練的理論與實務*（27-30 頁）・師大書苑。

卓俊辰(2001)・*大學生的健康體適能*・華泰。

卓俊辰總校閱(2023)・*健康體適能理論與實務（第四版）*・華格那。

林正常總校閱(2002)・*運動生理學*・藝軒。

黃月桂總校閱(2012)・*個人體能訓練：理論與實踐*・易利。

Baechle, T. R., Earle, R. W. (2004)・*肌力與體能訓練*（林正常等人譯）・藝軒。（原著出版於 2000 年）

FISAF Taiwan (2006)・*體適能／健身房指導員培訓課程「研讀手冊」*・飛薩國際運動健康顧問有限公司。

Hoeger, W. W. K., Hoeger, S. A. (2012)・*體適能與全人健康的理論與實務（第二版）*（李水碧編譯）・藝軒。（原著出版於 2009 年）

Roitman, J. L. (2006)・*ACSM 健康與體適能證照檢定要點回顧*（林嘉志編譯）・品度。（原著出版於 2001 年）

九州大學健康科學－ヤンタ(1993)・健康・体かづくりの運動實踐法・熊谷秋三・*健康と運動の科學*（172~184 頁）・日本：大修館。

American College of Sport Medicine (2013). *ACSM's resource manual for guidelines for exercise testing and prescription (7th ed.).* Lippincott Williams & Wilkins.

Baechle, T. R., & Earle, R. W. (2000). *Essentials of strength training and conditioning (2nd ed.).* Human Kinetics.

Borg, G. (1998). *Borg's perceived exertion and pain scales.* Human Kinetics.

Cooper, K. H. (1968). A means of assessing maximal oxgen intake. *Journal of the American Medical Association, 203,* 201-204.

Feingold, D. (2005). Bringing out door cycling to the great indoor. *The Professional EDGE, 10*(165), 9-10.

McArdle, W. D., et al. (2014). *Exercise physiology: Energy, nutrition, and human performanc.* (8th ed.). Lea & Febiger.

Pollock, M. L., Wilmore, J. H., & Fax III, S. M. (1978). *Health and fitness through physical activity (American College of Sports Medicine series).* John Wiley & Sons.

Wilmore, J. H., & Costill, D. L. (1988). *Training for sport and activity.* Wm. C. Brown Publishers.

Health And Life ・MEMO

作者｜汪在莒、林承鋒

肌肉適能

學習目標

1. 認識肌肉適能及其對健康的重要性。
2. 了解增進肌肉適能的運動方式。
3. 認識阻力訓練編排的原則。
4. 認識常用的阻力訓練動作。

Health And Life

人們希望維持體能及完美體態，但因活動時間減少、飲食過量與年齡的因素，使人感到體能的降低，外觀體態也會改變。為有效提高體能狀況和改善體態，進行肌力與肌耐力的訓練是促進體能與塑造完美體態的最好方式。保持良好的肌力和肌耐力對促進健康、預防運動傷害與提高工作效率也有很大的幫助。肌力訓練可運用高負載低反覆次數來提升；肌耐力訓練則可運用低負載高反覆次數來促進其發展。

 第一節

肌肉適能概述

　　我們身體的任何活動，大到體操選手複雜的肢體動作，小至活動小指頭，都是藉由肌肉收縮所產生的動作，因此肌肉適能被視為影響生活健康的重要元素，甚至是老年人最重要的健康體適能要素。

　　肌肉適能主要可分為「肌力」與「肌耐力」兩種能力。肌力為單一肌肉群在一次或單一時間內，所能產生或負荷的力量；肌耐力為單一肌肉群在負荷重量時，所能反覆的次數或持續維持的時間。因此，肌肉適能可解釋為，身體肌肉能在短時間內產生或長時間維持及反覆對抗阻力的能力。舉例來說，小陳和小雯是新婚夫婦，小陳為了證明自己對小雯的愛，用新娘抱的方式抱起 50 公斤的小雯，代表小陳的肱二頭肌有 50 公斤以上的肌力；小陳要表示有體力照顧小雯，把她從一樓門口抱到五樓房間，爬了 80 層階梯，花了 3 分鐘，表示小陳的肱二頭肌有 50 公斤維持 3 分鐘的肌耐力，腿部（股四頭肌、臀肌）有 50 公斤反覆 80 次的肌耐力。

一、提升肌肉適能的益處

（一）增加肌力與肌耐力

　　藉由肌肉訓練的刺激，能增加肌肉對抗阻力的能力，幫助對抗身體活動時所需負荷的體重，及外在加諸於身體之阻力。

（二）增加基礎代謝率

增加一磅的肌肉，一天可以增加 35~50 卡的熱量消耗，因此提高肌肉量，可增加每天的基礎熱量消耗。在面對活動時，可增加其活動能力，幫助負荷更大的強度，也可提高活動時的熱量消耗，減少過多的能量儲存。

（三）強化骨骼密度

當身體活動所產生的物理力量，如彎曲力(bending forces)、壓縮力(compressive forces)、扭力(torsional forces)及肌肉收縮於肌腱連接點上所產生的張力，超過骨骼重塑的閾值（最低基本應力，MES）且有足夠的反覆時，可使骨架特定區域進行重塑。要超過骨骼的 MES，就必須從事高於一般日常生活的活動。對骨骼重塑最有效的刺激方法是除自身體重外再給予額外負荷的活動。

（四）提高身體活動能力與運動表現

由於肌肉力量與耐力增加，使身體在負荷同樣重量時可比較省力，動作效率較佳，因此能提升身體去應付生活中所需面對之各種狀況的能力，包含做家事、爬樓梯、搬重物、走路與跑步等。運動員在面對高強度的賽事時，會更需要肌肉適能來幫助身體完成較多困難與高強度的動作，甚至良好的肌肉訓練可以改善神經回饋與徵召能力提升、降低延遲性肌肉酸痛、增加乳酸耐受力與改變肌纖維型態，來提升運動時的表現。

（五）調整體態平衡，降低下背痛發生

針對左右邊、前後側肌肉群與核心肌肉群（豎脊肌與腹部肌群等）訓練，使肩胛骨、脊椎與骨盤等維持在正常的位置及角度，並在從事生活上的動作，包含坐姿、站姿、彎腰與單側提重物等，身體軀幹能保持在正常的體線，避免體態偏移壓迫神經造成疼痛。

（六）減少傷害發生

肌肉訓練可加強肌肉、肌腱、韌帶等結締組織強度，並因肌肉力量提升，可減少活動時關節的壓力，並且身體對於突發事件的對抗性增加，因而減少傷害發生率。

（七）減輕心肺系統的負荷

肌肉等於身體的第二個心臟，由於靜脈的血管較無彈性，因此靜脈的血液是藉由肌肉的收縮幫助回流心臟。而用循環性的阻力訓練（在每個阻力訓練間，都沒有休息，且持續 20 分鐘以上）來訓練肌肉適能，也能提高心肺適能（約 6%），降低休息時血壓、增加胰島素的敏感性、改善血脂組成，並因肌肉適能提升，使身體感覺平時生活的活動負荷變輕，因此心跳率與血壓上升幅度下降。

（八）增進老年人生活機能

老年人從事肌肉訓練可減少肌肉量的流失，且針對 90 歲以上平時不運動的老年人進行肌力訓練後，腿部的肌力增加了 200%；肌力增加便可提升平時的活動力、改善平衡感、降低跌倒與傷害發生，並可增加骨密度，預防骨質疏鬆症。

（九）復健與恢復肌肉功能

受傷會使肌力與肌耐力下降，較嚴重的情形則會使功能喪失；久未使用的肌肉會導致肌肉流失而使功能下降。如久病臥床的病人，可藉由肌肉訓練，使肌肉功能至少恢復到生活功能的能力，運動員甚至需要回復到能完成比賽的能力。

（十）維持體態完美

身體的曲線，就是肌肉線條，如果肌肉沒有訓練刺激就會流失，肌肉流失後，會使體態外型鬆弛。如果維持一定肌肉刺激，可維持肌肉量，使體態與曲線保持較為緊緻。

二、肌肉收縮型式

肌肉在作功時，在不同的動作下會有不同的收縮方式（表 16-1），以下針對肌肉收縮的型式加以說明：

表 16-1　肌肉收縮型式表

肌肉收縮型式	張　力	長　度	速　度
等張收縮	不　變	可改變 （向心、離心）	改　變
等長收縮	可改變	不　變	0
等速收縮	改　變	改　變 （向心、離心）	不　變

（一）等張收縮

肌肉在作功產力時，關節角度與肌肉的長度會改變的收縮方式。此種方式有兩種收縮動作：

1. **向心收縮**：肌肉用力時，肌肉長度縮短的收縮動作，如：彎曲手肘，把包包拿起來。

2. **離心收縮**：肌肉用力時，肌肉長度伸長的收縮動作，如：慢慢把手肘伸直，把包包放下。

（二）等長收縮

肌肉在作功產力時，關節角度與肌肉的長度沒有改變的收縮方式，如：立正站立不動時，或者手用力推牆壁等。

（三）等速收縮

藉由等速訓練器材，在設定的活動範圍內，以設定的角速度進行肌肉收縮訓練，一般多用於復健或研究。

 **第二節**
阻力訓練原則與方法

一、阻力訓練原則

為了使訓練能快速、有效且安全的達到既定目標，有下列幾項訓練原則必須了解與運用。

（一）特殊性原則

針對不同需求、不同目標的人，訓練型態需考量其作用肌肉與能量不同的差異，包含需要訓練的肌肉群、何種的肌肉收縮型式（等長、等張向心或等張離心收縮）與不同的肌肉力量特性（肌力、爆發力或肌耐力等）來做訓練規劃，例如：久未活動的老年人，應針對肌耐力與肌力加強以提升生活活動能力；舉重選手則需訓練肌力與爆發力；射箭選手需要等長訓練；體態偏移需要訓練前後與兩側肌肉平衡等。

（二）超負荷原則

訓練需要超過身體平時所承受的負荷，才能讓生理適應而達到進步的效果，一般會以增加重量、次數、組數、動作類型（同肌肉群增加不同動作加以訓練）、減少休息時間與放慢動作速度等方式，增加肌肉的負荷。

（三）漸進式原則

當身體對訓練刺激適應後，必須再增加負荷量，才能再次達到訓練刺激的效果，增加負荷量的時機可用二二法則(2-for-2 rule)來判定。即連續兩次訓練，在同一訓練動作的最後一組訓練時，所做的反覆次數可比預定次數多兩下，即可於下次訓練時增加阻力。

表 16-2　增加阻力範例表

選手的狀態	訓練動作部位	增加的估計值
短小、瘦弱 較少訓練者	上　身	1~2 公斤
	下　身	2~4 公斤
高大、強壯 較多訓練者	上　身	2~4 公斤
	下　身	4~7 公斤

資料來源：Baechle, T. R., & Earle, R. W. (2000). *Essentials of strength training and conditioning* (2nd ed.). Human Kinetics.

二、阻力訓練名詞

1. **組**：同一訓練動作在不休息情況，所需從事定時或定量訓練的次數。

2. **反覆**：同一訓練動作在不休息情況，進行一定時間或動作的重複次數。

3. **負荷**：訓練動作中所使用的阻力重量。

4. **組間休息**：同一定時、定量動作，或不同動作間的休息時間。

三、阻力訓練器材種類

　　阻力訓練是藉由不同的阻力給予身體刺激，而能給予阻力的方式很多，包含器材或身體的重量皆可，而現今器材更不斷的推陳出新，提供不同的訓練方式與刺激，在此介紹幾種較常被使用的訓練器材。

（一）機械式器材

1. 特　性

　　設定好對訓練肌肉群的活動方向，使用容易且較易使訓練肌群有感覺，籍轉軸設備使全收縮範圍都有阻力，並可設定活動起止位置。

2. 優　點

(1) 容易使用，較不易受傷。

(2) 固定訓練肌群的活動方向，較能針對肌肉做有效訓練。

(3) 可調整活動起止位置。

(4) 適合大多數人使用。

(5) 全收縮範圍都有阻力。

3. 缺　點

(1) 較無法訓練穩定肌群。

(2) 調整位置不見得適合每個人。

(3) 肌肉使用方式不一定符合生活型態。

（二）槓　鈴

1. 特　性

　　單一阻力方向，但與生活型態的阻力方向較接近；可訓練肌肉穩定性及控制能力，也可訓練兩側肌肉之協調性。

2. 優　點

(1) 可訓練到穩定肌群。

(2) 可訓練肌肉控制能力。

(3) 訓練兩側肌肉協調性。

(4) 符合大部分生活型態之阻力方向。

3. 缺　點

(1) 單一阻力方向。

(2) 兩側肌肉能力差距太大時較容易受傷。

(3) 需兩手同時使用，無法針對單側肌肉做訓練。

(4) 訓練時力量不足，較容易在關節上造成壓力，導致受傷。

（三）啞　鈴

1. 特　性

　　單一阻力方向，但與生活型態的阻力方向較接近；可訓練肌肉穩定性及控制能力，也可針對單側肌肉訓練。

2. 優　點

(1) 可訓練到穩定肌群。

(2) 可訓練肌肉控制能力。

(3) 符合大部分生活型態之阻力方向。

(4) 可針對單側肌肉訓練。

(5) 單手便能操作，較易改變姿勢來增加訓練範圍。

3. 缺　點

(1) 單一阻力方向。

(2) 訓練時力量不足,較容易在關節上造成壓力,導致受傷。

（四）鋼索(Cable)

1. 特　性

可改變阻力方向,調整訓練肌肉之最大阻力位置,以不同方向的阻力來訓練肌肉穩定及位置;阻力改變對肌肉的感覺和槓、啞鈴相同。

2. 優　點

(1) 可訓練到穩定肌群。

(2) 可訓練肌肉控制能力。

(3) 可改變阻力方向,以不同最大受力角度訓練肌肉。

(4) 可調整阻力方向,以較符合生活型態的方式做訓練。

(5) 可調整阻力方向,以較符合肌肉收縮方向來訓練。

3. 缺　點

操控難度較高較不易於初學者使用。

（五）彈力繩

1. 特　性

可改變阻力方向,調整訓練肌肉之最大阻力位置,以不同方向的阻力來訓練肌肉穩定及位置;阻力會因彈性係數增加而增強,所以也會影響肌肉之最大受力位置。

2. 優　點

(1) 可訓練到穩定肌群。

(2) 可訓練肌肉控制能力。

(3) 可改變阻力方向,以不同最大受力角度訓練肌肉。

(4) 可調整阻力方向,以較符合生活型態的方式做訓練。

(5) 可調整阻力方向,以較符合肌肉收縮方向來訓練。

(6) 可在訓練肌肉的收縮過程中隨時改變阻力方向及阻力大小。

(7) 可同時使用兩個以上的器材來增加訓練角度。

3. 缺 點

(1) 較無法有效訓練離心收縮。

(2) 較不適合以肌肉肥大為目標者使用。

(3) 阻力因彈性係數改變，阻力大小較不好掌握

(4) 在訓練兩側肌肉時，調整雙邊阻力時會較易有偏差。

表 16-3 器材使用難易比較表

器材名稱	難度等級
機械式器材	☆
槓 鈴	☆☆ ～ ☆☆☆
啞 鈴	☆☆ ～ ☆☆☆☆
鋼 索(cable)	☆☆☆ ～ ☆☆☆☆☆☆
彈力繩	☆ ～ ☆☆☆☆☆

四、阻力 1 RM 負荷預估方式

負荷常被認為是阻力訓練中影響成效的關鍵，也是阻力訓練的強度指標，負荷常以 1 RM（只能正確完成一次訓練動作的最大重量）的百分比來表示(%RM)，或某一反覆次數的最大重量(RM)表示，如某人 50 公斤胸推使盡全力只能推 10 次，而無法完成第 11 次，則他胸推的 10 RM 即為 50 公斤。

推測 1 RM 的目的是在於了解肌群所能承受的負荷，以針對目標去設定訓練動作所需之阻力與反覆次數，但 1 RM 測驗只能用在對訓練動作熟悉且具備動作技巧的中、高階運動參與者；對於初階、不熟悉動作與技巧的運動參與者來說，1 RM 測驗會容易造成傷害。因此，一般會使用多 RM 的測試來推估 1 RM。

1 RM 測試流程如表 16-4 所示，多 RM 推估 1 RM 方式，可依訓練目標、訓練經驗與訓練動作，選定反覆或阻力，來測驗其能正確完成動作之阻力或反覆，在依表 16-5 對照，推估 1 RM 之阻力與百分比，後續訓練可依推估之結果，訂定訓練計畫中之阻力或反覆。

表 16-4　1 RM 測試流程表

1. 指示運動參與者採用可輕鬆作 5~10 次反覆的重量完成熱身活動
2. 休息 1 分鐘
3. 用以下的加重方式，推估可以完成 3~5 次反覆的熱身重量： ◎上身訓練動作加 10~20 磅（4~9 公斤）或 5~10% ◎下身訓練動作加 30~40 磅（14~18 公斤）或 10~20%
4. 休息 2 分鐘
5. 用以下的加重方式，保守推估可以完成 2~3 次反覆的幾近最大重量： ◎上身訓練動作加 10~20 磅（4~9 公斤）或 5~10% ◎下身訓練動作加 30~40 磅（14~18 公斤）或 10~20%
6. 休息 2~4 分鐘
7. 增加重量 ◎上身訓練動作加 10~20 磅（4~9 公斤）或 5~10% ◎下身訓練動作加 30~40 磅（14~18 公斤）或 10~20%
8. 指示運動員試舉 1 RM 的重量
9. 如果成功，休息 2~4 分鐘，然後再回到流程 7 如果失敗，休息 2~4 分鐘，再以下列方式減重，然後回到流程 8 ◎上身訓練動作減 5~10 磅（2~4 公斤）或 2.5~5% ◎下身訓練動作減 15~20 磅（7~9 公斤）或 5~10%
繼續加重或減重，直到可用正確動作完成一次反覆，運動參與者最好能在 5 次測試中，測出 1 RM 的重量

資料來源：Baechle, T. R., & Earle, R. W. (2000). *Essentials of strength training and conditioning* (2nd ed.). Human Kinetics.

▲ 表 16-5　1 RM 與訓練負荷預估表

最大反覆數	1	2	3	4	5	6	7	8	9	10	12	15
% RM	100	95	93	90	87	85	83	80	77	75	67	65
10	10	10	9	9	9	9	8	8	8	8	7	7
20	20	19	19	18	17	17	17	16	15	15	13	13
30	30	29	28	27	26	26	25	24	23	23	20	20
40	40	38	37	36	35	34	33	32	31	30	27	26
50	50	48	47	45	44	43	42	40	39	38	34	33
60	60	57	56	54	52	51	50	48	46	45	40	39
70	70	67	65	63	61	60	58	56	54	53	47	46
80	80	76	74	72	70	68	66	64	62	60	54	52
90	90	86	84	81	78	77	75	72	69	68	60	59
100	100	95	93	90	87	85	83	80	77	75	67	65
110	110	105	102	99	96	94	91	88	85	83	74	72
120	120	114	112	108	104	102	100	96	92	90	80	78
130	130	124	121	117	113	111	108	104	100	98	87	85
140	140	133	130	126	122	119	116	112	108	105	94	91
150	150	143	140	135	131	128	125	120	116	113	101	98
160	160	152	149	144	139	136	133	128	123	120	107	104
170	170	162	158	153	148	145	141	136	131	128	114	111
180	180	171	167	162	157	153	149	144	139	135	121	117
190	190	181	177	171	165	162	158	152	146	143	127	124
200	200	190	186	180	174	170	166	160	154	150	134	130
210	210	200	195	189	183	179	174	168	162	158	141	137
220	220	209	205	198	191	187	183	176	169	165	147	143
230	230	219	214	207	200	196	191	184	177	173	154	150
240	240	228	223	216	209	204	199	192	185	180	161	156
250	250	238	233	225	218	213	208	200	193	188	168	163
260	260	247	242	234	226	221	206	208	200	195	174	169
270	270	257	251	243	235	230	224	216	208	203	181	176
280	280	266	260	252	244	238	232	224	216	210	188	182
290	290	276	270	261	252	247	241	232	223	218	194	189
300	300	285	279	270	261	255	249	240	231	225	201	195

負荷（磅或公斤）

⚡ 表 16-5　1 RM 與訓練負荷預估表（續）

最大反覆數	1	2	3	4	5	6	7	8	9	10	12	15
% RM	100	95	93	90	87	85	83	80	77	75	67	65
負荷（磅或公斤）（續）	310	295	288	279	270	264	257	248	239	233	208	202
	320	304	298	288	278	272	266	256	246	240	214	208
	330	314	307	297	287	281	274	264	254	248	221	215
	340	323	316	306	296	289	282	272	262	255	228	221
	350	333	326	315	305	298	291	280	270	263	235	228
	360	342	335	324	313	306	299	288	277	270	241	234
	370	352	344	333	322	315	307	296	285	278	248	241
	380	361	353	342	331	323	315	304	293	285	255	247
	390	371	363	351	339	332	324	312	300	293	261	254
	400	380	372	360	348	340	332	320	308	300	268	260
	410	390	381	369	357	349	340	328	316	308	274	267
	420	399	391	378	365	357	349	336	323	315	281	273
	430	409	400	387	374	366	357	344	331	323	288	280
	440	418	409	396	383	374	365	352	339	330	295	286
	450	428	419	405	392	383	374	360	347	338	302	293
	460	437	428	414	400	391	382	368	354	345	308	299
	470	447	437	423	409	400	390	376	362	353	315	306
	480	456	446	432	418	408	398	384	370	360	322	312
	490	46	456	441	426	417	407	392	377	368	328	319
	500	475	465	450	435	425	415	400	385	375	335	325
	510	485	474	459	444	434	423	408	393	383	342	332
	520	494	484	468	452	442	432	416	400	390	348	338
	530	504	493	477	461	451	440	424	408	398	355	345
	540	513	502	486	470	459	448	432	416	405	362	351
	550	523	512	495	479	468	457	440	424	413	369	358
	560	532	521	504	487	476	465	448	431	420	375	364
	570	542	530	513	496	485	473	456	439	428	382	371
	580	551	539	522	505	493	481	464	447	435	389	377
	590	561	549	531	513	502	490	472	454	443	395	384
	600	570	558	540	522	510	498	480	462	450	402	390

資料來源：Baechle, T. R., & Earle, R. W. (2000). *Essentials of strength training and conditioning* (2nd ed.). Human Kinetics.

五、阻力訓練方法

（一）單組式訓練法(Single-set System)

　　指每個訓練動作只做一組，即換下個訓練動作，通常訓練的肌群也不重複，是基礎的訓練方法，適用於初學者、老年人、體能不佳或較忙碌的人，相當省時且有效率。但如採較高強度訓練，訓練前的暖身要充足才能避免受傷。

（二）多組式訓練法(Multiple-set System)

　　同一訓練動作從事多組數的訓練方法，可在訓練動作的第一、二組使用較輕的阻力做為熱身，之後再增加阻力，進行多組訓練（通常為相同的阻力），一般訓練約為 3~6 組。

例如：

| 目　　標：肌力強化(strength) |
| 訓練組數：5 |
| 訓練強度：85%(1RM) |
| 反覆次數：6 |

組　別		次　數		負　荷
1	×	10	×	60%(1 RM)
2	×	10	×	60%(1 RM)
3	×	6	×	85%(1 RM)
4	×	6	×	85%(1 RM)
5	×	6	×	85%(1 RM)

（三）超組式訓練法(Super-set System)

　　以兩種不同訓練動作，中間不休息的方式反覆交替訓練的訓練法，此種訓練法有三種訓練方式，分別說明如下：

1. **相同肌群訓練**：以不同訓練動作，連續訓練相同肌群，如胸推─飛鳥。此訓練方式有助於促使肌肉肥大與修飾肌肉線條，因此非常受健美訓練者歡迎。

2. **推、拉或拮抗肌群訓練**：以相對的肌群或相反的動作方式進行訓練，例如：肱二頭彎舉─肱三頭下拉。此訓練方式可幫助肌肉平衡發展，與神經協調。

3. **上肢與下肢訓練**：採用上肢與下肢動作交替訓練，藉由交替方式獲取肌肉群休息時間，因此此訓練可以縮短訓練時間，並避免同一肌肉群或同一部位連續訓練而提早衰竭。例如：滑輪下拉─腿推登。

（四）三組式訓練法(Tri-set System)

三組式訓練法與超組式訓練法差別只在於，三組式訓練法是連續三種不同訓練動作（通常使用同一肌肉群），而非兩種。例如：迎體向上→坐姿划船→滑輪下拉。

（五）巨大組式訓練法(Giant System)又稱為組合式訓練法

訓練方法與三組式訓練法及超組式訓練法相同，但約由 4~6 個訓練動作結合，使用不同方式刺激同肌群或反覆數組不休息的方式訓練不同肌群。

（六）金字塔訓練法(Pyramids)

可在每組訓練過程中改變阻力與反覆次數，以阻力與反覆次數成反比的方式改變。金字塔訓練可分為三種方式，如圖 16-1 所示。

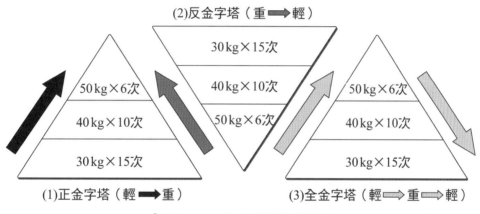

🕐 圖 16-1　金字塔訓練法圖示

（七）上、下架式訓練(Up and Down the Rack)

訓練方式和全金字塔類似，每做完一組即增加或減少負荷，但組間並無休息，一般以 8 次反覆為基準，以固定訓練動作完成 8 個反覆，即增加阻力繼續 8 個反覆，直到無法再舉起 8 個反覆，再把阻力下降，繼續完成 8 個反覆。需注意阻力上升和下降區間皆相同，阻力下降直到回復初始重量為止，兩次上、下架間的休息時間，至少需有完成一次上、下架時間的一半。

例如：

組　別		次　數		負　荷
1	×	8	×	20.0 kg
2	×	8	×	22.5 kg
3	×	8(7)	×	25.0 kg
4	×	8	×	22.5 kg
5	×	8	×	20.0 kg

目　　標：肌力強化(strength)
訓練組數：5
訓練強度：85%(1RM)
反覆次數：6

（　）內數字為實際完成的反覆次數

（八）先期疲勞訓練法(Pre-exhaustion System)

又稱事先衰竭法，此訓練是先將目標肌群獨立訓練，之後再以混合式動作訓練目標肌群，讓目標肌群承受最大的負荷訓練。例如：先使用蝴蝶機訓練，而後使用胸推。

（九）肌肉優先訓練法(Priority Training)

在身體充分熱身後，身體在能量充足，且狀況最好時，先行訓練主要目標肌群，使目標肌群能盡最大能力進行訓練，以得到最大的訓練刺激效果。

（十）局部分段訓練法(Split Routine System)

此訓練可針對一週有 4 次以上訓練的進階運動參與者，或是一週 2~3 天但只能連續訓練的初階運動參與者。訓練安排方式是一天只訓練某幾個肌群而非全身肌群訓練，將訓練肌群分開訓練，可讓連續每天訓練的運動參與者，避免接連 2 天訓練同一肌群，讓每個肌群都有足夠的恢復時間，更能對肌群加強訓練量與運動強度。例如：週一：胸、肩、肱二頭肌；週二：腿、臀；週三：休息；週四：闊背及上背部、肱三頭肌；週五：腹部、下背部；週六、日：休息。

（十一）單一部位訓練法(Blitz System)

此訓練法和局部訓練法相同，差別只在同一天只訓練一個部位，讓單一部位肌肉，在單一訓練裡承受更大的訓練量和強度。例：週一：胸；週二：腿；週三：背；週四：肩；週五：軀幹（核心）；週六：手臂；週日：休息。

（十二）循環式訓練法(Circuit Training)

此訓練是將約 8~12 種訓練動作，以連續的方式，從第一項做到最後一項，其動作中間可有短暫休息或不休息的方式進行訓練。訓練負荷量可用反覆次數或時間做為控制。因為訓練動作連續且不休息，所以訓練較有時間效益，並有提升心肺適能之功效。

（十三）超循環式訓練法(Super-circuit Training)

在阻力循環訓練中，加入有氧訓練動作（如跑步機、側併步等），讓阻力與有氧交替訓練，如胸推－跑步機、滑輪下拉－腳踏車。此種訓練方式能讓參與者在短時間內做到較高的活動強度。

（十四）局部反覆式訓練法(Partial Repetitions)

又稱為燃燒系統(burn system)，即訓練肌群在進行全運動範圍的訓練動作(full ROM)時，達衰竭疲勞的狀態下，在僵持點(sticking)之上或最大收縮動作前進行小運動範圍的反覆收縮。

（十五）強迫反覆式訓練法(Forced Repetitions)

訓練方式和局部反覆式訓練法相似，差別在於全運動範圍的訓練動作至疲勞的狀態之後，須由旁人協助參與者來進行額外的反覆次數直到暫時性的衰竭。

（十六）離心反覆訓練法(Eccentraic Training)

又稱負向反覆訓練(negative training)，此訓練通常與先期疲勞訓練法（事先衰竭法）搭配，因同一肌群的離心收縮力量約為向心收縮力量三成，所以在肌肉疲勞時，由旁人幫助進行向心收縮，而後由運動參與者進行離心收縮。有研究指出心收縮訓練有助於訓練肌肉肥大，但也容易造成延遲性肌肉酸痛。

（十七）超慢訓練(Super-slow Training)

此訓練法是以相當緩慢的速度進行全運動範圍收縮訓練；向心收縮階段盡量延長到 10 秒鐘，在最大收縮動作位置停一下（等長收縮），而後離心收縮約4~6 秒鐘到動作起始位置。

（十八）代償性訓練法(Cheat System)

又稱投機式訓練法，此訓練方式是肌群在進行訓練達到暫時性疲勞時，利用身體其他肌群擺動的方式，幫助完成額外的反覆。因為此訓練法有造成運動傷害的高風險動作，因此目前體適能界禁止此種訓練方式，但健美界還是非常喜愛。

六、一般阻力訓練規劃方式

（一）需求分析

針對訓練對象評估其需求特性，包含體態、平時生活模式、活動模式、運動經驗、傷害（病）史與個人目標等，以決定訓練模式與訓練優先順序。

（二）動作選擇

依照需求方析結果，判斷所需訓練之主要動作與輔助動作，並考量訓練之肌肉平衡性、訓練動作經驗與可用之訓練器材，再加以編排訓練動作。

（三）訓練頻率

依訓練動作所用到之肌群、訓練經驗、負荷與動作型式，調整每週之訓練次數。為避免肌肉過度訓練（疲勞）而造成傷害，在進行相同肌群訓練課程之間，至少需間隔一天，使肌肉休息及恢復。

表 16-6　依據訓練經驗之訓練頻率表

訓練狀態	目前計畫	訓練經歷	訓練頻率（週）	技術經驗
初　階	無或剛開始	＜2 個月	≦1~2 次	無或很少
中　階	目前有訓練	2~6 個月	≦2~3 次	基　礎
高　階	目前有訓練	一年以上	3~4 次以上	高　級

資料來源：Baechle, T. R., & Earle, R. W. (2000). *Essentials of strength training and conditioning* (2nd ed.). Human Kinetics.

表 16-7　依訓練部位之訓練頻率表

訓練日	訓練部位	訓練頻率	日	一	二	三	四	五	六
1 2	上　身 下　身	每週 4次	休　息	下　身	上　身	休　息	下　身	上　身	休　息
1 2 3	胸部、肩膀、肱三頭肌 下　身 背部、斜方肌、肱二頭肌	每週 5次	休　息	胸　部 肩　膀 肱三頭肌	下　身	背 斜方肌 二頭肌	休　息	胸　部 肩　膀 肱三頭肌	下　身
1 2 3	胸部與背部 下　身 肩部與臂部	每週 6次	胸、背	下　身	肩、臂	休　息	胸、背	下　身	肩、臂

資料來源：Baechle, T. R., & Earle, R. W. (2000). *Essentials of strength training and conditioning* (2nd ed.). Human Kinetics.

（四）動作順序

依一般訓練方式，順序通常為大肌肉群→小肌肉群、多關節訓練動作→單關節訓練動作，但考量肌肉平衡發展或超負荷訓練等因素，除前面提到之訓練順序相反外，還有上肢與下肢訓練（順序或交替）、推與拉訓練（順序或交替）及三組訓練法等。

（五）訓練負荷、反覆次數與休息時間

訓練動作所需的負荷重量、反覆次數與休息時間取決於被訓練者之能力與訓練目標，改變其中一種變項即可改變訓練強度。負荷通常以單次最大反覆(1 RM)的百分比表示，或重量之最多反覆次數(RM)來表示，如：某人 50 公斤胸推使盡全力只能推 10 次，則他胸推的 10 RM 即為 50 公斤。組間休息時間設定依訓練目標與負荷重量有較大之相關，訓練目標所需負荷之重量越重，休息時間即需要越長。

總負荷量（訓練量）為訓練課程所舉的重量總數：

組數×反覆次數×每次的重量＝總負荷量

2（組）×10（次）×50（公斤）＝1,000 公斤

⚡表 16-8　不同訓練目標之負荷、反覆次數與休息時間表

訓練目標		負荷 (%1RM)	反覆次數	組數	組間休息
肌　力		≧85	≦6	2~6	2~5 分
爆發力	單次最大努力	85~90	1~2	3~5	2~5 分
	多次最大努力	75~85	3~5		
肌肥大		67~85	6~12	3~6	30 秒~90 秒
肌耐力		≦67	≧12	2~3	≦30 秒

資料來源：Baechle, T. R., & Earle, R. W. (2000). *Essentials of strength training and conditioning* (2nd ed.). Human Kinetics.

阻力訓練編排方式

在此由大肌肉群示範幾種阻力訓練編排方式：

一、上肢與下肢訓練

此種訓練可使參與者在相同部位的休息時間加長，適合初學者或訓練時間有限之參與者。時間有限之參與者可以交替訓練或循環訓練，使組間休息時間縮到最短，以縮短總訓練時間。訓練編排方式如圖 16-2 所示。

此訓練編排雖由胸部推舉開始，但由於整體編排是上肢接下肢，且協同肌也有分開，所以無論先從哪個動作開始皆可。仰臥起坐與背部伸張等核心訓練如用循環訓練時，可選擇編排進循環課程裡，或於訓練後再獨立訓練皆可。

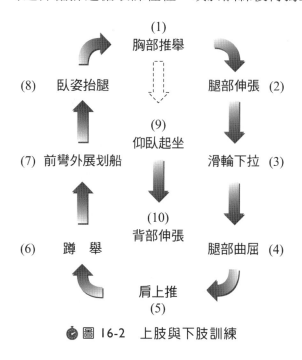

⏰ 圖 16-2　上肢與下肢訓練

二、推與拉訓練

此訓練安排方式可使連續兩個（或兩組）的訓練動作，不會使用到同一個肌群，如推的動作，胸推和肩上推，主要訓練肌群是胸肌和三角肌，但是肱三頭肌也都會參與協同，因此如果是連續安排推的動作，雖然中間有休息，但還是會影響到反覆次數，進而影響訓練效果。訓練編排方式如圖 16-3 所示。

此訓練在上半身安排較為清楚，但下半身動作有些就較不好分辨，如坐姿推蹬和蹲舉是「推」，硬舉和腿部曲屈是「拉」，但弓箭步就無法分辨。此訓練適用於初學者與重新恢復阻力訓練之參與者。

三、相對（拮抗）肌群訓練

此訓練是以對側肌肉，也就是會相互對抗（一側收縮，另一側即拉長）的肌肉，安排在一起做訓練，而此訓練可以讓身體的肌肉群平衡發展，避免造成體態失衡偏移的情況，此訓練相近於推或拉訓練，只是推或拉是以動作與協同肌區分，因此也有避免訓練肌群提前疲勞的效果。其編排方式如圖 16-4 所示。

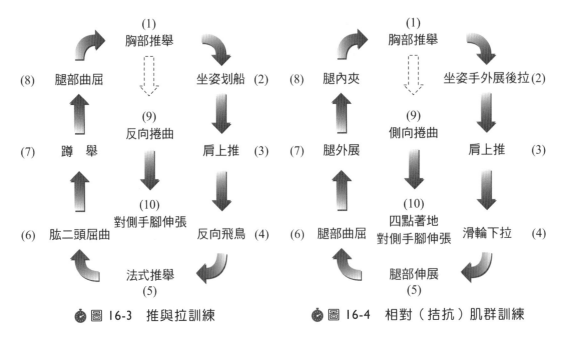

● 圖 16-3　推與拉訓練　　　　● 圖 16-4　相對（拮抗）肌群訓練

四、大至小與小至大肌群訓練（圖 16-5）

　　大至小與小至大肌群訓練是以同部位之肌群進行編排，編排方式可分為，不同肌群訓練與協同肌群訓練兩種。不同肌群訓練方式，無論是大肌群至小肌群或反之，其訓練肌肉群並不重複，一般訓練由大至小，是為了使身體較快進入運動狀態，減低運動傷害風險，且一般身體活動也以大肌肉為主，以肌肉優先訓練法原則來說，對一般性活動幫助較大。協同肌群訓練方式，小肌群是大肌群訓練動作的協同肌，如由大肌群至小肌群訓練，為一般性的訓練方式，讓大小肌群充分訓練，並避免大肌群動作因協同肌群提前衰竭而無法達到預期訓練效果；小肌群至大肌群訓練，可能當次訓練目的以小肌群為主，也有一種說法為先使協同肌疲勞，促使大肌群使用更多之力量以完成訓練動作，以達到大肌群更多的訓練刺激。

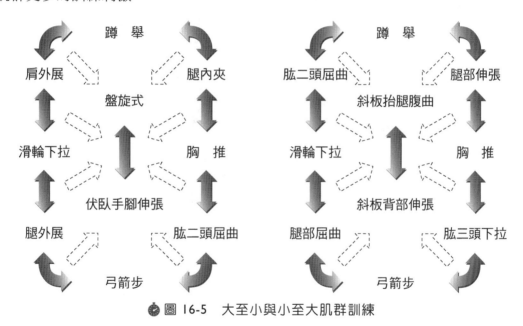

● 圖 16-5　大至小與小至大肌群訓練

五、單至多與多至單關節訓練（圖 16-6）

　　單至多與多至單關節訓練編排方式可分為，協同肌訓練與相同主動肌訓練兩種。協同肌訓練與大至小及小至大肌群訓練之協同肌訓練原則相同。相同主動肌訓練方式，由多關節至單關節訓練方式，主因為主動肌為大肌群，在訓練中會因為協同肌疲勞而無法達到充分訓練，因此先進行多關節訓練到協同肌疲勞，在獨立主動肌進行訓練，以達到最大訓練刺激；單關節至多關節訓練方式，即為先期疲勞訓練法（事先衰竭法）之訓練原則，目的是為讓主動肌進行最大負荷之訓練。

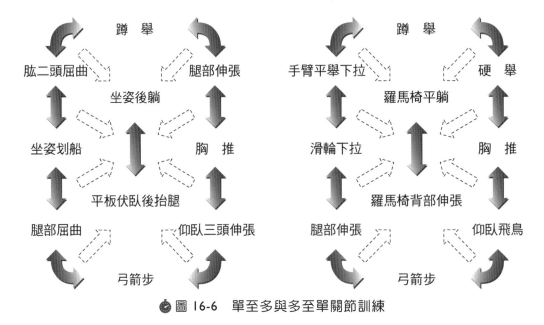

⏱ 圖 16-6　單至多與多至單關節訓練

　　以上所有訓練編排方式，可因訓練目標、參與者狀況不同而隨時修正，如大至小與小至大肌群訓練，也可以全身大（小）肌群訓練完，再訓練小（大）肌群，並非一定須以相同部位做編排，且其編排方式能融入不同之訓練方式，如以循環訓練加入拮抗肌群訓練，而訓練方式也能因為加入不同之訓練元素而有不同的訓練刺激，幫助運動參與者達到訓練目標。

第四節　常用之阻力訓練動作

Health
And Life

一、上半身

（一）胸　肌

1. 機械式胸推

目標肌群	主動肌：胸大肌
	協動肌：三角肌（前部）／肱三頭肌
關節動作	肩關節水平內收／肘關節伸展
姿態／動作說明	1. 先行選擇適當負載與坐椅高度 2. 坐姿並保持身體中心穩定 3. 雙手各握緊握把，手肘關節彎曲約 90°或大於 90° 4. 開始口呼氣，手腕、肘對正胸部中線，手臂由側面水平前推至胸前位置 5. 鼻吸氣，手臂由胸前水平回復起始位置

2. 器械式飛鳥

目標肌群	主動肌：胸大肌
	協動肌：三角肌（前部）
關節動作	肩關節水平內收
姿態／ 動作說明	1. 先行選擇適當負載與坐椅高度 2. 坐姿並保持身體中心穩定 3. 雙手各握緊握把，手肘關節微彎曲 4. 開始口呼氣，肩關節為轉軸，手臂由側面水平內收至胸前位置 5. 鼻吸氣，手臂由胸前水平回復起始位置 

3. 史密斯胸推

目標肌群	主動肌：胸大肌（上部）
	協動肌：三角肌（前部）／肱三頭肌
關節動作	肩關節水平內收／肘關節伸展
姿態／ 動作說明	1. 先行選擇適當負載與坐椅高度與角度 2. 臥姿平貼椅背並保持身體中心穩定 3. 雙手各握緊握把，手肘關節彎曲約 90°或大於 90° 4. 開始口呼氣，手腕、肘對正胸部中線，手臂由側面垂直上推至胸前位置 5. 鼻吸氣，手臂由胸前垂直回復起始位置 

4. 啞鈴胸推

目標肌群	主動肌：胸大肌
	協動肌：三角肌（前部）／肱三頭肌
關節動作	肩關節水平內收／肘關節伸展
姿態／動作說明	1. 先行選擇適當負載啞鈴 2. 臥姿平貼椅背並保持身體中心穩定 3. 雙手各握緊握把，手肘關節彎曲約 90° 或大於 90° 4. 開始口呼氣，手腕、肘對正胸部中線，手臂由側面垂直上推至胸前位置 5. 鼻吸氣，手臂由胸前垂直回復起始位置 

5. 啞鈴飛鳥

目標肌群	主動肌：胸大肌
	協動肌：三角肌（前部）
關節動作	肩關節水平內收
姿態／動作說明	1. 選擇適當負載之啞鈴 2. 臥姿並保持身體中心穩定 3. 雙手各握緊啞鈴握把，手肘關節微彎曲 4. 開始鼻吸氣，肩關節為轉軸，手臂由胸正上部外展至胸側面位置 5. 口呼氣，手臂由胸側面位置內收回復起始位置

6. 彈力繩胸推

目標肌群	主動肌：胸大肌
	協動肌：三角肌（前部）／肱三頭肌
關節動作	肩關節水平內收／肘關節伸展
姿態／ 動作說明	1. 站姿並保持身體中心穩定 2. 雙手各握緊握把，手肘關節彎曲約 90°或大於 90° 3. 開始口呼氣，手腕、肘對正胸部中線，手臂由側面水平前推至胸前位置 4. 鼻吸氣，手臂由胸前水平回復起始位置  

7. 彈力繩飛鳥

目標肌群	主動肌：胸大肌
	協動肌：三角肌（前部）／肱三頭肌
關節動作	肩關節水平內收
姿態／動作說明	1. 站姿並保持身體中心穩定 2. 單手各握緊握把，手肘關節微彎曲 3. 開始口呼氣，手腕、肘對正胸部中線，肩關節為軸，手臂由側面水平內收至胸前位置 4. 鼻吸氣，手臂由胸前水平回復起始位置  

8. 伏地臥身

目標肌群	主動肌：胸大肌
	協動肌：三角肌（前部）
關節動作	肩關節水平內收／肘關節伸展
姿態／動作說明	1. 雙手掌心朝下，手肘關節微彎曲，食、中指方向朝前方 2. 雙腳掌著地支撐姿並保持身體中心穩定 3. 開始口呼氣，手腕、肘對正胸部中線，手臂由側面垂直外彎屈肘到約呈 90°位置 4. 鼻吸氣，手臂由側面垂直回復起始位置  

（二）闊背肌

1. 器械式滑輪下拉

目標肌群	主動肌：闊背肌
	協動肌：肱二頭肌
關節動作	肩關節內收／肘關節屈曲
姿態／動作說明	1. 坐姿選擇適當負載及坐椅高度，保持身體中心穩定 2. 雙手握緊握把，手肘關節微彎曲 3. 開始口呼氣，雙手同時慢慢下拉至肩部高度 4. 鼻吸氣，手臂慢慢向上回復起始位置 

2. 器械式坐姿划船

目標肌群	主動肌：闊背肌
	協動肌：三角肌後部／肱二頭肌
關節動作	肩關節伸展／肘關節屈曲
姿態／動作說明	1. 坐姿選擇適當負載及坐椅高度，身體貼近胸前靠墊，保持身體中心穩定 2. 雙手握緊握把，手肘關節微彎曲 3. 開始口呼氣，雙手同時慢慢後拉近身體位置 4. 鼻吸氣，手臂慢慢向前回復起始位置 

3. 啞鈴單臂上提

目標肌群	主動肌：闊背肌
	協動肌：三角肌後部／肱二頭肌
關節動作	肩關節伸展／肘關節屈曲
姿態／動作說明	1. 訓練側手握啞鈴、腳掌踏地；非訓練側手肘微彎手掌撐椅面、膝關節靠緊椅面，保持身體中心穩定 2. 選擇適當啞鈴負載，手肘關節微彎曲 3. 開始口呼氣，訓練手同時慢慢屈肘上拉近身體位置，手肘約呈 90° 4. 鼻吸氣，手臂慢慢向下回復起始位置 

4. 彈力繩站姿划船

目標肌群	主動肌：闊背肌
	協動肌：三角肌後部／肱二頭肌
關節動作	肩關節伸展／肘關節屈曲
姿態／動作說明	1. 站姿保持身體中心穩定 2. 雙手握緊握把，手肘關節微彎曲 3. 開始口呼氣，雙手同時慢慢拉近身體位置，手肘約呈 90° 4. 鼻吸氣，手臂慢慢向前回復起始位置 

（三）肩三角肌、斜方肌

1. 器械式肩上推

目標肌群	主動肌：三角肌（中央部）
	協動肌：斜方肌／肱三頭肌
關節動作	肩關節外展／肘關節伸展
姿態／動作說明	1. 先行選擇適當負載與坐椅高度 2. 坐姿並保持身體中心穩定 3. 雙手各握緊握把，背部緊貼椅背 4. 開始口呼氣，手臂由側面推高至手肘微彎位置 5. 鼻吸氣，手臂由側面回復起始位置 

2. 史密斯肩上推

目標肌群	主動肌：三角肌（中央部）
	協動肌：斜方肌／肱三頭肌
關節動作	肩關節外展／肘關節伸展
姿態／動作說明	1. 先行選擇適當負載與坐椅高度 2. 坐姿雙手各握緊握把並保持身體中心穩定 3. 開始口呼氣，手臂由側面推高至手肘微彎位置 4. 鼻吸氣，手臂由側面回復起始位置 

3. 彈力繩肩上推

目標肌群	主動肌：三角肌（中央部）
	協動肌：斜方肌／肱三頭肌
關節動作	肩關節外展／肘關節伸展
姿態／ 動作說明	1. 站姿雙手各握緊彈力繩握把並保持身體中心穩定 2. 開始口呼氣，手臂由側面推高至手肘微彎位置 3. 鼻吸氣，手臂由側面回復起始位置  

4. 器械式肩外展（側平舉）

目標肌群	主動肌：三角肌（中央部）
	協動肌：斜方肌
關節動作	肩關節外展
姿態／ 動作說明	1. 先行選擇適當負載與坐椅高度 2. 坐姿並保持身體中心穩定 3. 雙手各握緊握把，背部靠緊外墊 4. 開始口呼氣，肩關節為轉軸，手臂由側面抬至肩高位置 5. 鼻吸氣，手臂由肩高處側面回復起始位置

5. 彈力繩肩外展（側平舉）

目標肌群	主動肌：三角肌（中央部）
	協動肌：斜方肌
關節動作	肩關節外展
姿態／ 動作說明	1. 站姿並保持身體中心穩定 2. 雙手各握緊握把，手肘關節微彎曲 3. 開始口呼氣，肩關節為轉軸，手臂由側面抬至肩高位置 5. 鼻吸氣，手臂由肩高處側面回復起始位置

6. 器械式坐姿手外展後拉

目標肌群	主動肌：三角肌（後部）
	協動肌：肱二頭肌
關節動作	肩關節水平外展／肘關節屈曲
姿態／動作說明	1. 坐選擇適當負載及坐椅高度，身體貼近胸前靠墊，保持身體中心穩定 2. 雙手握緊直線握把，手肘關節微彎曲 3. 開始口呼氣，手肘與雙手等高，雙手同時慢慢後拉近身體位置 4. 鼻吸氣，手臂慢慢向前回復起始位置

（四）肱二頭肌

1. 器械式肱二頭屈曲

目標肌群	主動肌：肱二頭肌
	協動肌：
關節動作	肘關節屈曲
姿態／動作說明	1. 選擇適當負載與坐椅高度 2. 坐姿並保持身體中心穩定 3. 雙手各握緊握把，手肘關節微彎曲 4. 開始口呼氣，肘關節為轉軸，前臂彎至適當位置 5. 鼻吸氣，前臂回復起始位置

2. 槓鈴肱二頭屈曲

目標肌群	主動肌：肱二頭肌
	協動肌：
關節動作	肘關節屈曲
姿態／ 動作說明	1. 選擇適當負載之槓鈴 2. 站姿並保持身體中心穩定 3. 雙手各握緊握把，手肘關節微彎曲 4. 開始口呼氣，肘關節為轉軸，前臂彎至胸部位置 5. 鼻吸氣，前臂回復起始位置  

（五）肱三頭肌

1. 啞鈴法式推舉

目標肌群	主動肌：肱三頭肌
	協動肌：
關節動作	肘關節伸展
姿態／ 動作說明	1. 選擇適當負載之啞鈴 2. 站姿並保持身體中心穩定 3. 雙手同握緊啞鈴握把，手肘關節微彎曲 4. 開始口呼氣，肩關節固定，肘關節為轉軸，前臂後彎至適當位置 5. 鼻吸氣，前臂回復起始位置

2. 肱三頭下沉

目標肌群	主動肌：肱三頭肌
	協動肌：
關節動作	肘關節伸展
姿態／動作說明	1. 利用身體重量為負載並保持身體中心穩定 2. 雙手緊壓訓練椅邊緣，手肘關節微彎曲 3. 開始鼻吸氣，肘關節為轉軸，身體下沉至適當位置 4. 口呼氣，身體回復起始位置  

3. 肱三頭後伸臂

目標肌群	主動肌：肱三頭肌
	協動肌：
關節動作	肘關節伸展
姿態／ 動作說明	1. 選擇適當負載之啞鈴 2. 站姿身體前傾並保持身體中心穩定 3. 單手握緊啞鈴握把，手肘關節彎曲約 90° 4. 開始口呼氣，肘關節為轉軸，前臂後伸至適當位置 5. 鼻吸氣，前臂回復起始位置 

二、下半身

（一）股四頭肌

1. 器械式腿部伸張

目標肌群	主動肌：股四頭肌
	協動肌：
關節動作	膝關節伸展
姿態／ 動作說明	1. 站立雙手扶持握把，身體中軸與器械中心對正 2. 站立重心於非訓練腳，作用腿外側靠緊外墊 3. 開始口呼氣，雙腳掌維持平行，作用腿訓運動方向側抬 4. 身體保持固定姿勢，不可側彎身體 5. 鼻吸氣，作用腿回復起始位置

2. 蹲 舉

目標肌群	主動肌：股四頭肌／臀大肌
	協動肌：腿後腱肌群
關節動作	膝關節伸展／髖關節伸展
姿態／動作說明	1. 站立腳尖平行或微向外張，保持身體中心線穩定 2. 槓鈴中心置於第七頸椎與肩胛棘間，雙手扶持握把 3. 開始口呼氣，上身下沉，大腿、膝關節與腳尖同一方向，膝不可超出腳尖，直到臀部至膝關節相同高度 4. 鼻吸氣，雙腿回復起始位置  

3. 弓箭步

目標肌群	主動肌：前腳：股四頭肌／臀大肌　後腳：股四頭肌
	協動肌：後腳、腿後、腱肌群、臀大肌、比目魚肌、腓腸肌
關節動作	膝關節伸展／髖關節伸展
姿態／ 動作說明	1. 站立腳尖平行或微向外張，保持身體中心線穩定 2. 槓鈴中心置於第七頸椎與肩胛棘間，雙手扶持握把 3. 單腿向前跨出約 2 倍肩寬距離，大腿、膝關節與腳尖同一方向，膝不可超出腳尖 4. 開始口呼氣，上身下沉，前後腳同時彎曲，直到臀部至膝關節相同高度雙膝角度為 90°，肩、髖與後腳膝蓋呈一直線 5. 鼻吸氣，雙腿回復起始位置  

4. 腿推登

目標肌群	主動肌：股四頭肌
	協動肌：腿後腱肌群／臀大肌
關節動作	膝關節伸展／髖關節伸展
姿態／ 動作說明	1. 選擇適當負載與坐椅距離，背貼緊椅背 2. 坐姿腳尖平行或微向外張，雙手扶持握把，保持身體中心線穩定 3. 開始口呼氣，大腿慢慢向前蹬，大腿、膝關節與腳尖同一方向，直到膝關節呈微彎距離 4. 鼻吸氣，雙腿回復起始位置

（二）腿後腱肌群

1. 器械式腿部屈曲

目標肌群	主動肌：腿後腱肌群
	協動肌：
關節動作	膝關節屈曲
姿態／動作說明	1. 放置適當負載槓片，前臂貼緊靠墊，雙手扶持握把，保持身體中心線穩定 2. 單腿固定，訓練腿後腳踝靠緊靠墊 3. 開始口呼氣，膝關節為軸，小腿慢慢向上彎曲 4. 鼻吸氣，訓練腿回復膝關節呈微彎起始位置 

（三）內收肌群

1. 器械式坐姿腿內夾

目標肌群	主動肌：內收肌群
	協動肌：
關節動作	髖關節水平內收
姿態／動作說明	1. 坐姿背部貼緊椅背，雙腿內側緊貼靠墊 2. 開始口呼氣，雙腿順運動方向內收 3. 鼻吸氣，雙腿回復起始位置 

2. 器械式站姿腿內夾

目標肌群	主動肌：內收肌群
	協動肌：
關節動作	髖關節內收
姿態／動作說明	1. 選擇適當負載與訓練高度 2. 站立雙手扶持握把，固定腿膝微彎，身體中軸與器械中心對正 3. 訓練腿內側緊貼靠墊，開始口呼氣，訓練腿順運動方向內收 4. 鼻吸氣，雙腿回復起始位置

（四）外展肌群

1. 器械式坐姿腿外展

目標肌群	主動肌：臀中肌／闊筋膜張肌／臀大肌
	協動肌：臀小肌
關節動作	髖關節水平外展
姿態／ 動作說明	1. 坐姿背部貼緊椅背，雙腿外側靠緊外墊 2. 開始口呼氣，雙腿順運動方向外張 3. 鼻吸氣，雙腿回復起始位置 

2. 器械式站姿腿外展

目標肌群	主動肌：臀中肌／闊筋膜張肌
	協動肌：臀小肌
關節動作	髖關節外展
姿態／動作說明	1. 站立雙手扶持握把，身體中軸與器械中心對正 2. 站立重心於非訓練腳，作用腿外側靠緊外墊 3. 開始口呼氣，雙腳掌維持平行，作用腿順運動方向側抬 4. 身體保持固定姿勢，不可側彎身體 5. 鼻吸氣，作用腿回復起始位置 

（五）臀大肌

1. 後抬腿

目標肌群	主動肌：臀大肌
	協動肌：
關節動作	髖關節伸展
姿態／動作說明	1. 站立雙手扶持握把，身體重心軸與器械中心對正 2. 站立重心於非訓練腳，作用腿後側靠緊外墊 3. 開始口呼氣，雙腳掌維持平行，作用腿順運動方向後抬 4. 身體保持固定姿勢，不可前傾身體 5. 鼻吸氣，作用腿回復起始位置

三、軀幹（核心）肌群

（一）腹部肌群

1. 仰臥起坐

目標肌群	主動肌：腹直肌
	協動肌：腹內外斜肌
關節動作	脊柱屈曲
姿態／動作說明	1. 臥姿屈膝屈髖，腿部上抬固定保持身體中心穩定 2. 雙手放置於後腦 3. 開始口呼氣，腹肌屈曲，上身前屈至適當位置 4. 鼻吸氣，回復起始位置

2. 反向捲曲

目標肌群	主動肌：腹直肌
	協動肌：腹內外斜肌
關節動作	脊柱屈曲
姿態／動作說明	1. 臥姿屈膝，腿部上抬固定保持身體中心穩定 2. 雙手放置於後腦 3. 開始口呼氣，腹肌屈曲，臀部抬高離開椅墊適當位置 4. 鼻吸氣，臀部放下回復起始位置 

3. 側向捲曲

目標肌群	主動肌：腹內外斜肌
	協動肌：腹直肌
關節動作	脊柱旋轉
姿態／動作說明	1. 臥姿屈膝，腿部上抬固定保持身體中心穩定 2. 雙手放置於後腦 3. 開始口呼氣，腹斜肌屈曲，上身旋上抬高離開椅墊適當位置 4. 鼻吸氣，上身旋下回復起始位置 

4. 羅馬椅平躺

目標肌群	主動肌：腹橫肌
	協動肌：
關節動作	脊柱穩定，等長收縮
姿態／ 動作說明	1. 站姿屈膝屈髖靠緊羅馬椅墊，上身固定保持身體中心穩定 2. 雙手放置於胸前 3. 維持呼吸，靜止 30~60 秒 

5. 懸浮式

目標肌群	主動肌：腹橫肌
	協動肌：
關節動作	關節固定等長收縮訓練、脊柱穩定
姿態／ 動作說明	1. 趴姿面朝下方，手肘彎曲約 90°、前臂緊貼地面；腳掌朝下支撐固定保持身體中心穩定 2. 頭、頸、身體、臀部與腿呈一直線 3. 開始口呼氣鼻吸氣，利用核心部位腹肌與豎脊直肌等肌群，進行等長收縮訓練 

6. 懸浮側抬腿

目標肌群	主動肌：腹橫肌
	協動肌：腹內外斜肌
關節動作	髖關節內收／伸展
姿態／動作說明	1. 趴姿面朝下方，手肘彎曲約 90°、前臂緊貼椅墊；腳掌朝下支撐固定保持身體中心穩定 2. 頭、頸、身體、臀部與腿呈一直線 3. 開始口呼氣，訓練側腿部屈膝關節內收至腹部位置 4. 鼻吸氣，訓練側腿部回復起始位置 

7. 彈力繩側轉體

目標肌群	主動肌：腹內外斜肌
	協動肌：腹直肌
關節動作	脊柱旋轉
姿態／動作說明	1. 坐姿屈膝，上身固定保持身體中心穩定 2. 開始口呼氣，雙手握緊握把，上身旋側至適當位置 3. 鼻吸氣，上身旋回回復起始位置 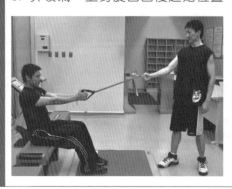

（二）豎脊肌群

1. 背部伸張

目標肌群	主動肌：豎脊直肌
	協動肌：
關節動作	脊柱伸展
姿態／動作說明	1. 趴姿面朝下方固定保持身體中心穩定 2. 頭、頸、身體、臀部與腿呈一直線 3. 雙手放置後腦，手肘關節彎曲 4. 開始口呼氣，上半上抬舉至適當位置 5. 鼻吸氣，上半身回復起始位置

2. 仰臥對側手腳伸張

目標肌群	主動肌：豎脊直肌
	協動肌：
關節動作	脊柱伸展
姿態／動作說明	1. 趴姿面朝下方固定保持身體中心穩定 2. 頭、頸、身體、臀部與腿呈一直線 3. 開始口呼氣，對角方向的手、腿部伸直上抬舉至適當位置 5. 鼻吸氣，回復起始位置

3. 四點著地對側手腳伸張

目標肌群	主動肌：臀大肌／腿後腱肌群／三角肌
	協動肌：腰椎與骨盤穩定肌群（腹橫肌／骨盤底肌群／腹斜肌／多裂肌）
關節動作	脊柱穩定，等長收縮、屈肩、伸髖
姿態／動作說明	1. 趴跪姿面朝下方，手掌與膝部腳掌支撐固定，保持身體中心穩定 2. 開始口呼氣，對角方向的手、腿部伸直上抬舉至水平高度 3. 鼻吸氣，回復起始位置 

4. 羅馬椅背部伸張

目標肌群	主動肌：豎脊直肌
	協動肌：
關節動作	脊柱伸展
姿態／動作說明	1. 趴姿面朝下方固定保持身體中心穩定 2. 頭、頸、身體、臀部與腿呈一直線 3. 雙手交叉放置胸前 4. 開始口呼氣，髖關節為軸，上半向下彎曲至適當位置 5. 鼻吸氣，上半身回復起始位置 

5. 器械式背部伸張

目標肌群	主動肌：豎脊直肌
	協動肌：
關節動作	脊柱伸展
姿態／ 動作說明	1. 選擇適當負載與坐椅高度 2. 坐姿並保持身體中心穩定 3. 雙手各握緊握把，手肘關節微彎曲 4. 開始口呼氣，髖關節為轉軸，上半身後仰至適當位置 5. 鼻吸氣，上半身回復起始位置

結 語

人的生命是有限的，在有限生命過程中，充分快樂地享受人生的種種。惟有在身、心都在健康的條件下，有好的體能、好的免疫力、積極的心理等，才會有愉悅的生活。年輕是充滿活力與熱情的，在此階段希望你（妳）能及早體驗到運動所帶來的快樂與對未來生命正向的影響，也希望大家都能運用書中所建議給予的訓練方法，養成規律的運動習慣，那大家必能有真正的美麗、健康的人生。

1. 下列哪一項非健康體適能要素？(A)肌力　(B)肌耐力　(C)協調性　(D)柔軟度。

2. 肌力和肌耐力，統稱為：(A)肌肉強度　(B)肌肉適能　(C)肌肉線條　(D)肌肉美感。

3. 肌肉一次收縮時所能產生的最大力量，稱為什麼「力」？(A)肌力　(B)肌耐力　(C)爆發力　(D)動力。

4. 下列哪一項不是肌耐力之定義？(A)肌肉在負荷阻抗下可以持續多久的能力　(B)表現於反覆收縮次數　(C)使動作活動範圍增大　(D)表現於持續收縮時間。

5. 以下何者為體適能訓練後可達成的功用？(A)提升柔軟度可有較大的關節活動範圍　(B)提升瞬發力可延長從事運動的持續時間　(C)增加皮脂厚度可避免得到慢性病　(D)提升心肺耐力可強化神經系統的敏銳度。

6. 要規劃合適的體適能運動，最先要考慮以下哪一項因素？(A)運動強度　(B)運動頻率　(C)持續時間　(D)選擇適合自己的運動項目。

7. 關於肌力與肌耐力的訓練方式，下列敘述何者正確？(A)肌力是可以在短時間內立刻培養出效果的　(B)屈臂用力時要吸氣，放下復原時要吐氣　(C)須把握連續反覆與循序漸進地增加訓練強度　(D)若覺得暈眩或呼吸不順暢時不必在意，可忽略之。

8. 下列有關肌肉適能有效建議指南的描述何者為非？(A)同一肌群訓練應相隔12~24 小時　(B)每個主要肌群訓練的次數應為每週　(C)每個肌群應訓練 2~4 組　(D)每個動作應進行 8~12 次反覆。

9. 從事肌力訓練而擁有良好的肌肉適能時可以：(A)增加基礎代謝率　(B)增進骨質密度　(C)調整體態　(D)以上皆是。

10. 以下何者不是改善肌力和肌耐力的方法？(A)重量訓練　(B)阻力訓練　(C)意象練習　(D)以上皆非。

解答 1.C　2.B　3.A　4.C　5.A　6.D　7.C　8.A　9.D　10.C

📄 **參考文獻**   REFERENCES

中華民國有氧體能運動協會(2005)・應用運動基礎科學・陳思遠、相子元、吳慧君、黃彬彬、季力康，*健康體適能指導手冊*（四版，47-127 頁）・易利。

中華民國有氧體能運動協會(2005)・體適能與運動處方・卓俊辰、林晉利，*健康體適能指導手冊*（四版，129-159 頁）・易利。

卓俊辰(2001)・*大學生的健康體適能*・華泰。

卓俊辰總校閱(2023)・*健康體適能理論與實務（第四版）*・華格那。

林正常總校閱(2002)・*運動生理學*・藝軒。

陳允中、江杰穎、林嘉志、林晉利（2005，10 月）・*研製新式可兼顧鑑別心肺適能水準及預測目標訓練心率之運動測試法*・第四屆「華人運動生理及體適能學者學會」年會暨「優秀運動員的健康與科學訓練」學術研討會發表之論文，東華大學。

黃月桂總校閱(2012)・*個人體能訓練：理論與實踐*・易利。

Baechle, T. R., Roger, W. (2004)・*肌力與體能訓練*（林正常等人譯）・藝軒。（原著出版於 2000 年）

FISAF Taiwan(2006)・*體適能／健身房指導員培訓課程「研讀手冊」*・飛薩國際運動健康顧問有限公司。

Hoeger, W. W. K., Hoeger, S. A. (2012)・*體適能與全人健康的理論與實務（第二版）*（李水碧編譯）・藝軒。（原著出版於 2009 年）

Roitman, J. L. (2006)・*ACSM 健康與體適能證照檢定要點回顧*（林嘉志編譯）・品度。（原著出版於 2001 年）

Baechle, T. R., & Earle, R. W. (2000). *Essentials of strength training and conditioning (2nd ed.).* Human Kinetics.

Health And Life · MEMO

作者｜陳怡如

CHAPTER
17

身體組成

學習目標

1. 認識身體組成的基本概念。
2. 了解身體組成對健康的影響。
3. 認識評估身體組成的方法。
4. 了解改善身體組成的運動方式。

Health And Life

一般人通常會以體重或身材外觀來判斷自己的胖瘦程度，但是在評估健康的風險上，身體的脂肪量比體重更具重要性，因為體重為身體全部成分的重量，未考量到各成分的比例，所以過重不一定是肥胖。舉例來說，一位健美的運動員，由於身體肌肉量多，體重通常會比同樣身高的人來得重，但他體內脂肪量可能只有 10%。而現代人因靜態的生活型態，身體活動的減少，又加上飲食攝取過多的熱量，體內更容易儲存過多的脂肪，使肥胖的情形越來越嚴重。透過運動與飲食控制的理想體重控制計畫，改善身體組成或維持良好的身體組成，可降低罹患高血壓、糖尿病、心血管相關疾病及過早死亡的風險。

 **第一節 身體組成的相關概念**

Health
And Life

「身體組成」為身體內所含的脂肪、蛋白質、水分及礦物質等主要成分分別占有的比率。而為了具體地測量出身體組成，可將身體組成定義為身體內脂肪及非脂肪相對所占的比率。由於肥胖(obesity)已被證實是導致多種慢性病（如高血壓、糖尿病、冠狀動脈心臟病、高血脂症）及威脅人體健康的重要因素之一，且隨著現代人生活型態及飲食習慣的改變，肥胖問題日趨嚴重，故身體組成的分析近年來備受重視，亦為「健康體適能」的重要要素之一。

身體組成中體內脂肪包括必需脂肪(essential fat)與儲存脂肪(storage fat)兩大部分，必需脂肪存在於肝臟、肌肉、神經細胞、心臟、肺臟、腎臟等組織，與這些組織的生理功能之正常運作息息相關，約占成年男性總體重之 3%，占成年女性總體重之 12%。儲存脂肪大多分布在皮下形成皮下脂肪。皮下脂肪儲存過多容易造成肥胖，成為各種慢性病之重要危險因子。一般青年男性的體脂肪率平均值為 15%，青年女性為 25%，青年男女的理想體脂肪率分別為 15~20%與25%~30%。青年男女的肥胖指標為 20%與 30%。

身體組成中非脂肪的部分亦可稱為「去脂質量(fat-free mass)」，其包含除了體脂肪以外的所有身體質量，主要包括的成分有肌肉、骨骼、水分、結締組織等。若身體的去脂質量過低時，會減少身體的肌肉量，降低了身體的基礎代謝率，而促使脂肪量增加；亦因肌肉量的減少使肌力也下降，將會影響日常生活的功能，尤其是老年人。

身體組成的評估可以了解一個人體重是否太重或是超過理想體重範圍；而肥胖是指身體儲存過多的脂肪，所以單純測量體重並不能代表整個身體組成，體重指的是身體所有器官重量的總和。體重的變化，會直接反映身體長期的熱量平衡狀態。而體重增加的原因，也會因不同的生理特性，顯示體內組織的變化，例如：在成長時期，體重會因體內的細胞生長而增加，而在成年時期，體重增加的主要原因是體內的脂肪組織增多及體脂肪增加；假若體重是唯一的參考標準，那麼根據身高與體重的量來推估肥胖的程度，是很容易呈現出體重過重的現象，如健美選手、足球選手、舉重選手和其他一些擁有壯碩肌群的運動員，皆是很典型的例子。而有一些人體重非常輕，卻因體內有較高的脂肪含量而被歸為肥胖，此種現象可以在「吃得多、卻動得少」的族群中發現，因吃得多和動得少皆會導致去脂體重的流失。

 **第二節** ## 身體組成的評估
Health
And Life

身體組成可以經由許多不同的方法來評估。例如：水中秤重法、雙能量 X 光檢查法(DEXA)、生物電阻體脂肪測量法(BIA)、電腦斷層檢查法(CT)、核磁共振(MRI)、身體質量指數(BMI)、腰臀圍比值或腰圍、皮脂厚測量法等，以下僅就不需大型儀器設備、簡單且常見的評估方法做介紹。

一、身體質量指數(Body Mass Index, BMI)

身體質量指數是目前國際上通用的判斷胖瘦之方式，利用體重與身高代入公式所計算出來的數值，以客觀評估一個人的體型是否理想、太胖或太瘦。公式如下：

$$身體質量指數(BMI) = \frac{體重（公斤）}{身高^2（公尺^2）}$$

因為測量及計算簡單容易，且身體質量指數與體脂肪率具有很高的相關性，為目前最廣泛應用來評判肥判狀態的指標。根據衛生福利部（原行政院衛生署）2006 年公布的「臺灣成人的肥胖標準」（表 17-1），可以初步評估個人的肥胖程度，以作為肥胖預防與身體組成改善之參考，但此評估方法較不適用於孕婦及哺孕婦、未滿 18 歲的青少年、運動員等，可能會產生錯誤的估算。

表 17-1　臺灣成人的肥胖標準

成人肥胖定義	身體質量指數(BMI)（公斤/公尺 ^{2}）
體重過輕	BMI＜18.5
健康體位	18.5 ≦ BMI ＜ 24
過　重	24 ≦ BMI ＜ 27
輕度肥胖	27 ≦ BMI ＜ 30
中度肥胖	30 ≦ BMI ＜ 35
重度肥胖	BMI ≧ 35

二、腰臀圍比值(Waist-Hip Ratio)或腰圍

　　體脂肪分布的位置也是很重要的，若儲存於腹部的脂肪量比四肢多，發生心臟病、糖尿病和代謝性疾病的風險也較高。所以腰圍與臀圍比值可作為人體脂肪的指標，亦可用來預測一個人罹患心臟病、糖尿病及新陳代謝疾病機率良好指標。腰圍與臀圍的測量簡單不費時，且施測時不需使用貴重精密的儀器，為一種實用且簡便的測量脂肪分布的方法，常被用來當作評估肥胖狀態。

　　測量方法為使用皮尺量測腰部之最小腰圍處及臀部之最大臀圍處。腰圍測量方法為以皮尺繞過腰部，調整高度使能通過左右兩側腸骨上緣至肋骨下緣之中間點（如圖 17-1，圖中虛線為皮尺置放處），同時注意皮尺與地面保持水平，並緊貼而不擠壓皮膚（衛生福利部國民健康署，2005）；臀圍則是測量臀部的最大寬處。

　　將測量之數值代入下列公式：

　　　　腰臀比(waist-hip ratio, WHR)＝腰圍÷臀圍

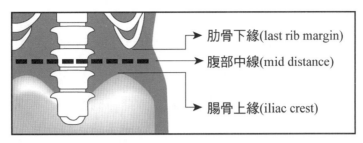

肋骨下緣(last rib margin)

腹部中線(mid distance)

腸骨上緣(iliac crest)

⏱ 圖 17-1　腰圍測量法

資料來源：衛 生 福 利 部 國 民 健 康 署 (2005)・*成 人 腰 圍 測 量 及 判 讀 之 方 法*・http://www.hpa.gov.tw/BHPNet/Web/HealthTopic/TopicArticle.aspx?id=200712250120&parentid=200712250023

🍶 表 17-2　腰臀圍比值之評估標準

腰臀圍比值	男　性	女　性
標　準	0.85~0.90	0.70~0.80
異　常	＞0.95	＞0.85

　　男性之腰臀圍比值超過 0.95 以上，女性的腰臀圍比值超過 0.85 以上者，為罹患高血壓、高血脂症、心血管相關疾病、糖尿病等之高危險群，所以高腰臀圍比值者更應透過適當的飲食控制與規律的運動實施減重且降低腰臀圍比值，以減少疾病之發生。

　　脂肪囤積部位會影響一個人罹患疾病的危險程度。有些人脂肪是蓄積在腹腰部（像蘋果的體型），有些人的脂肪主要是囤積在臀部及大腿周圍（像梨子的體型）。腰臀圍比值可用來判斷體型是屬於蘋果型或梨子型。大部分男性屬於蘋果型，而大部分女性則屬於梨子型。當男性腰臀比超出 0.95，女性腰臀比超過 0.85，則必須實施減重，因較容易罹患高血壓、高血脂症、心血管疾病及糖尿病等慢性病。

　　另須特別注意的是腰圍，因為腹部肥胖造成的健康風險較大，過大的腰圍可以單獨當作身體組成不適當的指標。2002 年開始亞洲地區男性腰圍超過 90 公分（約 35.5 吋），女性腰圍超過 80 公分（約 31 吋），即可稱為肥胖，都是發生冠狀動脈心臟病的高危險群。

三、皮脂厚測量法

此方法透過正確地測量身體各處的皮下脂肪層厚度，以計算出身體密度，進一步利用體脂肪百分比的預測公式，得知體脂肪百分比。這種方法若是由具有經驗的人進行檢測，其結果是相對準確的。身體的脂肪分布於身體各部位，有一部分位於身體的內臟周邊，一部分儲存於皮下脂肪層，所以可使用一支具有壓力的皮脂夾來量測皮膚下的脂肪層。一般以測量身體右側的皮下脂肪為主，通常選擇的測量部位為肱三頭肌、肩胛下肌、腸骨上、腹部與大腿前側等部位。

第三節

肥胖對身體健康的影響

Health
And Life

隨著生活習慣的改變、高熱量食物攝取的增加，以及坐式生活型態（如長時間待在電視前、身體活動量減少與以車代步的文化），肥胖已經被視為如同高血壓、糖尿病一般，是一種慢性疾病，不僅是外觀的影響，更重要是對健康產生重大影響，同時影響身體與心理健康，甚至進一步提高罹病率與死亡率。

肥胖會導致許多的併發症，就常見的疾病分述如下：

1. 心血管疾病

(1) 肥胖為代謝症候群最重要的因子，同時會增加高血壓、糖尿病與高血脂的發生，進一步造成冠狀動脈心臟病（心絞痛、心肌梗塞）、鬱血性心臟衰竭。

(2) 冠狀動脈心臟病的死亡率會隨著體重增加而升高。

(3) 適當的減重 5~10%可以改善胰島素的阻抗性，降低血壓、血糖及膽固醇，減少心血管疾病的發生。

2. 糖尿病：
肥胖是第二型糖尿病重要的危險因子。而糖尿病會產生許多的併發症，包括心血管疾病、腎臟病變、神經病變及視網膜病變等。

3. 癌症

(1) 女性肥胖者會增加生殖系統癌症、乳癌、膽囊癌的風險。

(2) 男性肥胖者會增加大腸直腸癌及攝護腺癌的風險。

4. **退化性關節炎**：肥胖者會增加負重關節如膝關節、踝關節以及腰椎受傷的機會，容易造成退化性關節炎。對於非負重的關節（如手關節），也可能因為軟骨及骨頭關節代謝的改變而增加退化性關節炎的危險。

5. **脂肪肝**：肥胖會增加脂肪肝的風險，造成肝功能異常、肝臟的發炎，長時間甚至會造成肝纖維化以及肝硬化的可能性。

6. **睡眠呼吸中止**：肥胖者因為皮下脂肪壓迫到呼吸道，導致睡眠時嚴重打鼾及呼吸中止的現象，患者會出現缺氧的狀態，進而影響心肺功能，增加麻醉手術時的風險，甚至有猝死的可能性。

7. **心理的影響**：重度肥胖者因動作笨拙、協調性不佳，容易會出現自卑、焦慮、抑鬱等心理健康問題。

第四節

體重控制的運動原則

Health
And Life

一、選擇全身性的運動

選擇全身性運動較不會因運動而出現明顯的局部疲勞，如此較能夠使運動持續下去，也才能消耗身體較多的能量。依據運動生理學的研究，促進脂肪氧化分解的最有效的運動類型為有氧運動，脂肪代謝的特點，就是在進行氧化分解時比醣類氧化分解時，需要更多的氧氣參與，所以當我們從事強度低的運動（如慢跑、健走、跳繩等活動）時，是靠燃燒脂肪提供能量；當強度較高的長時間運動（如馬拉松跑等），開始階段以醣氧化提供能量為主，20 多分鐘後，脂肪提供能量的比例逐漸增加，醣類則會逐漸減少，後期則是脂肪代謝為主要的能量來源。因此，根據脂肪代謝的特質，選擇強度不太高，但時間長於 30 分鐘的有氧運動，可以對減重產生較佳的效果。所以，全身性的有氧運動，如快走、慢跑、騎腳踏車、游泳、有氧舞蹈等，是最佳的減重運動。

二、選擇可以自行調整運動強度及運動時間之運動項目

肥胖者需要藉由運動消耗體內多餘的脂肪，同時增加身體的基礎代謝率，故從事運動時，必須考慮運動本身的機動性，讓肥胖者沒有正當的理由或藉口

輕易放棄運動的介入，所以運動後帶給肥胖者的感受需要是愉悅且充滿自信的，因此舒適且合理的運動強度及適當的持續時間，都是進行體重控制過程中需要謹慎考量之處。

三、勿僅以自己的感覺揣測運動項目消耗的能量

運動消耗的能量並非與運動用力程度與否成正相關，例如：做 30 下的伏地挺身，只需消耗很少的熱量，但是感覺上卻是非常吃力；相較於每小時 3,000 公尺的速度走 10 分鐘，這是相當輕鬆，但所消耗的能量卻是前者的 10 倍以上，所以不要誤以為越吃力的運動其減肥效果越好。因此，減重運動應以適中強度且可持續較久的運動為宜，最好避免高強度而時間短的無氧運動。

四、減重的運動，效果是可以分次累積的

減重運動較強調的是運動的總時間，因此，日常生活中有任何身體活動的機會應該盡量不要放棄，如能不搭電梯就不搭、能走路購物就不用車代步、能不用遙控器就移動身軀等，如此累積越多，則可消耗越多能量。

美國運動醫學(ACSM)會針對「體重控制」之聲明摘要如下：

1. 長期的嚴格飲食控制，是不合乎科學的做法，在臨床醫學上也較危險。

2. 僅就飲食部分做嚴格控制會造成水分、電解質、礦物質、肝醣及其他非脂肪成分（含蛋白質）的流失，而脂肪的減少相對變小，基礎代謝率也隨之下降。

3. 合理飲食控制（比日常攝食量減少 500~1,000 大卡）所造成的水分、電解質、礦物質及其他非脂肪成分的流失較少，較不會造成營養不良。

4. 動態的大肌肉活動有助於維持或增加非脂肪成分，包括肌肉和骨質質量，又可因基礎代謝量增加而減輕體重，且所消耗的能量來源大部分是脂肪。

5. 兼顧均衡的飲食、合理的飲食控制，並配合有氧運動與行為改變，是減肥的理想方法，每週減輕體重在 1 公斤以內是合理的範圍。

6. 體重是隨著個體的生命常相左右，所以要以愉悅的心情與之共處，終生以合理的飲食習慣、規律的運動介入，才能達到雙贏的結果。

結 語

　　良好的身體組成是改善整體健康體適能和提升生活品質的主要目標。想要讓多餘的體脂肪消失且維持良好的體態，沒有快速而簡單的方法，必須適量減少能量的攝取、從事適當的運動且修正不健康的飲食習慣。惟有透過適當的飲食控制和規律的運動習慣，才是有效體重控制與促進身體健康之最佳方法。

學後評量 EXERCISE

1. 身體的去脂質量(fat-free mass)過低造成之影響為：(A)肌肉量減少 (B)基礎代謝率降低 (C)脂肪量增加 (D)以上皆是。

2. 如何計算身體質量指數？(A)腰圍÷臀圍 (B)體重（公斤）÷身高^2（公尺^2） (C) 200－年齡 (D)（身高－80）×0.7。

3. 身體質量指數(BMI)為 22 屬於何種體位？(A)重度過輕 (B)過輕 (C)正常 (D)過重。

4. 正確的腰圍測量方式為：(A)皮尺於肋骨下緣繞一圈 (B)皮尺於肚臍上方一指處繞一圈 (C)皮尺繞過兩側腸骨之位置 (D)皮尺繞過腰部，通過左右兩側腸骨上緣至肋骨下緣之中間點。

5. 下列哪一處不適合作為皮脂厚測量法的測量部位？(A)小腿肚 (B)肱三頭肌 (C)腹部 (D)大腿前側。

6. 身體脂肪過多可能導致 (A)心臟病 (B)高血壓 (C)關節炎 (D)以上皆是。

7. 體重控制的運動原則，以下何者為非？(A)選擇全身性的運動 (B)選擇可以自行調整運動強度及運動時間之運動項目 (C)以自己的感覺推算運動項目消耗的能量 (D)減重的運動，效果是可以分次累積的。

8. 有關腰圍的敘述，何者有誤？(A)女性常見蘋果體型 (B)蘋果體型較易罹患心血管疾病 (C)女性正常腰圍不要超過 80 公分 (D)男性正常腰圍不要超過 90 公分。

9. 哪一項為全身性運動的正確敘述？(A)易出現明顯的局部疲勞 (B)能消耗身體較多能量 (C)不易使運動持續下去 (D)常見運動項目如籃球、排球等。

10. 何者為適宜的體重控制方式？(A)長期飲食控制 (B)均衡飲食搭配有氧運動 (C)局部小肌肉活動有助於維持非脂肪成分 (D)應積極減重，每週減重 2 公斤最佳。

解答 1.D 2.B 3.C 4.D 5.A 6.D 7.C 8.A 9.B 10.B

參考文獻

方進隆(1997)・*教師體適能指導手冊*・教育部。

卓俊辰總校閱(2023)・*健康體適能理論與實務（第四版）*・華格那。

林正常總校閱(2002)・*運動生理學*・藝軒。

黃月桂總校閱(2012)・*個人體能訓練：理論與實踐*・易利。

衛生福利部國民健康署（2015，1 月 26 日）・*成人腰圍測量及判讀之方法*・
http://www.hpa.gov.tw/BHPNet/Web/HealthTopic/TopicArticle.aspx?No=
200712250144&parentid=200712250011

Hoeger, W. W. K., Hoeger, S. A. (2012)・*體適能與全人健康的理論與實務（第二版）*（李
水碧編譯）・藝軒。（原著出版於 2009 年）

Roitman, J. L. (2006)・*ACSM 健康與體適能證照檢定要點回顧*（林嘉志編譯）・品度。
（原著出版於 2001 年）

Gregory, B. D., Shala, E. D. (2013, March 20). *ACSM's Health-related physical fitness
assessment manual. (4th ed.)*. Williams & Wilkins.

Health And Life · **MEMO**

New Wun Ching Developmental Publishing Co., Ltd.

New Age · New Choice · The Best Selected Educational Publications — NEW WCDP

新文京開發出版股份有限公司

NEW
WCDP

新世紀‧新視野‧新文京 — 精選教科書‧考試用書‧專業參考書